Wie wir leben werden

Matthias Horx gilt als einflussreichster Trend- und Zukunftsforscher im deutschsprachigen Raum. Er war Redakteur unter anderem bei *Tempo* und *Die Zeit*. Seine Bücher wurden zu Bestsellern. Matthias Horx lebt mit seiner Frau Oona Strathern und zwei Söhnen in Wien.

Matthias Horx

Wie wir leben werden

Unsere Zukunft beginnt jetzt

Campus Verlag
Frankfurt/New York

Bibliografische Information der Deutschen Bibliothek.
Die Deutsche Bibliothek verzeichnet diese Publikation in der Deutschen Nationalbibliografie. Detaillierte bibliografische Daten sind im Internet überhttp://dnb.ddb.de abrufbar.
ISBN 3-593-37777-2

2., durchgesehene Auflage 2006

Umschlaggestaltung: Büro Hamburg
Druck und Bindung: Freiburger Graphische Betriebe
Gedruckt auf säurefreiem und chlorfrei gebleichtem Papier.
Printed in Germany

Besuchen Sie uns im Internet: www.campus.de

Inhalt

Vorwort

Kassandra, Dr. Popper, Helga, Kosmo und ich

> Propheten sagen, trotz ihres Namens, nicht die Zukunft voraus. Niemand kann dies, und niemand sollte den Anspruch erheben. Was Propheten können, ist, die Wahrheit in ihrer Weise zu sagen. Sie können darauf hinweisen, dass der Kaiser keine Kleider hat. Sie können vor Gefahren warnen. Vor allem aber können sie einen Weg zeigen, um die Dilemmata der Gegenwart zu erhellen. Und den Geist auf die Herausforderungen zu konzentrieren, die vor uns liegen.
>
> *Charles Handy*

Wie wird Zukunft gemacht?

Stellen wir uns einen großen Raum vor, dessen Wände irgendwo im Unendlichen verschwimmen. Gedämpftes Licht, wie wir es vom Beginn von Theatervorstellungen gewohnt sind, wenn das Publikum erwartungsvoll auf unbequemen Sitzen hockt. Räuspern im Saal. Auf der Bühne steht ein Tisch. Ein großer, alter, von Rotweinflecken und Kinderschnitzereien gezeichneter Tisch, auf dem eine altmodische Kaffeekanne steht.

Der Tisch der Geschichte.

Links öffnet sich jetzt eine Tür. Kassandra tritt ein. Obwohl Kassandra in vielen Fällen in männlicher Gestalt auftritt, ähnelt sie in diesem Moment einem frauenfeindlichen Klischee: eine Dame jenseits der Menopause, ein bisschen wie Nina Hagen gemischt mit Hillary Clinton und Alice Schwarzer. Sie trägt ein schlichtes schwarzes Kleid von Gaultier. Flache, graue Schuhe. Kurze, leicht rötlich gefärbte Haare.

Missbilligend schaut sie zu uns, dem nervösen Publikum, das mit Bonbonpapier raschelt.

Kassandra ist uns allen wohl bekannt. Sie kennt sich aus in Sachen Zukunft. Die Menschheit wird, so oder so, an ihrer Dummheit, Unreife, Hybris, an Gier, falschem Denken, Wahnsinn, Geilheit und innerer Fäulnis scheitern. Die Menschheit wird sich zu Tode fressen! (Steigt nicht die Anzahl der Dicken unaufhörlich?) Sie wird sich mit Hormonen selbst vergiften und unfruchtbar werden! (»Spermozid! Kein Mensch hat mehr Sex!«) Wir werden an Terror zugrunde gehen, an Kindesmissbrauch, »Global Warming«. Wir werden unsere sauer verdienten Ersparnisse verlieren, unser ganzer Wohlstand wird sich in Krebs und Ruin auflösen. Dafür steht Kassandra.

Eigentlich kennt sie nur einen einzigen Satz, ein schwarzes Mantra, das sie, ohne auch nur andeutungsweise zu ermüden, wiederholt. In den Zeitungen. Im Fernsehen. In dicken Büchern und Filmen mit düsterer Musik. Im Gespräch, in Nebensätzen, auf Partys, mit Freunden. Auf Intellektuellen-Kongressen und in drei Millionen Talkshows (pro Tag):

»Es wird übel enden!«

Natürlich wird es übel enden. Das wissen wir ja. Wir sind fehlbar, unser Leben ist kurz und endet in sich auflösenden Molekülen. Aber Kassandra setzt dieser Einsicht noch eins drauf. Sie macht aus dieser Erkenntnis einen Triumph. Eine Inszenierung. Und diese Inszenierung dient vor allem – ihr selbst.

Als sie ein Kind war, leckten Schlangen ihre Ohren im Schlaf. Kassandra wurde daraufhin Priesterin des Apollo, der ihr versprach, ihre Weisheit zu vertiefen. Kassandra ging zum Schein auf des Gottes Ansinnen ein, weigerte sich aber dann, mit ihm zu leben.

Francis Bacon (1561 – 1626) sprach vom *Kassandra-Verrat:* Kassandra verrät uns, weil sie uns die Hoffnung nimmt. Sie weiß alles, sie kennt das Übel, aber daraus folgt keine Konsequenz. Sie führt uns lediglich vor, dass wir zu dumm sind.

Der Mensch hat keine Stimme gegenüber dem Schicksal!

Kassandra nimmt also mit einem Stoßseufzer an der linken Seite unseres Tisches Platz. Sie zieht sich die Kekse und die Kaffeekanne herüber. Und zündet sich – ohne zu fragen, ob es jemanden stört – mit einem klickenden, goldenen, gerippten Feuerzeug eine Zigarette an. Gauloises, schweres Kaliber. Der Tisch, alt und unbeeindruckt, mit vielen archaischen Kratzern im Pinienholz, harrt der Dinge, die da kommen sollen.

Wen sollen wir dieser starken, archaischen Figur gegenübersetzen? In jeder Talkshow würde sie den Platz auf dem roten Sofa direkt neben dem Moderator bekommen (»Frau Kassandra, Sie denken also, der Untergang steht bevor...«).

Aus einer Tür auf der anderen Seite der Kulisse tritt nun ein hagerer, asketisch wirkender Mann. Er könnte ebenso gut 50 wie 70 sein. Sofort fallen seine blitzenden Augen auf. Seine konturierte Nase und der feine, fast feminine Mund haben etwas Ironisches. Er ist in jener Art unaufwendig klassisch gekleidet, die nur wahre Kenner goutieren (dem Stil des »Kunstvoll-altern-lassen-Könnens«). Er trägt nichts bei sich als eine alte Aktentasche, die einem Arztkoffer ähnelt.

Ich möchte diesen Gegenanwalt Dr. Popper nennen. Weil er natürlich eine Menge von Sir Karl Popper hat, wenn er auch nicht mit ihm identisch ist (es finden sich noch starke Anteile von Peter Ustinov, Winston Churchill und Woody Allen, aber auch von Frauen, die ich wegen ihrer zähen, nüchternen Hoffnungsenergie liebe).

Karl Popper schrieb sein Schlüsselwerk *Die offene Gesellschaft und ihre Feinde* in den dunkelsten Zeiten des 20. Jahrhunderts. Im Jahre 1939, als in Europa der Weltenbrand begann und seine Intellektuellen in alle Winde zerstreut mit dem Verbrechen konfrontiert waren, verfasste er ein Werk der unbeugsamen Hoffnung. In Neuseeland, am anderen Ende der Welt. Er ist also nicht der Blauäugigkeit verdächtig. Ignoranz wird man ihm schwerlich vorwerfen können. Er weiß, dass das Böse existiert.

»Alles Leben ist Problemlösen«, wird Dr. Popper leise sagen, während er zögerlich am anderen Ende des Tisches stehen bleibt und nicht so recht weiß, wo er mit seinen Händen und seiner Aktentasche, aus der eine Thermoskanne ragt, hin soll. »Die Menschen sind nicht dumm. Sie sind lernfähige Tiere. Und als solche prinzipiell zur Zukunft begabt.«

Kassandra schaut ihn nicht an. Ihr Blick ist ins Publikum gerichtet. »Welche Probleme haben wir denn in hunderttausend Jahren Menschheitsgeschichte gelöst? Denken Sie an die ständig steigende Erdbevölkerung. Die Entwicklung neuer Seuchen. Aids. Hunger. Kriege überall!«

»Nun«, erwidert Popper höflich, »Man hat die Menschheit schon mehr als einmal verloren gegeben. Der Mensch ist durch Katastrophen geformt worden, ja er ist durch sie entstanden. Aber er ist auch fähig zu adaptiven Leistungen. Warum sollte dies gerade in unserem Jahrhundert zu einem Ende kommen?«

»Haben Sie gestern Privatfernsehen gesehen?«

Dr. Popper, der immer noch steht, fährt mit dem Finger einer Narbe auf dem Pinienholz des Tisches nach, gedankenverloren. »Die Moderne war schon immer profan. Genau das ist ihr Wesen«, sagt er dann.

»Im Namen der Freiheit entledigen wir uns der letzten festen Bindungen«, deklamiert Kassandra jetzt und lagert ihre Beine bequem, mit einer Geste inneren Einverständnisses, auf dem nächsten Stuhl. »An Familie, Beruf, Herkunft, Nation! Die vermeintliche Globalität ist nichts anderes als die Zertrümmerung aller menschlichen Zusammenhänge!«

Das Licht verändert sich nun. Die Scheinwerfer verblassen, Kassandra und Popper erstarren in ihren jeweiligen Posen. »Die Zukunft«, hört man Popper noch murmeln, »lässt sich auf keinen Fall voraussagen. Auch nicht die negative ...«

Spots gehen an, auf zwei verbliebene Türen gerichtet, die am oberen Ende einer Rampe liegen, von der eine Eisentreppe auf die Bühne führt. Zuerst kommt Kosmo, mit ziemlich zerzausten Haaren, durch eine Tür heraus. Er ist, das sehen wir auf den ersten Blick, ziemlich gealtert.

Kosmo ist ein unvergessener Schulfreund aus den siebziger Jahren des vergangenen Jahrhunderts. Wir vom Abiturjahrgang 1973 bewunderten ihn sehr, obwohl wir ihn nicht hundertprozentig ernst nahmen. Kosmo, ein liebenswerter, chaotischer, ständig grinsender Typ, der an seinen Fingernägeln kaute, bis das Nagelbett blutete, hatte zwei Klassen wiederholt. Kosmo glaubte an die Zukunft in einer umfassenden, transzendentalen, eschatologischen Weise.

Kosmo war ein früher »Extropianer«. Im Gegensatz zu den Entropianern, die die Menschheit für ein Krebsgeschwür der Natur halten, glauben Extropianer an Hypertechnologien. Kosmo war überzeugt davon, dass unser Hirn demnächst per Computer abgespeichert werden würde. Weltraumfahrt für jedermann. Vollautomatische Häuser. Autos zum Abheben. Roboter in der Form von Fotomodels. Warum nicht auch Zeitreisen und Beamen? Er wusste schon um Cyberspace und Cybersex, als diese Worte noch nicht einmal erfunden waren. (»Quäl dich nicht mit den Damen«, sagte er in seiner unvergleichlichen Art, »die werden wir demnächst mit der Fernsteuerung bedienen.«)

Kosmos Zimmer im Keller des winzigen Einfamilienhauses, in dem er mit seiner alleinerziehenden Mutter wohnte, war ein einziges Chaos aus Sperrmüllteppichen, Wasserpfeifen, Pappraumschiff-Modellen und Büchern. Es roch nach sauren Gurken und Patchouli. Kosmo rauchte wie ein Schlot (»Irgendwann krieg ich halt 'ne neue Lunge.«) und experimentierte mit Substanzen, deren Namen ich noch nicht mal buchstabieren konnte. Die gigantische Unordnung in seinem Zimmer war ihm komplett egal. (»Bald ziehen hier die Roboter ein und machen sauber.«)

Genau so kommt er jetzt auf die Bühne. Allerdings sieht man ihm an, dass – nun ja –, das Alter seinen Tribut fordert.

»Tachchen auch«, sagt er. Und setzt sich.

Aus der anderen Tür tritt nun Helga heraus. Sie ist im Wesentlichen unverändert. Vielleicht ein bisschen rundlicher. Aber immer noch leuchtend.

Helga ist das lebendige Prinzip der Bewahrung. Schon in meiner schulischen Kindheit war sie ein Mutterschiff, das uns durch die Klippen der Spätpubertät begleitete. Eine große, warmblütig Verschwiegene, der man Geheimnisse anvertrauen konnte. Helga war Feministin, Ökologin, Humanistin, aber ohne all das auch nur im Entferntesten von sich zu behaupten. Man konnte über *alles* mit ihr sprechen. Nur über die Zukunft nicht.

»Nix ändert sich«, sagte sie immer schnippisch. »Alles der gleiche Käse von Steinzeit bis Mondstation.«

Erstaunlicherweise war Helga ein wildes, halbes Jahr – das letzte Jahr vor der Hochschulreife – mit Kosmo zusammen. Ein extremeres Liebespaar ließ sich kaum denken. Die beiden stritten unentwegt und ausdauernd, als hätten sie die Weltgeschichte höchstpersönlich abzuarbeiten.

»Willst du endlich still sein!«, sagte sie im ironischen Tonfall kleinkindstrafender Mütter, wenn Kosmo eine seiner wilden Theorien schwang. »Und dein wurmiges Ego im Zaum halten!«

Helga ist »Präsens perfekt«. Sie verkörpert das, was Pirsig in seinem Werk *Zen oder die Kunst, ein Motorrad zu warten* als das »klassische

Prinzip« bezeichnet. Während Kosmo, der hoffnungslose Romantiker, ihr zu Füßen lag, aber dort längst die Übersicht verloren hatte, schwebte sie ordnungsliebend über ihn hinweg.

Kosmo und Helga setzen sich an die beiden Längskanten des Tisches einander gegenüber. Und wie in Abbildung 1 sieht er aus, unser magischer Tisch, an dem die Zukunft verhandelt wird.

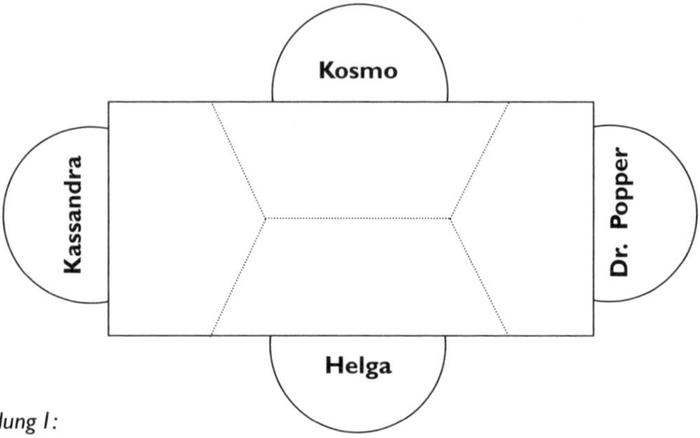

Abbildung 1:
Der magische Tisch der Geschichte

Die Ideenwelt, die unser Tisch repräsentiert, gestaltet sich jetzt wie folgt: technologische Transzendenz, apokalyptischer Determinismus, systemische Offenheit, humanistische Immanenz. Wenn wir unseren Tisch jetzt in Szenarioquadranten aufteilen, dann sieht das aus, wie in Abbildung 2 dargestellt.

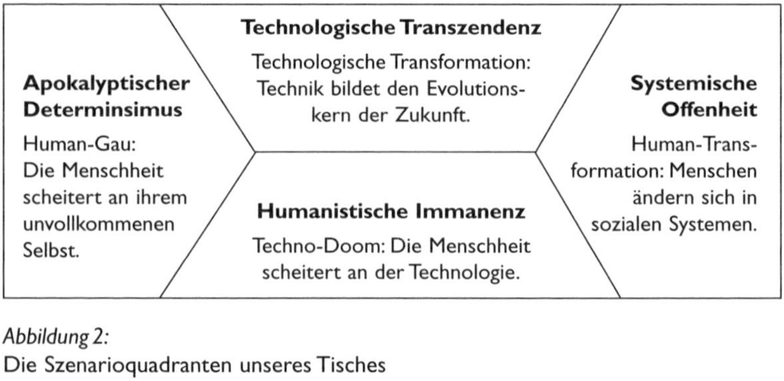

Abbildung 2:
Die Szenarioquadranten unseres Tisches

Ich möchte Sie einladen, sich im Geiste nun mit uns an den Tisch zu gesellen. Sie können sich zu dem Quadranten begeben, der Ihnen naheliegend erscheint. Sie können sich natürlich auch irgendwo an einer Ecke platzieren. An Schnittstellen, in der zweiten Reihe oder auch im Hintergrund, wenn Sie sich nirgendwo repräsentiert fühlen.

Bevor wir mit unserem Tisch in die Welt des 21. Jahrhunderts starten, brauchen wir ein kleines Briefing. Es soll jeder Leser über die Bedingungen unserer Zeitreise informiert werden.

Erstens: Technologie ist nicht alles

Was würde einen Zeitreisenden, der durch einen kosmologischen Zufall vom Beginn des 20. Jahrhunderts, also über eine Distanz von 100 Jahren, in unsere Zeit geschleudert würde, am meisten erstaunen? Gewiss: Die Wunder der Technologie wären schwer zu verkraften. Einen Jumbo-Jet graziös in einen Abendhimmel abheben zu sehen, in einem BMW die taktilen Feinheiten des Fahrens zu erleben, einem Computer bei der rasenden Erzeugung von Bildern, Symbolen, Vernetzungen zuzusehen – das würde den Pulsschlag unseres Zeitenwanderers sicher stark erhöhen.

Viele dieser Artefakte würde unser Zeitreisender jedoch bereits als Blaupause oder Prototyp kennen. Flugzeuge, Handys, Rolltreppen, selbst der Fernsehapparat hätten Analogien aus einer Zeit, in der das Panoptikum bereits das Kino vorwegnahm, Telefonieren weit verbreitet war (wenn auch nur auf regionale Distanz) und die großen Weltausstellungen die »Wunder des Elektrischen« präsentierten.

Stellen wir uns vor, unser Zeitreisender landet an einem lauen Sommertag mitten in Berlin. Gerade machen sich auf dem Kurfürstendamm die Wagen für die »Christopher Street Parade« fertig. Lederschwule stehen in großen Gruppen herum, rauchen Marlboro Lights und tragen Lederhosen, die hinten offen sind. Fröhliche Lesben, mit Piercings durch die Brustwarzen, knutschen sich, während japanische Touristen das kichernd fotografieren. Was unseren Transtemporären völlig aus der Fasson bringen würde, wären die, wie er das wohl nennen würde, »Sitten und Gebräuche« unserer Gegenwart. Wie »unsittlich« Frauen sich in der Öffentlichkeit kleiden und benehmen (und sie rauchen!). Wie auf riesigen Plakaten aufreizende Unterwäsche mit geilen Körpern gezeigt wird. Wie Kinder mit ihren Eltern reden – überhaupt die ganze plappernde, obszöne Sprache der Jetztzeit, die Bilderwut und optische Dekonstruktion – das müsste unseren armen Zeitreisenden in schwerste seelische Nöte bringen.

Zukunftsforschung hat im vergangenen Jahrhundert vor allem das technische Elemente zum roten Faden gemacht. Wenn wir ehrlich sind, dann haben sich trotz Computer, Handy und Jumbo die meisten dieser Visionen verflüchtigt. Die Autorin Marina Benjamin formuliert in ihrem Buch *Rocket Dreams* regelrecht beleidigt:

»Wo bleiben sie, unsere Raumstationen, unsere herrlichen Unterwasserstationen, auf denen wir den Rest unseren Lebens mit einem kühlen Martini ein utopisches Leben führen können? (…) Wo bleiben sie denn, die Wundermittel gegen Krebs, die Raumfahrten und Flugautos für jedermann?«[1]

Dies ist ein Buch über die *Kultur* der Zukunft. Über die Frage, wie sich Zukunft *anfühlt*. Über Alltag. Leben. Tod. Es bewegt sich entlang der Frage, wie Komplexität in menschlichen Systemen entsteht und voranschreiten *könnte*. Das heißt nicht, dass Technologie keine Rolle spielt. Aber Technologie wird hier nicht als Trägerwelle, sondern als Produkt des Menschlichen betrachtet, als Ausdruck letztlich sozialer menschlicher Wünsche, Kränkungen und Fantasien.

Technologie ist die Antwort auf eine Frage, die uns manchmal entfällt. Und ihre Evolution verläuft keinesfalls linear in eine determinierte hypertechnische Zukunft hinein, sondern wie alle lebendige Evolution in Brüchen, Widersprüchen, Umwegen. Auch die Technologie kennt ihre Nostalgien, ihre Retros und Rückwärtspfade. Der stolze Vogel unserer Kindheit, die schwanenweiße Concorde, steht heute stolz, aber ausgeschlachtet in den Museen.

Zweitens: Bedenke den Retro-Trend!

»Je schneller das Neueste zum Alten wird, desto schneller kann Altes wieder zum Neuen werden; jeder weiß das, der nur ein wenig länger schon lebt.« So drückte es Odo Marquard aus.[2] Zu jedem soziokulturellen Trend existiert auch eine Gegenbewegung. Der Triumph des materiellen Wohlstands in der zweiten Hälfte des letzten Jahrhunderts ließ eine ganze Welle von alternativen Lebensversuchen entstehen, in denen sich Mitglieder der jungen, gebildeten Generation dem ländlichen Leben und der Sehnsucht nach Clan und Sippe zuwandten. Die gesteigerte Mobilität der frühen neunziger Jahre erzeugte den Gegentrend Cocooning. Wenn alles Wellness wird und immer mehr Teilbereiche unseres Lebens mit Tai Chi und Chakra-Atemübungen versehen werden, entsteht als Reflex prompt ein Hang zum schlechten Geschmack, zu Trash. Während ich dieses Buch schreibe, läuft im deutschen Fernsehen eine Reality-TV-Sendung mit dem schönen Titel *Mein großer dicker peinlicher Verlobter*. Dabei soll eine schöne junge Frau ihren Eltern einen dicken, hässlichen Typen als zukünftigen Ehemann »verkaufen« ... very funny.

Die Universalität von »Retro« bedeutet, dass vieles nicht neu ist, sondern nur eine Variante des Alten. Dies führt, in hellen Momenten, zu einer gewissen Zukunftsmelancholie, die selbst die Progressivsten befallen kann. Tyler Brûlé, der Erfinder der Kultzeitschrift *Wallpaper*, schrieb:

> »Die Dinge, die wir am meisten vermissen, sind ein merkwürdiger Mix aus Humor, Menschlichkeit und dem, was nicht greifbar ist: Zeit, Raum, guter Wasserdruck und drei verlässliche Freunde.«[3]

Nur sehr selten in der Geschichte wird das *Eine* vollständig durch das Andere abgelöst. Das Auto hat nicht das Fahrrad zum Verschwinden gebracht, selbst Pferde gibt es heute noch in großer Anzahl (wenn auch zu anderen Zwecken als von einem Ort zum anderen zu kommen). Die Wandlung der Familie bedeutet nicht, dass es keine großen, wilden, schönen Familien mehr gibt, im Gegenteil. Deshalb sind Formulierungen wie »Im Jahre 2050 werden wir alle ...« entweder irreführend oder falsch. Deshalb gilt das »Und-Prinzip«. Globalität *und* Regionalität. Beschleunigung *und* Verlangsamung. Individualisierung *und* Universalisierung. Alles Werden ist Rekombination.

»Lineare Prognostik arbeitet mit der Logik der Fortschreibung, dialektische mit der Logik der Alternative«, schreibt Gerhard Schulze in seinem Buch *Die Beste aller Welten.*[4] Früher oder später kommen wir zu einer Grundregel, die ich das »Komplexitätsgebot« nennen möchte. Vitale Paradoxie hält die Enden der Widersprüche zusammen und kreiert ständig neue Varianz. Wehe aber, wenn dieses sanfte Gesetz zusammenbricht! Dann folgen finstere Zeiten, Rückstürze in tiefste Eindeutigkeiten. Dann sind die Fragen, die Dr. Popper zu Recht offen halten möchte, zugunsten von Kassandra beantwortet.

Drittens: Fragen sind wichtiger als Antworten

»In einer Welt ständigen Wandels«, so schrieb Watts Wacker in *The Deviants Advantage*, »stellen *gute Fragen* die eigentliche Knappheit dar.[5] Wenn ich auf Vortragsreisen unterwegs bin, mache ich immer wieder die ernüchternde Erfahrung, dass die meisten Fragen, die an die Zukunftsforschung gestellt werden, seltsam steril sind. »Ist der Mensch gut oder böse?« »Wird unsere Gesellschaft immer unsolidarischer?« »Werden wir nicht einen Rückfall in alte menschliche Atavismen erleben?« In diesen Sätzen ist die Antwort bereits enthalten. (Ideologie und Welthaltung des Fragenden wird keine andere Antwort zulassen als die, die er sich längst selbst erteilt hat.) Solche Fragestellungen kursieren als regressive »Meme« (Denkmuster) zu Abermillionen im öffentlichen Diskurs.

Schlechte Fragen weisen Schuld zu, verwandeln lebendige Prozesse in Schwarz-Weiß-Phänomene, betonieren die Dinge in Klischees, erniedrigen die Komplexität der Welt. *Gute* Fragen dagegen öffnen die Dinge. Sie kurbeln die Adrenalinproduktion beim Denken an und steigern die Hirnleistung. Sie hinterlassen einen Klang des Zukünftigen, der an unsere Selbstverantwortung, an unsere Schöpfungskompetenz anknüpft.

Wodurch entsteht also Zukunft? Sie entsteht – erstens – durch Zufälle, an denen wir nichts oder wenig ändern können. Sie erwächst – zweitens – aus den Gesetzmäßigkeiten lebendiger Systeme, die wir verstehen lernen können – dazu soll dieses Buch einen Beitrag leisten. Sie entwickelt sich aber vor allem – drittens – durch menschliches Handeln. Durch humane Vereinbarungen. Dieses Handeln kann blind und dumpf sein. Es kann in die falsche, die kassandrische Richtung führen. Es kann aber auch das Mögliche erlösen. Der Evolution eine Richtung geben. *In die Zukunft führen.*

Zukunft ist das Ergebnis einer Verhandlung, in der wir zumindest Sitz und Stimme haben sollten. Nehmen wir also alle an dem schönen, alten, Geschichten erzählenden Tisch Platz. Los geht's!

Geburt

Wird Elternschaft auch in Zukunft unser Leben bestimmen? • Welchen »Wert« bilden Kinder in der Wissensgesellschaft? • Werden wir klonen?

Der tiefste und leidenschaftlichste Trieb nicht nur des Menschen, sondern der Materie überhaupt ist der Wille, sich abzusondern, aus einem Kollektivum ein Individuum zu werden.

Franz Werfel

Einer der sichtbarsten Effekte der Gegenwart von Kindern ist, dass sie ihre Eltern zu kompletten Idioten machen, während ohne sie ihre Eltern stupide Schwachsinnige geblieben wären.

Georges Courteline

Alya, David – 2000

Es ist ein warmer Sommertag des Jahres 2000, voller Frische und Wind. Als die Wehen stärker werden, fährt das Paar in seinem geleasten Sport-Cabrio in die private Geburtsklinik, eine kleine Jugendstilvilla in einem Nobelviertel der Stadt. Weiße Segelschiffe kreuzen auf dem Binnensee, der die Stadt in der Mitte teilt, Fahnen flattern, Jogger sind zu Hunderten unterwegs. Am Himmel stehen Schäfchenwolken, in die das Paar Teddybären hineinträumt.

Das Paar hat sich gut vorbereitet. Atemübungen und Beckenbodentraining. Gespräche über die Zukunft, den gewollten Erziehungsstil, die Schulbildung. Eine gewachsene Partnerschaft, von den sanften Kräften der Hormone und Wohlstandszuwächse geformt, auf der Grundlage von einem guten Jahrzehnt Bildungskarrieren und Beziehungserfahrung, bilden die Grundlage für die Entscheidung, die Verhütungsmittel einstweilen zu entsorgen. Das Zimmer, das auf den kleinen David wartet, ist in hellen Farben gestrichen, seine Wiege, aus afrikanischem Wenge-Holz von einem befreundeten Schreiner designt, steht erwartungsvoll vor dem Fenster, das einen blühenden Kastanienbaum rahmt. Darüber hängt ein kleines Mobile aus »Traumwolken«. Auf jeder Wolke steht ein Wunsch, den Freunde und Familie formuliert haben: »Ich möchte Astronaut werden!« »Ich kann fliegen!« »Ich bin ein wildes Krokodil!«

Davids Leben beginnt auf einem Bett, das nicht im Entferntesten an Krankenhausbetten erinnert. Es ist ein antikes, spanisches Himmelbett mit gedrechselten Säulen, dessen Matratze diskret mit Kunststoff bespannt ist. Nur eine hinter einem Paravent verborgene Sauerstoffflasche signalisiert, dass es sich beim Akt der Geburt auch im fiebrigen Übergang zum 21. Jahrhundert noch um ein dramatisches körperliches Ereignis handelt. (Der Rest der Notfall-Technik ist irgendwo diskret im Keller versteckt.) Der Arzt, ein ironischer Intellektueller, bittet um eine schnelle Niederkunft, er wolle noch am selben Abend ein David-Bowie-Konzert besuchen. Erst einmal schickt er das Paar noch hinaus, in das berühmte Café mit dem besten Kirschbutterkuchen der Stadt: »Lauft eine Runde, damit es nachher schneller geht!« Da kommen die Kontraktionen schon im Fünf-Minuten-Takt. Aber das Paar lacht sich durch die Senkwehen. David braucht schließlich gerade mal drei Stunden auf seinem Weg durch den Geburtskanal, und David Bowie muss nicht warten. Das Paar fährt schon abends mit dem rosigen, in Naturbaumwolle eingepackten Neusprössling im Cabrio nach Hause.

David ist in vielerlei Hinsicht ein typisches Kind des Millenniums, dieser von Euphorien überbordenden Zeit. Anspruchsvoll, anstrengend und sensibel. Selbstbewusst, dabei ängstlich (er fürchtet sich entsetzlich vor »Räubern« und Haifischen, die er als Zweijähriger in der Badewanne vermutet). Er terrorisiert und bezaubert Großeltern, Nachbarn, Kindergartentanten, Besucher. Was macht ihn so stark und verletzlich zugleich? Es sind die Kräfte dieses Widerspruchs, dieser Dichotomie von Egoismus und Empfindsamkeit, von der dieses Kapitel handeln soll.

Und dann gibt es natürlich auch eine ganz andere Welt, in der sich niemand dafür interessiert, ob Kinder sanft, rücksichtsvoll, mit väterlicher Anteilnahme auf die Welt kommen.

Es ist ungefähr derselbe Tag vor der Jahrtausendwende, an dem einige tausend Kilometer südlich Alya geboren wird. An den Hängen des äthiopischen Hochlands im Südosten Äthiopiens, unweit der Grenze zu Somalia.

Alya ist ein Kind der Surma. Die Surma sind ein derzeit 40 000 Menschen zählendes großgewachsenes Hirtenvolk, verwandt mit den Masai in Kenia. Die Surma werden auch als Tellerlippenmenschen bezeichnet, da sich die Frauen nach

Erlangen der Geschlechtsreife ein Loch in die Unterlippe bohren lassen. In dieses Loch wird anfänglich, einem Piercing ähnlich, ein dünner Holzpflock geschoben und sukzessive ausgewechselt und vergrößert. Daraus entstehen jene gigantischen Tellerlippen von bis zu 25 Zentimetern Größe. Auf diese Weise verunstalteten die Surma früher ihre jungen Frauen, damit sie nicht belgischen Sklavenhändlern in die Hände fielen. Im Laufe der Zeit wurde das seltsamerweise als sexy angesehen.

Über Alyas Geburt wissen wir nicht allzu viel. Keine Digitalkamera wird gezückt, keine Eintragung in Geburtenlisten gemacht. Alyas Geburtsort ist eine staubige Decke in der Hütte einer Krankenstation, wie sie in dieser Region Äthiopiens üblich ist. Betrieben wird die Station von den Barmherzigen Schwestern, einer katholischen Sekte, die schon seit den sechziger Jahren in dieser Region versucht, die sehr hohe Säuglingssterblichkeit zu verringern.

Alyas Mutter verschwindet kurz nach der Geburt mit einem kleinen Koffer, der alle ihre Habseligkeiten beinhaltet, in Richtung Addis Abeba; sie wird nie mehr gesehen (eine Zeitlang arbeitet sie dort in einer Coca-Cola-Fabrik, dann verliert sich ihre Spur). Alyas Vater, ein hungriger, leidender Mensch mit wirren sozialistischen Ansichten, bringt Alya und ihre beiden Schwestern im Jahre 2001 mit einem klapprigen Jeep in eine Art Kriegercamp. Dort werden Kindersoldaten ausgebildet, auch Alyas acht- und elfjährige Schwestern erlernen den Umgang mit Waffen. Nebenbei kümmern sie sich um ihre kaum zweijährige Schwester.

Die Guerilla-Truppe, zu deren sinnlosen Kriegsspielen Alyas Schwestern ausgebildet werden, hat seit dem Ende des Eritrea-Äthiopien-Krieges längst ihren Feind verloren. Die Soldaten gehören zu einer Gang von Warlords, die im Grenzgebiet zu Somalia operiert und ihr Einkommen mit dem Handel von Lastwagen-Gummireifen und ein bisschen Kokain verdient. Man vertreibt sich die Zeit mit Raubzügen, Aggressionsspielen und Terrorisierung nahe gelegener Dörfer.

Das einzige Dokument, das es aus der Kleinkinderphase gibt, ist ein Foto, das die kleine Alya auf dem Boden einer Hütte sitzend zeigt. In ihren matten Augen liegt eine Art traumhaftes Erstaunen. Sie löffelt aus einer Schüssel mit den Fingern einen Brei. Neben ihr steht ein kaum zehnjähriger Junge und tätschelt ihr die Wange – in der anderen Hand seine Kalaschnikow …

Zwei Lebensanfänge, die unterschiedlicher nicht sein könnten. In zwei Welten, welche die gesamte Bandbreite, den Abgrund menschlicher Kultur repräsentieren. Hier die Niederkunft als beiläufiges Ereignis, ein »Niederkommen« wie im alten Sinn des Wortes. Dort die »Erlebnisgeburt«, wie auf einer kleinen

Bühne inszeniert. Dort das röhrende kleine Cabrio. Hier der klapprige Jeep und die staubige Straße, die sich endlos bis an den Horizont zieht.

Aber die Geschichte endet nicht an dieser Stelle. Sie erhält Brüche. Unerwartetes. Hoffnungen. Alya wird noch im Alter von zwei Jahren und zwei Monaten aus dem Land ihrer Geburt entführt – im Positiven entführt. Nach Norden, in eine große europäische Stadt, wo sie von R., einem Kunsthistoriker, und S., seiner warmherzigen Frau, adoptiert wird.

Inzwischen hat sich Alya zu einem lebendigen Kind entwickelt, mit Trotz und dem unbedingten Willen zum Leben. Es dauerte lange, bis sie die Folgen ihrer Unterernährung überwunden hatte. In den ersten Monaten in Europa musste sie um ihr Leben kämpfen – eine hartnäckige, durch Antibiotika kaum zu heilende Entzündung in den Gelenken brachte sie an den Rand des Todes. Aber heute ahnt man, dass sie eine Schönheit wird. Und welche ungeheure Energie das menschliche Leben vorantreibt. Ihr Lebenspfeil liegt auf einer ungeheuer straff gespannten Sehne. Und diese Sehne verbindet die alte, archaische Zeit, in der der Mensch ein Wesen am Rande der Existenz war, ständig bedroht von den Gewalten der Natur und seines eigenen atavistischen Erbes, mit der Zukunft.

Das unreife Wesen

Im Dezember 2000 veröffentlichte das kalifornische UCLA-Institute for Child Development einen Intelligenztest mit 3 500 Säuglingen. Die Babys wurden in äußerst fundamentalen Fähigkeiten getestet. Waren sie zum Beispiel intelligent genug, einem Raum zu entkommen, der mit Cyanid-Gas gefüllt war? Oder das Ufer von der Mitte eines Sees aus zu erreichen? Oder in einer Großstadt Schutz zu suchen und sich eine Mahlzeit zu organisieren? Alle Probanden schnitten bei diesen Tests entsetzlich schlecht ab, ganz anders als Würmer, Hunde, Katzen, Hühner, die von den Wissenschaftlern ebenfalls in diese Situationen versetzt wurden. Das Resümee der Tester: Menschliche Babys, lange von Psychologen als sehr adaptionsfähig und »intelligent« beschrieben, sind in Wirklichkeit außergewöhnlich dumm.[1]

Natürlich war dieser Test ein »Fake«, abgedruckt im Satiremagazin *The Onion* – eine sarkastische Replik auf die vielen »genialen Säuglingstests«, die derzeit gerade wieder in Mode sind. Aber wahr bleibt das Ergebnis doch. Schon Jean-Jacques Rousseau, der französische Naturphilosoph, drückte sein Urteil über unsere Spezies im Zustand »Säugling« so aus:

»Wir werden mit der Fähigkeit geboren, *nichts* zu wissen, *nichts* zu verstehen und *nichts* zu lernen. Man stelle sich einen Säugling vor, der körperlich als Mann geboren würde, wie Pallas aus dem Geist des Jupiter. Ein solches Wesen wäre ein perfekter Idiot, ein Automat, eine Statue ohne koordinierte Bewegungen und fast ohne Gefühle. Er würde nichts sehen und wenig hören, niemanden erkennen, er könnte noch nicht einmal seine Augen auf etwas Bestimmtes richten!«[2]

Väter und Mütter, die ein nüchternes Verhältnis zu ihren Sprösslingen haben, wissen, wie genau diese Beschreibung zutrifft. Die Entwicklung kleiner Sapiens sapiens verläuft quälend langsam. Wenn es eine Widerlegung natürlicher Grazie und elementarer autonomer Fähigkeiten gibt, dann sind es Babys. Sie können weder singen noch tanzen noch kann man sich mit ihnen unterhalten. Stattdessen liegen sie wie Kuchen im Bett, und es dauert Jahre, bis sie ihre Ausscheidungen halbwegs kontrollieren können. Mindestens zwei Jahre, eher drei, sind sie hochgradig pflegebedürftig. Aber auch dann sinken die Risiken nur graduell. In Swimmingpools fallen und dabei ertrinken bleibt ziemlich lange eine Option. Drogensucht, falsche Freunde und andere Idiotien lassen die Kalamitäten-Kurve später sogar wieder heftig ansteigen. In gewissem Sinne sind kleine Sapiens sapiens ewige Pflegefälle mit Hochansprüchen.

Dass immer noch die Mehrheit der Erwachsenen all diese Zumutungen erträgt, liegt natürlich an den teuflischen kleinen Genen, die alle unsere zehn Milliarden Zellen darauf programmiert haben, uns in irgendeiner Weise zu reproduzieren, egal was kommt.

Eine Gazelle, eine Katze, ein Gnu überlebt in den meisten Fällen, wenn die Mutter bei der Geburt stirbt. Eine Giraffe, ein Hund, ein kleines Pferd steht innerhalb weniger Minuten auf den eigenen Beinen. Der Säugling von Sapiens sapiens muss sich jedoch aufgrund seines übergroßen Schädels in einer komplizierten Drehbewegung durch den Geburtskanal quälen; eine aufwändige Prozedur, die jede Menge Kraft fordert, Schmerzen erzeugt und ein erhebliches Lebensrisiko für Mutter *und* Kind darstellt.

Es ist also gerade unsere Intelligenz, die den Beginn des menschlichen Lebens für alle Seiten so überaus dramatisch macht. Wegen des großen Gehirns des Sapiens muss das Menschenwesen unreif, weit vor dem Termin der Autonomie, den Geburtskanal passieren.

Der Preis, den die Evolution für die Intelligenz (ein großes Hirn) fordert, hat aber auch eine andere »Nebenwirkung«: Sie ist die Geburtsstunde des Sozialen.

Im Tierreich existiert eine unglaubliche Vielfalt im Umgang mit Nachkommen. Löwenmänner beißen die Nachkommen ihres Konkurrenten tot. Erdmännchen erziehen ihren Nachwuchs ungeachtet der individuellen Herkunft in Kommunen mit wechselnden Bezugspersonen. Bei den Kaiserpinguinen brüten die Männer in arktischer Kälte monatelang das Ei aus und kümmern sich um den hilflosen, halb verhungerten Säugling, bis die Mutter von einem langen Fischzug zurückkehrt. Viele Tiere »vergessen« ihren Nachwuchs, wenn er einen gewissen Grad der Mobilität oder die Geschlechtsreife erreicht hat. Pferde er-riechen zwar noch bis ins hohe Alter ihren Nachwuchs. Elefantenweibchen bleiben oft bis zum Tod im Rudel zusammen. Aber wenn Elefantenclans auseinander gerissen werden, haben sie ihre familiären Bande innerhalb einiger Wochen vergessen. Trifft man sich wieder, trompetet man, freut sich – und galoppiert von dannen.

Bei Menschen hingegen verdichtet sich das soziale Netz der Kooperation zu einem ehernen Band zwischen den Individuen, das in den meisten Fällen lebenslang hält. Zwar existieren mannigfache Ausnahmen – Aussetzungen, auch Kindstötungen und »Verstoßungen«. Aber wie der Volksmund sagt: »Blut ist dicker als Wasser.« Nur ganz wenigen Individuen gelingt es, familiäre Bindung völlig abzulegen oder zu negieren. Und wenn dies geschieht, ist es meist Anzeichen für ein Drama mit schrecklichen Ursachen und Folgen!

Der Grund für diese Elastizität der Beziehungen liegt gerade in den schwierigen Umständen unseres Beginns. Um ihre »unreifen« Säuglinge durchzubringen, mussten Menschen immer schon ein weitaus komplexeres Gebilde der Arbeitsteilung entwickeln als Tiere. Es beginnt mit der Arbeitsteilung zwischen Mann und Frau, in welcher der Mann kalorienreiches Fleisch nach Hause bringt und die Frau proteinreiche Nahrung sammelt. Aber auch das Verhältnis zwischen den Generationen erklärt seine humane Komplexität erst vor dem Hintergrund des Dramas der menschlichen Geburt.

Die amerikanische Anthropologin Kristin Hawkes fand in unserer Urgeschichte in diesem Zusammenhang den so genannten »Großmuttereffekt«.[3]

Warum, so Hawkes, ist bei Sapiens sapiens die Lebensspanne tendenziell von der Fertilitätsspanne entkoppelt? Seit dem Übergang vom Australopithecines zum Homo erectus vor gut einer Million Jahren sind Menschen nicht mehr auf eine Lebensspanne von 40, maximal 50 Jahren beschränkt. Müsste nicht – wie bei anderen Säugetierarten – die humane Lebenserwartung spätestens mit rund 50 Jahre enden, wenn das Individuum für die Gemeinschaft eher eine Last wird? Wer im reproduktiven Reigen ausgedient hat, wird – normalerweise – einfach aussortiert. Und wie lässt sich der immer noch existierende Lebenserwartungsunterschied zwischen Männern und Frauen erklären? (Wobei die Frauen inzwischen durch Rauchen und Stress durchaus bei der Sterblichkeit »aufholen«.)

Bei den Hazda in Nord-Tansania fand die Anthropologin Hawkes die möglichen sozio-evolutionären Gründe: Die Frauen legten jenseits ihrer fruchtbaren Phase einen neue Aktivitätsabschnitt an den Tag, in der sie die nächste Müttergeneration beim Sammeln unterstützten und kalorienreiche Nahrung zur Verfügung stellten. In diesem »Großmuttersyndrom« definierte die Evolution also eine Lebensspanne nach der Gebärphase. Sie schaltete unser Gen frei für Langlebigkeit – nicht aus Freundlichkeit, nicht aus Willkür, sondern als einen zusätzlichen Anpassungsfaktor zum besseren Überleben der Spezies.

Kinder sind also nicht erst im Nike- und Handy-Zeitalter teuer. Die ersten Lieder waren wahrscheinlich Wiegenlieder. Die ersten Worte, die gesprochen wurden, waren vielleicht die beruhigenden Wörter der älteren Frauen zu den jung Gebärenden.[4] So verdichtete sich die Abhängigkeit, aber auch die Kooperation und Komplexität menschlicher Gemeinschaften. Im Laufe der Zeit entwickelte sich dadurch alles, was wir heute sind. Arbeitsteilung. Empathie. Kultur. Technologie. Wahrscheinlich auch Neid, Zorn, Aggression, Krieg. Wir verdanken unser Menschsein der Hilflosigkeit unserer Nachkommen – im Guten wie im Schlechten.

Eine kleine (Zukunfts-)Geschichte der Reproduktionskultur

Als vor rund hunderttausend Jahren unsere Vorfahren aus den Savannen Afrikas aufbrachen – genau aus jener Region, in der Alya geboren wurde –, waren wir Menschen wie heute auch. Unser Gencode glich – abgesehen von wenigen DNA-Sequenz-Abweichungen, welche die klimatischen Adaptionen in unser Erbgut inkorporierten – exakt dem heutigen Menschen. Aus diesem Grund wird Alya, allen Rassentheoretikern zum Trotz, Quantenphysikerin werden können, oder Modedesignerin, oder, wenn man sie ließe, Präsidentin. Sie wird, wie andere Kinder auch, mit acht Jahren Handys bedienen, mit 18 ein Auto fahren. Und wahrscheinlich wird sie sich dabei schlauer anstellen als die verwöhnten weißen Middleclass-Kinder in ihrer Schule!

In der Urzeit der Menschheit, in den Jäger- und Sammlergemeinschaften bis in die Frühsteinzeit hinein, waren Kinder weit seltener, als viele glauben. Menschen der nomadischen Zeit waren manchmal tage- oder wochenlang unterwegs, in beschwerlichem Gelände, unter äußerst ungünstigen Klimabedingungen, bedroht von Tieren oder anderen Menschengruppen. Hätten die nomadischen Mütter große Kinderscharen mit sich herumtragen müssen, wäre die Menschheit längst ausgestorben. In den nomadischen Kulturen der Vorzeit bekamen die Frauen im Schnitt drei bis vier Kinder im Abstand von etwa vier bis fünf Jahren (bei den Kung zum Beispiel, einem Nomadenvolk in Namibia, ist dies heute noch so). Die Periode der Frauen setzte mit 18, die Menopause etwa mit 35 Jahren ein. Die Kinder wurden vier bis fünf Jahre lang gestillt, was auf langen Wegen die beste und einfachste Ernährungsmethode war. Nach etwa vier Fertilitätsphasen war die Reproduktionsuhr also abgelaufen.

In den ersten sesshaften Bauerngesellschaften, die in den Schwemmland-Hochkulturen vor 9 000 bis 7 000 Jahren langsam die nomadische Lebensweise verdrängten, veränderte sich das Reproduktionsverhalten entlang neuer Bedingungen. Die Kinderzahl stieg an, weil die Vorrats- und Überschusswirtschaft die Knappheitsökonomien der Jäger und Sammler ablöste. Gleichzeitig benötigte man für die vielen Großprojekte (Pyramiden, Tempel, Bewässerungssysteme) eine Vielzahl von Arbeitskräften. Zehn- bis 15-köpfige Familien waren bald keine Seltenheit mehr. So entstanden in vielen Regionen der Erde jene Familienstrukturen, die wir heute als Teil eines neuen sozialen Weltkonflikts wahrnehmen: patriarchale Großfamilien, in denen die Reproduktion vor allem der Schaffung einer größtmöglichen Anzahl männlicher Erben diente.

Im bäuerlichen Europa des Mittelalters mit seinen starken Klimagegensätzen hingegen blieb die Kinderzahl noch relativ begrenzt. Die klassische Bauernfamilie hatte noch um 1700 etwa vier bis sechs Kinder, wobei zwei im Schnitt an Krankheiten wie Kindbettfieber starben, so dass in einem bäuerlichen Haushalt meist nicht mehr als drei Kinder lebten. Der Historiker Michael Mitterauer zeigt in seinem Buch *Warum Europa?*, wie das spezifische Klima- und Erntemodell Mitteleuropas eine Sonderentwicklung bedingte.[5] Die Kleinräumigkeit der Landwirtschaft (welche die feudalen Strukturen ökonomisch konterkarierte und das Kleinbauerntum förderte) und die Spezialität der europäischen Gattenehe (die den »Patriarchen«, also den Älteren, nur begrenzte Rechte einräumte) führten zu einer gewissen Ökonomisierung des Gebärverhaltens. Lange vor Pille und Kondom wussten sich Bäuerinnen zu helfen, wenn all zu viele »Blagen« drohten. Vielköpfigkeit der Nachkommen war eher eine Sache des Adels. Andererseits blieb wahr: »Viele rege Hände sind des Bauern Glück und Freude.« Kinder*zahl* und Kinder*ideal* blieben in einem Spannungsverhältnis und dadurch auch in einem gewissen Gleichgewicht.

In Europa kam es erst im Rahmen der Industrialisierung des späten 18. Jahrhunderts zu einem massiven Anstieg der Geburtenrate. Wir alle kennen die Sepia-Fotos aus den Frühzeiten der proletarischen Kultur: verhärmte Gesichter, Kinder wie die Orgelpfeifen. Eine Zeit, in der man, wie meine Großmutter zu sagen pflegte »die Kinder nummerierte«, in der heroischen Hoffnung auf ein besseres Leben, auf Bildung, Wohlstand, wie sie der industrielle Umbruch mit sich bringen sollte.

Seit Thomas Malthus im Jahre 1798 seinen Essay *On the Principle of Population* veröffentlichte, hat sich vor diesem Hintergrund die Idee der »Bevölkerungsexplosion« als eine Art Dauergerücht in unserem kollektiven Bewusstsein eingenistet. Malthus, ein religiös gefärbter Statistiker, entwickelte seine Theorie der »zwangsläufig katastrophalen Bevölkerungsentwicklung« in einer Zeit rapider Modernisierung, in deren Kontext sie äußerst plausibel klang. Die Verstädterung führte zu raschem Bevölkerungswachstum und zu verbesserten »hygienischen Bedingungen der Massen«. Dieses müsse, so Malthus, über kurz oder lang in katastrophalen Hungersnöten enden, mit Millionen und Abermillionen von Toten. Seitdem ist das Malthussche Theorem durch vielerlei Projektionen und Angsthysterien »veredelt« worden. Dass die Völker der »Dritten Welt« sich vermehren »wie die Kaninchen«, geht heute noch munter über die Lippen von Studienräten, grünen wie reaktionären. Dass »die Massen« in Form einer »Flut« über uns kommen, gehört inzwischen ins feste Repertoire der medial verstärkten Hysterien.

Hier die wirklichen Trends:

- Ungefähr die Hälfte aller Menschen, knapp drei Milliarden Menschen, lebt heute in Ländern mit einer Geburtenrate von unter 2,1 Kindern pro gebärfähige Frau! Im Iran, Thailand, China, Sri Lanka, vielen karibischen Inselstaaten und den meisten südamerikanischen Ländern wie Brasilien liegt die Rate inzwischen unter zwei (also unter der so genannten Erhaltungsrate). In 33 der 196 Länder der Erde liegt sie unter 1,5 Kinder, darunter sind kopfstarke Nationen wie Russland, Spanien, Deutschland, Japan, Kanada.[6]
- Auch in den »superfruchtbaren« Armutsländern sinkt die Kinderzahl durch die steigenden Bildungsniveaus der Frauen und den Zugang zu Verhütungsmitteln rapide ab. In Bangladesh liegt sie heute bei etwa 3,3 (vor 25 Jahren: 6), in Indien bei 2,6. Auf den Philippinen sank die Kinderzahl von sieben auf drei (von 1960 bis heute) und befindet sich weiter auf dem Weg nach unten, in Vietnam von 7,3 in den siebziger Jahren auf 2,3 heute. In Afghanistan befindet sie sich derzeit im freien Fall (derzeit vier, vor drei Jahren sieben Kinder pro Frau).
- Die einzigen Länder, in denen die Geburtenraten unverändert hoch liegen, sind die Armuts- und Elendsnationen der afrikanischen Bürgerkriege. Dort bekommen die Frauen noch zwischen sechs und sie-

ben Kinder, wobei bis zu 40 Prozent dieser Kinder das Erwachsenenalter nicht erlebt.

- Niedrige Geburtenraten können auch wieder ansteigen. Der Schlüssel dazu ist, ob Frauen aus dem Entscheidungsdrama zwischen Karriere und Kind entlassen werden, zum Beispiel durch Hilfe der Männer, ganztägige Bildungssysteme und kinderfreundliche Infrastruktur. Dann kann eine Gesellschaft, die auf Schrumpfkurs war, wieder fruchtbarer werden. In Schweden, Island, Frankreich, auch in Südeuropa ist in den letzten Jahren die Fertilitätsrate wieder deutlich gestiegen (im Mittel von 1,4 auf 1,7).

Da das Familienverhalten von Menschen sehr langfristige Trends abbildet, lässt sich aus all diesen Entwicklungen eine realistische Prognose stellen, die das Malthus-Gespenst endgültig in die Rumpelkammer der Geschichte steckt: Die Menschheit wird im Jahre 2060 – plus minus ein Jahrzehnt – ihren zahlenmäßigen Zenit erreichen. Bei knapp neun Milliarden Individuen! So wie es aussieht, wird dies die höchste Menschenzahl sein, die je auf diesem Planeten wandelte! Im Jahre 2150, also in drei bis vier Generationen neuer Zeitrechnung, werden wir nur noch *fünf* Milliarden sein.

Hier ist sie also, die erste gesicherte Nachricht aus dem Zukunftsreich der Reproduktion: *Wir werden selten!*[7]

Das Reproduktionsrestaurant

Robin Baker, ein Soziobiologe aus den USA, hat das wohl klügste und radikalste Werk über die Perspektiven der Fortpflanzung geschrieben. *The Future of Sex*[8] beschäftigt sich mit allem, was dieses Jahrhundert an gentechnischen Möglichkeiten zu bieten hat. Die Zukunft, so Baker, gehört dem »Reproduktionsrestaurant«, in dem wir wie auf einer Speisekarte die Art und Weise unserer Fortpflanzung »á la carte« auswählen. IVW und ICSI, also die In-vitro-Fertilisation und die »Ei-Entkernung«, sind dabei nur der Anfang. Je nach Belieben »machen« wir in Zukunft Kinder mit gleichgeschlechtlichen oder heterosexuellen Partnern. In jedem Alter zwischen zehn und 80. Als Klon, optimiertes IVW-Baby, mit Leihmüttern oder von der eigenen Tochter ausgetragen. Kinder von Toten, Homosexuellen, Hermaphroditen ...

Wie realistisch ist das Bakersche Szenario? Betrachten wir einen Moment die Nachrichtenlage:

- 1997: Jean und Howard Garber, ein amerikanisches Ehepaar um die 50, lassen eine Eizelle ihrer an Krebs verstorbenen Tochter von einer Leihmutter austragen.
- 2002: Das per IVW gezeugte Kind von Candy McCullough und Sharon Duchesneau, zwei tauben amerikanischen Frauen, erweist sich ebenfalls als taub. Das lesbische Paar hatte bewusst einen tauben Samenspender gesucht, weil sie Taubheit für ein Privileg halten.
- 2002: Ein französisches Geschwisterpaar bringt mithilfe einer amerikanischen Ei-Spenderin zwei Kinder zur Welt. Der Vater ist 62, blind und entstellt, seine Schwester trägt die Kinder aus. Die beiden Kinder sind Cousin und Cousine und gleichzeitig Geschwister. [9]
- 2003: Eine Frau in England erkämpft das Recht, ein Kind von ihrem verstorbenen Mann auszutragen. Sie unterliegt zunächst vor Gericht, gibt aber nicht auf.
- 2004: Der indische Arzt Sadavisam lässt eine 64-Jährige ein Baby zur Welt bringen, das von ihrem unfruchtbaren Gatten stammt.
- 2004: Die US-Firma Extended Fertility bietet für 13 000 US-Dollar Einmalzahlung und einer jährlichen »Bankgebühr« von 500 US-Dollar das Einfrieren von Eizellen für jede Frau an. Damit wird die Erweiterung der Fertilitätsspanne für Frauen immer praktikabler.[10]
- 2004: Die Motivationstrainerin und Therapeutin Aleta St. James bekommt im Alter von 57 Jahren im New Yorker Mount-Sinai-Krankenhaus Zwillinge. Der männliche Gencode der Zwillinge stammt von einem Geliebten, mit dem sie aber nicht mehr zusammen ist. Die Mutter äußert sich öffentlich und selbstbewusst zu ihrer späten Schwangerschaft: »Er wollte keine Kinder. Seine Samenspende war eine Art Abschiedsgeschenk für mich ... Zeitlebens dachte ich: Ich muss noch dieses und jenes tun. Kinder kann ich immer noch haben. Ich weiß, dass viele sagen, ich bin zu alt. Aber ich sehe mich in eini-

gen Jahren nicht als 60-Jährige. Ich sehe mich einfach als Mutter, die dann ihre Kinder zur Schule bringt.«[11]

- 2004: Die pensionierte Lehrerin Adriana Iliescu ist 66 Jahre alt, als sie von ihrer Tochter Elsa Maria in Bukarest entbunden wird.

Soweit klingt das Bakersche Szenario also plausibel. Die Frage ist nur: Wie *weit* wird diese Entwicklung gehen? Und widerlegt sie tatsächlich die alten reproduktiven Kontrakte einer Zeit, als wir »es« noch in der alten, vergnüglichen, aber auch riskant-zufälligen Weise machten?

Die neue Vaterschaft

Für die Generation unserer Großväter war die Idee, in einem Kreißsaal bei einer Geburt anwesend zu sein, eine eher absurde Vorstellung. 1960 waren es gerade einmal 5 Prozent aller Männer, die in den europäischen Industrienationen ihren Frauen die Hand bei der Niederkunft hielten. In den Siebzigern blieb in den meisten Kliniken die männliche Anwesenheit noch verboten. 1980 trauten sich dann rund 15 Prozent männliche Pioniere. Danach folgte, in der zweiten Hälfte der achtziger Jahre, der Durchbruch auf 60 bis 80 Prozent.[12]

And here we are: Rund 90 Prozent aller Väter sind heute Teilnehmende an jenem Akt, der immer noch zu dem Erschreckendsten und Blutigsten gehört, was die Natur zu bieten hat. Männer halten Händchen, massieren, stöhnen mit, streiten mit autoritären Ärzten und fallen vor Angst und/oder Glück in Ohnmacht. Angehende Väter sitzen brav bei Geburtsvorbereitungskursen mit Tantra-Musik, staubigen Dinkelkeksen und Früchtetee. Zwar hat der Trend bereits seinen Zenit überschritten (in den USA werden Männer zunehmend durch die so genannten »Doualas« abgelöst[13]), aber nun kommen plötzlich auch Minderheiten ins Spiel, denen man das gar nicht zugetraut hätte – selbst türkische Männer in Deutschland übernehmen diesen »Brauch«.[14] Und in Asien sind Geburtsvorbereitungskurse der Hit.

Was begründet diesen drastischen Wandel männlicher Anteilnahme? Die erste Antwort liegt in der erstarkten Position der Frau. In ihrem

Anspruch auf Geburtsteilnahme manifestieren die Frauen subtil einen neuen Rollenkontrakt mit dem Subtext: »Ich bin nicht alleine für die Kinder zuständig.« Aber es sind auch die Männer selbst, die diesen Pakt bereitwillig eingehen. Was bringt sie dazu?[15]

Bis etwa vorgestern gestaltete sich das Fortpflanzungsspiel für Männer immer ein wenig komfortabler als für Frauen. Männer konnten sich immer jene Variablen zunutze machen, die nun einmal mit der humanen Biologie verbunden sind: Wer der Vater ist, wird nicht gleich sichtbar (nicht alle Babys sehen so »deutlich« aus wie das rothaarige Kind von Frau Ermakova, Boris Beckers Besenkammer-Leidenschaft).

Diese Unschärfe verschafft den Männern zunächst einen Vergnügungsvorteil. Sie können damit rechnen, bei sexuellen Abenteuern einen geringeren Preis zu zahlen als die Frauen. 9 000 Jahre Kulturgeschichte plus Verhütungsmittel haben diese Tatsache niemals ganz ausmerzen können. Trotz aller Gesetzesbücher und Moralnormen gelang es nie, die atavistische Tatsache völlig aus der Welt zu schaffen, die wir von unseren Vorfahren, den Schimpansen kennen: *Alpha-Männchen zeugen deutlich mehr Kinder!*

Künstler, Millionäre und Mormonen konnten immer mit diesem Sachverhalt umgehen. Der moderne Sozialstaat entschärfte die Tragik der Frauen, die bei ungewollter Schwangerschaft in früheren Zeiten »ins Wasser gehen« mussten (im islamischen Sharia-Recht regelte man das bis vor kurzem durch Steinigung; zum Beispiel in Afghanistan). Aber was passiert nun, wenn Vaterschaft innerhalb 24 Stunden unter Vorlage eines aktuellen Haar-Follikels eindeutig feststellbar – oder widerlegbar – ist (und zwar *trotz* aller Versuche, dies mit rechtlichen Restriktionen zu verhindern)? Nun werden die 10 bis 15 Prozent »Kuckuckskinder«, die es in *jeder* Kultur gibt, über Nacht enttarnt. Dadurch entstehen zwar herzzerreißende Konflikte zwischen genealogischen und sozialen Bindungen – Kinder, die sozial geliebt wurden, werden plötzlich »genetisch verstoßen«. Aber unter dem Strich gewinnen die Verhältnisse an Klarheit. Männer kommen nun nicht mehr einfach davon. Und Frauen können sich nicht mehr durchschlängeln. Alle werden sich um ein eindeutigeres reproduktives Verhalten bemühen müssen.

Die Geburtsteilnahme der Männer erzählt also die Geschichte gesteigerter *reproduktiver Präzision*. Sie ist eine prophylaktische Anpassungsmaßnahme. Eine Art instinktiver Vorausschau auf genetisch klarere Verhältnisse.

Moderne genetische Technologien haben einen paradoxen Effekt. Sie koppeln nicht, wie in den kursierenden Angstbildern angenommen, die Reproduktion endgültig von der Beziehung ab. Sie *verstärken* vielmehr genealogische Bindungen, und damit machen sie auch Liebesverhältnisse eindeutiger. Allerdings setzen sie damit auch jene Schwelle massiv nach oben, die Männer *und* Frauen immer auch fürchten. Wer sich nun reproduziert, tut dies ohne Ausflüchte, bei vollem Bewusstsein aller folgenden Investitionen.

Haben wir es hier womöglich mit einem verdeckten Grund für die sinkenden Geburtenquoten zu tun? Wie viele Kinder wurden früher aus den Unschärfen menschlicher Begegnungen heraus gezeugt, geliebt, aufgezogen? Wie viel Klarheit müssen wir jetzt haben! Aber wie viel Klarheit verträgt das reproduktive Spiel?

Eine der neuesten Anwendungen in den Wunderwüsten des Internet ist eine »Kinderaussehmaschine«. Man gibt das Foto von sich und seinem möglichen Gen-Partner ein. Das Programm rechnet das Aussehen der gemeinsamen Kinder aus. Junge oder Mädchen. Mit zwei, mit vier, mit zehn, mit zwanzig Jahren. Das Programm ist, wie man hört, bei Partnersuchenden in Internet-Agenturen häufig als Bildschirmschoner in Gebrauch ...

Die Frage ist nur: Wollen wir das *wirklich* wissen?

Die Gattaca-Welt: Werden wir Menschen optimieren?

Zu Beginn des Gentechnik-Science-Fiction-Films *Gattaca* von Regisseur Andrew Niccol kommt Ethan Hawke im späten 21. Jahrhundert als »unsauber« gezeugtes Baby auf der Welt. Die Hebamme nimmt einen Blutstropfen des Neugeborenen und verkündet im Tonfall vernichtender Gleichgültigkeit: »Wahrscheinlichkeit an einer frühen Herzkrankheit zu sterben: 60 Prozent! Wahrscheinlichkeit geistiger Labilität: 80 Prozent. Wahrscheinlichkeit von Alkoholismus: 90 Prozent!«

Natürlich siegt, wie immer in der systemsprengenden Romantik der Filmkunst, die »unsaubere« Kraft (= Unschärfe) der Liebe über die normative Kraft der Genetik. Noch triumphieren unsere romantischen »Meme«, unsere kulturellen Prägungen – Bilder, Rituale, Symbole –, in denen wir dem Zufall eine herausragende genetische Rolle einräumen, über die kalte genetische Vernunft (obwohl wir uns im realen Liebesleben, wie wir bald sehen werden, viel »genetischer« verhalten als wir glauben). Aber *Gattaca* ist auch in Wirklichkeit kein Film, sondern ein Bühnenstück. Anders als andere gutgemachte Science-Fiction-Streifen, in denen das Leben in der Zukunft plastisch und realistisch wirkt, bleibt der Film seltsam leblos. Ein Retro-Designer-Drama, in dem alles ungeheuer ästhetisch schön dargestellt ist, aber in dem keine realen Personen handeln, sondern Puppen.

Diese Unplausibilität teilt der Film mit bislang allen genetischen Reproduktionsutopien. Wir können uns das genetische Selektionsland, in dem unsere DNA nach rationalen Kriterien »gematcht« wird, nicht vorstellen. Nicht wirklich. Und das ist kein Zufall.

Denn wir nähern uns der zweiten Gretchen-(Hänsel-)Frage des genetischen Zeitalters: Wie weit geht unsere Sehnsucht, Kinder zu perfektionieren? Wird es in wenigen Jahren selbstverständlich sein, »aus dem Katalog« zu ordern und die eine oder andere Eigenschaft an unsere Kinder »anzudocken«?

Warum nicht eine Haarfarbe wie der Papi und die Gene eines Sportlers? Auch die etwas rundliche Figur von Mutti wollen wir uns nicht zumuten – also her mit der Sequenz eines Beauty-Models mit Wespentaille ...[16]

Das Geschäft mit Human-DNA wird heute auf ein jährliches Volumen von 10 bis 20 Millionen Euro geschätzt. Über 1 Prozent der Babys in den USA werden bereits im Reagenzglas erzeugt – bei stark steigender Tendenz.[17] Bei Cryos in Skandinavien werden mehr als 10 000 Gencodes in flüssigem Stickstoff bei minus 196 Grad aufbewahrt. Eine Lieferung von »blauäugig-Sportler« – oder »braunäugig-groß-Akademiker« – kommt innerhalb von 24 Stunden, gegen Nachnahme, in jedes Postfach. Und die Spezifizierungen werden immer differenzierter.

In den USA sind heute spezielle Berufsgruppen (genaue Körperzentimeter-Größen, vom Nobelpreisträger bis zum Rockstar) zu haben. Auch die Eizellen von Fotomodels wurden auf eBay bereits sechsstellig versteigert (allerdings angeblich »nur zum Spaß«).

Beim genaueren Hinsehen offenbart sich allerdings eine interessante Disparität von *Angebot* und tatsächlichem *Gebrauch*. Bislang sind die allermeisten Käufer menschlicher DNA keine Filmstars. Die weitaus meisten In-vitro-Babys werden mit den Gencodes verheirateter Paare erzeugt.

Ein Teil des Grundes dafür ist banal: Die Nachfrage nach »Premium-DNA« lässt sich ja auf verschiedene Weisen befriedigen. Wer als Mann wirklich reich ist, hat auf dem Partnerschaftsmarkt gute Chancen auf ein superschönes Fotomodell, auch und gerade wenn er 60 ist. Schöne Frauen können sich auch anders als in Pipettenform einen Bodybuilder beschaffen. Arme Menschen dürften sich dagegen eher mit Nicht-Nachkommenschaft abfinden – weil schon die Erziehung eines Kindes ernorme Mittel erfordert.

Für die Nachfrage im neuen DNA-Markt kommen also vor allem wohlhabende Unfruchtbare in Frage. Dies können zwischen 5 und 20 Prozent der Gesamtbevölkerung sein. Die Anzahl der »ganz normalen Paare«, die IVW einsetzen, weil ihre Fertilität zu wünschen übrig lässt, steigt schon deshalb gewaltig, weil immer mehr Paare das Kinderkriegen verschieben – und die Fertilitätskurve schon ab etwa 32 Jahren sinkt.

Der überwiegende Anteil dieser Menschen wird sein Kinderglück jedoch mit dem geliebten Menschen ersehnen. Auch hier verstärken genetische Technologien also wieder nur die sozialen Beziehungen, statt sie in einen imaginären genetischen »Produktionsraum« aufzulösen.

Und schließlich wird im Thema optimierter Fortpflanzung auch die alte Frage nach *Nature* oder *Nurture* mitverhandelt. Menschen sind weitaus kompliziertere Geschöpfe als Schafe und Katzen, und selbst bei den Klonversuchen der Vierbeiner erwies sich die Umweltabhängigkeit des Gencodes. Fellmuster von geklonten Kühen oder Hunden sind niemals gleich, weil sich diese erst im Wachstumsprozess in einer komplexen Abfolge von »Umweltschaltern« und »Gen-Schaltern« entwickeln.

Gerade die bei Kindern begehrteste Eigenschaft lässt sich wahrscheinlich *niemals* auf rein genetischem Wege erzielen: Intelligenz. Roger Gosden stellt in seinem Buch *Designer Babys* fest, dass auf einer Skala von 0 bis 1 (0 steht für »komplett umweltbedingt«, 1 für »völlig vererbbar«) Intelligenz irgendwo bei 0,3 rangiert. »Jedes Gen«, so Gosden, »dass in irgendeiner Relation zum Intelligenzquotienten ermittelt wurde, war dafür niemals mehr als 5 Prozent verantwortlich – und es sind Hunderte!«[18]

Ein sportlicher Körper entsteht vor allem durch: Training.

Ein kluger Mensch entsteht vor allem durch: Erfahrung. Lernen. Üben. Liebe.

Krebs entsteht: Durch eine genetische Disposition, gewiss. Aber vor allem durch eine Menge negativen Zufalls und schädlicher Umwelteinflüsse.

Schöne blaue Augen lassen sich in der Tat kaufen. Aber haben wir nicht selbst gerade so hübsche braune oder graublaue Augen, die wir mit unserem geliebten Reproduktionspartner gerne teilen möchten?

Die Klon-Vision: Lauter gleiche Menschen?

Die Geschichte des Klons beginnt, wie alle wichtigen Angsterzählungen, früh in der Kulturgeschichte: Der Golem, nach der jüdischen Mythologie ein Wächter aus Lehm, der die Juden in der Nacht beschützte; Mary Shelleys Frankenstein, der Homunkulus aus mechanischen Einzelteilen zusammengenäht. Schnell ging es dann biotechnisch zur Sache: Huxleys Beta-Menschen werden bereits in industriellem Stil in artifiziellen Gebärmuttern produziert und bald nach der Geburt als Arbeiter eingesetzt. In Fritz Langs Filmfragment *Metropolis* arbeitet der verrückte Wissenschaftler Rotwang wie ein Berserker am Kloning von Maria, in der sich alle obsessiven Frauenfantasien der Männerwelt der zwanziger Jahre spiegeln: Mutter, verderbender Vamp, Homunkulus, Maschinenmensch, Göttin Aphrodite. Am Ende schwebt SIE über der Maschinenstadt und bringt das Verderben.

Klone sind immer Instrument, Vehikel eines dahinter angesiedelten

Bösen. In James-Bond-Filmen gehorchen sie willenlos den Bösewichten. Darin deutet sich das Motiv, das den Klon heutzutage so faszinierend macht, schon an: Es sind Nachkommen ohne *Eigenes*. Sie sind ihren machtvollen Vätern hörig bis zum Untergang (eine klassische Angst des Bürgertums, in Tausenden von Romanen verarbeitet), und gerade darum müssen sie ihre Väter am Ende zerstören. Das Drama verfolgt uns bis tief in den Weltraum. Im letzten großen Star-Trek-Film *Nemesis* begegnet Captain Jean-Luc Picard seinem jüngeren Klon und kämpft einen mörderischen Vernichtungskampf. Die Killer in *Blade Runner*, der kleine Junge in Spielbergs *A. I.* (ein Film, den der geniale Kubrick eigentlich immer drehen wollte), Darth Maul und seine Klon-Armee in *Star Wars – Episode 2* – das inzestuöse Drama in epischer Breite wird immer durchgespielt. Immer erweist sich der Sohn (nie eine Tochter) als Schwächling – und damit als gefährlich für das Universum mit allen Multikulti-Zivilisationen in ihr.

Aus welchen Tiefenschichten der menschlichen, archaischen Figur stammt dieses Bild? In der Natur kommen Klone ständig vor, ohne dass das Universum auseinander bricht (ich kenne eineiige Zwillinge, die mit ihrem klonierten Dasein auf raffinierte Weise spielen). Andererseits hat der Klon auch etwas Lächerliches. »Wenn eine Generation geklonter Einsteins geschaffen würde, könnte das nur im Chaos enden«, bemerkte Ernst Mayr, der große Evolutionsbiologe, einmal trocken.[19] 100 Hitlers hätten nicht die Nazi-Weltherrschaft bedeutet, sondern eine planetare Lachnummer. Warum fürchten wir uns so? Warum gehen wir nicht zur Legislaturperiode jeder Innovation über, verankern das ein- oder zweimalige Klonen als Recht im Gesetzbuch und geben den Klon-Nachkommen alle Bürgerrechte? Warum gab der Papst in den neunziger Jahren gleich ein »Verdikt« heraus, in dem Klonen jegliches Menschenrecht abgesprochen wurde?

Paul Bloom zeigt in *Descartes Baby*, wie viele unserer zivilisatorischen Ekelgefühle mit unseren evolutionären Grundkonstitutionen zusammenhängen. Wir fürchten uns nicht aus Zufall vor »Homunkuli«, vor seelenlosen Körpern. In dieser Angst steckt ein genetisch und kulturell verankerter Abwehrreflex, der mit dem Umgang mit Leichen in unserer Vorgeschichte zu tun hat – tote Körper musste man aus infektiösen Gründen aus der menschlichen Nähe entfernen.

Klone sind deshalb »Kassandras Baby«, weil sie am inneren evolutionären Kern unseres Daseins rühren. Kein Elternkonflikt – keine soziale Evolution. Wenn Kinder nicht mehr anders sind – so die gar nicht so falsche Annahme –, dann stockt der ganze Prozess des Werdens. Also auch die Adaption, die Anpassung an das Neue, die Zukunft. Der Klon attackiert durch seine (vorerst virtuelle) Existenz jenes Gesetz der Evolution, das sich im Sexuellen fundamental ausdrückt: *Leben durch Varianz und Rekombination.*

Unsere Abneigung gegen das Klonen ist also eine Art »Würgereflex«, ein tief greifender Ekel vor dem Ende der Evolution. Wenn in einem Büro nur noch der Kopierer läuft, dann entsteht nichts Neues mehr – die Firma geht pleite. Wenn in der Natur der Sex abgeschafft und durch monoklonale Fortpflanzung ersetzt wird, dann werden die daraus entstehenden Organismen zwangsläufig anfällig für Mutationen, Krankheiten, Dummheiten und so fort. Die »Variationsmaschine« des Lebens hat dann keine Fehlermeldungen mehr, erzeugt keine Überlebensvarianzen mehr – es wäre das Ende der Geschichte.

»Welcome, Borgs« oder der Schlüssel der Individualität

Jeder, der mit seinem Raumschiff schon einmal in Kampfreichweite eines Borg-Würfels gekommen ist, weiß, welchen Respekt man vor dieser außerirdischen Zivilisation haben sollte. Die Borgs sind eine der richtig genialen, schlechtgelaunten Erfindungen aus dem Star-Trek-Universum, einem der großen Trivialmythen unserer Zeit. Grauenhaft zugerichtete Typen in blonden Übergrößen, die alle in riesigen »Kollektiven« miteinander verbunden sind. Nordkorea, *Blade Runner* und ein Splatter-Movie zusammengemischt und gut durchgerührt. Borgs bereichern ihre Infrastruktur besonders gerne mit Menschen, die sie rücksichtslos »assimilieren«. Sie schrauben Maschinenteile ins Fleisch und schließen den dadurch entstandenen Balg an »die große Mutter« an. We are borg. Resistance is futile!

Selbst für Picard, den charismatischen Enterprise-Kommandanten, ist »das Kollektiv« faszinierend (er wurde selbst einmal »assimiliert«). Man kann darin sein kleines, fleischliches Ich endlich zugunsten eines immerwährenden maschinellen Orgasmus aufgeben. Ist das ein zu hoher Preis für das Untot-Sein?

Borgs haben keinen Sex (auch wenn die »Borg-Queen« gefährlich sexy aussieht). Sie sind eine weitere Spiralumdrehung der Klon-Fantasie: ein *geklontes Kollektiv.* Das Borg-Universum knüpft nahtlos an die kollektivistischen Alpträume an, von denen die Kulturgeschichte des 20. Jahrhunderts zutiefst geprägt ist. Orwells Schlüsselroman *1984*, Aldous Huxleys *Schöne neue Welt* – diese Weltbestseller haben unsere Zukunftssensoren geformt. Die Mahner, die diese Zukunftsvisionen formulierten, konnten und mussten sich dabei auf die bitteren Erfahrungen des Kommunismus und Faschismus, der mörderischen industriellen Formierungen des 20. Jahrhunderts beziehen. Sie verknüpften damit unsere Zukunftsvisionen mit der immer gleichen Befürchtung: dass wir »assimiliert« werden.

Und hat diese Befürchtung nicht auch heute noch einiges an Plausibilität? Funktioniert nicht die Welt der Massenmedien wie eine große Gleichmachermaschine? Zerstört nicht die Globalisierung jede kulturelle Differenzierung? Zeigt nicht das Wiedererstarken *formierter Kulturen* – beispielsweise der radikalistische Islam –, wie schwach es um das arme Pflänzchen der Individualität bestellt ist?

Gleichförmigkeit ist seit der bürgerlichen Aufklärung eine immer wiederkehrende Befürchtung für die Zukunft. In Wahrheit hat immer der gegenteilige Impuls gesiegt: die *Individualisierung.*[20] In allen Kulturen der Erde erleben wir früher oder später dieselben Symptome von Individualisierungsprozessen, egal welche religiösen oder anderen Muster die jeweilige Mentalität geprägt haben. Die angeblich so kollektivistischen Japaner entwickeln seit Jahren eine Jugendkultur, die schrill-individualistischer nicht sein könnte – in Tokio leben inzwischen 60 Prozent aller Frauen zwischen 25 und 40 Jahren allein. Im Nachtleben Teherans entwickeln sich dieselben Phänomene – Drogen, Pop, SMS, störrisches Dagegensein – wie in den letzten zwanzig Jahren in euro-amerikanischen Großstädten. Und auch in Südkorea und Vietnam steigen längst die Scheidungsraten.

Die Vision des Individuums, so wie wir es heute kennen, entstand zum ersten Mal in der Renaissance, der städtischen, auf Handel und Mäzenatentum gegründeten Welt des 14. und 15. Jahrhunderts, die ihren Ausgangspunkt in Norditalien nahm. Plötzlich traten die Menschen plastisch aus den Bildern heraus, verließen das zweidimensionale, religiöse Panoptikum, und wurden zu – *sich selbst*. Francesco Petrarca, der einsame Bergsteiger und Philosoph, formulierte vor 650 Jahren in seinen *Familiares* einen ersten individualistischen Kanon: »Kehre bei dir selbst ein, wache bei dir; sprich mit dir, Schweige mit dir; zögere nicht, mit dir allein zu sein. Denn bist du nicht bei dir, dann wirst du auch unter Menschen allein sein.«[21]

In der ersten Welle individueller Kultur erscheint dieses Wollen noch religiös gefärbt. Es ist das Buch, das als Symbol für Bildung und Ich-Findung dient. Der Lesende schafft seine *Eigenzeit*, seinen eigenen individuellen Raum gegen die vergesellschaftete Umwelt. Der bürgerliche Roman des 19. Jahrhunderts setzt diesen Weg fort. Er beleuchtet das *Innenleben* der handelnden Figuren wie in einem Brennglas. Die Elegien der inneren Differenzierung, die Balzac, Dostojewski, Thomas Mann beschrieben, waren nichts als Entwicklungsanatomien des Selbst.

Ohne den Konflikt zwischen Individuum und Gesellschaft war Kunst, zumal erzählende Kunst, ab Mitte des 20. Jahrhunderts kaum noch denkbar. Das Road Movie wurde ab 1950 die erzählerische Grundform des Kinos, von Godard bis zu den großen amerikanischen Regisseuren. Riskanter Aufbruch – das war das Credo der Zeit – von *Easy Rider* bis zu Kubricks *2001 – Odyssee im Weltraum* (dessen psychedelische Wiedergeburtsphantasie in Wahrheit eine Selbstfindungsstory ist) und in einer weiten Parabel bis zu den *Rain Mans* und *Erin Brockovichs* unserer Tage. Unvergessen ist jene Szene in *The Graduate* (*Die Reifeprüfung*) von 1967, als der junge Benjamin, gespielt von Dustin Hofmann, in der Hochzeitskirche seiner leidenschaftlich Geliebten auftaucht, in der sie gerade mit einem Upper-Class-Schnösel zwangsverheiratet wird. Er schreit wie ein verwundetes Tier, rasend von romantischer Rebellion. Sie erhört ihn, flüchtet mit ihm aus der Kirche, die beiden benutzen ein Kruzifix, um sich gegen die nachfolgende Verwandtenmeute zu verteidigen.

Zu Beginn des bürgerlichen Zeitalters entsteht eine erste Welle der

Selbstfindungsliteratur. Bald werden Themen wie Vatermord, der »eigene Weg der Jugend«, die (noch zaghafte) Entdeckung weiblicher Identität verhandelt. In den sechziger und siebziger Jahren des 20. Jahrhunderts, in Zeiten von Breitenwohlstand, Pille und Mondlandung, wurde die Selbstfindung dann zur universellen sozialen Bewegung. Söhne beschlossen, niemals das zu werden, was ihre Väter wollten. Frauen brachen aus alten Ehemodellen aus, Generationskontrakte wurden mit Knall und Fall gekündigt. Man zog aus: aus langweiligen Jobs, beengten Verhältnissen, autoritären Zumutungen. Man sagte nein. Und verschlang Bücher, Ideen, Träume ... So wurde aus der Disziplin- und Pflichtgesellschaft die hedonistische Kultur der achtziger und neunziger Jahre, in der auch Herr Meier von nebenan plötzlich Wert auf »neue Erfahrungen« legte. Die Rebellion der vielen Ichs führte zu einem anderen Konstrukt von Gesellschaft, die sich längst in rechtlichen Konstruktionen ausdrückt. Schwulenehe und Scheidungsrecht, Familienrechte und Minderheitenschutz reflektieren einen neuen Konsens, in der das *Eigene* zum Grundrecht aufsteigt.

Wenn das Zeitalter, das vor uns liegt, ein Zeitalter des *gewachsenen Individuums* ist, hat dies zwangsläufig auch Rückkoppelungen auf die Sphäre der Reproduktion. Was hätte ich empfunden, wenn meine beiden Kinder als Klone geboren wären? Zunächst einmal wäre ich sicher nicht bei der Geburt dabei gewesen. Denn mit wem hätte ich die Freude teilen können? Als Mann hätte ich entweder eine Frau als »Gefäß« benutzt, vielleicht gegen Bezahlung, oder ein heute noch nicht verfügbares technisches »Device«.

Eine Geburt ist vor allem deshalb ein so erhabenes Erlebnis, weil es ein Zwei-Personen-Würfelspiel mit einem *Unikat* als Ergebnis ist. Das Gen-Matching erzeugt jedes Mal ein neues genetisches Universum, eine einmalige Hoffnung, ein Geheimnis und ist nur deshalb so spannend, weil wir *nicht wirklich wissen*, was dabei herauskommt. (Das ist selbst bei eineiigen Zwillingen so, die, untereinander Klone, doch *beide* dem Unikatsprinzip entsprechen.) Das ist das eigentliche Simulacrum der Geburt. *Dafür* nehmen wir all die Geburtskurse, Atemtechniken, Epiduralanästhesien und Ohnmachtsanfälle auf uns plus drohendes Übergewicht plus die Gewissheit, in den nächsten 20 Jahren ruinöse Investitionen tätigen zu müssen. Wir bringen das Neue, *das Eigene* in die Welt.

Wenn unsere Kinder auf die Welt kommen, lautet unsere erste Frage: Wem sieht es ähnlich? Bei einem Klon wäre diese Frage unsinnig und bereits beantwortet. Klone erzeugen ist Produktion, nicht Fortpflanzung. Und um die Frage der Zukunft der Reproduktion zu beantworten, müssen wir letzten Endes eine kulturelle Grundfrage beantworten: Wird Individualität als kulturelles Grundprinzip *bleiben* – oder vergehen? Wenn wir die Zukunft der Zivilisation als Ich-Kultur sehen, dann stünde am Ende genetischer Snobismus: «Was, Sie haben nur einen optimierten Klon? Wie armselig! Wir haben hier unseren kleinen, einmaligen Martin! Er schielt zwar und ist nicht gerade hochbegabt. Aber er ist *unserer!*«

Future Briefing: Reproduktion im 21. Jahrhundert

Im Jahre 2050 werden etwa 15 Prozent aller Kinder in vitro gezeugt sein, das bedeutet, die Befruchtung wird im Labor stattfinden. Entweder als IVF (In-vitro-Fertilisation) oder ICSI (Entkernung von Eizellen und deren Ersatz durch andere DNA).

Ein Drittel der In-vitro-Kinder wird wegen der Korrektur von Erbschäden gezeugt. Die restlichen zwei Drittel aufgrund der Unfruchtbarkeit der Eltern.

Frühembryonale Geschlechterbestimmung führt spätestens um das Jahr 2010 zu gesellschaftlichen Konflikten. Während in traditionalen Gesellschaften der Mädchenanteil weiter fällt (obwohl Geschlechterbestimmung vielerorts verboten wird) steigt in Europa und USA eher die Anzahl der weiblichen Babys.

Im Jahre 2050 werden homosexuelle Paare zu 30 Prozent eigene Kinder haben.

Leihmutter ist ein ordentlicher, streng regulierter Job. Zwar gibt es einen weltweiten Schwarzmarkt, aber die globale Gesellschaft nimmt die faire Behandlung und Bezahlung von Leihmüttern sehr ernst. Eine Austragung kostet ein gesetzliches Mindesthonorar von mindestens 50 000 TD (Terradollar, vergleichbar dem Euro heute). Leihmütter haben ein klar beschriebenes rechtliches »Teilelternrecht«.

Die Reproduktionsspanne beginnt in Zukunft mit 13 und endet mit 70. Bei 26 Jahren befindet sich der erste »Peak« – hier werden überdurchschnittliche

Kinder in der weiblichen »Erstfertilität« geboren. Ein weiterer Höhepunkt der Geburtenhäufigkeit befindet sich im durchschnittlichen Alter von 48, zwischen Erst- und Zweitkarriere. Damit gleicht sich der zeitliche Verlauf weiblicher Fertilität jener der Männer an.

Eine »sanfte Eugenik« wird sich durchsetzen. »Harte« Gen-Schäden und -Risiken werden gezielt im Frühstadium der embryonalen Entwicklung aus der menschlichen DNA entfernt. Die dadurch sinkende Zahl von Behinderten führt nicht zu einer Diskriminierung und Ausgrenzung von Behinderten, sondern zum genauen Gegenteil.

Das Reproduktionsrestaurant, anno 2000

Am 3. Februar des Jahres 2000 erschien auf der Titelseite des amerikanischen *Rolling Stone* eine ungewöhnliche Familien-Geschichte. Auf dem Coverfoto präsentierte sich unter dem Titel »The New American Family« eine ungewöhnliche Konfiguration. Da waren Melissa Etheridge, die Folk-Rock-Sängerin, ihre Lebenspartnerin Julie Cypher, eine Filmregisseurin, mit ihren zwei Kindern, Bailey (3) und Beckett (1). Dazu der Country-Rock-Star David Crosby (54), ein grauhaariger, fröhlich-beleibter Mann, legendärer Frontman der Gruppe »Crosby, Stills, Nash & Young«. Und seine Frau Jan, die große Liebe seines Lebens. Nach vielen Gerüchten (war Bruce Springsteen der Vater? Brad Pitt?) hatten Melissa und Julie der Medienöffentlichkeit den realen biologischen Vater ihrer Kinder offenbart: eben David Crosby.

Reporterin: Wie werden Sie von den Kids genannt?

Melissa: Ich bin Mama, Julie ist Mamo.

Reporterin: Wie fand die Befruchtung statt?

Julie: Es war künstliche Befruchtung, im privaten Raum.

Melissa: (lacht) Es waren keine Küchengeräte im Spiel.

Reporterin: Warum hat Julie die Kinder ausgetragen?

Julie: Ich war mehr der »Homebody«, weil Melissa so viele Auftritte hat. Und ich bin fanatisch kerngesund, also richtig gut im Babymachen!

Reporterin: Wie haben Sie David Crosby und seine Frau Jan kennen gelernt?

Melissa: Auf einem Urlaub in Hawaii. Bei einem Gespräch haben wir eher zufällig angesprochen, wie schwierig es für uns ist – wir haben Eizellen, aber mit dem Sperma, das ist so eine Sache... Jan, seine Frau, sagte spontan: »Und was ist mit David?« Es kam von ihr, und das war das Beste, was passieren konnte! Ein paar Wochen später haben wir die beiden angerufen...

Reporterin: Sind die Crosbys die Großeltern?

Julie: Nein, die Crosbys sind unsere besten Freunde.

Reporterin: Was denken eure Familien und Freunde über dieses ungewöhnliche Familienmodell?

Julie: Es sind Enkelkinder. Es ist doch egal, wie wir sie bekommen haben. Hauptsache wir wollten sie. Und nun sind sie willkommen.

Reporterin: Hat David Crosby Vaterpflichten?

Melissa: Er ist eher der Bio-Papa. Er und Jan verstehen völlig, dass wir beide die Eltern sind.

Reporterin: Was ist, wenn die Kinder wissen wollen, wer ihr Vater ist?

Melissa: Vor etwa vier Monaten hat Bailey gefragt: »Habe ich einen Daddy?« Ich antwortete: »Oh ja, das hast du!« – »Wer ist es?«, fragte Bailey. – »Du kennst doch unseren Freund David, den mit dem lustigen Schnurrbart?« – »Hmm«, sagte Bailey und wechselte zum nächsten Thema.

Hier funktioniert sie also mit allgemeinem Einverständnis, die berühmte Trennung zwischen biologischer und sozialer Vaterschaft. Jedenfalls auf den ersten Blick. Im Jahre 2004 haben sich Melissa Etheridge und Julie Cypher getrennt. Über die Modalitäten dieser Trennung wissen wir wenig, auch nicht, zu wem die Kinder gingen, aber wahrscheinlich ist sie nicht mehr und weniger verletzend und schwierig verlaufen wie andere Trennungen auch. Was sagt uns das alles für die weitere Zukunft der Reproduktion?

Reproduktionsrestaurant, revisited

Es war eine große Küche, in der zwei ausladende Holztische aus altem Pinienholz Platz fanden. Die zwei Paare saßen am großen Tisch, die vier Kinder am kleineren.

»Wer will Kaffee?«, fragte Jill. Wie Claire, die neben ihr saß, war sie im siebten Monat schwanger.

»Ich hol ihn schon«, sagte Paul.

»Ich bin schneller«, sagte Gary und stand auf. »Aber was ist mit euch Kindern?«

Es waren zwei Siebenjährige, Junge und Mädchen, und zwei Dreijährige, auch ein gemischtes Paar.

»Coke«, sagte der ältere Junge.

»Will auch Coke«, echote der dreijährige Junge.

»Keine Cola mehr«, intervenierte Jill, die Mutter der beiden Jungs. »Du kannst Wasser haben. Du hast wieder dein Essen nicht gegessen – wegen der vielen Coke!«

»Und wie wär's mit einem *Bitte?*«, fügte Gary hinzu, der Vater des jüngeren Jungen.

Nach dem Essen relaxten die Erwachsenen eine Weile, und dann begann die abendliche Prozedur des Zubettbringens. Die zwei Halbschwestern, die ein Schlafzimmer teilten, bekamen von den Frauen noch etwas vorgelesen. Die zwei Halbbrüder wurden von den Männern ins Bett gebracht. Dann redeten die Erwachsenen eine Weile und sahen fern. Als die Kinder fest schliefen, gingen Gary und Paul ins Bett und trieben es dort noch eine Weile, so lautstark, dass Jill an die Wand klopfte und ein wenig Ruhe anmahnte.

Schließlich verzogen sich auch Jill und Claire in ihr gemeinsames Schlafzimmer. Nackt lagen sie Seite an Seite. Sie fühlten sich zu schwanger für Sex und begnügten sich mit Händehalten. Nachdem sie eine Weile über Garys und Pauls Sexleidenschaft gelästert hatten, legte Claire ihre Hand auf Jills runden, prallen Bauch.

»Wie geht's *unserem* Baby da drin?«

»Super«, lächelte Jill. »Sie hat gerade eine Hockey-Trainingsrunde gestartet. Dann legte sie ihrerseits die Hand auf Jills geschwollene Leibesmitte.

»Und wie geht's *deren* Baby da drin?«

Mit dieser fiktiven Szene aus der Zukunft illustriert Robin Baker den Höhepunkt seiner Überlegungen über das »Reproduktive Restaurant«. Jill, Claire, Gary und Paul sind eine ehemalige Studenten-Wohngemeinschaft, in der im Laufe der Zeit jeweils zwei Kinder gezeugt wurden, in verschiedenen Paarkonstellation. Danach sind beide Männer und beide

Frauen homosexuell geworden. Nun »leisten« sich die beiden gleichgeschlechtlichen Paare *jeweils* ein gemeinsames Kind, das mit gentechnischen Methoden »zusammengebaut« wird und von den beiden Frauen gleichzeitig ausgetragen wird …

Die Szene durchbricht mit eleganter Leichtigkeit Grenzen und Tabus. Sie klingt plausibel, weil manche Elemente heute schon soziale Realität sind (Männer, die schwul werden und sich Kinder wünschen, gibt es heute in jeder zweiten TV-Soap, Wohngemeinschaften mit »kreuzweisen« Kindern schon in meiner Jugend). Was sie aber bemerkenswerter Weise *nicht* widerlegt, ist das Familiäre. Die Treue und Gemeinsamkeit zwischen Menschen. Die Liebe, aus der Kinder entspringen. Sie entkoppelt weder die Reproduktion von der Paarbindung noch das Kinderkriegen vom Sex. Sie rekonstruiert vielmehr ein neues »Gefäß« – einen multisexuellen, multifertilen Haushalt in dem alle auf vielfältigste Weise *mehrfach* miteinander verwandt sind.

Und genau an dieser Stelle vernachlässigt Baker etwas Entscheidendes. Bakers Multi-Repro-WG ist derart überkomplex, dass alle ihre Teilnehmer in kürzester Zeit ausflippen würden. Weil sie die verschiedenen Rollen niemals untereinander ausbalancieren könnten. Bruder, Lover, Partner, Haushaltskollege – dagegen waren die Wohngemeinschaftshöllen unserer Jugend wahre Sanatorien!

Bakers Ensemble wirkt wie eine verquere Totalitätsphantasie im Namen des Reproduktiven. So sehr uns neue gentechnische Methoden neue Optionen erschließen, so wenig können sie doch die Komplexitätsgesetze der Beziehungswelt widerlegen. Die Evolutionsgeschichte hat uns nämlich auch mit einem soliden Bedürfnis nach familiärer Statusstabilität und Rollensicherheit ausgestattet. Menschen, die mit hohen Graden an Ambivalenz und Mehrdeutigkeit konfrontiert werden, neigen dazu, sich zurückzuziehen oder Aggressionen zu entwickeln. Die Ergebnisse sozialer Kooperation sind dann weder vorhersehbar noch steuerbar. Soziale Investitionen werden unkalkulierbar; die Verletzlichkeitsschwelle sinkt – Ende der Gemeinsamkeit.

Alle Reproduktionstechniken, die Baker beschreibt, wird es irgendwann geben. Aber sie werden weitaus *selektiver* und *separater* genutzt werden als in vielen Totalutopien angenommen. Als akzeptierte Optionen für Minderheiten. Als Notfälle. Warum das »Menschenzüchterland« niemals entstehen wird (und warum wir es uns, siehe *Gattaca*, auch gar nicht vorstellen können), liegt ebenfalls an den Gesetzen der Evolution. Denn diese hat in die Entwicklung unserer Spezies als ein Grundprinzip den *genetischen Zufall* eingebaut.

Solange das genetische Material der Menschheit nicht wirklich knapp wird (und die Meldungen vom großen Spermiensterben sind, gelinde gesagt, verfrüht), wäre es evolutionsbiologisch wie soziokulturell völlig unsinnig, auf Sex als Reproduktionsmittel zu verzichten. Wir erinnern uns: Sexualität wurde von der Natur vor knapp 900 Millionen Jahren erfunden, um die genetische Vielfalt zu erhöhen. Im Unterschied zur geschlechtslosen Fortpflanzung sorgt sie dafür, dass die Mitglieder einer Spezies nicht völlig genetisch gleich sind – so können im Überlebenskampf immer Varianten überleben.

Es ist nicht Rückständigkeit oder purer Anachronismus, der uns hartnäckig auf der schiefen Nase und den unvollkommenen IQ unserer Partner (sprich dem romantischen Partnerwahlprinzip) bestehen lässt. Unser Hang zum Individualismus, den wir hartnäckig gegen alle reproduktive Vernunft behaupten, ist auf einer höheren Ebene, nämlich jener der Diversifizierung unseres genetischen Codes, nichts anderes als tiefe evolutionäre Vernunft. Durch »romantisches« Paarungsverhalten erhöhen wir ständig die Mutationsrate des humanen Gencodes. Und in der globalen Welt können wir der Vielfalt unseres Genoms – und damit unserer Überlebensfähigkeit als Spezies – nun noch einige Dimensionen hinzufügen.

Genetic retro: Zurück zum Fertilitätssex

Ich bin Kind eines Zeitalters, in dem Sex vor allem als Sozialpraktik und Genussakt erlernt wurde. Aber nichts ist vergleichbar mit jenen Explosionen, die ein liebendes Paar auf dem Weg zur Reproduktion erzeugen kann. Bruce Sterling, Science-Fiction-Autor und Bruder im Geiste, formulierte es so:

»Weil Empfängnis sexuell ist, können wir sie wahrscheinlich am besten verstehen, wenn wir sie als ›erotisch‹ beschreiben. Empfängnis mag tief in unseren Körpern versteckt und unserer unmittelbaren Wahrnehmung entzogen sein: Aber heute können wir sie sehen, sie ist keine medizinische Abstraktion mehr. Sie ist extrem menschlich. Wie der sexuelle Akt wirkt sie auf den ersten Blick irgendwie schmutzig, obszön. Aber sie hat doch tiefe erotische Elemente. Die Zeugung eines neuen Menschen ist wahrscheinlich der erotischste Akt, der sich überhaupt vorstellen lässt. Er bedeutet, dass sich eine frische Energie auf den Weg macht. Als Menschen müssen wir dies einfach feiern!«[22]

Man stelle sich vor: Eines Tages wäre es völlig normal, seine fertilen Tage zu zelebrieren, Fruchtbarkeit und Potenz nicht nur diskret »wegzustecken«, sondern deutlich zu demonstrieren: »Schau, ich bin fruchtbar. Heute, jetzt! Das ist gefährlich!«

Da Verhütung immer noch in der Macht, aber auch Verantwortung der Frauen liegt, könnten sie auf die Idee kommen, sich dieses kleinen komparativen Vorteils noch ein wenig professioneller zu bedienen. Damit wäre dem Tür und Tor geöffnet, was man »Femi-Geneering« nennen könnte. Weibliche Karriereplanung mit biologischen Methoden. In der neuen, der global-reproduktiven Welt wäre nichts für Frauen lukrativer, als von Boris Becker, David Beckham, Eminem oder einem anderen Alpha-Mann ein Kind zu bekommen. Mindestens 18 Jahre ausgesorgt haben, in die Medien kommen. Das *Besenkammer-Prinzip* (Frau Ermakova lässt erneut grüßen).

Wie werden sich Männer in dieser neuen, erotobiologisch gefährlichen Welt bewegen? Sie werden vor allem zwei Interessen haben, wenn sie ihren sexuellen Leidenschaften weiter frönen wollen (und das wollen wir, im Sinne der Zukunft der Menschheit, hoffen). Sie werden wissen wollen, *wann* die Frau ihre fruchtbaren Tage hat. Und sie werden, über kurz oder lang, eigene Methoden entwickeln, ihre Fruchtbarkeit zu kontrollieren, ohne dass es »jemand« merkt.

Das individualisierte Kind

Wenn wir Eltern in unserem Bekanntenkreis fragen, ob sie glücklich sind, Kinder zu haben, sind die Reaktionen immer ähnlich: Strahlen, zustimmendes Nicken: »Ohne meine Kinder wüsste ich gar nicht, wer ich bin!«

Das ist eine ganz andere Begründung als die genealogische Logik unserer Vorväter. Kinder sind in der urbanen Multikultur nun Ausdruck von *Selbstfindung*. Zwar sind die Gründe für das jeweilige Kind verschieden und durchaus gewissen Retro-Trends unterworfen (ein befreundetes hypermodernes Paar sagte neulich, sie wollten jetzt endlich einen »männlichen Erben machen«, sie hätten schon zwei Töchter, und nun reiche es mit der Feminisierung). Fast immer aber wird Ich-Findung und Kind nicht mehr alternativ, sondern *in eins* gesetzt: Kinder sind *Teil* des Individualisierungsanspruchs geworden.

Kinder sind damit auch Statthalter unserer *Meme*, unserer sozialen Prägungen, Färbungen, Verhaltensweisen. Das Erziehungsideal lautet nicht mehr »Anpassung«, sondern »Eigensinn und Autonomie«. Kinder sind Spiegel, Reflektoren, Lebensbegleiter. Transporteure unserer unerlösten Wünsche. Nicht nur böse Zungen behaupten, Kinder seien neuerdings unsere eigentlichen Partner, unsere *Projekte*, gewissermaßen die Skulpturen unseres unfertigen Lebens.

Selbst die Namen unserer Kinder zeugen vom Willen zum Individuum. Früher nannte man sie nach Großvätern und Vätern. Dann nach Kaisern oder Diktatoren. Heute hat sich das Feld der Namensgebungen weit ins Poetische auseinandergezogen. Mal zeugen Namen von rebellischem Stärkebestreben und Eigensinn (»Leo«, »Maximilian«, »Jeanne«). Oder, schon vokalisch, von verfeinerter musischer Sensibilität (»Sophia«, »Elisabeth«, »Antoine«).

»Vor einem halben Jahrhundert dominierte die Familie komplett das Individuum; heute dominiert das Individuum die Familie. Der Einzelne war früher ein integrierter Teil des familiären Systems, in dem er groß geworden war. Das private Leben war etwas Sekundäres, Untergeordnetes, in vielen Fällen etwas Marginales oder Verheimlichtes. Heute hat sich dieses Verhältnis umgedreht …«[23]

So schrieb es unlängst der amerikanische Familienforscher Antoine Prost. Vor 150 Jahren klang das noch ganz anders, nämlich als moralischer Vorwurf. Im Jahre 1855 schrieb Wilhelm Heinrich Riehl, ein Pionier der empirischen Sozialforschung in seiner Studie *Die Familie* vom »gänzlich falsch verstandenen Emanzipationsanspruch«. Und fuhr fort: »Dieses führt zu unerhörter *Individualisierung* und falscher Selbstständigkeit der weiblichen Natur. Es hat letztens die Zerstörung der Familie zur Folge und mündet in einen Abgrund seelischer Fäulnis.«[24]

Seit es die Familie gibt, wird ihr Zerfall, ihr Niedergang, ihre Perversion beschrieben, werden Eltern des Egoismus und genetischer Fahnenflucht bezichtigt, lautet die Parole alle Jahre wieder: Die Familie in der Krise! Aber sagen unsere heutigen Scheidungsraten wirklich etwas über den Zustand »der Familie« aus? Umfragen und Studien zeigen ein – scheinbares – Paradox: Immer mehr Kinder bezeichnen ihre Familien als Vorbilder, immer mehr Kinder fühlen sich bei ihren Eltern wohl (selbst wenn diese in Scheidung leben). Immer weniger wird die Familie von Gewaltverhältnissen geprägt – in allen Wohlstandsländern registriert man einen kräftigen Rückgang von Prügelstrafe und Gewalt zwischen Ehepartnern. Die familiäre Lebensqualität steigt, während die *institutionellen* Formen brüchiger werden (wenn auch nicht in allen Ländern: in Dänemark sinken die Scheidungsraten und es wird verstärkt geheiratet).

Familie in der Selfness-Kultur

Kinder werden in diesem – und im nächsten Jahrhundert – nicht aus anderen Gründen geboren, sondern aus den verstärkten alten! Weil wir sie lieben. Weil wir sie erhoffen. Weil wir uns in ihnen erkennen und ergänzen, aber auch relativieren. Und die Familie? Ganz einfach: Die Familie passt sich an. Sie ist ein lernendes System, das uns verlässlich in die Zukunft begleitet. Familie »morpht«, primär in folgenden Varianten:

- *Die neue High-care-Familie:* Wir alle kennen jene liebevoll-bemühten Elternpaare, die ein fast unerhörtes Maß an Gemeinsamkeit ausstrahlen. Die Väter beugen sich ständig über die Kinderwägen und murmeln mit sonoren Stimmen. Die Frauen leuchten und lachen auf eine ganz bestimmte Weise, die nach Apfelkuchen und Nachhilfestunden klingt. Die mindestens zwei, gerne auch drei Kinder hören aufs Wort, sprechen rücksichtsvoll und haben immer ordentliche Kleider an. Dieses Familienmodell ist in Zukunft von einem egalitären Verhältnis zwischen den Partnern bestimmt, das die familiäre Existenz ins Zentrum setzt und erfolgreich gegen übergroße Zumutungen der Berufswelt verteidigt. Sie ist Mission und »großes Committment« zugleich: »Neue Männer«, die beruflich zurückstecken können, verbünden sich mit »Neuen Frauen«, die oftmals eine Karriere schon hinter sich haben und Familie als Managementaufgabe mit Emotionszugewinn betrachten. Dieser Typus ist in Skandinavien dominant und prägt einen wunderbar solidarisch-zivilbürgerlichen Charakter.

- *Die neo-aristokratische Familie:* Hier findet sich jener Familientypus, der seine Integrität mit *Distanzen* wahrt. Mann, Frau und Kinder leben in getrennten Sphären, die Freiräume ermöglichen. Beide Elternteile arbeiten in erfüllten Berufen, ihre Autonomie hält Liebe als respektvolle Spannung wach und vermeidet Unterlegenheitsgefühle. Zeit- und Aufmerksamkeitsknappheit wird durch Service-Dienstleistungen im Haushalt bekämpft – nicht mehr die Frauen leisten die Hausarbeit, sondern Dienstkräfte. Der Erziehungsstil ist streng, aber liebevoll, er wird durch Institutionen (Nannys, Kindermädchen, gute Bildungsinstitutionen) professionalisiert. In diesem Modell, das in Großbritannien und Frankreich die Mehrheit bildet, huldigt man der Individualität, die man jedoch als Gemeinwesen organisiert.
- *Die fraktale Netzwerkfamilie:* Und schließlich gewinnen jene Familienkulturen das soziokulturelle Spiel, die sich seufzend und lustvoll dem Chaos der Wirklichkeit ergeben. Bauernhoffamilien, in die moderne Welt gebeamt. Ob man mit oder ohne Ehevertrag, mit linearer oder verzweigter Genealogie zusammenlebt, tut nichts zu Sache. Man ist eingebettet in ein weitverzweigtes Geflecht von »Exes«, Dauer-Freunden, Omas, Lebensbegleitern, die in Krisen (Wann wäre keine Krise?) helfen und bei der Kindererziehung entlasten. Hauptsache Spaß, auch im Stress. Die »Kids« werden im Stil »wohlwollender Vernachlässigung« (Miriam Lau), nein, nicht erzogen, sondern »aufwachsen gelassen«. Man dient dafür gerne als freundlicher

Taxifahrer für die unendlichen Freundeskreise und sozialen Netzwerke. Dieser vitale Typus repräsentiert in Amerika, wo Scheidung keine Katastrophe, sondern Statussymbol ist, längst die Normfamilie. In Italien und anderen Südländern war es nie anders. In Zentraleuropa und Japan kommt der Typus langsam häufiger vor, wird aber von unserem mangelnden Talent für die Kreativität unordentlicher Verhältnisse begrenzt.

Die Geschichte der Familie ist gleichzeitig die Geschichte ihrer Entlastung und Ergänzung, ihrer ungeheuren Flexibilität. Und diese Entwicklung geht, in der globalen Wissensgesellschaft, eine Co-Evolution mit den *generellen* Gesellschaftsstrukturen ein. Der amerikanische Journalist Ethan Watters beschrieb diese Soziostruktur als eine Kultur der »urban tribes«:

»Alle diese Menschen hatten Beziehungen mit mir, aber sie hatte auch alle differenzierte Beziehungen *untereinander.* Ein Geflecht von Liebesaffären, Freundschaften, Rivalitäten, Arbeitspartnerschaften und geteilten Wohnungen umgab mich. Wann immer man zwei von diesen Menschen verband, fand sich eine ganz eigene Geschichte; lange Gespräche, Dramen, geteilte Geheimnisse, Klatsch, gemeinsame Weltsichten ... Ich war von einem unsichtbaren Netz von Bindungen umgeben, das weit mehr war als eine Addierung von Freundschaften ...«[25]

Woran erinnert das, wenn nicht an die alte Großfamilie (besser: an die *Fantasie* einer solchen)? Stellen wir uns vor, wie Fruchtbarkeit in diesem erweiterten, neotribalen Netz aussieht. Stellen wir uns vor, Familiengründung wäre kein *Bruch* mehr, keine Ruptur im Geflecht unserer erwachsenen Beziehungen. Kein Rollenwechsel, sondern ein sanftes Hinübergleiten, ein Ergänzen. Durch das unsere Kinder irgendwann eben *auch* Mütter und Väter sind. Aber eben nicht mehr *nur.* Ich bin mir sicher: Die neuen Reproduktionstechnologien werden uns und unseren erweiterten Familien auf diesem Evolutionspfad Assistenz leisten, anstatt uns in eine dunkle Welt voller Klone und Homunkuli abstürzen zu lassen.

Lernen

Können wir »lebenslang lernen«? • Welche Qualifikationen brauchen wir für die Zukunft? • Wie klug können wir werden?

Früher lernten wir, und dann hörten wir damit auf. In Zukunft lernen wir, ent-lernen und wieder-lernen wir unaufhörlich.

Alvin Toffler

Der Geist hat die Welt transformiert.
Und die Welt zahlt es mit Interesse zurück.

Paul Valery

Yes, we have a soul. But it's made of lots of tiny robots.

Giulio Giorelli

Alya – 2012

2012. Alya legt den Kopf schräg, hebt den Stift, an dessen Ende ein rosa Elefant aus opakem Glas leuchtet, und sagt:

»Das ist eine diskontinuierliche Quantenformel!«

Dann schreibt sie in einer schnellen, fast roboterhaften Bewegung eine Formel auf ihren Laptop, die sofort auf dem Beamer erscheint.

$$X\_Lx = \frac{\wp\,\Pi \bullet \gamma}{\angle \Sigma}$$

Im Saal herrscht Stille. Die fünf anderen Kinder, die in einem offenen Halbkreis vor dem riesigen Softscreen sitzen, auf dem neben mathematischen Reihungen das runde Gesicht von Dr. Bering zu sehen war, einem der führenden Physiker der Welt, reiben sich die Nasen. Auch sie sind verblüfft, und in ihren hocheffektiven Hirnen arbeitet es.

Die Kinder sitzen in einem lichten Saal, dessen gotische Fenster auf einen mauerumkränzten Garten hinausgingen, in dem wie Flammenbündel roter Rhododendron blüht. Auf dem Meer, das durch große Bäume hindurch als blaue Herausforderung zu sehen ist, sieht man einen weißen Frachter, der in Richtung offener Atlantik unterwegs ist.

Dr. Bering seufzt, und sein Gesicht löst sich einen Sekundenbruchteil in Pixel auf, weil ein Satellit über dem Äquator seine Frequenz wechselt. »Alya, du bist heute gut in Form«, sagt er. »Das, was wir hier als Formel sehen, ist eine Struktur von Quantenschaum in einem achtdimensionalen Kontinuum. Nach Moser und Herzog, der damit 2008 den Nobelpreis gewann, haben wir hier einen echten Hebel für die Frage nach der Konsistenz von ... Trans-Temporalität«.

»Zeitreisen, die aber keine Spur im Zeitkontinuum hinterlassen würden«, sagt einer der Jungen, Ethan, der einen Sikh-Turban trägt, in einer zarten, aber ungeduldigen Stimme. Sein hübsches Gesicht ist auf dem ebenmäßigen Braun seiner dominanten Hautfarbe erstaunlicherweise mit Sommersprossen gesprenkelt.

Dr. Bering lässt über seine Tastatur via 8000 Kilometer Distanz nun eine kleine Explosion von Formeln auf dem Schirm erscheinen. Alya stellt sich in die Mitte des Halbkreises und markiert mit dem Laserpointer bestimmte Teile der Formeln rot, lässt sie blinken und rotieren. Und lacht dabei.

Die anderen Kinder lachen mit.

Mein Gott, denkt Bering an anderen Ende der Welt. Eine Zwölfjährige, die eine Quantenschaum-Formel durchdringt! Die dritte in einer Woche. Wohin soll das führen?

Lebenslanges Lernen, revisited

Neulich fuhr ich mit dem Auto durch eine geschäftige mitteleuropäische Stadt. Ich verließ mich auf die sanfte, schmeichelnde Stimme meines Navigationssystems, als mir plötzlich an der Fassade eines großen öffentlichen Gebäudes, eine riesige Aufschrift in revolutionsroten Lettern ins Auge fiel: »Lebenslanges Lernen!«

Ich bekam einen Schreck. Erinnerungsbruchstücke aus meiner Kindheit brachen hervor. Ich roch plötzlich den Geruch der Metallstreben der alten Schulbänke. Dachte an meinen Lateinlehrer, diesen depressiven Sadisten ... An die Schultischplatte, in die unzähligen Namen und

Herzen eingeritzt waren. An den Turnunterricht und den Geruch von Schweiß und Gummi.

Lebenslang? Ist das nicht ein Urteil für Schwerverbrecher? Und was soll am Lernen so schön sein, dass wir nun gleich von früh bis abends, rund um die Uhr, auch an Wochenenden und Feiertagen, womöglich bis ins Grab unsere Zeit damit füllen sollen?

»Eine Ausstellung über die neue Lernkultur« – nahm mein Hirn noch im Vorbeifahren wahr. Lebenslanges Lernen war, als Ausstellung, bereits im Museum angelangt ...

Lernen, so haben wir es gelernt, hat eine Fensterlogik. In der Kindheit ist das Hirn formbar und flexibel, nach außen gewandt. Durch die verschiedenen »kognitiven Fenster« entstehen die höheren Fähigkeiten des Sprechens, Schreibens, Darstellens. Als Erwachsene lernen wir dann allenfalls noch Details. »Einem alten Esel bringt man keine Handstände bei.« »Was Hänschen nicht lernt, lernt Hans nimmermehr.« Wir alle sind aufgewachsen in einem Meer solcher Sprüche, deren Sinnprogrammierung der Soziokultur der industriellen Gesellschaft entspringt. Wir sagen *Aus-Bilden*. Einen *Abschluss* machen! Kann man es noch deutlicher ausdrücken?

Mit dem Lernvorgang regeln sich die sozialen Hierarchien, die Machtverhältnisse zwischen den Generationen. In Prüfungen und Examen bilden sich Zugangscodes: zu Titeln, Schichten und Posten, zu »Arbeitsplätzen«, welche die industrielle Kultur strukturiert. In diesem Menschen- und Weltbild dominiert eine *Scham des Lernens*. Manfred Spitzer, der Gehirnforscher, brachte es so auf den Punkt:

»Wer schon gefestigt ist, sich selbst zu kennen glaubt und sich seiner Identität sicher ist, den bringt Neues zumindest potenziell aus dem Gleis. Daher haben viele Menschen Angst, wenn sie etwas lernen sollen. Das Gekicher in Workshops der Erwachsenenbildung, die ganze Gruppendynamik in Kursen und Seminaren (vom beschnuppernden Vorstellen am Anfang bis zum gemeinsamen Biertrinken hinterher) liefern eindrucksvolle Zeugnisse unserer Art, mit dieser Angst umzugehen (...).«[1]

Wir haben gelernt, dass wir irgendwann »ausgelernt« haben müssen. Nun wird Lernen, unter den Voraussetzungen globaler Märkte und ständiger technischer Neuerungen, ein schreckliches Musswort. Wenn die Firma ökonomisch unter Druck steht und man in drei Monaten auf eine völlig neue Technologie umsteigen muss und deshalb auf einen Schnellkurs geschickt wird, kommt man sich reichlich blöd vor. Je älter, je blöder. »Ich kapier' das nicht mehr. Das sollen die Jungen verstehen!«

Der Geruch von Turnschweiß und Metallstreben, also die Kultur der Belehrung, hängt wie eine Glocke über dem Schönsten, was Menschen tun können: ihren Geist und ihre Erkenntnis erweitern. Und genau dies ändert sich nun.

Eine kleine (Zukunfts-)Geschichte des Lernens

Vor etwa 75 000 Jahren fand im heutigen Kenia eine erste Explosion der kognitiven Fähigkeiten des Homo sapiens statt, eine Protuberanz aus Zeichen, Symbolen und Formen, den die Anthropologen den »Großen Sprung nach vorn« nennen.

»Zu den Fundstücken, die man in einer Höhle im östlichen Kongo entdeckt hat, und die auf diese Periode zurückgehen, gehören kunstvoll gefertigte Knochenwerkzeuge – Dolche, Pfeile und Speerspitzen mit Widerhaken – zusammen mit Schleifsteinen, die offenbar von weit her transportiert waren (...). Ab diesem Zeitpunkt änderten sich die archäologischen Funde dramatisch – ein Wandel, der als Übergang des späten Paläolithikums oder als ›Großer Sprung‹ bekannt wurde (...). Das Werkzeugarsenal des Cro-Magnon-Menschen umfasste kleine Klingen, Nadeln, Ahlen, Schaber, Speerschleudern, Angelhaken, Flöten, vielleicht sogar Kalender (...). Werkzeuge, Höhlenwände, der eigene Körper wurde verziert, man schnitzte Figürchen von Tieren und nackten Frauen (...). Die erste Revolution der Menschheit war kein Sturzbach von Veränderungen durch wenige entscheidende Erfindungen (...). Die wesentliche *Erfindung* war die Erfindung selbst, die sich in vielen hundert Neuerungen abspielte (...).«[2]

Wie kam es zu dieser Kaskade, die den menschlichen Geist in seiner Lernfähigkeit formte?[3] Zwangsläufig war der Prozess keineswegs. Ein Hirn mit überdimensionalem Energieverbrauch und einer im Vergleich zu anderen Tierarten verschwenderischen Fülle symbolischer Fähigkeiten ist ein evolutionäres Risiko ohne gleichen. Der Verhaltensforscher Matt Ridley:

»Die Geschichte des Werkzeugs ist weit davon entfernt, den Lobpreis des menschlichen Erfindungsreichtums zu singen. Sie erzählt vielmehr von einem ermüdenden Konservativismus. Die ersten Steinwerkzeuge vor etwa zweieinhalb Millionen Jahren waren grob behauene Felssplitter. Dann geschah mehr als eine Million Jahre – nichts.«[4]

Richard Dawkins, der Evolutionsbiologe, hat in seinem Buch *Der entzauberte Regenbogen* drei wesentliche Gründe für die erstaunliche Evolution des Humanhirns ins Spiel gebracht.[5]

Erstens: Sprache. Für einen Organismus, der in einer Umgebung voller Gefahren lebt, ist es ein entscheidender Überlebensvorteil, eine effektive Kommunikationsweise zu erlernen. Zwar kann man durch *Nachmachen* eine Menge erreichen. Meisen etwa sind in der Lage, das Durchpicken von Milchflaschen-Metalldeckeln zu lernen. Und es gibt die Neas, eine Papageienart in Neuseeland, die bestimmte Fähigkeiten von Generation zu Generation weitergeben, ohne sie als Instinkte im Erbgut zu verankern. Sie lehren ihre Küken, wie man auf eine bestimmte Weise harte Nüsse knackt. Auch einige Affen haben solche Imitationsfähigkeiten. Aber Sprache schlägt diese Methode um Längen. Vor allem beim Jagen von Großwild, wobei man nun hoch arbeitsteilige Prozesse koordinieren konnte, erweist sich Sprache als wahrer Segen, aber auch als »Erlöser« sozialer Komplexität in Rangkämpfen und Reproduktion.[6]

In der berühmten Affenszene zu Beginn von Stanley Kubricks *2001-Odyssee im Weltall* drischt die Horde besinnungslos schnatternd auf die Gegner ein – ohne jede Koordination. Bis der Monolith erscheint und eine »reflexive Ordnung« schafft, in der nun Werkzeuge entstehen. Und der »cognitive Mind« bald seine Spur am Weltraumhimmel zieht.

Zweitens, so Dawkins, evolutionierte unser Hirn entlang optischer Repräsentationen unserer Umwelt. Es ist von hochgradigem Überlebensvorteil, ein »Mapping« der Umwelt zur Verfügung zu haben. Die ersten Bilder waren Abbildungen von Tieren und – *Karten*! Wer Karten als Orientierungsvorteil besaß, konnte besser Fährten lesen und die Beute erhöhen.

So formt sich unser Geist als Überlebensvorteil in einer Welt von Karnivoren, welcher der Mensch als »Infovore« gegenübertritt, ausgestattet mit Fähigkeiten der Kommunikation. Aber dieser Prozess alleine könnte allenfalls ein mittelgroßes Gehirn erklären. Denn auch andere Tierarten sammeln Informationen über ihre Gegner oder kommunizieren, um zu überleben. Dawkins – und mit ihm eine immer größere Gemeinde von Kognitions- und Evolutionswissenschaftlern – geht davon aus, dass unser nicht nur großes, sondern übergroßes Hirn durch einen »zweiten Replikator« entstand. Die Meme.

Meme sind kulturelle Muster, Wissensstrukturen, Traditionen, »Denkeinheiten«, alles, was auf dem Wege der Imitation, des Lernens und Weitergebens an andere Menschen *kopiert* werden kann. Ähnlich wie die Gene sind auch Meme »egoistisch«. Sie funktionieren wie die Software, die auf einem Bordcomputers (des Hirns) läuft. Ähnlich wie die wuchernde Software aus dem Hause eines gewissen Software-Herstellers benötigen sie immer größere und schnellere Hardware-Speicher. So entsteht in einer Art zellularem Moore-Gesetz das große Hirn aus einem Eskalationswettbewerb zwischen Genen und Memen. Eine »Beule der Evolution«. Oder sagen wir besser: Blüte.

Aus all dem können wir lernen: *Wir lernen am besten unter leichtem Stress.* In einem Zustand mittlerer Erregung ist das Hirn offen für neue Erfahrungen und Muster. Also dann, wenn wir vom Fernseher aufstehen und etwas tun. Wenn wir uns aus unserer Komfortzone hinausbewegen. Wenn unser Hirn durch Neugier und Interesse einen kleinen »Sprung« macht. Wenn wir uns in einem Spannungsverhältnis zur Welt befinden, in dem wir, unsere Empfindungen, unsere Art eine Rolle spielen.

Der Mechanismus des Lernens

Haben Sie schon einmal ein Rattenhirn einen Kampfbomber steuern sehen? Dieser Alptraum ist in einem Labor der University of California Wirklichkeit geworden. In einer Petrischale befinden sich 25 000 wahllos zusammen gemischte Zellen eines Rattenhirns. Verbunden sind sie über winzigen Elektroden mit einem Flugsimulator. Nach wenigen Stunden, so der Versuchsleiter Thomas DeMarse, ein Hirnforscher, organisieren sich die Zellen eigenständig zu einem neuronalen Netz. Sie lernen schnell, einen virtuellen F-22-Kampfbomber in stabiler Fluglage zu halten und ihn schließlich auch durch heftige Turbulenzen zu steuern; »belohnt« wurden sie dabei durch eine allmähliche Verstärkung der elektrischen Impulse.[7]

Nerven- und Hirnzellen sind evolutionär sehr alt. Die 100 Milliarden Zellen unseres Gehirns entsprechen in ihren synaptischen Reaktionen (Reiz, Leistung, Speicherung) ähnlichen Zellarten in Quallen oder Löwen. Lediglich ihre *Organisation* in Kortex, Neokortex, limbisches System und so weiter differiert zwischen den Spezies. Ihr »Wesen« besteht vor allem in ihrer Fähigkeit zur Selbstorganisation, mit der sie auf die Umwelt reagieren. Hirnzellen sind *zellulare Antipoden* der Umwelt. Sie sind gebaut, um zu reagieren und sich entlang von Umweltreizen zu gruppieren.

Um die 1,5 Kilogramm, die ein menschliches Gehirn durchschnittlich auf die Waage bringt, zu erzeugen und zu unterhalten, ist ein hoher physiologischer Preis zu entrichten. 50 Prozent aller Gene des menschlichen Genoms werden zur Konstruktion des Hirnes gebraucht. 30 Prozent der Energie, die der menschliche Körper erzeugt, dient dem Unterhalt des Eiweißklumpens in unserem Schädel, dessen Temperatur und Biochemie noch viel genauer austariert sein muss als die der Gliedmaßen. Bei Neugeborenen sogar 60 Prozent. Und trotzdem läuft nichts ohne äußeren Input. Kinder, die in den entscheidenden Phasen ihrer Entwicklung – Sprachbildung, Motorik, Erkennen – soziale Isolation erfahren, erleiden schwere organische Schäden. In ihren Hirnen sind *physische* Schäden sichtbar, regelrechte schwarze Löcher, in denen Hirnzellen und neuronale Verbindungen fehlen.[8]

In seinem Aufsatz *The Psychology of Curiosity*[9] aus dem Jahre 1994 hat der Psychologe George Loewenstein das menschliche Lernen als immer wiederkehrenden semantischen Prozess dechiffriert – von These, Selektion und Bewahrung. In unseren Hirnen, so Loewenstein, ist ein individueller »set« von Mustern verankert, mit denen wir uns ein kohärentes Bild unserer Umgebung machen. Stoßen wir nun auf ein äußeres Signal, das im Widerspruch zu dieser »inneren Ordnung«

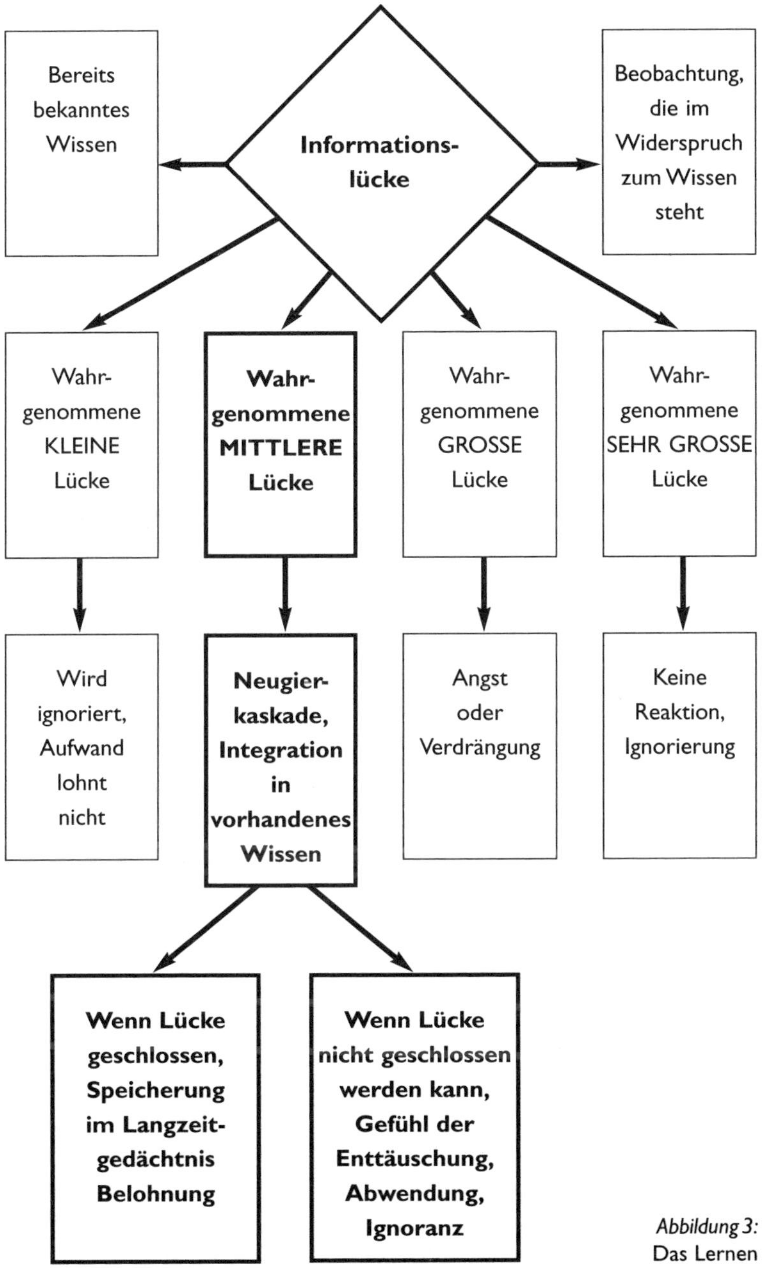

Abbildung 3:
Das Lernen

steht, wird eine Kaskade neuronaler Ausschüttungen in Gang gesetzt, welche die Synapsen aufnahmefähig für neue Muster und Verbindungen machen.[10] Dann erzeugt das Hirn einen »Schwarm« vielfältiger Lösungsmodelle (Thesen), bis es sich schließlich entscheidet, eine bestimmte These als die Richtige zu akzeptieren (Selektion), die dann im Gedächtnis verankert wird (Bewahrung). Somit entsteht ein neues, stabiles Muster im Hippocampus, in dem die »innere Repräsentanz« wieder mit dem erfahrenen Außen ins Gleichgewicht gebracht wird.[11] Dieses Verankern erzeugt eine Welle des neuronalen Glücksgefühls, unterstützt von der Ausschüttung von Dopaminen: Aha, ich habe es erkannt![12]

Unser Hirn ist also nichts anderes als eine *evolutionäre Differenzmaschine,* die mittels des Mechanismus Vermutung – Selektion – Bewahrung ständig neue neuronale Balancen herstellt und dabei ständig komplexere Strukturen erstellt, die dann, auf dem Wege genetischer Selektion, an die Nachfahren weitergegeben werden. Allerdings kann man diesen Prozess auch stören, sabotieren oder einfach in sein Gegenteil verkehren. Zum Beispiel mit Schulen. Oder neurologischen Trickstrategien.

Fake Learning oder die Lust an der mentalen Regression

Müsste mit diesem kognitiven Mechanismus, der in unsere Gene eingebaut ist, die Menschheit nicht automatisch immer klüger werden? Die Antwort lautet wie bei Radio Eriwan: im Prinzip ja. Aber: Wie der Junkie beim Schuss seine inneren Glückssubstanzen manipuliert (und langfristig lahm legt, was zur Sucht führt), neigen Menschen dazu, die Schokolade *vor* der Mühe einzuheimsen.

Eine probate Methode dafür ist Ideologie. Hier wird die mühsame Arbeit der kognitiven Dissonanz zugunsten eines verkürzten Erkenntnis-Belohnungssystems umgangen. Wahrnehmungen, die »stören«, werden sofort kognitiv verankert. Jeder, der einmal mit einem überzeugten Dogmatiker diskutiert hat – beispielsweise mit sich selbst in seiner Jugend –, kennt dieses triumphale Gefühl, wenn man *alles besser weiß*. Aber – das ist ja nur eine Ableitung des Hauptwiderspruchs! Schließlich leben wir im Turbokapitalismus. Ganze Prozessionen von Dopamin-Süchtigen findet man heute noch auf den Straßen, sie tragen Plakate wie »Kein Krieg für Öl!« oder »Kapitalismus ist schlecht!«

Auch Religion *kann* (muss nicht) neurobiologisch auf diese Weise funktionieren. Hier codiert das Hirn wahrgenommene große Lücken um – und vermeidet Angsteffekte. Die Welt ist schlecht und hoffnungslos? Ja, aber die Erlösung ist nah! Wir sind sterblich und kurzlebig? Na klar, aber wir werden im Paradies von 70 Jungfrauen umsorgt.

Die unbedingte Größe Allahs, die finale Überlegenheit des marxistischen Materialismus, die moralisch-geistige Überlegenheit der Serben, der unvermeidbare ökologische Untergang – all dies sind »Mind-Drogen«, mit denen man sich in einen Zustand neuronalen Highs versetzen kann (bis hin zum »freudigen Suizid«). Aber auch schlichte Alltagsklischees (Ausländer sind doof, Männer sind Schweine, Natur ist gut) funktionieren nach diesem Gesetze des Dopamin-Doping. Noch besser wirken Verschwörungstheorien, bei denen man »Schuldige« benennen kann. Hier haben wir den wahren Grund für das glückselig-blöde Grinsen auf den Gesichtern von Neonazis, Selbstmord-Fundamentalisten, reaktionären Hausmeistern und Dieter Bohlen. Sie sind auf dem *Kick*. Sie stellen ihre kleine, miese Erkenntnisdroge ständig im Hirn her. Sie belohnen sich für Nicht-Lernen. *Und natürlich geht es ihnen wirklich gut dabei!*

Lernen im Alter

Noch vor zehn Jahren war es eine allgemeine Erkenntnis, dass Hirne nicht »wachsen« können, weil Synapsen sich nicht erneuern – eines der klassischen »Storyboards« der Industriekultur, in dem der Einzelne als Maschinenteil betrachtet wurde. Mit spätestens 20, so das Credo, sind sowohl körperliche als auch geistige Leistungsfähigkeit auf dem Höhepunkt. Von nun an geht's bergab.

Erst die neuere Schlaganfallforschung brachte Indizien, dass Gehirnzellen sich *sehr wohl* vermehren können. Im Jahre 1997 wurde nachgewiesen, dass sich bei Mäusen Nervenzellen im Hippocampus neu bilden, wenn sie sich in einer differenzierten und interessanten Umgebung befinden. Und seit einigen Jahren wird in der Neurobiologie nun vorsichtig davon ausgegangen, dass bei Lernprozessen *immer* auch eine gewisse Anzahl neuer Nervenzellen eine Rolle spielen.[13]

Doch obwohl das Hirn sich als eine weitaus höhere Plastizität darstellt, als wir bislang vermuteten,[14] kehren wir im Alter fast immer zu unseren »early learnings« zurück. Mein Großvater zitierte von dem Moment an, als er 80 wurde (er sollte noch acht segensreiche Jahre leben) unentwegt, von morgens bis abends, die *Ilias* und andere griechische Originaltexte. Wenn das Gedächtnis schwindet, bleiben die *stärksten* Synapsenprägungen die dominantesten.

Im Licht der Evolutionskognition ist dies eine sinnvoller Mechanismus. Der Organismus spart Ressourcen, er ist reproduktionslogisch ja »erledigt«. Aber die Ausweitung der Lebensspanne setzt uns mitten hinein in eine andere soziale und kognitive Umwelt. In ihr lohnt es sich, als Großvater noch einmal zu neuen Erkenntnissen aufzubrechen. Oder mit 60 Vater zu werden, und dies auch noch – Skandal! – zu *genießen!*

Intelligenz als »Sozialfall«

Im Jahre 2005 entdeckten die Anthropologen um den Australier Peter Browns und den Indonesier Thomas Sutnika auf der ostindonesischen Insel Flores eine Sensation, die nicht nur die Fachwelt, sondern auch die Medien bis heute beschäftigt: den *Homo floresiensis*, eine kaum einen Meter große Menschenart, der körperlich alle Merkmale der Hominiden aufwies, aber nur über ein winziges Hirn verfügte. Zuerst dachte man an einen Affen, dann Pygmäen, dann an eine Fälschung. Aber dann musste man erkennen, dass sich unser Bild des Menschen wieder einmal als korrekturbedürftig erwiesen hatte.

Wie konnte sich auf dem Planeten eine so starke Differenzierung innerhalb einer Spezies ausbilden? Hier Sapiens sapiens, mit seinen ungewöhnlichen, ja fast monströsen Hirnvolumen, dort der »Floresiensis« mit seinem Schimpansenhirn, kaum größer als eine Grapefruit? Ist der Flores-Mensch ein Missing Link der Evolution? Nein. Seine Existenz, die vom Homo erectus herstammt, endet irgendwann vor 15 000 Jahren sang- und klanglos; ein Neben-Strang der großen Human-Stammbäume, die immer nur im Rückblick einen Sinn ergeben.

Der Flores-Mensch beweist noch einmal drastisch Darwins Theorien. Seine Existenz sagt uns: *Intelligenz ist eine Anpassungsleistung, die aber nicht bedingungslos weiter verfolgt wird.* Das Gehirn kann sich auch wieder zurückentwickeln, wenn es in einer Umweltsituation nicht »gebraucht« wird.

Je mehr sich die Anthropologen in die Geschichte des Geistes begeben, desto deutlicher wird die Bedeutung des *sozialen* Elementes. Karl Zilles, Hirnforscher an der Universität von Düsseldorf, hat mit aufwändigen Computersimulationen nachgewiesen, dass es vor allem die Großhirnrinde war, die sich bei Sapiens sapiens stark vergrößerte. Beide Bereiche sind für das Sozialverhalten zuständig. Der Selektionsdruck, der zum Menschen führte, basierte also auf sozialer Kommunikation, wie sie in großen, komplexen Stammesgemeinschaften stattfand.

Der Homo floresiensis lebte jedoch Jahrtausende auf einer isolierten Insel in kleinen Höhlengemeinschaften mit etwa 30 bis 40 Mitgliedern. Schimpansen leben in Verbänden von maximal 60 Tieren; Homo erectus mit 100; und der Sapiens bevorzugt jene magische Zahl von 120 Individuen, die sowohl indigene Stämme als auch römische Kohorten und moderne Unternehmen als Idealmaß von kooperationsfähigen Gruppen wählten. Der Hirnforscher Robin Dunbar macht daraus eine einfache Rechnung auf: »Die Entwicklung zu immer größeren Hirnen entstand aus der Notwendigkeit, in einer komplexen sozialen Welt zurechtzukommen!«[15]

Man kann dem Homo floresiensis sein kleines Hirn also nicht vorwerfen. Im Gegenteil. Er passte sich nur evolutionär klug an seine Umwelt an. Die Nahrungsvorräte auf der Insel Flores reichen nicht, um ein sehr großes Hirn hochkalorisch zu unterhalten, ernähren aber sehr wohl den Primaten. Fleischreiche Großtiere oder Raubtiere, die man in aufwändigen Kooperationen jagen oder abwehren muss, gab es nicht. Und der kleine Mensch wurde auch nicht von bösartigen Artgenossen kriegerisch herausgefordert. So lebte er, wahrscheinlich glücklich und zufrieden, einige zigtausend Jahre in seinen Höhlen. Was ihn letzten Endes umbrachte, wissen wir nicht. Dummheit war es mit Sicherheit nicht.

Für die Zukunft unseres Denkapparates gibt uns dies einige Hinweise. In der globalen Welt kommuniziert jeder von uns mit Tausenden von Menschen. Kommunikation ist *das* Merkmal unserer Epoche. Wenn die menschliche Intelligenz eine Variable der kommunikativen Komplexität menschlicher Gruppen wäre – dann müsste sich unser IQ langfristig gewaltig steigern!

Werden wir dümmer oder klüger?

Dass die Menschheit jeden Tag ein wenig blöder wird, dass unsere Kinder (besser gesagt: die Kinder des *Nachbarn*) mehr und mehr zu grenzdebilen Süßigkeitenmonstern mutieren, dass Nachbarn und Amerikaner dumpfe Bauerntölpel sind und »Unterschichtenfernsehen« die Menschheit endgültig verblöden wird – das ist eine weit verbreitete Grundeinstellung des modernen Zivilisationsbewohners. Und vieles spricht dafür. Trotzdem: Wir werden, unterm Strich und über lange Zeit als Menschheit immer *klüger*.

Machen wir an dieser Stelle wieder unseren Zeitreisetest. Beamen wir uns zunächst in die fünfziger Jahre des vergangenen Jahrhunderts. Stellen wir uns vor, wie würden unsere Vorfahren und Verwandten treffen. Und mit ihnen eine Diskussion über, sagen wir, Beziehungsprobleme führen. Bin Laden. Einstein. Hitler. Agrarsubventionen in Brüssel. Oder die Bedeutung des Altersfaktors in der Rentenversicherung. Gehen wir dann auf die Straße und unterhalten wir uns mit den »einfachen Menschen«. Gehen wir in Kneipen und Restaurants. Und von da aus sukzessive weiter in die Vergangenheit.

70 Prozent der Bewohner der Großstädte Europas in den zwanziger Jahren waren in erster Generation vom Land emigrierte Bauern. Der durchschnittliche amerikanische Mann hatte 1920 »das Mentalalter eines 14-jährigen Kindes«.[16] Menschen redeten nicht viel in der agrari-

schen Welt. 76 Prozent der Erwachsenen der Erde können heute lesen, 1990 waren es erst 64, in den sechziger Jahren nur 42 Prozent. Noch vor zwanzig, dreißig Jahren (und bisweilen noch heute) konnte man einflussreiche Stimmen vernehmen, die behaupteten, dass »Naturvölker« sich nicht für die Alphabetisierung eignen würden ... Heute haben wir gewaltige Bildungsexplosionen vor allem in der asiatischen Welt zu verzeichnen.

Ich behaupte: Auch wenn das, was heute Herr Meier und Frau Schmidt in eine Fernsehkamera äußern, nicht immer besonders gebildet *klingt* – es enthält dennoch weitaus mehr Reflektionsgrade als »früher«.

Der neuseeländische Professor James R. Flynn untersuchte viele Jahrzehnte lang akribisch die Intelligenzentwicklung auf unserem Planeten. Und kam, aufgrund von Langfristdaten in 20 Ländern der Erde, zu erstaunlichen Ergebnissen: Der Durchschnitts-IQ in der Breite aller Bevölkerungen erhöht sich unaufhörlich. Flynn fand Anstiege zwischen 5 und 30 Punkten in gerade einmal 25 Jahren, also einer Generation. Die Deutschen etwa verbesserten sich von 1954 bis 1981 um 17 Punkte. Eine 1982 getestete Gruppe holländischer Rekruten schlug die Jahrgänge ihrer Väter um glatte 20 IQ-Punkte – im Reich der Intelligenzmessung eine unglaubliche Punktzahl.

In dem Buch *The Rising Curve*[17] ist man diesem erstaunlichen Phänomen auf den Grund gegangen. Die Kurve der Intelligenzverteilung wandert tatsächlich in den allermeisten Regionen der Erde ständig in den höheren Bereich. Im Wesentlichen sind es vier Faktoren, die in den *meisten* Ländern der Erde das Intelligenzpotenzial immer weiter erhöht haben:

- *Ernährung:* Intelligenzleistungen sind genuin abhängig von einer kohlehydrat- und vitaminreichen Kost. Trotz aller Vorwürfe gegen »Fast Food«: gerade die hochkalorischen und zuckerreichen Nahrungsmittel sind das, was dem Homo floresiensis fehlte. Die Ernährungsqualität hat sich für den allergrößten Teil der Menschheit in den letzten Jahrzehnten massiv verbessert, und sie ist, wenn man den seriösen Studien folgt, auch *qualitativ* besser geworden. Radikal zurückgegangen sind dagegen schwere Kinderkrankheiten, die die Intelligenzentwicklung nachhaltig stören können.

- *Bildung:* Der »Flynn-Faktor« korreliert logischerweise mit der Entwicklung des Bildungspotenzials. Noch Anfang des 20. Jahrhunderts ging in den ländlichen Regionen Europas kaum jedes zweite Kind in die Schule. Der weltweite jährliche »Input« an schulischer Bildung in die Menschen hat sich seitdem verzwanzigfacht.
- *Erziehung:* Weitverbreiteten Vorurteilen zum Trotz kümmern sich Eltern heute weit *mehr* um ihren Nachwuchs als in der Vergangenheit. Kindererziehung wird in einem weitaus höheren Ausmaß als früher pädagogisiert, problematisiert und professionalisiert.
- *Mediale Vernetzung:* Die moderne Zivilisation hat eine ungeheuere Vielfalt von »kognitiven Vernetzungsmaschinen«, vulgo Medien erzeugt. Gerade die Massenmedien, oft für ihre Verdummungsfunktion gescholten, tragen auf direkte und indirekte Weise enorm zur »Weltbildung« bei (und sei es nur, indem man auf sie schimpft). Auch und gerade in der hypermedialen Umwelt gilt: Intelligenz ist nichts anderes als eine Adaption des Menschen an neue Bedingungen.[18]

Auch wenn die Tendenz zur ständigen Intelligenzsteigerung nach einigen neueren Forschungen ein Ende gefunden hat:[19] Im Kontext der globalen Wissensgesellschaft mit ihren immer vielfältigeren Verknüpfungssystemen von Mobilität, Medien und Netzwerken wird der Geist unaufhörlich stimuliert, herausgefordert, in Lernstress versetzt. Er antwortet darauf mit immer filigraneren Fähigkeiten. Unter anderem auch mit einer »Anpassung«, die auf den ersten Blick wie eine Retardierung wirkt: mit so genannten Inselbegabungen.

Übersensibilität und Intelligenz

In einem der schönsten Bücher, die ich je gelesen habe, *Supergute Tage*,[20] wird die Reise des jungen Christopher von einem Vorort von London, wo er bei seinem Vater wohnt, in die Innenstadt zu seiner Mutter geschildert. Es ist nur eine kurzer S- und U-Bahntrip. Aber auf diesem Weg wird man mit einer ungeheuren Welt von Sinneneindrücken, Intensitäten, Detailwahrnehmungen konfrontiert, gegen die ein Drogentrip nur ein müdes Nieseln ist. Christophers Geschichte rührt einen deshalb so tief, weil wir spüren, dass tief in unserem Inneren eine hypersensible Seele wohnt, die unter dem Ansturm der modernen Zivilisation am liebsten »Groanen« möchte (Christopher stöhnt auf diese Weise, wenn ihn der Ansturm der Sinnenseindrücke überfordert). Wir ahnen, dass nur eine dünne Haut des Weltverstehens uns vom Chaos trennt.[21]

Christopher leidet unter der Asperger-Krankheit, eine Variante aus dem Formenkreis des Autismus. Aber *leidet* er wirklich – oder findet in seinem Hirn nur eine Variante gesteigerter Wirklichkeitsauswertung statt? Aspergertum ist inzwischen zu einem regelrechten »urbanen Hype« geworden. »Du bist Asperger« ist in London eine halb zynische, halb bewundernde Metapher für ein zickiges Sozialverhalten: Du bist hoffnungslos übersensibel, aber du bist auch toll und interessant! In mehreren Kolumnen in der englischen Presse tauchte der Begriff als männerfeindlicher Vorwurf auf, meist mit dem Hinweis auf neuere Forschungen, nach denen Autismus durch einen Vergiftung mit dem männlichen Hormon Testosteron im Mutterleib verursacht wird.

Männlichkeit, so sagen viele Forscher heute, ist eine milde Form von Autismus. Die »linearen« Hirne von Autisten sind (man beobachte Männer beim Basteln im Keller oder auf der Karrierespur) in gewisser Weise extremisierte Männerhirne (so behauptet es zum Beispiel der Psychologe Simon Baron-Cohen, auch er ein Autismus-Forscher). Alle Genies oder großen Talente, so eine durch mancherlei Erfahrung gestützte Vermutung, sind in manchem Sinne »sanfte Autisten«, die sich von der Umwelt abschotten, um ihren Inselbegabungen nachzugehen. (Oder deshalb Inselbegabungen entwickeln, weil ihr Hirn Meta-Funktionen abschaltet?)[22] Dazu passt Einsteins spätere Selbstbeschreibung:

> »In Gleichgültigkeit verwandelte Hypersensibilität. In Jugend innerlich gehemmt und weltfremd. Glasscheibe zwischen Subjekt und anderen Menschen. Unmotiviertes Misstrauen. Papierne Ersatzwelt. Asketische Anwandlungen.«[23]

Auf einer gewissen Ebene betrachtet ist diese Selbstbeschreibung nichts anderes als ein Durchschnittsportrait heutiger Jugendlicher. Könnte es sein, dass die menschliche Empfindsamkeit unaufhörlich in der Breite wächst? Dass immer mehr ganz »normale« Menschen jene seltsame Allergie gegenüber der Welt entwickeln, die womöglich Anzeichen einer höheren Spezialintelligenz ist?

Temple Grandin, eine Autistin, wurde durch ihre Reflexionen über die Wirklichkeitswahrnehmung von »Normalen« und »Anderssehenden« weltberühmt. In ihrem Buch *Animals in Translation* schildert Grandin, wie und warum sie Schlachthöfe neu gestalten konnte. Ja, Schlachthöfe. Autisten können – und dies ist nur ein winziges Beispiel für ihre Fähigkeiten – die Welt »aus der Sicht von Tieren« sehen. Und so half sie, in Hunderten von Schlachthöfen der westlichen Welt Leid und Stress der Tiere zu verringern. »Mein Gehirn arbeitet genau, wie Google arbeitet«, sagt Grandin in einem Interview in der Zeitung *Guardian* (2.6.2005, S. 14). »Autistisches Denken ist Detailarbeit. Ich füge mehr und mehr Daten in meinen Datenspeicher, während die ›Anderen‹, die sogenannten Normalen, immer sogleich Abstraktionen bilden.« Mit anderen Worten: Wer »normal« wahrnimmt, sieht die Bäume vor lauter Wald nicht. Und trimmt womöglich die falschen (Zukunfts-)Entscheidungen.

Was »Abweichungsgenies« über unsere Zukunft sagen

Beate Hermelin, Psychologieprofessorin an der Universität in London, hat bis in ihr hohes Alter die Fähigkeiten von so genannten »Savants« erforscht. Savants sind Autisten mit erstaunlichen »Inselbegabungen«. Savants können alle Kalenderwochentage bis zum Jahr 15 000 in Sekundenbruchteilen ausspucken. Die Skyline von New York aus dem Gedächtnis zeichnen. Oder ganze Menuette auf dem Klavier spielen, die sie soeben zum ersten Mal im Radio gehört haben.[24] Aber es mangelt ihnen, wie allen Autisten, an Empathie und Verbindung zur sozialen Umwelt.

Der Film *Rain Man* rekurriert auf diese erstaunlichen Fähigkeiten und lässt seine Hauptfigur, gespielt von Dustin Hoffmann, die Anzahl von aus der Schachtel gefallenen Streichhölzern in Sekundenbruchteilen bestimmen. In dem Oscar-gekrönten Film *A Beautiful Mind* wird klar, wie fragil unsere Intelligenz ist, wenn sie die Grenzen des Genies erreicht. Der Film geht auf die reale Geschichte des Mathematikers John Nash zurück, der für mathematische Erkenntnisse im Bereich der Spieltheorie den Nobelpreis erhielt. Nash sieht in Zeitungen, Illustrierten und im Fernsehen überall Muster, Zahlenkolonnen mit Zusammenhängen. Schließlich halluziniert er in seinem Wahn eine CIA-Einheit, die ihn beauftragt hat, ein geheimes Atombombenprogramm der Russen zu vereiteln, indem er die geheimen Botschaften des KGB in den amerikanischen Zeitschriften dechiffriert. Eine ergreifende Geschichte über Sensibilität, Genie und Wahn.[25]

Werden wir, wie Jorge Luis Borges einmal in seiner Figur »Funes the Memorius« ausmalte, Menschen mit *totalem Gedächtnis* haben, die dann über völlig andere Sprachen und »Registraturen« verfügen?

»Er hatte eine Sprache, in der er für jedes Objekt einen Namen hatte, für jeden individuellen Felsen, Blätter, Wolken. Er kannte die Formen der südlichen Wolken am 30. April 1822 an einem bestimmten Horizont und konnte sie mit den gefleckten Streifen auf dem Einband eines Buches vergleichen, das er nur einmal gesehen hatte.«[26]

Savants zeigen uns zweierlei: Erstens dass im menschlichen Hirn unglaubliche Fähigkeiten schlummern, die sogar mit Hochleistungscomputern mithalten können. Zweitens aber verdeutlichen sie die Empfindlichkeit des kognitiven Prozesses. Die Evolution des menschlichen Hirnes ähnelt, so der englische Archäologe Steven Mithen, dem Bau einer Kathedrale. Erst wird das Hauptschiff gebaut, dann die Nebenschiffe und die Seitenkapellen. In diesen »Trakten« bringen wir die verschiedenen Teile unserer Intelligenz unter: sprachliche, soziale, technische, natürliche Intelligenz. All diese Separatintelligenzen existieren teilweise auch bei Tieren. Aber beim Menschen entstehen Fenster zwischen den Gebäudeteilen, Gänge, Verbindungen, und damit »kognitive Fluidität«, in der wir die Welt aus den unterschiedlichsten Gesichtswinkeln sehen können. Das macht das Außergewöhnliche, aber auch das Fragile – siehe Autismus – des menschlichen Bewusstseins aus.[27]

In gewisser Weise können wir das Gehirn »zerlegen« – und die Einzelteile zu verstärkter Aktivität antreiben. Robyn Young von der australischen Flinders University experimentiert seit vielen Jahren mit

Magnetstimulationen. Wenn sie bestimmte Hirnareale ihrer Testpersonen anregt, können diese plötzlich genial Tiere zeichnen oder Wochentage bis ins Jahr 15 000 bestimmen. Niels Birbaumer an der Universität Tübingen ist noch einen Schritt weiter: Er schult Probanden, ihre Gehirnaktivität *wissentlich* so weit zu kontrollieren, dass sie etwa einen Cursor auf einem Bildschirm mental kontrollieren können.

Ist es Zufall, dass in vielen Wohlstandsländern derzeit die autistischen Erkrankungsformen stark zunehmen (nein, das liegt nicht, wie lange gedacht, an Impfungen)? Werden in den Teams großer Unternehmen in Zukunft Savants und Aspergers sitzen, die mit rasender Geschwindigkeit Teilphänomene durchdringen, weil die Komplexität ansonsten nicht zu bezwingen wäre? Und wer wird diese Einzeltalente wieder zu einem kognitiven »Meta-Brain« zusammenfügen? Eins ist gewiss: Solche Fragen werden uns quer durch dieses Jahrhundert verfolgen. Einzel- und Tunnelbegabungen werden, in welcher Form auch immer, eine wichtige Rolle spielen in dem »Mindgame«, das nun beginnt. In dem sich unsere Hirne mit immer komplexeren Echtzeit-Welten auseinander setzen – und dabei adaptive Leistungen vollbringen müssen.

In Zukunft: die Hochbildungsgesellschaft

In meinem unmittelbaren Bekanntenkreis gibt es eine Menge Eltern, die fest davon überzeugt sind, ihre Sprösslinge befänden sich im begnadeten Status der Hochbegabung. Damit begründet sich so ziemlich alles. Schlechte Schulnoten und gute Schulnoten. Auffälliges Sozialverhalten und Überanpassung. Sogar Mittelmäßigkeit kann man mit einigem Geschick auf Hochbegabung zurückführen (»Eine typische Stressreaktion des kleinen Martin, der seine Talente unterfordert sieht!«).

Natürlich ist Hochbegabung ein »Hype«, der wunderbar in unsere Zeit passt (viel schicker auch als die eher sperrige »Legasthenie« früherer Tage). Aber wenn sich die Intelligenzkurve der Menschheit tatsächlich weiter nach oben verschiebt, dann müsste nach der Gausschen Verteilungskurve automatisch die Anzahl der Hochbegabten und Andersbegabten steigen.

Die Frage ist nur: Wie gehen wir mit diesem Phänomen um? Menschen mit besonderen Fähigkeiten wurden im Rahmen des industriellen Bildungssystems als Störenfriede gebrandmarkt – sie endeten nicht selten als Außenseiter, mit Depressionen. In der Individualisierungswelle, die unsere modernen Kulturen heute durchlaufen, könnte sich das Blatt wenden. Die kreative Gesellschaft kann mit Spezialisten, Sonderlingen und Inselbegabten anders umgehen. Sie wird sie in gewisser Weise »züchten«. Und in diesem Kontext stellen sich die Fragen: Wie gebildet können Menschen, können ganze Gesellschaften werden? Wie viele Hochgebildete sollte eine Gesellschaft beziehungsweise eine Ökonomie haben?

Im mitteleuropäischen Kulturkreis lautet die Antwort meistens: Mehr als 15 Prozent taugen nicht zum Abitur! Der Rest ist zu wenig talentiert! Probieren Sie es aus – diskutieren Sie diese Frage auf einem x-beliebigen Stammtisch, in *einer* Talkshow in Deutschland, Österreich oder der Schweiz. Und nennen Sie dabei folgende Zahlen:

- In Finnland haben zu Beginn des 21. Jahrhunderts 85 Prozent der 20-Jährigen einen tertiären Bildungsabschluss in der Tasche und sind somit hochschulberechtigt. 71 Prozent beginnen ein Studium, 65 schließen es auch ab (Deutschland: 34 Prozent mit tertiärem Bildungsabschluss, 25 Prozent studieren und 18 Prozent schließen das Studium ab).[28]
- In Südkorea, Taiwan, Singapur ist der Bildungsgrad der Bevölkerung heute breiter *und* höher als in Zentraleuropa. In China steigt die Quote der tertiären Bildung steil an und wird bereits in zehn Jahren die 40-Prozent-Marke erreichen.
- In Australien studieren nach der OECD-Statistik von 2004 77 Prozent, in Schweden 75 Prozent und in den USA 64 Prozent der jungen Alterskohorte.[29]

Wann immer ich diese Zahlen auf einem Podium darstelle, ernte ich sofort bizarre Abwehrreaktionen. Die erste Schützengrabenlinie wird von der alten Bildungsbürgerfraktion gehalten: »Was? Das sollen *gebildete* Menschen sein? Latein und Altgriechisch können die wohl kaum! Das ist ja alles nur Pseudowissen!«

Nach den PISA-Ergebnissen sind solche Reaktionen zwar etwas

kleinlauter geworden, aber sofort folgt die zweite Abwehrwelle: »Wie soll denn das im Arbeitsmarkt funktionieren? Wollen wir uns gegenseitig Plato vorlesen? Das führt doch nur zu akademischer Arbeitslosigkeit, die Industrie kann doch so viele Akademiker gar nicht verkraften!«

Hintergrund dieses Sperrfeuers ist unsere starre, elitäre Vorstellung von Bildung und Hochbildung, die im industriellen System noch ihre Berechtigung gehabt haben mag, in der Ökonomie des Wissens aber völlig ihren Sinn verliert. Viele Studien zeigen, dass eine Erhöhung des Humankapitals durch eine breite tertiäre Bildung die gesamte Wirtschaft boostet.[30] Jedes Jahr an zusätzlicher Bildung, das eine Bevölkerung im Durchschnitt genießt, steigert das Bruttosozialprodukt um 3 bis 6 Prozent. In Irland, dem wachstumsstärksten Land Europas in den letzten Jahrzehnten, absolvieren sechs von zehn jungen Bürgern ein Studium. Bildung erzeugt einen generellen Aufwärtsdrift in der Gesellschaft, der segensreich auch für den sozialen Frieden wirkt. Der Strukturwandel wird vorangetrieben, die Mindestlöhne steigen, die Aufwärtsmobilität nimmt zu, und wenn man es geschickt macht, werden auch soziale Unterschiede ausgeglichen oder zumindest relativiert.[31]

Warum aber tun wir uns so schwer, von unserer alten Idee von Bildung abzurücken?

Eine kleine (Zukunfts-)Geschichte der Schule

Die Geschichte der Volksbildung beginnt mit der Festigung des Christentums im frühen Mittelalter. Schule in der Vormoderne bedeutet nichts anderes als Schule der Kirche – in ihrer elitären, klösterlichen Form als Wahrung und Verbreitung des religiösen Gelehrtentums; in ihrer populären Form (als Bildung von Bauern) wird Alphabetisierung nur aus einem einzigen Grund betrieben: Das Volk soll die Bibel lesen können, ein Grundgedanke, der im Zuge des Protestantismus teilweise sogar rebellischen Charakter einzunehmen beginnt.

»Damit Kirch und Policey morgen wohl bestallet sey…« So inserierte man im Jahre 1654 an der Michaeliskirche von Schwäbisch Hall für Studentenstipendien. Staatsmacht und Kirche waren die »Kunden« aller Bildung im ausgehenden Mittelalter.[32] Nach der Renaissance wird Bildung – wie schon in der Antike – zu einem Aperçu der feudalen Eliten. Dass die Sprösslinge des Hofes mindestens drei europäische Sprachen lernen und der Mathematik mächtig sein sollen, ergibt sich nicht zuletzt aus den Funktionsbedingungen des Adels, der in dieser Zeit vor dem Nationalstaat noch transeuropäisch organisiert ist.

Nach der Französischen Revolution diffundiert der Bildungsgedanke langsam in die zentralstaatlichen Institutionen. Bildung wird zur Staatsbildung. Die Alphabetisierung ist nichts anderes als das zentrale republikanische Projekt – nur eine gebildete Bevölkerung kann an der Demokratie teilhaben! Die beginnende Industrialisierung erzeugt gleichzeitig Nachfrage nach einem ganz bestimmten Menschentypus: dem Industriearbeiter. In seinem *Großen Aufbruch* beschreibt Francis Fukuyama, wie im viktorianischen Zeitalter die Lernziele der industriellen Schulsysteme entstanden:

> »Den Kern der viktorianischen Wertvorstellungen bildete die Verankerung der Triebkontrolle bei den Jungen, oder, wie es die Ökonomen heute formulieren würden, die Formung ihrer Präferenzen in einer Weise, dass sie sich nicht auf leichtsinnige Sexualkontakte, Alkohol und Spiel einlassen würden, weil das langfristig zu ihrem Schaden sei. (...) Die Viktorianer wollten anständige Lebens- und Umgangsformen in Gesellschaften durchsetzen, in denen die Mehrheit der Menschen nur als grob bezeichnet werden können (...).«[33]

Im weiteren Verlauf entwickeln die pädagogischen Institutionen in Zentraleuropa eine Dreiteilung. Die »Volksschule« dient primär der Verbreitung jener Kulturtechniken, die man für das kommende industrielle Leben als lohnabhängiger Arbeiter benötigt: Fleiß, Ausdauer, Aushalten von Monotonie. Die »Mittelschule« oder »Realschule« soll die »tätige Mittelschicht« auf die Realität vorbereiten – sie ist für die kommenden Handwerker, Kaufleute und Dienstboten reserviert. Die höheren Bildungsinstitutionen, Gymnasien und Universitäten, wandeln sich im Nationalstaat des 19. und frühen 20. Jahrhunderts von Schulen der Kirche zu Schulen des Staates, in denen die kommende Funktionselite ausgebildet wird.

Bis in die sechziger Jahre des 20. Jahrhunderts war die Prügelstrafe an vielen Schulen nicht nur erlaubt, sondern tägliches, probates Mittel, und zwar bis ins Alter von 16, 18 Jahren. Schulen waren bis unlängst Anstalten, die in vielen Strukturen Gefängnissen ähnelten und in denen die Rechte des Einzelnen wenig galten (man denke an legendäre Rebellions-Filme wie *IF*, in denen das Rohrstock-System und die verzweifelte Revolte gegen den autoritären Geist dieser Anstalten geschildert wurde). Erst in der Demokratisierungswelle der sechziger Jahre bekam Schule einen anderen Klang. Die pädagogische Vision wechselte von der »Schule des Staates« zur »Schule der Emanzipation«. Aber diese Welle polarisierte und ideologisierte die schulisch-universitäre Wirklichkeit. Und macht sie damit entgegen aller Hoffnungen nicht sensibel, sondern eher blind für jenen Epochenwandel, dessen Zeuge und *Akteure* wir heute sind: dem Wandel von der Industrie- in die Wissensökonomie.

Die Schule der Kirche. Die Schule des Staates. Die Schule der Industrie – was könnte die Fortsetzung dieser Geschichten sein?

Play attention – die Pädagogik von Morgen

Ich erinnere mich an einen Tag, an dem ich meinen jüngeren Sohn Julian vom Kindergarten einer englischsprachigen Vorschule in Wien abholte. Zehn Kinder saßen in einem Kreis auf dem Boden und redeten in leisem Ton. In der Mitte wuselten drei gelbe Küken in einem Karton. Es ging darum, wie die Küken auf die Welt gekommen waren, wie sie wuchsen. Die Kinder waren so ernst bei der Sache, dass sie »Psssst« riefen und die Eltern, die zum Abholen gekommen waren, aus dem Zimmer verwiesen.

Das Wunderbare dieser Szene ist mir für immer im Gedächtnis geblieben: der heilige Ernst auf den Gesichtern, das Ausredenlassen, die tiefe Konzentration. Ich bin in einer Zeit aufgewachsen, als die Revolte den Diskurs prägte. Kindergärten waren damals entweder stocksteife Verwahranstalten oder Chaoshorte mit Farbe auf dem Fußboden und Verwirrung in den Seelen. (Die Küken wären in einer solchen Umgebung wahrscheinlich aus Versehen zertreten worden!) Schule war eine einzige tödliche Zumutung, eine Geisterbahn, von deren Spuk wir uns so schnell wie möglich befreien wollten. Aber wohin? Die Universität war in den Siebzigern eher ein Laboratorium der Gegenkultur, in dem man versuchte, den Lebensstil der Boheme gegen die Erwachsenen zu verteidigen. Alles war auf eine unglaubliche Weise verwahrlost, antagonistisch, hoffnungslos ...

Warum das so war, das hat seine tiefen Wurzeln in der industriellen Schulideologie. Vorne steht einer und erzählt. Die anderen müssen Stillsitzen und Zuhören. 20, 30 junge Menschen versuchen verzweifelt, die Motorik ihrer von Hormonen oder Bewegungsdrang getriebenen Körper in den Griff zu bekommen. Der Lehrer stellt Fragen, um die Schüler an die Lösung zu führen. Er betreibt »Osterhasen-Pädagogik«: Ich weiß die einzige Lösung, aber ich verstecke mein Wissen!

Das ist die klassische, deprimierende Situation der industriellen Schule. Eben keine *Lern*situation, sondern eine *Belehr*situation. Wir erinnern uns: Wir lernen in kognitiver Dissonanz. Wir lernen unter leichtem Stress. Wir genießen das Lernen, wenn *wir selbst* die Dopaminausschüttung des Erkennens veranlassen können. Ansonsten verkümmern die Synapsen, die unseren offenen Geist mit der Neugier und ihren Ekstasen verbindet.

Die Schule der Erkenntnis

Nun, zu Beginn des 21. Jahrhunderts, beginnen sich überall die Schulen der Zukunft zu entwickeln. Zuerst in Skandinavien und in den angelsächsischen Ländern, aber in zunehmenden Maße auch in den Ländern der alten Belehrpädagogik. In diesen neuen Schulen wird dem Spiel der Neuronen neuer Raum gegeben. Selbstorganisation wird zum Lern- und Schulprinzip.

- Die frontale Situation wird aufgebrochen zugunsten der Selbstaneignung des Wissens durch kleine Gruppen, die miteinander interaktionsfähig sind. Jüngere lernen dabei von Älteren und Lehrer auch von den Schülern.
- Die Welt und das Lernen haben in vielfältiger Weise etwas miteinan-

der zu tun: Lernen ist vor allem Praxis und Experiment, Er-Forschung und Er-Kennen.
- Im Mittelpunkt steht das Individuum mit all seinen Verschiedenheiten und diversen Talenten. Diese werden nicht eingeebnet, sondern gefördert und »hervorgebracht«. Die Entwicklung von Individualität bei steigender Kooperationsfähigkeit ist das Ziel.
- Das Zeitregiment der alten Unterrichtseinheiten ist ganz oder auf weite Strecken aufgehoben. Die Erkenntnisschule ist eine Ganztagsschule, ein vollständiger Lebensraum für Lehrer, Kinder und teilweise auch Eltern.

Ziel der Schule ist nicht mehr die möglichst frühe Selektion in verschiedene Schultypen. Es geht auch nicht mehr um die Schaffung einer möglichst schmalen Bildungselite. Aus Bildungs*abschlüssen* werden Bildungs*anschlüsse*, die zu lebenslangem Weiterlernen befähigen. In diesem Kontext wird Hochbildung radikal entakademisiert: »Hochgebildet« ist nun nicht jemand mit drei Professorentiteln, sondern jemand mit einem hohen Potenzial von Um-, Weiter- und Wiederlernen.[34]

Lernen ist Vorfreude auf sich selbst!

Dass Lehrer in diesem Prozess radikal ihre Rolle ändern, liegt auf der Hand. Sie sind in Zukunft keine Dealer mehr, die den Schüler mit vorgefertigten Wahrheiten und monströsen Curricula anfixen (»Stoffvermittler«!). Das erniedrigt nicht die Rolle des Lehrers, sondern wertet sie – endlich – auf. Er ist nicht mehr Statthalter hermetischer Wahrheit, sondern kann endlich *selbst* dazulernen. Das ist ungleich erfüllender als jenes Sisyphos-Spiel, das unsere Lehrer heute in Frühpension, Depression und Burn-out treibt.

In Heidelberg hat sich die »Kinderuniversität« zu einer wahren Kultveranstaltung entwickelt. Nicht nur weil dort neugierige Kinder etwas über Quantenphysik oder Philosophie lernen wollen. Auch weil Professoren dort lernen können, *Verständliches* zu formulieren!

In Europas Hörsälen blockieren die »Silver Learners« den Studenten die Plätze, schon allein weil sie pünktlich sind. Schließlich haben sie sich etwas vorgenommen, zum Beispiel wirklich zu verstehen, warum das Römische Reich unterging. Oder mit ihren lateinischen Zitaten den heutigen Nichtsnutz-Studenten auf die Nerven zu gehen!

mittelbarkeit, im Hier und Jetzt – immer stärkere Blitzlichter und Sounds, immer schnellere Sequenzen von vernetztem, fraktalem, virtuellem Wissen, für das sie keine Motivation oder Konzentration mehr benötigen.«[35]

Im alten Bildungskanon gibt es ein wohlfeiles, vernichtendes Wort für diese Art des Wissenserwerbs: oberflächlich. Aber das könnte sich schnell als Trugschluss herausstellen. Denn was passiert tatsächlich, wenn wir mit dem »Tool« Google in die Welt gehen? Auf den ersten Blick scheint jede Frage, die wir dort eingeben (man kann auch eingeben »Was ist der Sinn des Lebens?«), mit einer Lawine *Un*sinn beantwortet zu werden. Wenn man sich tiefer hineinbegibt, in das unendliche Netz der Links, findet man immer, was man sucht. Auch, wenn man am Anfang noch gar nicht genau wusste, wonach man suchte!

Dieses reziproke Lernen, das den Wissenserwerb in einer Art Möbius-Schleife organisiert, ist in vielerlei Hinsicht viel effektiver als das alte, kanonische Lernen am linearen Text. Wer »Googeln« als zentrale Kulturtechnik einsetzt, lernt Netzwerkdenken der höheren Art. Es geht darum, die richtigen Fragen zu stellen. »Früher oder später findest du *alles* heraus«, sagt ein Bekannter, der ein Meister des Googeln ist. »Über Umwege, über Assoziationen tastest du dich in die Tiefe. Wenn du das weißt, wirst du ganz gelassen. Aber *du* musst dich dabei bewegen. Dein reflexiver Geist muss das Problem ›umtanzen‹.«

Wenn die Humanbiologen des Jahres 3000 ihre Untersuchungen der menschlichen Hirnadaption fortsetzen, werden sie vielleicht darauf stoßen, dass sich ungefähr um das Jahr 2000 eine neue Synapsenschicht zwischen dem Neokortex und den Partiallappen des Kortex bildete. Das »Google-Hirn« eben. Jener Teil unseres Intellekts, der uns befähigt, große Menge assoziativer Inhalte effektiv miteinander zu verknüpfen.

Die zentrale Ressource, um diese Art der Bildung zu erschließen, ist *Neugier*. Neugier auf Links, die wir bislang eben noch nicht kannten…

Die komplementäre Eigenschaft dazu ist *Geduld*. Umwege gehen. Assoziationen zulassen. Hintertüren finden. Geduld heißt auch: Vertrauen. Darauf, dass wir die Antwort (die Frage, die zu dieser Antwort gehörte) schon finden werden. Unsere Kinder werden nämlich nicht nur unentwegte Beschleunigung erfahren, ständige Erneuerung und rasende Innovation. Weil sie 100 Jahre alt werden, erleben sie eine Unzahl von Trends, Moden und Episoden – einschließlich aller Comebacks. Unsere Kinder werden in eine Ära hineinwachsen, in der die Vektoren des Fortschritts und der Beschleunigung mit dem Vektor der Bewahrung verschmelzen. So mehren sich auch die Gewissheiten darüber, was anhaltend wahr ist.

Der fluide Geist oder die Kathedrale des Denkens

Grundsätzlich existieren drei verschiedene Ebenen des Bewusstseins, des »Minds«: erstens das *identische Denken*. In ihm stimmen wir mit dem unmittelbaren evolutionären Umfeld überein. Wir sind eins mit unserem Clan, unserer Gruppe, den Sitten und Gebräuchen unser Ethnie. Unser psychologisches Verhalten ist voll und ganz identifikatorisch. Wir wollen sein wie die »Unserigen«, sonst nichts.

Im Namen des identischen Minds hat die Menschheit eine lange und blutige Geschichte absolviert. Völkermord und Ideologie, Intoleranz und Dogmatismus, Verfolgung und Wahn. Das alte Stammeshirn, nur zum aggressiven Überleben in Bedrohungs- und Knappheitssituationen programmiert, triumphiert und reißt die Herrschaft an sich. Es wäre vermessen, zu behaupten, wir hätten – als Menschheit, als planetare Zivilisation – diese Phase überwunden.

In den ersten Ansätzen seit der Antike und als historische Kraft der Moderne entstand dann das *duale Denken*, das in die Aufklärung mündete. Die Welt ist nicht mehr eindeutig, sondern polar: Stadt und Land, Arbeit und Kapital, Männerrollen und Frauenrollen.[36] Auch dieses Denken hat sich im 20. Jahrhundert zu mörderischen Strukturen verdichtet. Auch in seinem Namen wurden Verbrechen begangen; Revolutionen, die in Blut ertranken, »Befreiungen«, die in Wahrheit Versklavungen waren. Aber das duale Denken enthielt bereits viele Freiheitsgrade des offenen Geistes. Es war ein hart erkämpfter Anfang, in dem der kognitive Geist sich auf die Reise machte.

Wie nennen wir die nächste Stufe? Die geistige Ebene, die wir betreten, wenn wir *die ganze Welt* in ihrer evolutionär verwobenen Komplexität wahrnehmen? Wenn wir in der Lage sind, auch Paradoxien als sinnhaft zu erfahren? Nennen wir es das *fluide Denken*.[37]

Die Mindness-Bewegung

Im Vorwort zu seinem Buch *How to Have a Beautiful Mind* schreibt Edward de Bono:

»Menschen tun eine ganze Menge, wenn es darum geht, ihren Körper zu verschönern. Sie kleiden sich attraktiv, schlucken Pillen und lassen sich operieren. Aber was tun wir mit unserem Geist? Größte Schönheit mit einem hässlichen Geist ist schrecklich (...). Man bekommt Aufmerksamkeit, aber man wird sie nie behalten (...). Wenn wir unseren Geist schöner machen wollen, dann sind wir durchaus dazu in der Lage (...). Nicht, indem wir in der Ecke sitzen und grübeln. Sondern indem wir unseren Geist öffnen und in Konversation treten (...).«[38]

Am Ausgang der Industriegesellschaft entstand die Metapher »Wellness« als Sehnsucht, in immer höherer Lebenskomplexität körperlich-seelische Entspannung zu erreichen. Im Laufe der Zeit degenerierte »Wellness« zu einem puren Marketingbegriff, der an alles geklebt wurde, was irgendwie einen Mehrwert zu verschaffen schien.[39] Als Reaktion entwickelte sich »Selfness«. Man wollte nicht nur eine Fango-Packung mit Kureffekt genießen, sondern *verändert* zurückkommen. Davon handelt unsere Therapie- und Coaching-Kultur zu Beginn des 21. Jahrhunderts: von Selbstveränderung, von Empowerment, von Integration von Körper, Geist und Seele.

»Mindness« wäre nun die logische nächste Stufe in diesem Spiel aufsteigender Meme. Die Erweiterung des Wellness- und Selfness-Begriffes auf *mentale* Fragestellungen: Wie können wir besser denken lernen? Wie können wir duales und lineares Denken überwinden?

Täuscht der Eindruck – oder sind viele unserer Kinder schon auf dem Weg in eine solche Welt der mentalen Verknüpfung? Machen wir uns etwas vor – oder werden die Menschen in unserem Umkreis, die ihren Geist für neue Strukturen öffnen, langsam immer mehr? Nein, wir brauchen für diesen neuen Prozess keine neuronale Transzendenz. Wir benötigen auch keine »neue Rasse« kybernetischer Superkinder, wie sie – zum Beispiel – Arthur C. Clarke in seinem Science Fiction *Die letzte Generation* so drastisch schildert (transhumane Kinder-Mutanten lösen die Erde in eine höhere Seinseinheit auf).

Lebenslanges Lernen ist nichts anderes als der allmähliche Siegeszug des fluiden Geistes. Die offenen Savannen Afrikas sind heute die unendlichen Weiten des Internet. Die »Predatoren«, mit denen sich unsere Vorfahren mit Hilfe von Intelligenz und Kooperation auseinander zu setzen hatten, finden sich wieder in den Problemen, die die Ebenen der Wissensökonomie für uns bereithalten. Der adaptive Geist muss es mutig mit diesen Monstern und Gefahren aufnehmen, um wachsen und gedeihen zu können. Und um irgendwann, in ferner Zukunft, über sich hinauszuwachsen.

Liebe

Werden wir alle Singles? • Wird Liebe immer romantischer – oder immer rationeller? • Werden »Lebensabschnittspartner« die Zukunft bestimmen?

»Wenn wir sowieso zusammenbleiben«, sagte eines Tages meine Freundin, »warum können wir dann nicht auch gleich heiraten?«
»*Wen* sollen wir heiraten?«, fragte ich etwas verwirrt zurück.

Frank Goosen

Während andere Götter ihre bestimmende Macht einbüßen, scheint der Gott der Liebe der einzige Gott zu sein, dem der moderne Mensch sein Recht auf Selbstbestimmung bereitwillig abtritt.

Karl Otto Hondrich

Alya – 2035

Vom Flughafen nahm Alya den MagLev in die golden glitzernde Stadt. Die Tax-Pods waren in letzter Zeit unsicher geworden, man munkelte von Entführungen und noch schlimmeren Dingen.

Es war schon nach Mitternacht, als sie mit dem Aufzug, einer durchsichtigen Kapsel, in den 60. Stock ihres Hotels fuhr. Aber sie hatte keinen Blick mehr für die Sicht auf die 20-Millionen-Metropole, deren Energie alle Dimensionen sprengte. Sie hatte auch nicht die geringste Lust auf die Hotelbar und ein kaltes Glas chinesischen Chardonnay.

Alya war erschöpft. Zwanzig Tage in Fliegern, Lounges, Transits. Harte Selltalks mit Geschäftspartnern, die von sich glaubten, den Stein der Weisen verkaufen zu können (obwohl es sich meist nur ein paar mickrige Patente aus dem vergangenen Jahrhundert handelte, mit schlechter Nanotech aufgemotzt). Drei Pleiten, zwei Börsenverluste innerhalb einer Woche. Wo war sie eigentlich? Ach ja, Shanghai, bis übermorgen früh.

Im Zimmer ließ sie ihr Gepäck auf den Boden fallen und warf sich auf das riesige, mit grellroten Drachenköpfen verzierte Bett.

Ihr Device summte.

»Ja?«

»Ich bin's.« Seine Stimme klang so sonor wie nie. »Wie geht es dir, Liebste? Wie war der Flug?« Seine Stimme hatte ein gutes Timbre.

Sie knurrte. »Drei Stunden Verspätung. Schlechtes Essen. Schlechte Luft. Nie mehr Lufthansa.«

»Möchtest du dich ausziehen und ein Bad nehmen? Was hast du geträumt?« Seine Stimme klang ein bisschen überzogen heute. So, als hätte er ihr etwas zu verkaufen. Sie musste eine Spur Empathie-Faktor herausnehmen. Too much shmooze. Bei der nächsten Überarbeitung. Nicht heute.

»Ich habe gar nicht geträumt, denn ich habe noch gar nicht geschlafen, du Trottel«.

Er lachte. Im Wegstecken von Beleidigungen war er hervorragend.

»Take it cool Baby. Sorry. Willst du mich abstellen?«

»Irgendwann für immer. Aber jetzt noch nicht.« Alya ging ins Bad und ließ Wasser ein. Nein, sie wollte ihn nicht abstellen. Sie hatte sich endlich an ihn gewöhnt, nach vielen Code-Verbesserungen (bis die Assistentin bei Realmate regelrecht verzweifelt wirkte). Nun teilte sie einen nicht unerheblichen Schatz an Weltwissen mit ihm. Katzenpharaonen. Afrika en detail. Afrikanische Literatur aus dem späten 20. Jahrhundert. Quantenphysik und chinesische Geschichte. Es dauerte, bis man einen Mate auf den richtigen Wissensstand brachte, so dass sie mehr wussten als man selbst. Und dann der Humor. Bei Humor stieß die Software von Realmate immer noch an Grenzen.

»Auf den Schirm!«, befahl sie, nachdem sie ins heiße, schäumende Wasser geglitten war. Auf dem Spiegel gegenüber der Badewanne, der gleichzeitig ein Softscreen war, wurde sein Ganzbild sichtbar. Er saß, in entspannter Haltung, auf ihrem heimischen Lieblingssofa, die Beine übereinander geschlagen, in einem schwarzen Anzug, unter dem er nur ein weißes T-Shirt trug. Lola und Manuel, die beiden Katzen, schnurrten auf seinen Knien. Süß. Sie hatte ihn neulich ein bisschen altern lassen, auf etwa Ende 30, in eine gewisse männliche Reife hinein. Seine fast blauschwarze Haut schimmerte, sein haarloser Schädel hatte eine aristokratische Form.

»Erzähl mir, was du heute gemacht hast«, sagte sie. »Wie geht es unserer Wohnung? Und leg ein bisschen Mozart auf.«

Der erste Akt der Serenade erklang.

»Ich habe die Lola und Manuel gefüttert. Ich habe wie immer aufgeräumt. *Deine Wäsche ist gewaschen und duftet im Schrank.* Die Post durchgesehen, aber es ist nichts Interessantes drin gewesen. Außer einem Brief von deinem verflossenen Liebhaber in ›real world‹. Soll ich ihn vorlesen?«

»Nein, lass es.«

Deine Wäsche ist gewaschen und duftet im Schrank. So einen Quatsch sagte eben doch nur ein programmierter Avatar.

Aber bevor er ein besorgtes Gesicht ziehen und nach Änderungen fragen konnte, löste sie ihn mit einem kleinen Wink ihres Devices in Pixel auf.

Das langweilt mich jetzt, dachte sie.

Es wurde Zeit für the *real thing*. Einen Gencode. Einen echten, banalen, unfertigen, analogen Gencode.

Das Szenario: virtuelle Lebensgefährten

Eine Frau Mitte 30 in einer von globaler Mobilität und Ortlosigkeit geprägten Businesswelt. In ihr Leben passen weder eine Familie noch ein Mann. Jedenfalls kein realer Mann. Also erzeugt sie, mit Hilfe einer Software-Agentur, einen »Avatar«, eine künstliche Figur. Dieser virtuelle Mann folgt ihr überall hin. Er reagiert auf sie, lässt sich modifizieren, kennt ihre Vorlieben und »hütet« – auch dies eine Simulation – die heimische Wohnung (die in der Realität auch nur ein Hotelappartement ist).

Technisch dürfte dieser Vision wenig im Wege stehen. Virtuelle Wesen bevölkern heute bereits in vielfältiger Form unseren Alltagskosmos. In Hongkong und Japan lassen sich schon »virtuelle Freundinnen« aufs 3G-Handy laden.[1] Der Bildband *Digital Beauties* mit erotisch optimierten Wesen aus der Sphäre der Künstlichkeit, ist ein Dauer-Bestseller. Die Labyrinthe der Chat-Anmach-Salons, die Einzelzellen des Telefonsex – im Cyberspace wuchert seit vielen Jahren eine gigantische Beziehungswelt, in der aus dem Bankbeamten Tarzan wird und aus der Sachbearbeiterin Jane.

Dass die Entwicklung von Avataren so rasant verläuft, hat nicht zuletzt ökonomische Gründe. In die Entwicklung dieser künstlichen Wesen investiert nicht nur die Unterhaltungsbranche, sondern auch die Dienstleistungswirtschaft gewaltige Summen. Avatare versprechen einen gigantischen ökonomischen Vorteil: Sie können billiger sein als Menschen. Nicht nur beim Sex. Avatare sind die logische Weiterentwicklung von Call-Centern und Finanzberatern.

Früher oder später stoßen wir auch in der Konfrontation mit Avataren auf ein vertracktes kognitionsphilosophisches Problem. Wie »avatarisch« verhalten wir uns in unserem ganz normalen, analogen Leben?

Ich kannte mal einen Taxifahrer, der schlicht behauptete, dass er niemanden anderen liebte als die Stimme seines Navigationssystems!

In Almodovars Kultdrama *Hable con ella (Sprich mit ihr)* lieben zwei Männer zwei Frauen, die im Koma liegen. Leidenschaftlich, ohne Kompromisse. Um virtuelle Liebe als Lebensschicksal zu inszenieren, braucht man keine Grafikrechner. Es reichen auch Intensivstationen.

Neulich sah ich im Fernsehen einen Film über eine Frau, die ein intimes Verhältnis mit einer Jukebox hatte. Einer Wurlitzer-Jukebox! Es war ein nüchterner, ganz liebevoller Dokumentarfilm, ohne Häme oder Zynismus. Die Frau *schlief* mit ihrer Jukebox (oder zumindest auf ihr). Sie sprach mit ihr. Und sie hatte sich sogar ein Abbild der Wurlitzer auf ihren Rücken tätowiert!

Ist das wirklich so *far out*, wie es klingt? Haben Männer nicht immer schon ihre Autos geliebt? Ist unser Handy, unser eBook nicht inzwischen mindestens schon ein Kumpel, ein Freund, ein Begleiter-Fetisch, auf den wir einen immer größeren Teil unserer Libido ab- oder umlenken?

Und das Ausweichen in den virtuellen Raum ist ja nicht nur von Unfähigkeiten motiviert. In der modernen Beziehungswelt haben wir ständig Angst, jemandem weh zu tun, ihm zu nahe zu treten. Wäre es nicht nur ein kleiner, logischer Schritt, wenn wir unsere Leidenschaften in den Raum der Dinge verlegten? Dorthin, wo wir niemandem wirklich verletzen können? Zu den schmeichelnden Fetischen des erototechnischen Zeitalters, den »Blobjects«? Bruce Sterling schreibt in *Tomorrow Now:*

»In einer Welt der kybernetischen Objekte können sich die Dinge um uns herum verformen, um unsere menschlichen Bedürfnisse zu befriedigen. Schuhe, Hüte, Steine, Milchflaschen, der Kühlschrank, das Waschbecken, das Telefon – alles hat ein Programm, und alles hat einen Lebensstil (...). Der kalte Lehm der Dinge wird lebendig, Kamera-Augen öffnen sich und Mikrophon-Ohren! Plötzlich bekommt eine glasige Oberfläche einen feuchten Händedruck und beginnt eine erotische Interaktion. (...) Selbst wenn die Dinge nicht *wirklich* lieben und fühlen können, so können sie zum Beispiel versagen, wenn wir sie herz-zerreißend brauchen! Wir können nicht mehr *mit* ihnen leben! Und schon gar nicht *ohne* sie!!«[2]

All das wird es also geben. Virtuelle Haustiere und robotronische Gefährten. Simulationen, die aus unseren Besenkammern hervorstürzen wie die Wiedergänger in *Solaris:* Aber was hat das alles mit dem uralten Mann-Frau-Spiel zu tun?

Eine kleine (Zukunfts-)Geschichte der Liebe

Mit unseren engsten Verwandten, den Schimpansen, verbindet uns 97,7 Prozent unseres Gencodes. Schimpansinnen ovulieren, wie Menschenfrauen, etwa im Mondrhythmus. Im Unterschied zu Sapiens-Frauen fällt aber ihre gesamte sexuelle Aktivität in die vier Tage ihrer Fertilität. Für die Soziokultur der Schimpansen hat das erhebliche Auswirkungen.

Schimpansenmännchen sind etwa 40 Prozent größer und stärker als die Weibchen. Dieser Unterschied führt zu einem Paarungsverhalten, das auf *Dominanz* beruht.[3] 60 Prozent aller Schimpansenkinder stammen von den 10 Prozent Alpha-Männchen, die mehr als 20-mal so oft zum Geschlechtsverkehr kommen wie ihre schwachen Mitmännchen. In seinem fulminanten Entwicklungsroman der Menschheit, *Evolution*, beschreibt der britische Science-Fiction-Autor Stephen Baxter den erotischen Alltag in einer urzeitlichen Affenhorde:

»An diesen beiden Tagen der Fruchtbarkeit, beim gleichzeitigen Eisprung aller Weibchen, war die Luft mit einer Pheromonwolke geschwängert, und überall wimmelte es von Männchen, die einem schier unwiderstehlichen Drang folgten. (...) Es war die Stunde des Kaisers, des Alpha-Männchen, das nun seine Macht zeigen musste (...). Tapfer humpelnd ging er von einem Weibchen zum anderen, um sie zu besteigen. Größte [Name einer Schimpansin] hatte ihn schon zweimal rangelassen, und Rechts hatte er auch schon entjungfert, ohne dass sie sich widersetzt hätte. Nun aber kam ihm Noth, ein junges Männchen, in die Quere. Noths Kopf war vom Östrogengeruch benebelt. Er hatte das Gefühl, ihm müsse der Bauch platzen, wenn er nicht bald Erfolg hatte. Noth landete punktgenau auf dem Baum des Kaisers, als dieser gerade das achte Weibchen an diesem Tage nahm. Sie standen sich aufrecht gegenüber. Die Penisse wiesen wie Spieße aufeinander. Noth ging mit aufgestelltem Schwanz auf den Rivalen zu, wobei er keckerte und belferte (...).«[4]

Und so weiter. Man muss kein Evolutionsbiologe sein, um zu verstehen, dass diese klischeehaft »darwinistische« Lebensweise zu einer gewissen evolutionären Begrenztheit führt. Anhaltende Rangkämpfe fordern unglaubliche Mengen sozialer und psychischer Kraft. Der Alltag besteht auch außerhalb der Paarungstage im Wesentlichen aus herumrennen und kämpfen. (Wer männliche Primatenkinder im Alter von drei bis zwölf hat, kennt diesen Urzustand auch live.) Das verhindert auf Dauer soziale Komplexität, sinnvolle Arbeitsteilungen, wie sie bei anderen Tierarten durchaus vorkommen. Man lebt immer nur »von der Hand in den Mund«. Was die Art anfällig macht für Umweltkrisen und Bedrohungen durch andere Spezies.

Man muss auch kein Feminist sein, um Spuren dieser Gewaltherrschaft *bis heute* in menschlichen Kulturen wahrzunehmen. Auf Beiruts Hauptstraße, der Ginza in Tokio oder dem Broadway in New York, steigen nach wie vor behaarte Alphas aus chromverzierten Nobelkarossen. Meistens haben sie eine Blondine im Arm, zwei sind auch nicht schlecht... Auch heute noch, so enthüllen es die Vaterschaftstests, ist der Anteil der Kinder, die von »dominanten Männern« gezeugt werden, deutlich höher als von schüchternen Postbeamten.[5] Aber in einigen Dingen unterscheidet sich Sapiens sapiens eben doch gründlich von seinen Vorfahren.

Dadurch, dass Sexualität im Menschen-Kalender *immer* stattfinden kann, entkoppelt sich – erster Schritt – Fortpflanzung vom Sexualverhalten. Nun können sich Männer nicht mehr »sicher sein«, durch grobes Verhalten zum Fortpflanzungserfolg zu kommen. Damit wird allzu viel Dominanz sozial kontraproduktiv. Sie macht schlichtweg zu viel Ärger. Man hat bald zu viel am Hals – Blagen, wütende Frauen, Rechtsanwälte.

Männer können zwar immer noch reich und zynisch werden und dadurch das Monogamiegebot umgehen. Meistens aber folgen sie einem Angebot der Frauen, das ungefähr so lautet:

Meine Kinder sind schutzbedürftig. Sie klettern nicht nach einer Woche auf Bäume und sind dann selbstständig. Du musst mir helfen, sie aufzuziehen. Ich gebe dir Sex dafür, nicht nur einmal im Monat. Ohne, dass du dich dafür prügeln musst...

P. S.: Es wäre schön, wenn du ab und zu mal ein Bild an die Wand hängen oder die Geschirrspülmaschine reparieren würdest!

In der weiteren Folge kommt es zu immer subtileren Verträgen zwischen Mann und Frau. Ehekontrakte moderieren genetischen Zufall. Kunst und Gesang werden Teil des Werbeverhaltens. Scham und Schüchternheit ermöglichen »Pufferzonen«. In einem langen historischen Prozess entstanden schließlich monogamische Systeme in den meisten agrarischen Kulturen der Welt. »Einer der wichtigsten Gründe für die Monogamie ist die zunehmende Gleichheit zwischen Männern, die sich im Verlauf der Kulturgeschichte entwickelt hat«. So sagen es die englischen Verhaltensforscher Barash und Lipton.[6]

Aber heute, in der aufkommenden Wissensgesellschaft, werden die Karten plötzlich anders gemischt. Auf den Prachtstraßen steigen plötzlich auch *weibliche* Alphas aus den Nobelautos (nein, nicht mehr säuselnde »Blondinen« wie Marilyn Monroe, die ihre Identität nur in männlicher Spiegelung ausborgen, sondern echte Powerfrauen). Männliche Körperkraft, in der Industriegesellschaft immer noch ein »asset«, wird von »weniger wichtig« zu »ziemlich unwichtig« codiert. Im Gegenzug wird plötzlich aus männlicher Schönheit ein Statusfaktor. Die Struktur der getrennten Sphären von Mann und Frau, in Jahrtausenden gewachsen und durch eine Vielfalt ökonomischer Funktionalitäten abgesichert, gerät durcheinander. Und damit auch das in vielen Millionen Jahren austarierte Wechselspiel zwischen Östrogenen und Testosteronen, Adrenalinen und Oxytoxinen (den »Bindungshormonen«, die Männer und Frauen am Feuer zusammenrücken lassen).

Und wir ahnen: Wir brauchen, verdammt noch mal, neue Verträge!

Romantik als »memetische Produktivkraft«

In der Renaissance entstand als Gegenmodell zu den Beziehungseiswüsten der Aristokratie die Idee der »Liebespassion«. Nietzsche formulierte:

> »Wir würden vor der Kälte, Strenge und rechnenden Klarheit eines solchen vornehmen Ehe-Begriffs, wie er bei der gesunden Aristokratie geherrscht hat, ein wenig frösteln, wir warmblütigen Thiere mit dem kitzeligen Herzen (...). Eben deshalb ist die Liebe als Passion, nach dem großen Verstande des Wortes, für die aristokratische Welt erfunden worden – da, wo der Zwang, die Entbehrung, am größten war.«[7]

»Liebende machen sich gegenseitig zu Gottheiten in der neuen Theologie romantischer Liebe«, heißt es in Eva Illouz Liebes-Essay *Der Konsum der Romantik*.[8] In ihrem Werk beschreibt Illouz, wie das viktorianische Zeitalter – die Zeit des Aufstiegs des Bürgertums – die Liebe als Inszenierung, als Drama neu erfindet. Und wie dann, in der Konsumgesellschaft, Liebe von einer »vernünftigen Zugabe zum Ehegeschehen« zu einem aufwändigen Teil unserer Erlebniskultur wurde.

Vergessen wir nicht: Bis in die Mitte des 20. Jahrhunderts blieb Liebe ein Ausnahmezustand, der, wenn es hoch kam, *einmal* im Leben stattfand. Nur etwa die Hälfte der Bevölkerung fand überhaupt einen Reproduktionspartner. Wenn wir heute über »viele Singles« jammern, sollten wir uns schleunigst 100 Jahre zurückbeamen. In einer Welt von gesitteten Reproduktionsehen und einer Menge Witwen, Waisen, Hagestolze, schrulligen Tanten, die niemals einen Mann fanden, Mägden und Hausangestellten ohne »Partie«, armen Bauern, die bei ihren Schwestern blieben ...

Erst der gewaltige westliche Wirtschaftsboom nach dem Krieg demokratisierte auch das Liebesversprechen. Und da sind wir heute: Liebe als immerwährende TV-Soap. Liebe als Utopie der Steigerungen. Super-Sex. Romantisches Essen. Designer-Einrichtung. Verführerische Reisen. Liebe repräsentiert – und das gilt nicht mehr nur für eine kleine Gruppe von Hippies in Goa – für einen immer größeren Teil der Bevölkerung jene Transformationserfahrung, die früher im Religiösen aufgehoben war.[9]

In den wunderbaren Schmachtfilmen *Before Sunrise* und *After Sunrise* mit Julie Delpy und Ethan Hawke in den Hauptrollen treffen sich zwei junge, kluge Menschen in ihrer intensivsten Jugend. Zunächst per Zufall in Wien, wo sie eine Nacht miteinander verbringen. Dann, zehn Jahre später, in Paris. Dabei reden sie rund um die Uhr. Sie schlafen auch miteinander, aber eher beiläufig. Es geht ums Reden. Über Gott. Die Welt. Sprache. Poesie. Sex. Drogen. Geld. Kinderkriegen. Sie antizipierenden den ganzen möglichen Verlauf ihrer zukünftigen Liebe dermaßen gründlich, dass sie es vorziehen, sich vorerst nicht wieder zu sehen. Man könnte sich miteinander langweilen. Man könnte heiraten und schreckliche Kinder bekommen. Sich betrügen, für den anderen als Neurotiker erweisen ...

Ethan und Julie gehen zurück in den Zustand der Minne – der gegenseitigen Fernverherrlichung, die sich aus dem realen Geschäft der Liebe zurückzieht, gerade um das *Gefühl* unschuldig und rein zu halten. Die beiden, die im realen Leben (als Schauspieler) inzwischen ein Paar sind (Was soll uns *das* sagen?) sind als Figuren im Film Protagonisten einer neuen Liebeskultur, in der Realität und Virtualität eine neue Synthese eingegangen sind. Der andere wird zugunsten eines Ideals »virtualisiert«, um die eigenen Autonomie nicht zu verlieren und den anderen nicht zu kränken.

Man könnte jetzt meinen, dass die vernünftige Reaktion auf dieses Paradox eine Rationalisierung und »Abkühlung« der Liebe wäre, wie sie im ironischen Spruch vom »Lebensabschnittspartner« durchscheint. Aber genau das Gegenteil ist der Fall. Das romantische Versprechen wird in unserer Kultur unendlich gesteigert. Warum? Systemisch gesprochen ist das romantische Heilsversprechen (»Ich bin dein Erlöser.«) der neue Einsatz im Liebesspiel. Der Handel mit diesem Versprechen ersetzt die alten genetischen oder finanziellen Angebote. Romantik ist das *Selektionsmerkmal* der Erlebniskultur, Aussteuer und Währung der individualistischen Partnerwelt.

Das ist der Grund, warum wir in den Medien immer mehr hochverliebte Prominente erleben, die blumige Hochzeiten und Verlobungen feiern und sich nach allen Regeln der Kunst gegenseitig in den Himmel heben – um sich ein Jahr später sang- und klanglos wieder zu trennen und mit einem »noch Besseren« davon zu laufen. Und der Grund dafür, dass immer mehr unserer Freunde in einem völlig entrückten Single-Zustand verharren und auf »The Big Lovebang« warten. Der Einsatz ist hoch, er steigt immer weiter – und mit ihm die Erwartungen.

Wie groß ist der kleine Unterschied?

Als Lara, die Tochter meines Freundes Georg, drei Jahre alt war, begannen ihre Eltern mit einem Anti-Klischeeprogramm. Lara sollte nicht zu jenen Mädchen gehören, die mit Puppen in entstellten Magersuchtmaßen spielten. So wurden die Barbies diskret entsorgt und stattdessen Autos und kleine Bagger angeschafft.

Eines Abends kam Georg in Laras Zimmer. Auf ihrem Bett lag ein Knäuel von rosa Decken, Handtüchern und Topflappen. Darunter die Autos und Bagger.

»Pssst!«, sagte Lara. »Die Bagger schlafen! Die haben Aua-aua!«

Lara war vier Jahre alt, als sie anfing, sich zu weigern, ungeschminkt in den Kindergarten zu gehen. Sie schrie und wälzte sich puterrot auf dem Boden, wenn sie nicht eine ordentliche Schicht Mascara auf den Wimpern hatte und genau *den* Lippenstift Nummer 405 von Rubinstein. Nachtrot!

Die Eltern waren zutiefst schockiert. Sie räumten alle Kosmetik aus dem Badezimmer. Versuchten es mit Überredung, mit Belohnung, mit Drohung. Schließlich schleiften sie die kleine Lara die Treppe herunter und sperrten sie ins Auto, um sie in den Kindergarten zu transportieren. Die Nachbarn riefen die Polizei. Die Ordnungshüter waren schnell genauso ratlos wie die Eltern. Am nächsten Tag weigerte sich Lara, in den Kindergarten zu gehen, wenn sie nicht ihr rosa Kleidchen anziehen konnte. Das mit den Spitzen. Dazu die weißen Ringelsocken. Und die rote Blume für das Haar.

Also kauften die Eltern *drei* Spitzenkleider derselben Sorte. Worauf Lara beschloss, jetzt müsste es ein Glitzerrock von Oilily sein…

Heute ist Lara zwölf. Sie möchte gerne eine Schönheitsoperation haben. Einen »Kussmund« und, vielleicht, bald eine Brustvergrößerung. Man kann gut mit ihr reden. Sie liebt Pferde und Eminem. Ein ganz normales Mädchen eben.

Während wir Erwachsenen in der spätindustriellen Welt einen mühseligen Weg der Egalisierung hinter uns haben – keine frauenfeindlichen Witze, keine Klischees, keine getrennten Welten –, machen wir mit unseren Kindern immer die gleiche Erfahrung. Jungen geben, bis sie etwa elf sind, ein ständiges auf- und abschwellendes »brat brat brat« von sich. »Pitschuipitschu, pängpängpäng.« Wenn man sie eine Sekunde allein lässt, essen sie sofort Rindfleisch mit hoch kalorischen Fetten und starren in Bildschirme, auf denen unentwegt Gewalt flackert.

Es ist, als würden unsere Jungs die gesamte Testosteron-Urzeit-Geschichte noch einmal nachspielen – kämpfen, schlagen, kämpfen, schlagen, im Zeitraffer rund um die Uhr. Allerdings können wir uns nicht ganz sicher sein, ob sie irgendwann tatsächlich in der Neuzeit ankommen… Denn die Jungen fragen plötzlich: »Mama, wieso musst du eigentlich arbeiten gehen?« Mädchen wollen das auch wissen! Wenn man ihnen erklärt, dass heute *jeder* arbeitet, weil er/sie das auch *will*, lächeln sie fein und sagen: »Bei meinem Freund muss aber nur der Vater arbeiten!«

Mädchen sprechen mit einer ganz fisteligen, kleinen Stimme, sobald man sie in ihrem Zimmer alleine lässt, und dann horten sie in Kissenhöhlen kleine Stoffpuppen. Beim Fernsehen werden sie wach, wenn es grauenhafte weiße Einhörner oder pinkfarbene Schlösser aus japanischer Spielzeugproduktion zu sehen gibt, die unentwegt klingeln und glitzern.

Pubertierende Jungs treiben sich derweil, wenn man nicht mit faschistischer Elterngewalt einschreitet, monatelang in virtuellen »Dungeons« herum, wo sie alles abknallen, was ihnen vor die Laserkanone kommt. Mädchen im Pubertätsalter sitzen derweil auf der Bettkante und träumen, hängen Bilder halbidiotischer Schlagerstars an die Wand, telefonieren leise mit ihren Freundinnen.

Hört es jemals auf? Nicht wirklich ...

Frauen im besten Alter blättern unaufhörlich in Zeitschriften, die eine geradezu obszöne laszive Aufrüstung der Frau zeigen. Jeder Millimeter des Körpers wird unentwegt balsamiert, eingecremt, optimiert, jedes winzige Detail – Lider, Fingernägel, Zehen, Hautoberflächen – in langatmigen Bedienungsanweisungen hochgerüstet. Frauenkörper werden auf 300 Seiten in den laszivsten Gesten, den blödesten »Du sollst mich ...«- Haltungen dargestellt. Den Frauen, allesamt hoch gebildete kluge Frauen, fällt das gar nicht auf!

Männer fallen spätestens mit 30 wieder zurück in ihre Jungscliquen, gehen zum Fußballspielen, Harleyfahren, Computern im Bastelkeller: Willkommen in Guyland.

Große Verwirrung also. Was denn nun? Eskaliert die Differenz der Geschlechter zu immer abgründigeren Klischees? Oder siegt am Ende die große Kumpelhaftigkeit, in der die Männer brav den Kinderwagen schieben, während die Frauen in flexibilisierten Karrierebahnen davonziehen? Nimmt der kleine Unterschied *eher ab*, wie es uns das Straßenbild mancher europäischer Großstädte suggeriert oder der Blick in ein modernes Unternehmen mit weiblichen Managerinnen? Oder gewinnt in diesem zukunftsoffenen Wettbewerb am Ende doch noch *Stepford Wife*, der Männer beglückende Roboter? Oder siegen am Ende die *Hardcore*-Varianten aus der Hexenküche der Geschlechterparanoia? Die feministische Autorin Gena Corea brachte vor einigen Jahren die Phantasie auf, Männer würden sich in Zukunft noch einige wenige (schöne) Frauen in »reproduktiven Bordellen« halten. In Robert Merles *Die geschützten Männer* halten sich Frauen umgekehrt einige hübsche Männer als Samenspender, nur so zum Spaß und zum Vergnügen (sie können sich längst selbst eineiig fortpflanzen, per Parthogenese).

Die androgyne Revolte

Als wir Jungs vor einigen Jahrzehnten 17 Jahre alt wurden, mitten im *big boom* der Nachkriegszeit, brauchten wir nicht allzu viel zu tun, um für die wirklich guten Mädchen attraktiv zu werden. Wir ließen uns einfach die Haare lang wachsen. Wir entwickelten leptosome Oberarme, fast rachitische Oberkörper mit möglichst glatter, haarloser Haut. Wir hörten süßliche Romantikmusik (Doors, Hendrix, einige Verräter Abba und Leonard Cohen). Mit anderen Worten: Wir *verweiblichten*. Und siehe da. Nicht *irgendwelche* Mädchen fanden das gut. Sondern mühelos alle weiblichen Prinzessinnen der Klasse 12 a und folgende!

Wie kam es über Nacht zu dieser (für uns!) erfreulichen Umcodierung des erotischen Präferenzverhaltens (noch eine Klasse höher waren die sportlichen, Autos besitzenden Arztsöhne die erste Wahl). Soziobiologisch ist das leicht zu erklären: Die Verhandlungsgrundlagen zwischen den Geschlechtern änderten sich rapide. In der gewaltigen Bildungswelle der sechziger Jahre entstand zum ersten Mal eine breite Schicht an gebildeten jungen Frauen mit völlig anderen Optionen als ihre Mütter, die allesamt Hausfrauen des Wirtschaftswunders waren. Unsere Mitschülerinnen wussten instinktiv (durch die Frauenbewegung bald auch politisch-rational), dass sie ein völlig anderes männliches Kooperationsverhalten benötigten, um ihr Leben unter diesen neuen Bedingungen zu gestalten. Sexy waren nicht unsere langen Haarmatten, sondern die *Signale*, die sie aussandten: Wir sind bereit, auch weibliche Rollenanteile zu übernehmen. Unterschwellig drückten wir mit unserer wabernden Kitschmusik aus: Ich werde nachts Babys wickeln (was viele dann auch tatsächlich taten).

Kulturelle Verhaltensmuster – Meme – sind im Unterschied zu den Genen unglaublich »umweltadaptiv« Sie können innerhalb weniger Jahre regelrecht »umkippen«, wenn sich die Matrix wandelt, auf der ein bestimmter Werte- und Verhaltensset funktionierte.

In der Zeit der Jugendrebellion bevorzugten großstädtische Frauen bei der Partnerwahl die klassischen Aufstiegsberufe der industriellen Gesellschaft: Piloten und Ärzte.[10] In den Achtzigern waren es dann in absteigender Reihenfolge Fotografen, Schriftsteller und Künstler. Frauen haben ein feines Gespür dafür, wer sich auf dem aufsteigenden und dem absteigenden Ast befindet. Piloten und Ärzte gehören heute, in der globalen Arbeitswelt, zu den mit überdimensionalem Stress und Einkommensverlust bedrohten Spezies.[11] Künstler machen in der Wissensökonomie das Rennen, jedenfalls *erfolgreiche Künstler*. Und deshalb war es eine Zeitlang durchaus eine Gewinn versprechende Strategie für kluge, attraktive Frauen, Künstlertypen, die nie vor Mittag aus dem Bett kamen, unter ihre Fittiche zu nehmen. Als Musen, Haushaltsfurien und Therapeutinnen sorgten sie dafür, dass der Erfolg irgendwann eintrat. Meist funktionierte das sogar. Allerdings nicht immer.

Das proteische Partnerprinzip oder das Geheimnis des unreifen Mannes

In seinem Buch *Die sexuelle Evolution* beschreibt der Evolutionspsychologe Geoffrey Miller die menschliche Entwicklung als eine Aneinanderreihung von weiblichen Partnerentscheidungen, in denen künstlerische Aspekte eine große Rolle spielten. Frauen haben in der Liebeshistorie Männer keineswegs nur danach gewählt, ob sie einen starken Bizeps hatten (analog: gut gefülltes Konto, Porsche). Sondern auch, wie sehr sie mit Erzählungen, Intelligenz, Witz beeindrucken konnten.[12]

Miller stößt an mehreren Stellen seines Buches immer wieder auf das »proteische Prinzip«. In der Evolution, so Miller, haben oft gerade diejenigen Spezies und Individuen Vorteile, deren Verhalten auf eine bestimmte Weise *unberechenbar* ist. Ein Hase zum Beispiel überlebt deshalb in freier Wildbahn, weil er unberechenbare Haken schlagen kann. Eine Maus ist flink und gelenkig. Genau das ist ihre Anpassungslücke.

Hier erklärt sich ein Paradox, das die moderne Beziehungsdebatte wie ein roter Faden durchzieht und Tausende von Büchern, Fernsehserien, Liebesdramen inspirierte. Warum, so fragt man sich (nicht nur) als Mann immer wieder, wählen Frauen hartnäckig, zum wiederholten Mal und zur Not in vierter Ehe Männer, bei denen absehbar ist, dass sie mit egoistischem und kindischem Macho- oder Narzissmusverhalten das Liebesglück torpedieren? Woher stammt diese Schizophrenie, mit der Frauen immer wieder jenes kindlich-regressive Element in Männern attraktiv finden, das sie in feministischen und männerfeindlichen Reden ohne Ende geißeln? Viele Psychologen haben dies bereits auf weiblich-masochistische Grundstrukturen zurückgeführt (übrigens auch weibliche Psychologinnen, siehe etwa das Buch *Das faule Geschlecht* von Claudia Piul). Aber es handelt sich in Wirklichkeit nur um eine weitere Feinabstimmung weiblicher Partnerwahl. Eine evolutionäre Anpassung des »Mating« an die Bedingungen der Wissensgesellschaft.

Männer, die gradlinig denken und linear handeln, sind in der globalen Welt, in der Innovation und Mobilität den Takt angeben, viel eher vom sozialen Absturz bedroht. Das Hündchenhafte, Verspielte, eben Kindische, das im Kontext industrieller Lebensverhältnisse nichts anderes war als Unangepasstheit, wird nun zum Produktionsmittel. In Zukunft, so »ahnen« es die Gene in den Frauen, werden Männchen den Bau beherrschen, die sich durchschlängeln können. Schlaumeier. Schlawiner. Kaninchenmänner mit Hakenschlagfähigkeit. Erfindertypen eben. Wie sagt Robert Wright in *Nonzero* so schön? »Wir wissen nicht, wer das Kaninchennetz erfunden hat, mit dem man besser an Kaninchen herankam. Aber es wird seinem Status nicht geschadet haben«[13]

Metrosexualität – Androgynität plus Kaufkraft

Das Partnerverhalten der australischen Tintenfischart Sepia apama erinnert an unsere Vorfahren, die Schimpansen. Einmal im Jahr treffen sich die Tiere vor der Küste Südaustraliens zu riesigen Fortpflanzungsorgien, bei denen Tausende von Tintenfischen Befruchtungsrituale vollführen. Große, kräftige Männer verteidigen dabei ihre Stellung heftig. Aber dann nutzen die kleineren Konkurrenten einen Trick, um ebenfalls zum Zuge zu kommen: in einer Art Travestie wechseln sie die Farbe – und täuschen vor, ein Weibchen zu sein. Sind die stärkeren Männchen abgelenkt, machen sie diesen Farbwechsel blitzartig rückgängig – und paaren sich erfolgreich.

Die »Tuntenfische« sind eine Allegorie für das Changieren zwischen männlichen und weiblichen Rollen, das heute im Phänomen der Metrosexualität mündet. Am Beispiel des englischen Fußballstars David Beckham wurde hier eine neue männliche Attraktivität gefeiert, in der Männer sich weibliche Fähigkeiten aneignen, ohne ihre sexuelle Attraktivität zu verlieren. Sie haben Muskeln und tätowieren sich (männliche Signale), tragen dazu aber weibliche Accessoires (Ohrring, Piercings). Sie gehen zur Kosmetik, zur Massage und kicken trotzdem hart und ordentlich. Vor allem gehen sie gerne *einkaufen.* Kurz: Sie kombinieren Verweiblichungselemente, wie wir sie aus der Hippie-Zeit kennen, mit Symbolen von Einkommens- und Geschmackspotenz.

Reimut Reiche, ein deutscher Sexualforscher, schrieb:

»Beide Partner, nicht mehr nur die Frau, müssen sich heute als ›sexy‹ inszenieren, und das heißt: über Fetisch-Attribute am Körper verfügen. Früher war es allenfalls ein Nebeneffekt, aber nicht erforderlich, wenn der Mann sportlich war; er durfte auch ›stattlich‹ sein. Heute sollen beide Partner body-gestyled, parfümiert und sexuell sein. Der Satz von Lacan, dass der Mann den Phallus habe, die Frau aber der Phallus des Mannes sei, behält zwar seine intelligible Wahrheit, bekommt aber eine Pointe. Der Mann muss sich nunmehr nach dem Ebenbilde stylen, nach dem er in den vergangenen Kulturepochen die Frau als Fetisch geformt hat.«[14]

Pioniere dieser neuen Dauerattraktivität waren die Schwulen, die in den achtziger Jahren die urbane Kultur des Metrosex begründeten. Als erstes gingen sie in die Sauna, unter die Höhensonne, ins Muskeltraining. Heute ist diese Entwicklung längst auch bei den »Normalos« und in den in unteren Schichten angelangt. Wer jemals einen Film über die »Swinger-Clubs« oder »High-Life-Hotels« von Bangkok über Castrop-Rauxel bis Miami Beach gesehen hat, weiß, zu welchen Hochleistungserotikern sich heute Friseurinnen oder 55-jährige Bankangestellte entwickeln können.

Im evolutionären Umfeld der globalen Stadt entsteht auf diese Weise eine Art Lounge-Erotik. Beide Geschlechter spielen dabei mit scheinbar paradoxen Rollenversatzstücken, die sie je nach Bedarf kombinieren. So entstehen weibliche Chauvis und männliche Emanzen, Lesben in Männerkörpern und in Testosteron gebadete Blondinen. In diesem neuen, post-genealogischen Liebestheater schmecken wir immer zielsicherer ab, welche Kombination männlicher und weiblicher Rollenelemente für uns *gerade jetzt* zum Erfolg führt. Dafür ist es gut, wenn wir über ein breites Repertoire von Gender-Verhalten verfügen. Prinzessin, Vamp, Businessfrau, Gitarrenspieler, Broker und Lastwagenfahrer, alles möglichst dicht beieinander.

Liebesglück in Globolopolis

Eine eher unrepräsentative und diskrete Studie in meinem unmittelbaren Bekanntenkreis ergibt folgende Statistik. Neben den wirklich glücklichen Paaren, die nach zehn, 20 Jahren noch guten Sex haben (15 bis 20 Prozent) gibt es die Paare, die sich eher halbgar mit dem Partner durchwursteln (30 Prozent) und dabei, milde in den Arm genommen von Zeit und Gewöhnung, langsam eine gemeinsame Biografie entwickeln, die am Ende die Scheidung unrentabler macht als das Zusammenbleiben. Dann gibt es ein paar Männer *in allen Altersstufen*, die sich nach Trennungen in Distanzbeziehungen hartnäckig wohl fühlen (15 Prozent). Sie nennen die Frauen, mit denen sie zusammen sind, auch nach fünf Jahren noch »Freundinnen«, und man hat das Gefühl, dass es dabei bleibt. Auffällig aber vor allem die große Zahl von starken, schönen Frauen im Alter zwischen 35 und 60, die aus harten Trennungen in den Orbit des Alleinseins eintreten – meist mit ein oder zwei Kindern. Die es verzweifelt mit Barmännern, Ballettchoreographen oder ständig verschwindenden Businesstypen versuchen. Aber irgendwie die Spur verloren haben, auf der Liebe, Leidenschaft, Beziehung und Familie zusammenkommen.

Ist dieses Liebesdesaster eigentlich noch einholbar? Norbert Bolz bringt es in *Blindflug mit Zuschauer* auf den (gnadenlos mikroökonomischen) Punkt:

»Wir können die Tragödie (...) durch einen einfachen, sich selbst verstärkenden Kreislauf beschreiben. Frauen arbeiten (und wir können hier dahingestellt lassen, warum). Deshalb werden Kinder teurer, denn sie kosten nun wertvolle Arbeitszeit. Folglich werden weniger Kinder geboren – und damit schrumpft das ›gemeinsame Kapital‹ der Eheleute (...). Daraus folgt, dass Scheidungen billiger werden, und deshalb haben wir mehr Scheidungen – worauf die Frauen mehr arbeiten müssen, denn sie können sich nicht mehr auf die Ressourcen der Männer verlassen.«[15]

Und Professor Karl Grammer vom Ludwig-Boltzmann-Institut für Urbanes Verhalten an der Universität Wien formulierte es so:

»Die Beziehung zwischen Mann und Frau ist ein ökonomischer Kontrakt. Je schlechter die sozialökonomischen Bedingungen, desto stabiler die Beziehung –

weil zwei besser überleben als einer allein. Wenn wir so stabile Umwelten haben wie in unserer Gesellschaft, dann gibt es keinen Grund, eine unerfreuliche Beziehung zu erhalten.«[16]

Wir könnten aber auch anders herum fragen: Gab es jemals *mehr* als 20 Prozent glücklicher Paare? Ich vermute eher das Gegenteil.[17] Glück in der Liebe findet man heute eher, *weil* man verlassen kann. Liebesglück ist anstrengender geworden, aber auch variantenreicher. Es fordert effektive und kunstvolle Sozialtechniken von uns, die wir erst noch entwickeln und verfeinern müssen. Und die fundamentalste aller Sozialtechniken der Liebe ist die Frage, wie ich den- oder diejenige auf einem Erdball mit über sechs Milliarden Menschen überhaupt *finde*.

Die Asymmetrie der Partnersuche

Peter Buston und Stephen Emlen von der Cornell Universität befragten im Jahre 2004 knapp 1 000 Singles nach ihrer Selbsteinschätzung in Bezug auf sechs Punkte auf der »Attraktivitäts-Richterskala«:[18]

- Finanzkraft,
- sozialer Status,
- Familienorientierung,
- Aussehen,
- sexuelle Treue,
- Intelligenz.

Jeder dieser Punkte konnte in einem Akt ehrlicher Selbsteinschätzung mit einer Note von eins bis zehn bewertet werden. Danach wurde den Probanden eine Liste mit dem Partnerwunsch vorgelegt. Und siehe da: Ganz bescheiden und realistisch »rankten« die Singles ihren Wunschpartner ungefähr auf demselben Level in den jeweiligen Kategorien wie sich selbst. Eine nach Selbsteinschätzung »mittelgut« aussehende Frau präferierte einen mittelgut aussehenden Typen. Ein nach eigener Einschätzung stark familienaffiner Mann suchte eine ebensolche Frau. Meine Großmutter Hildegard sagte: »Jedes Töpfchen findet sein Deckelchen!«

Mit diesem Fragebogen war die Studie jedoch nicht zu Ende. Einige

Wochen später durchliefen die Probanden ein »Speed-Dating-Programm«, bei denen ihre Aussagen auf Realitätsgehalt überprüft wurden. Und nun sah alles ganz anders aus. Männer wie Frauen *vergaßen* ihre realistischen Vorsätze sofort. Die Frauen »verdealten« ihr Aussehen bereitwillig gegen ein hohes männliches Einkommen. Familienfreundlichkeit und Treueangaben des männlichen Gegenübers war plötzlich sekundär. Männer gingen *prinzipiell* nur nach dem Aussehen und versuchten so viele Verabredungen wie möglich zu arrangieren. Alle blieben lieber im Endeffekt einsam, als sich mit jemandem zufrieden zu geben, der auch nur *in der Nähe* ihrer eigenen Werte rangierte![19] Was als Muster der archaischen Partnerwahl in unsere Gene hineingewachsen ist – Männer diversifizieren, Frauen achten mehr auf Loyalitätssignale – wird in den urbanen Kulturen des 21. Jahrhunderts zum generellen »Missmatching«. Weil die Frauen immer klüger und selbstbewusster agieren, geraten sie immer mehr in Konkurrenz um die äußerst raren Männer, die beides haben: Geld *und* Treueverhalten. Weil Männer eher bei ihren alten »Downtrading«-Prinzip verharren (»lieber ein bisschen dümmer, aber dafür hübscher«), dabei *sich selbst* aber immer gnadenlos überschätzen (»Was denn? Ich seh' doch toll aus und habe einen Opel!«), stehen sie immer öfter im Beziehungsregen allein da. Alle pokern hochprofessionell um den Hauptgewinn. Und deshalb passen immer weniger Töpfchen auf immer weniger Deckelchen.

»Mate Matching« im Wandel der Zeiten

Partnerwahl als individuelle Entscheidung ist historisch ein relativ neues Phänomen. In der agrarischen Gesellschaft wurden Frauen ohne Wahlfreiheit »nach Stand« verheiratet – überwiegend ins Nachbardorf oder in einem Umkreis von maximal zwei Fußstunden. Jahrtausendelang waren auch die Suchkriterien klar und deutlich:

»Ein Landwirt in den letzten 400 Jahren hätte geantwortet, was er brauche, sei eine gute Arbeitsfrau, die kräftige Kinder in die Welt setzt. Ein Fürst hätte geantwortet: er brauche eine junge Tochter aus einem mächtigen anderen Fürstentum, Garantin eines Machtzuwachses, und Thronfolger muss sie gebären können, Söhne (...).«[20]

So beschreibt Klaus Theweleit in seinem Buch *Objektwahl* die Partneralgorithmen früherer Tage. In diesen Kontexten hatten Frauen »passiv und erwartend« zu sein – Jungfräulichkeit etwa galt noch bis in die Mitte des 20. Jahrhunderts als Ehebedingung.[21] Die Kriterien waren im Wesentlichen die Höhe der Mitgift und die Fertilität, dazu kräftige Arme ...

In der bürgerlichen Gesellschaft des späten 19. Jahrhundert entwickeln sich zum ersten Mal *charakterliche* Beurteilungen: Rechtschaffenheit, Fleiß, Sauberkeit – Tugenden also, die bereits industrielle »Skills« abbilden. Allerdings gab es bei diesen Kriterien Bewertungs-Handicaps: Da das mittlere Heiratsalter unter 20 Jahre lag, blieb die Verifizierung eine eher heikle Angelegenheit. Wie soll man in diesem Alter einen Charakter entwickelt haben?

In der Industriegesellschaft wandert das »Mating Date«, das Zeitalter der Partnerfestsetzung, langsam nach oben »Drum prüfe, wer sich ewig bindet...« Damit steigt die Komplexität der Partnerentscheidung. Die »Kultur der Wahl« erfordert ein gewisses Testen, Ausprobieren, Prüfen. Praxis eben.

Erst die sexuelle Befreiung der Nachkriegszeit bezieht dieses »Testen« jedoch auch auf den sexuellen Bereich. Nun wird es über Nacht unüblich, ja unerwünscht, als Jungfrau oder »Jungmann« in die Ehe zu gehen. In der raschen Verbreitung des Mittelschichtswohlstands multiplizieren sich die Flirt- und Berührungsschnittstellen zwischen den Menschen: Büros und Verkehrsmittel, Freizeit- und Kommunikationsmedien öffnen die Partnerwahl in einen immer breiteren Personenkreis.

Und damit entsteht das heilige Dilemma unserer Tage: Wen, zum Teufel, soll man zum Partner nehmen? Stellen wir uns einmal vor, die Single-Kultur in den Großstädten wäre aus nur einem einzigen Grund entstanden: dass Männer wie Frauen sich in einer »Kultur der Überwahl« nicht mehr entscheiden könnten ...

Rasend schnell eskaliert die Entwicklung weiter: Das Internet, die globale Reisewelt, die sich nun über alle Kontinente erstreckt, die Multikultisierung der Städte, erhöhen den Kreis der Kandidaten weiter. Plötzlich kommen theoretisch *Milliarden* Menschen als Partner in Frage. Und diejenigen, die uns am nächsten sind, immer weniger. Also üben wir uns in Distanztechniken und Virtualität. Bis die Not oder die genetische Sehnsucht uns wieder aus unseren Höhlen heraustreibt.

Partnerwahl-Heuristik: die Mathematik der Liebesanbahnung

Was tun wir, wenn wir einen Partner suchen? Zunächst, wenn wir jung sind, spielen wir. Wir folgen den irregulären Mustern des Zufalls und der Hormone. Aber je mehr es Richtung Lebensmitte geht, desto ernster wird die Sache. Wir sortieren, gewichten, bilanzieren, »clustern«, inszenieren. Und dabei machen wir uns dauernd vor, alles dem gnadenreichen Zufall zu überlassen. Aber die Zeit bleibt nicht stehen. Die Gesetze der Wahrscheinlichkeit – und die Endlichkeit unserer Biografie – setzen einen gnadenlosen Mechanismus in Gang. Bis 30 – oder vielleicht maximal 35, 40 Jahre – steigt sowohl unsere *Erfahrung* als auch unsere Chance auf dem Feld der Liebe. Aber dann, irgendwann, an ei-

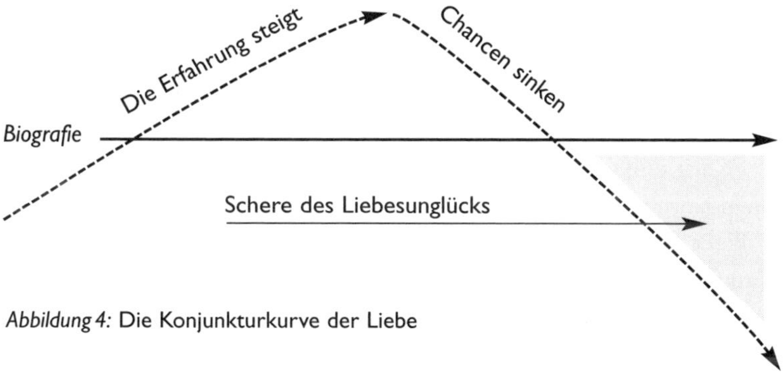

Abbildung 4: Die Konjunkturkurve der Liebe

nem bestimmten imaginären Punkt, kippt das Ganze. Nun sind wir auf dem Single-Markt gestrandet. Nicht so sehr, weil wir »alt« wurden (in der neuen Welt wird man nicht so schnell »alt«). Sondern weil die spannenden Partner vom Markt verschwunden sind. Alle tollen Männer sind plötzlich verheiratet. Alle tollen Frauen sind plötzlich mit unseren Konkurrenten nach Buxtehude gezogen.

Die Prüfung des Sultans

Es war einmal ein Sultan, der hatte einen Berater. Da der Berater grässlich teuer war, wollte der Sultan überprüfen, ob seine Koryphäe immer noch sein Geld wert war.

»Lieber Berater«, sagte er, »ich habe gehört, du willst heiraten, weil du von meinen Honoraren so reich geworden bist, dass eine Familiengründung sich lohnt. Das trifft sich gut. Ich werde dir bei deiner Suche nach einer guten Frau helfen.«

»Das höre ich gerne«, sagte der Berater erwartungsfroh.

»Ich werde«, fuhr der Sultan fort, »dir 100 wunderschöne Frauen aus dem ganzen Land zukommen lassen. Dann möchte ich, dass du die mit der *größten Mitgift* zur Frau nimmst. Berater deines Kalibers sollten das können!«

Der Berater war höchst erfreut. Auf dermaßen einfache Weise wäre er sonst kaum zu einer lukrativen Ehefrau gekommen.

»Du wirst die Damen der Reihe nach in dein Zelt hereinrufen«, erläuterte der Sultan. »Sie werden dir dann die Summe ihrer jeweiligen Mitgift nennen. Du musst dich sofort entscheiden, ob du die jeweilige Dame nimmst oder sie gehen lässt. Schickst du sie weg, kommt sie nie mehr wieder!«

»Und wenn ich nicht die mit der allerhöchsten Mitgift finde?«, fragte der Berater, plötzlich etwas beunruhigt.

»Ganz einfach«, antwortete der Sultan, »dann werde ich dich um einen Kopf kürzer machen lassen!«

Peter M. Todd, Mathematiker und Spieltheoretiker vom Max-Planck-Institut für Psychologische Forschung in München, nimmt diese herrlich blöde Fabel als Metapher für das Partnerschaftsdilemma in modernen Gesellschaften.[22] Immer wieder haben kluge Köpfe versucht, menschliche Beziehungen in Formelwerke zu gießen – nach dem Bonmot von George Bernhard Shaw: »Ökonomie ist die Kunst, das Beste aus dem Leben zu machen.« Stille Berühmtheit erlangte der Mathematiker Gary S. Becker, der den Begriff »Humankapital« erfand und in seinem Werk *Der Ökonomische Ansatz zur Erklärung menschlichen Verhaltens*[23] unter anderem eine »Arithmetik der Ehe« aufstellte. »Partner-Heuristik« nennt sich diese noch relativ junge Wissenschaft.

Natürlich wird jeder von uns, der im Liebesgeschäft tätig ist (und das sind am Ende 100 Prozent, auf die eine oder andere Weise), weit von sich weisen, dass Liebe mathematischen Regeln folgt. Aber machen wir uns nichts vor: Auch auf Freiersfüßen verhalten wir uns als höchst rationale, kalkulierende Wesen. Wir scannen eine unglaubliche Menge von Daten. Wir haben ein feines Gespür für »Marktwerte«. Wie geschickt wir mit diesen Kenntnissen umgehen, das, so Todd, entscheidet letztendlich über unser Schicksal. Vielleicht wird uns nicht gerade der Kopf abgeschlagen. Aber hässliche Scheidungen, endlose Quälereien mit dem Falschen – das ist im 21. Jahrhundert ein nicht unerheblicher Einsatz.

Sinnvolle Suchstrategien

Wie kann der Berater die Frau mit der höchsten Aussteuer (analog: die tollste Frau, den besten Typen) herausfinden, bevor die Letzte sein Zelt verlassen hat und der dicke Mann mit dem großen Krummsäbel hereinkommt? Seine Chancen stehen schlecht. Wenn er clever ist, steht die Wahrscheinlichkeit, seinen Kopf zu behalten, 37 zu 63. Statistisch – so hat es Todd ausgerechnet – ist die Chance für den Hauptgewinn dann am höchsten, wenn er nach 37 »Wegschickungen« die dann nächsthöhere Mitgift annimmt, die ihm ins Zelt kommt.

Klingt ganz einfach, oder? Zumal wir im realen Leben ja nicht unbedingt die *Nummer eins* finden müssen (Nummer zwei oder drei tun es womöglich auch)!

Prinzipiell kann man das Spiel mit drei verschiedenen Grundstrategien fahren:

- Optimierer sind diejenigen, die nicht locker lassen können bei der Suche nach dem/der noch Besseren. Sie probieren und probieren, und kaum sind sie mit einem Partner zusammen, quält sie der Zweifel, ob da draußen vor der Tür nicht der eigentliche Märchenprinz wartet.
- Anspruchsmoderatoren sind diejenigen, die ihre Ansprüche nüchtern und nach Abwägungen moderieren können. Sie geben sich auch

mit einem Partner zufrieden, der Fehler hat. Sie vertrauen auf gegenseitige Lernprozesse und Kompromissfähigkeiten.
- Verweigerer lassen sich nicht oder nur widerwillig auf das Spiel ein. Oder sie ändern die Regeln. Sie heiraten ihre Sandkastenliebe und bleiben dann einfach stoisch dabei, auch wenn sich das Ganze als Pleite herausstellt. Oder sie bleiben einfach für immer mäkelig in ihrer Single-Zweizimmerwohnung hängen, probieren halbherzig herum und glauben, alle andern sind schuld.

Es liegt auf der Hand, dass die mittlere Gruppe auf Dauer den besseren Liebes-Joker zieht. Moderatoren kommen am besten damit zurecht, was Verhaltenspsychologen als »die drei Anspruchslücken« bezeichnen:

- Die Lücke zwischen dem, was einer hat und was er will.
- Die Lücke zwischen dem, was einer hat – und dem, von dem er denkt, dass es Leute wie er haben sollten.
- Die Lücke zwischen dem, was einer hat – und was die Besseren in der Vergangenheit hatten – so dass man sie übertreffen könnte.[24]

Zwölfkommasieben: die magische Liebesregel der Zukunft

Seien wir realistisch: Geben wir uns mit einem Liebespartner zufrieden, der aus den für uns erreichbaren besten 10 oder 20 Prozent stammt. Dann verschiebt sich, nach Todd, die ganze vertrackte Liebesmathematik zum Positiven. Wir müssen nicht 32-mal testen, um dann doch noch unseren Kopf zu verlieren. Die Optimierungsformel für das Liebesglück lautet nun: Menschen, die im Laufe ihres Lebens 12,7 ernsthafte Partnerschaften durchlebt haben und sich aufgrund dieser Erfahrungen bewusst für eine dauerhafte Beziehung entscheiden, verfügen über die höchste statistische Wahrscheinlichkeit, langfristig ein glückliches Liebesleben zu führen!

Die gnadenlose Verlässlichkeit dieser Formel ist erstaunlich. Es macht keinen Unterschied, ob wir unser Suchspektrum auf 100, 1 000 oder eine Million möglicher Partner ausdehnen. Es ist auch relativ unerheblich, in welcher Position auf der unsichtbaren Ranking-Skala wir sind, ob wir selbst eine hohe »Mitgift« (= Attraktivität) in das Spiel einbringen. Die 12,7-Regel ist unbestechlich. Sie erzeugt eine unsichtbare Choreographie des modernen Liebeslebens.

Probieren Sie es selbst: Wie viele *ernsthafte* Partnerschaften haben Sie in Ihrem Leben gehabt? Mitzählen sollten Sie alle Beziehungen, die Sie in irgendeiner Art und Weise *verändert* haben. Aus denen Sie lernen konnten. Bei denen Sie nach der Trennung traurig waren. Auch intensive Freundschaften zum anderen Geschlecht gehören dazu. (Selbst One-Night-Stands sind gültig, wenn sie erschütternden Charakter hatten.) Instinktiv wissen wir alle, was wirklich »Beziehung« war und was nur Bekanntschaft, Flirt oder Freundschaft, sodass wir die Rechnung meist relativ schnell aufmachen können.

Eine *geringere* Beziehungsanzahl als 12,7 erhöht die Gefahr, aus Mangel an Erfahrung den Falschen zu wählen – oder sich lebenslang mit dem Gedanken zu quälen, es hätte ja noch ein(e) bessere(r) kommen können. *Zu viele* Beziehungen führen hingegen zu promisken Verhaltensmustern, die sich irgendwann nicht mehr abstellen lassen.

Wichtig ist, dass wir Variabilität üben. Wer, wie Joschka Fischer oder Boris Becker immer nur den gleichen Typus bei der Brautschau umgarnt, vermeidet jede Lernkurve.

Um Liebeskompetenz einzuüben, sollten wir folgende Liebestypologien einmal durchleben:

- die überschwemmende, alles in Frage stellende leidenschaftliche Liebe mit einem Partner »aus einer anderen Welt«, aus einem völlig anderen Milieu oder einer anderen Kultur,
- die Liebe mit dem Vertrauten, dem/der »Bruder oder Schwester im Geiste«,
- die Beziehung mit einer »Challenge«, einem schwierigen oder sehr attraktiven Charakter, den man formen, retten oder verändern wollte,
- die Differenzbeziehung mit einem sehr viel älteren oder jüngeren, klügeren oder ungebildeteren Partner,
- die Beziehung mit dem eigenen Spiegelbild, also jemandem, der einem sehr ähnelt.

Warum »funktioniert« diese Regel? Letzten Endes handelt es sich bei dem Phänomen Partnerwahl um einen rekursiven Selektionsprozess. Das heißt, man lernt vor allem beim *Scheitern* von Beziehungen etwas über sich selbst. Das kann man dann bei der nächsten Entscheidung nutzen. Solange das ganze Ensemble nicht versammelt ist, kann das Orchester auf der Bühne unseres Liebeslebens nicht richtig gestimmt werden! Zwölfeinhalb »ernste« Beziehungen in einem Leben sind eine ganze Menge. Die Suche kann sich hinziehen. Deshalb wird die Zukunft bevölkert sein mit Liebessuchenden jeden Alters und jeden Geschlechts, in allen Stadien von Suche, Verliebtheit, Flirt, Erfüllung, Trennung, Trauer. Immer öfter werden wir in eine Wiederholungsschleife geschickt, weil wir beim ersten Mal die Hausaufgaben nicht gemacht, die *Message* nicht verstanden haben.

Für die Zukunft unserer Liebeskultur in der globalen Wissenswelt hat die 12,7- Formel eine große Bedeutung. Sie bildet, auch wenn sie nur eine Orientierungsgröße ist und keine Garantie für Liebesglück, eine neue soziokulturelle Meta-Regel. Neuere Sozialforschungen zeigen tatsächlich, dass sich die serielle Partnerquote in westlichen Großstadtmilieus unaufhörlich auf die magische »12« zu bewegt.[25] Würden wir die Formel ernst nehmen, wäre die Basis einer neuen Liebes- und Partnerschaftskultur geschaffen, die an das Soziotop der globalen Individualkultur adaptiert ist. Wie viel Lebensunglück könnte vermieden werden! Aber hört die Welt auf die Mathematik?

»Upgrading« und »Freischaltprinzip«: Soziotechniken der kommenden Liebeskunst

Es gibt noch weitere Möglichkeiten, seine Chancen auf Liebesglück zu steigern. Erstens ein bewusster Prozess des »Upgrading«. Das Spektrum reicht von der Therapie über die Karriereanstrengung bis zur Schönheitsoperation. Manchmal hilft auch einfach Sport und bessere Ernährung. »Upgrading« heißt, dass ich mich bewusst als Produkt auf dem Liebesmarkt begreife und meine Ausgangschancen gezielt verbessere.

Zweitens aber könnten wir lernen, wie wir unsere archaischen Mechanismen, die uns immer wieder zu dem Falschen führen, geschickter moderieren. Wie wir den korrumpierenden Drogencocktail von Dopaminen, Testosteronen und Östrogenen umgehen, der uns im Zustand akuter Verliebtheit einlullt.[26]

Eine Hilfe bietet das so genannte Freischaltprinzip. Die Partneragentur Parship hat diese Methode weiter entwickelt. Parship arbeitet zunächst mit einem klassischen Matchmaking-Algorithmus. Aus den Hunderttausenden von Menschen, die sich auf der Website eintragen, wird zunächst durch einen differenzierten Persönlichkeitstest eine Gruppe von »Passenden« ausgesucht. Abgefragt wird dabei so ziemlich alles – vom Alter und Gewicht bis zu Hobby, Charaktereigenschaften, Träumen, verborgenen Leidenschaften.

Bis hierhin ähnelt der Vorgang der guten alten Heiratsvermittlung, nur eben nicht auf Karteikarten und ohne die strenge Dame mit den Goldarmbändern. Der entscheidende Unterschied findet sich bei der *Technik der Näherung*. Nach und nach werden – immer im beiderseitigen Einverständnis – bestimmte Kommunikationsmedien frei geschaltet. Erst die E-Mail. Dann die Telefonnummer. Dann das Foto. Erst nachdem man sich auf all diesen Kanälen vertieft kennen gelernt hat, trifft man sich in der »real world«.

Die Methode ist auf eine kluge Weise altmodisch. Sie umgeht den Rausch der körperlichen Verliebtheit, in denen wir unseren sexuellen Instinkten und Begehrlichkeiten ausgesetzt sind. Es ist eine Art Rekombination aus dem alten »Heiratsantrag aus der Ferne« und hochtechnologischen Suchmethoden. So wird Partnersuche in »Globolopolis« aussehen: Im Meer der Möglichkeiten »fischen« wir in einem immer größeren Kreis von Menschen. Durch zarte elektronische Berührung lernen wir mehr Sicherheit und Vertrautheit. Danach arbeiten wir uns möglichst verletzungsfrei in die Tiefe einer Beziehung hinein. Sex gibt es womöglich erst ein halbes Jahr nach dem Erstkontakt ...

Und dann ist natürlich immer noch das radikale Gegenprogramm möglich. Das komplett Unvernünftige. Der Schuss ins Dunkle. Das entschlossene Jokerziehen. Verzweiflungsakte X. Das, was Carrie aus *Sex and the City* einmal so formulierte: »Liebe Mädels. Es ist Zeit, einen dummen Kellner zu verführen. Oder besser einen Doorman. Einen Doorman in ein anderes Leben voller ernsthafter Reproduktion!«

Liebesprognosen

John Gottmann, Psychologe an der Universität von Washington, ist wahrscheinlich der erfolgreichste Prognostiker aller Zeiten. Mit seinen Videostudien über die Kommunikationsstrukturen von Ehepaaren wurde er in den späten neunziger Jahren weltberühmt. Mit nur 15 Minuten Live-Gespräch erreicht Gottman eine 95-prozentige Vorhersage aller Eheverläufe. Er *weiß*, ob das Paar in fünf Jahren noch zusammen ist oder nicht, weil er die Codes zu lesen vermag, die in jeder menschlichen Kommunikation tief eingewebt sind.[27]

Kritik, Rechtfertigung, »Stonewalling«, also das Auflaufenlassen des Gegenübers – diese Elemente kann Gottmann in allen Dialogen zwischen Partnern nachweisen. Partnerschaften können solche Irritationen aushalten. Das klarste Alarmzeichen jedoch ist *Verachtung* gegenüber dem Partner, die sich in kleinen, kaum wahrnehmbaren Gesten ausdrückt, sich aber nicht verbergen lässt. Augenrollen, ins Wort fallen, schnelle verbale Abwertungen der Meinungen und Wünsche des Partners weisen darauf hin, dass die Beziehung zu Ende ist, obwohl sie formal noch andauert. Verachtung ist irreversibel, sie kann allenfalls in einer ganz großen Katharsis überwunden werden.

Zu den Techniken des Matching und des »Upgrading« kommt noch ein drittes »Tool«: Analyse der Kommunikation der Liebe. *Gerade weil* im 21. Jahrhundert die Liebe die Funktion einer säkularen Religion annimmt, müssen und werden wir ihre Soziotechniken ausbauen. In der Individualkultur der Zukunft müssen wir unsere emotionalen Ressourcen schonen und falsche Entscheidungen vermeiden lernen. *Gerade weil* wir Großes vorhaben. Denn ohne große Liebe werden wir in Zukunft kein Lebensglück mehr finden.

Future Briefing: Liebesglück im 21. Jahrhundert

Etwa 35 Prozent unserer Lebenszeit verbringen wir als Singles – und zwar nicht nur am Anfang unserer Liebeskarriere, sondern auch mitten drin (und hoffentlich nicht am Ende).

Im Laufe unseres Lebens werden wir im Schnitt mit 12,7 Partnern eine intensive Beziehung haben. Diese Zahl verteilt sich in der Gesamtbevölkerung in einer Gaußschen Verteilungskurve, das heißt, es wird immer noch viele Menschen mit nur fünf, aber auch viele mit 20 relevanten Partnerschaften im Leben geben.

Generell nimmt das Liebesglück zu, weil unglückliche Partnerschaften auseinander gehen. 30 Prozent aller Liebesbeziehungen sind nun glücklich im weitesten Sinne des Wortes. Auch Single-Lebensstile und »Distanzbeziehungen« tragen zum Pool des Liebesglückes bei.

Die Suche nach dem richtigen Langzeitpartner (Mate-Matching) ist ein lebenslanges Spiel, das wir auch dann noch betreiben, wenn wir in einer festen Beziehung sind. Entweder wird die Beziehung durch dieses Spiel gefestigt und »rekursiv verbessert«, oder sie wird gesprengt.

Liebesbeziehungen unkonventioneller Prägung nehmen zu. Schwule und lesbische Lebensgemeinschaften sind normal, ebenso Beziehungen zwischen Partnern mit mehreren Jahrzehnten Altersunterschied. In einer Vielzahl von »Arrangements« zwischen Liebenden entwickeln sich neue Distanztechniken, in denen romantische Motive gegen Alltagsenthaltsamkeit getauscht werden.

Männer und Frauen werden ähnlicher und unähnlicher zugleich. Das heißt: Die Bandbreite des Geschlechterverhaltens nimmt zu, neue Mischungen und Synthesen entstehen. Wir können Macho und Softie sein, Vamp und Dornröschen. Und draußen, auf der freien Wildbahn, spielen wir mit allen diesen Motiven.

Sex ist Spiel. Aber zunehmend auch inszeniertes, ernstes, großes Theater. Fortpflanzungssex ist die eigentliche (Wieder-)Entdeckung der kommenden Zeit.

Die Vision: co-evolutionäre Partnerschaft

Über dem Schreibtisch meines ersten ernsthaften Schwarms, einer spröden blonden Ökonomiestudentin, die wunderbar nach Patchouli roch und völlig unerreichbar blieb (sie war fest in der Hand eines finster dreinblickenden maoistischen Revolutionärs mit Lederjacke und außerdem 300 Jahre älter als ich) hing ein Zettel mit folgenden Worten: »Liebe heißt, sich selbst verändern zu wollen!«

Ich habe mein Leben lang nicht aufgehört, über diesen Satz nachzudenken. Er scheint mir auf paradigmatische Weise auszudrücken, worum es bei Liebe geht. Er scheint mir auch auf alle substanziellen Fehler hinzuweisen, die wir bei diesem Spiel machen. Auf den stupiden Änderungswahn, dem jede Partnerschaft über kurz oder lang verfällt. Auf das ungeheure Genörgel, das sich inzwischen zwischen Männern und Frauen festgesetzt hat wie ein zäher Schleim.

Wenn wir wollen, dass unser Partner sich verändert, müssen wir bereit sein, uns selbst zu wandeln. Weiter zugespitzt: Wir *können* eigentlich niemanden verändern außer uns selbst. Schon gar nicht jemanden, den wir lieben. Denn Liebe heißt ja volles Akzeptieren. Allerdings können wir hoffen, dass sich der andere für Neues und anderes öffnet, wenn *wir* uns öffnen. Und das tut er, wenn er uns liebt!

Genau entlang dieser Logik des Vertrauens trennt sich Liebe von purer Beziehungstechnik. Sie wird zu jenem Großkredit, mit dem wir das kosmische Spiel um ein weiteres Win-win-Game erweitern. Sie wird zum co-evolutionären Prozess, in dem die seelische Aufwärts-Entwicklung beider Partner nicht nur marginal mitverhandelt wird, sondern zum Zentrum und zur Gestaltungsaufgabe der Liebe gerät.

- Co-evolutionäre Liebe bedeutet, dass wir uns *Ziele* setzen, die aus Selbstwissen entstammen. Und Angebote machen, die unsere Selbstverbesserung zum Ziel haben: »Ich möchte in zehn Jahren soweit sein, dass ich meine Ängste im Griff habe/einen neuen Beruf verwirklicht habe – und *du* kannst mir dabei helfen.«
- Co-evolutionäre Liebe bedeutet, dass wir uns den Spiegel vorhalten lassen. Und die Verantwortung für uns selbst nicht dem anderen zuschieben.
- Co-evolutionäre Partner überschreiten dabei das Rezept der Romantik. Sie lernen auch, ihre Trennungen zu antizipieren. Sie organisieren ihre Distanzen, ihre Nicht-Identitäten.
- Co-evolutionäre Liebe heißt *Variabilität* des Kontraktes. Wir müssen und können unseren »Partnerschaftsdeal« immer wieder verändern und müssen ihn dann aufs Neue beschließen. In den angelsächsischen Ländern ist »Re-Marriage« bereits zu einem weit verbreiteten Ritual der »Liebeserneuerung« geworden. (»Wir heiraten jedes Jahr neu – immer in einer anderen Gegend der Welt!«)

Co-evolutionäre Liebe bedeutet, dass wir das Prinzip der genetischen Reproduktion (das Neue entwickelt sich durch Varianz und Variabilität) auf die Welt der Gefühle übertragen. So entsteht ein lebendiges Kunstwerk. Eine temporäre Blüte der Komplexität, die einem »neuen Wesen« ähnelt. Und doch nur dem Universum gehört.

Alya, David

Als er 38 Jahre alt war, lernte er auf einem Kongress in Shanghai eine Frau kennen, die ihm lange nicht aus dem Kopf ging. Alya, die Königin der Wüste. Alya, die verzweifelte, aufbrausende, schöne, hyperintelligente, wahnsinnig anstrengende, unverständliche Alya, die algorithmische Konstruktionen vierdimensionaler Entitäten rückwärts aufsagen, aber ihre Stimmung nicht für zwei Stunden auf dem selben Level stabilisieren konnte. Mit der er zwischen Schanghai, London und Denver fast drei Jahre zusammen war. Immer mal wieder, wenn sich ihre Wege auf den kontinentalen Verwirrungen des Berufes kreuzten, fielen sie realkörperlich übereinander her. Ansonsten schrieben sie sich Postkarten. Jawohl, reale Postkarten aus Papier, Karton. »No virtual tricks«, sagte sie immer. Postkarten dauerten drei, vier Wochen, um ihr Ziel irgendwo auf der Erde zu erreichen. Man musste sie genau auswählen, die Bildmotive, die Art des Drucks, den Glanz des Papiers. Schwarzweiß oder Farbe. Trash oder Kunst. Genau überlegen, was man drauf schrieb – oder eben nicht drauf schrieb.

Dann, irgendwann im Frühjahr des verflixten Jahres 2041 (einem Jahr des Affen), war es vorbei. Wenn er sie audiokontaktierte, hörte er immer nur eine Männerstimme, die sich »Joe« nannte. War es ein verfluchter Avatar, der ihn da in eine Diskussion um transdimensionale Paradoxien verwickelte? Ein unglaublich gebildeter Kerl, der tatsächlich etwas von Philosophie – altmodischer, analoger Philosophie – verstand. Und er war ein ziemlich blöder Witzbold.

»Prinzessin Alya lässt Ihnen ausrichten, dass ihre Verfügbarkeit heute leider transzendental ist. Übrigens – wissen Sie, wer der erste Transzendentalphilosoph war? Nein, nicht Laotse, nicht Schopenhauer. Groucho Marx! Der sagte nämlich ... Hahaha ...«

Er unterbrach das Gespräch und ließ die Gebühren der Gegenstelle berechnen.

Er trauerte. Ihr Gesicht ging ihm nicht aus dem Kopf, und er vergrub sich einige Zeit in den Bergen und verabschiedete sich aus seinem sozialen Leben.

Er vertrieb sich die Zeit und machte Karriere. Liebte eine Russin, einen Hund und eine neue Arbeit, die er fünf Jahre bis zur Vollendung trieb.

Er staunte nicht wenig, als er eines Tages ein kleines Paket in der Post fand, das nur mit den Buchstaben A. I. adressiert war. Darin lag, in einem Fauteuil aus Samt, ein kleiner, edel aussehender Kryonikzylinder, ein metallenes tiefgekühltes Reagenzglas, in dem man organisches Material fast unendlich lange Zeit aufbewahren konnte (der Zylinder versorgte sich mit einer kleinen Nuklearbatterie energetisch selbst).

Ein Brief lag dabei: »Tu damit, was du willst. Vernichte es, verschenke es, verkaufe es, kombiniere es, benutze es!

PS: Ich lebe jetzt allein. Joe starb bei einem Attentat in Atlanta. Er gehörte zu den Eggheads der Global Terror Combat Force, du weißt schon, die allergeheimste aller Truppen im Kampf gegen das Böse.«

In dem Labor, in dem er damals arbeitete, ließ er es das Reagenzglas untersuchen. Es befanden sich drei weibliche Eizellen darin. Alyas unschuldige, unbefruchtete Eizellen.

Arbeit

Wird uns die Arbeit ausgehen? • Wie flexibel und mobil kann Arbeit werden? • Entsteht ein neues Proletariat?

Wenn man Luftschlösser gebaut hat, muss man seine Arbeit daran nicht als vertan abschreiben; Luftschlösser gehören in die Luft. Nun errichte man darunter das Fundament.

Henry David Thoreau

Erfolgreich sein heißt, anders sein als die anderen.

Woody Allen

Alya – 2045

»Alleine schaffen wir es nicht. Wir brauchen diese Frau!«

Larry legte einen *MindBlock* auf den dichten, flauschigen Teppich, einen rot pulsierenden Würfel als Zeichen, dass er etwas extraordinär Wichtiges zu sagen hatte, etwas mit Prioritätsstufe eins. Der Konferenzraum, in dem sie ihre *Session* abhielten, reagierte sofort auf die neue Stimmung. An der opaken Decke, über die bis jetzt sanfte Wolken gezogen waren, entwickelten sich Gewittertürme mit roten Rändern. Eine scharfe Brise, duftend nach Pfefferminz und Meer, zog aus unsichtbaren Düsen.

Drei Männer und eine Frau saßen, lagen, standen in den abenteuerlichsten Positionen in diesem ovalen Raum. Larry lag auf dem Rücken und starrte in den künstlichen Himmel. Joel saß in einer Konturliege, die wie der vergrößerte Kommandosessel eines Raumschiffs aussah. Carl, den alle nur »Priester« nannten, weil er einen riesigen kahlen Schädel hatte und nur bis oben hin geschlossene schwarze Anzüge trug, hing in einer Art Hängematte, die an ein neuronales Spinnennetz erinnerte. JohnJohn, genannt »The Brain«, stand einfach mitten im Raum. Meistens auf einem Bein. JohnJohn trug eine Toga und betonte auch damit einen Hang zur Antike, dem ihre Gruppe den Beinahmen »Gladiatoren« zu verdanken hatte.

In der Mitte sah es aus wie in einem Kindergarten. Rote, gelbe, blaue Würfel repräsentierten bestimmte Denkkonfigurationen und dienten dazu, Ordnung und Struktur in komplexe Entscheidungsprozesse zu bringen.

»Wir müssen vielleicht unseren Fokus verändern«, gab Joel zu bedenken. Sie rollte eine kleine, leicht pulsierende Kugel gegen den roten MindBlock, den Larry in die Mitte geschoben hatte. Es klickte leise, und der Würfel gab ein beleidigtes Brummen von sich. Joel war eine dem Skulpturmuseum entsprungene Mittvierzigerin mit Pagenschnitt und strahlend roten Lippen in einem blassen Gesicht. »Wir können die EnergieProvider-Kunden nicht mehr gegen die Konkurrenz verteidigen, ohne unser Team um jemand wirklich *Starkes* zu erweitern. All das verlieren wir dann an NewKinsey!«

»John, zeig uns noch mal die Bewerber«, sagte Larry.

JohnJohn zeigte mit dem Finger auf eine Wand. Ein ovaler Ausschnitt wurde hell, auf dem rasend schnell Gesichter abliefen. Nach einer Weile verlangsamte sich der Prozess. Nun konnte man einzelne Kandidaten erkennen. Männer, Frauen, Alte, Junge, Weiße, Farbige.

»Wenn ihr mich fragt«, warf JohnJohn ein, »dann *sie* und niemand anderes.«

Auf dem Schirm war eine Afro zu sehen, die ernst in die Kamera blickte. Ein aus genetischem Gold gemeißeltes Gesicht. Etwa vierzig, alterslos wie alle aus dieser Generation.

»Warum ausgerechnet *sie?*« fragte Carl.

»Sie kennt sich dort aus, wo wir passen müssen,« erwiderte JohnJohn. »Nano, Quantenkrypto, Supraleitung. Ausgebildet als MindCoach. Und das Irrste: Sie hat noch nie in einer *corporate* gearbeitet.«

»Noch *nie?*«

»Sie ist auf eine geradezu extreme Art und Weise *freelance*.«

»Dann kriegen wir sie sowieso nicht!«

»Da bin ich mir nicht so sicher.«

»Sonst noch Qualifikationen?«

»Sie ist eine Savant.«

Ein leichtes Stöhnen ging durch den Raum.

»Wir haben schon zwei Semi-Asperger«, sagte Joel. »Männer!«

»Und warum glaubst du, dass wir sie trotzdem kriegen«, fragte Carl, der in seiner Hängematte hin- und herschaukelte.

»Weil ich ihre Geschichte kenne. Wahrscheinlich besser als sie selbst. Wir könnten ihr ein Angebot machen, das sie nicht ablehnen kann.«

»Wie heißt sie?«

»Alya Umbese. In Äthiopien geboren, in Wien aufgewachsen, dann Boston, Nanking, Anchorage, Paris, Sao Paolo. Eine Nomadin im Herzen. Aber müde«, sagte JohnJohn. »Sie hat in Harvard Traumnoten bekommen, ist aber gleich darauf wieder ausgestiegen. Ihr IQ lag bei einem Test, der schon vor zehn Jahre gemacht wurde, bei 151.«

»Wow. Dann hat sie heute 160.«, bemerkte Carl.

»Und die Privatbio?«

»Allein«, grummelte JohnJohn, als wäre das eine persönliche Beleidigung für ihn. »Ich habe ihre Bio tiefenanalysieren lassen und ein bisschen recherchiert. Sie sehnt sich nach *settlement*. Und – einem Kind.«

»Kriegen wir das hin?«

»Na klar«, sagte JohnJohn. »Wir bieten ihr Full-Baby-Service und einen Vertrag über drei Jahre mit Option auf Verlängerung und einem Konkurrenzausschluss auf fünf Jahre. Da muss sie ihren rebellischen Geist nicht vergewaltigen. Und eine halbe Million Ablöse. Das kann sie nicht ablehnen.«

»Autsch« machte Larry. »Das ist zu viel!«

»Drunter macht sie's nicht«, erklärte JohnJohn und wechselte das Bein. »Ich werfe hunderttausend meiner diesjährigen Tantieme in den Hut. Bietet jemand mehr?«

Das Szenario: im Zeitalter der Humantalente

Ein Arbeitsteam sucht einen neuen Mitarbeiter. Aber nicht einen x-beliebigen. Sondern eine Mitarbeiterin, die genau ins Team passt. Dafür bedienen sie sich komplexer Suchalgorithmen. Sie sind bereit, mit erheblichem Aufwand, ja sogar eigenem Honorarverzicht eine solche Mitarbeiterin ins Boot zu holen. Ist die Szene realistisch? Natürlich nicht. Sie ist utopisch.

Nehmen wir trotzdem einmal an, in der Arbeitswelt der Zukunft käme es nicht mehr auf Produkte und »Produktionen« an. Auch nicht auf Kapital, das im Überfluss vorhanden ist. Sondern auf Ideen. Wissen. Talent. Kreativität und Innovationsfähigkeit wären keine Randerscheinungen mehr, sie bildeten den *backbone* aller Ökonomie.

Nehmen wir ferner an, Talente würden eines Tages bitter knapp werden.

Die *Nachfragerichtung* der Ressource Arbeit würde sich umdrehen.

Niemand, der aus der alten, industriellen Welt heraus über die Zukunft der Arbeit nachdenkt, würde so etwas auch nur entfernt in Erwägung ziehen. »Arbeitnehmer«, so haben wir es gelernt, sitzen immer am kürzeren Hebel. »Arbeitgeber« bestimmen die Löhne, die Bedingungen im globalen Spiel der Arbeit. That's Kapitalismus.

Und wenn es anders ist, dann trifft das doch nur für eine winzige Minderheit zu, die zu vernachlässigen ist.

Fragen wir zunächst wieder aus der Zukunft in unsere Gegenwart hinein: Wie konnte es soweit kommen?

Eine kleine (Zukunfts-)Geschichte der (Lohn-)Arbeit

Beim Stamm der Baraboig in Tansania üben die jungen Männer im Morgengrauen das Kopfstehen. Dann praktizieren sie den Speerwurf, lange und ausdauernd, bis die Sonneneinstrahlung die Hitze unerträglich werden lässt. Am nächsten Morgen machen sie sich im Morgengrauen auf den Weg. Drei, vier Tage wandern sie durch die Savanne, auf der Suche nach einem einzelgängerischen Elefanten. Sie greifen wiederum im Morgengrauen an, geführt von »Kamataloget«, der »Mutter der Jagd«, dem Mann mit der größten Jagderfahrung. Sie bohren so viele Speere wie möglich durch die dicke Lederhaut des Riesen. Der Elefant flüchtet, die Jäger setzen ihm nach. Dabei folgen sie seiner Blutspur. Wenn sie ihn am zweiten oder dritten Tag, nach endlosen Fußmärschen, einholen, liegt er im Sterben und wird rasch getötet. Die Männer bringen das Fleisch zurück ins Dorf. Nur die ersten beiden Männer, die den Elefanten getötet haben, werden von den jungen Frauen mit einem Gürtel aus geflochtenem Affenbrotbaum geschmückt, Zeichen für Heldentum und sexuelle Attraktivität.[1]

In dieser Weise war »Arbeit« viele hunderttausend Jahre lang organisiert. Überwiegend Männer gingen auf die Jagd und brachten die Beute, wofür sie erotisch und durch Statusaufwertung belohnt wurden.

Frauen verteidigten das Lager, übten sich in handwerklichen Künsten, Zeremonien und Kindererziehung, ermunterten die Männer oder griffen bisweilen auch selbst in das Jagdspiel ein.[2] Arbeit war *Fertigkeit.* Abhängig von den eigenen Händen und den »Skills«, die von Generation zu Generation weitergegeben wurden.

Auch die agrarische Produktionsweise änderte daran wenig. Für die sesshaften Bauern, ob sie als neolithische Gruppe oder später, im Mittelalter Europas, als Bauernpaar den Hof bestellten, blieb Arbeit unmittelbarer Akt der Aneignung und des Überlebens. Wenn die Ernte eingebracht werden musste, musste sie eben eingebracht werden – rund um die Uhr. In den antiken Kulturen war Arbeit durch Sklavenwirtschaft klar aus dem Leben ausgegrenzt. Im kaiserlichen Rom war mit dem Wort »labor« die in »höriger Knechtschaft, mit körperlicher Pein verbundene Plage« gemeint. Das altgermanische »arbejo« bedeutete: »Ich bin ein verwaistes und deshalb zu Sklavenarbeit verdammtes Kind.«[3] Das lateinische Wort »ludu« benennt im Umkehrschluss beides: Spiel und Arbeit. Im antiken Griechenland mit seinem philosophischen Idealen und seiner realen Sklavenwirtschaft galt Arbeit als geächtet – der Status eines Lohnarbeiters lag unter dem eines Sklaven. Margrit Grabas schreibt in ihrem Buch *Individuum und industrielle Arbeit:*

> »Auch in der mittelalterlichen Gesellschaft hätte sich Lohnarbeit aufgrund der Stigmatisierung von Abhängigkeit kaum etablieren können – sie galt in der erblich-hierarchischen feudalen Agrargesellschaft als nicht standesgemäß (...). Auch die spätere Neubewertung von Arbeit bezog sich auf autonome, selbstständig arbeitende Individuen, Kaufleute, Handwerker, Professoren, die sich in Zünften, Gilden oder anderen korporativen Organisationen verbanden.«[4]

Arbeit blieb in ihrem Wesen lange Zeit universalistisch, weil differenzierte Arbeitsteilungen auf wenige städtische Zentren beschränkt waren. »Auf Einzelhöfen und in kleinen entlegenen Dörfern«, schrieb Adam Smith, »muss jeder Bauer und zugleich sein eigener Metzger, Bäcker und Bauer sein.«[5] Sie blieb *domestisch*, an Haus und Alltagsleben gebunden. In den Großstädten wurde das Handwerk im »Haus des Meisters« ausgeübt, in dem Gesinde, Familie und »Arbeiter« auch schliefen. Der Historiker Herbert Applebaum erläutert: »Zu den Kosten der Brotherstellung gehörten Kost, Logis und Kleidung für alle, Lohn in Geldform machte nur einen Bruchteil aus.«[6]

Und dann begann das Zeitalter der Maschinen.

Als sich nach dem amerikanischen Bürgerkrieg zuerst in Nordamerika die Massenproduktion durchzusetzen begann, schlossen sich die Handwerker zur ersten großen Gewerkschaft Amerikas zusammen. Diese hatte keineswegs die Aufgabe, die Arbeiter im Kampf für bessere Arbeitsbedingungen zu organisieren. Das Ziel der »Knights of Labour« war vielmehr die *Abschaffung* der Lohnarbeit, die als unwürdiger Ersatz für Sklaverei empfunden wurde. 1892 kam es bei Pittsburgh zu Streiks von Facharbeitern, die sich gegen die Taylorisierung der Arbeitsabläufe und die Anstellung ungelernter Immigranten wehrten. Erst um die Jahrhundertwende räumte der Chef der AFL, der »American Federation of Labour«, der ersten »richtigen« Arbeitergewerkschaft ein, »dass wir unter dem Lohnsystem arbeiten und es unser Ziel ist, einen immer größeren Teil an Arbeit zu sichern, solange dieses System existiert«.[7]

Währenddessen sperrten sich auch in den anderen frühindustriellen Ländern starke Kräfte gegen den Siegeszug der Lohnarbeit. Anfang des 19. Jahrhunderts zerstörten die Ludditen, die sich überwiegend aus Heimarbeitern rekrutierten, in England die mechanischen Webstühle.[8] Als die ersten mechanischen Manufakturen in England ihren Betrieb aufnahmen, nannte William Blake die frühindustriellen Mühlen und Fabriken »Dark Satanic Mills«.[9] Der Soziologe Max Weber sprach von der »ersatzreligiösen Zwangshandlung der Berufsarbeit«, vom »ehernen Korsett des industriellen Produktionsablaufes«, den der Kapitalismus in den »Herzen der Menschen verankere«.[10] In den Pionierstaaten der Industrialisierung, England und Deutschland, betrug der Anteil der Lohnarbeitenden im Jahre 1800 unter 20 Prozent. In Deutschland schuf erst die napoleonische Besetzung die rechtlichen Grundlagen der Lohnarbeit. Um 1900, im Zenit des industriellen Aufschwungs, waren es knapp 40 Prozent der Erwerbsfähigen, die »Lohn und Brot« fanden.

Es war ein langer Weg, bis die Menschen ihre mühsam gegen die feudale Leibeigenschaft erkämpfte Tätigkeitsfreiheit gegen feste Arbeitsverträge tauschten, die Abhängigkeiten von der Natur gegen eine neue

Unterordnung – die unter fremdbestimmte Arbeit. Der Weg führte durch die düsteren »Mietskasernen« der frühen Industrialisierung, in denen achtköpfige Familien in einer Drei-Zimmer-Wohnung hausten, über die Schlangen vor den Suppenküchen in den schwarzen zwanziger Jahren des vergangenen Jahrhunderts (»Nehme jede Arbeit!«). Von den finsteren Stollen und »Satanic Mills« der frühindustriellen Zeit bis zu den hellen Werkshallen und Firmenkantinen unserer Tage war es ein langer, verlustreicher Weg.

Und bald schon dachte niemand auch nur im entferntesten an Elefanten ...

Der Aufstieg des »Organization Man«

Jene kurze Phase zwischen 1960 und 1975, als in der westlichen Welt die Konjunkturmotoren sangen und Kaskaden von Konsumgütern die erstaunten Menschen beglückten, wurde eines zur Sehnsuchtsblaupause in Millionen von Hirnen, zu einem Mythos, der von der ganzen Welt Besitz ergriff: *Vollbeschäftigung*! Jeder hat einen Arbeitsplatz – lebenslang, mit wachsender Freizeit und garantiert steigendem Salär! Und Samstag gehört Papi *mir*! Das sangen die Plakate von den Wänden. Der Triumph der Lohnarbeit war vollkommen. Der Anteil der Selbstständigen, der vor dem Krieg in den meisten Industrieländern noch um die 25 Prozent gelegen hatte – von 1950 bis 1970 sank er in den meisten Industrienationen auf kaum 8 Prozent. Die gesamte Gesellschaft – Steuersysteme, Wertesysteme, Zeitrhythmen, soziale Hierarchien – wurde voll und ganz auf den »großen Deal« getaktet. Die Welt wurde eine Welt der Lohnabhängigen.

Und so begann der triumphale Siegeszug einer neuen Kaste von Männern, die dem industriellen Schicksal von Öl und Schweiß in vertikaler Richtung entkamen. Der Typus des *Angestellten* trat auf den Plan. In den Banktürmen, Verwaltungszentralen, Bürogebäuden, die wie Pilze aus dem Boden schossen, kondensierten die Hierarchien der »white collar class«, der neuen Angestelltenkernschicht, die den Lärm der Fabrikhallen nur noch gedämpft aus der Ferne vernahm. Der »Organisationsmensch« begann, den glühenden Kern der hierarchischen Arbeitskultur zu prägen und zu formen. Er zurrte die eisernen Bande, die den Einzelnen mit der Welt der Lohnarbeit verbanden, endgültig fest – und vergoldete dabei die Fesseln.

So wurde aus dem »Arbeitsplatz« in der Fabrik eine »Stelle«. »Stellen« funktionieren noch einmal anders als die Lohnarbeit der industriellen Fabrik. In ihnen wird der Wert der Arbeit an die *Position* gebunden. Gezahlt wird nicht für den Output, sondern für das Erreichen einer bestimmten Stufe. »Stellen« kopieren die Organisationsform der Behörden und des Beamtentums in die Wirtschaft. So wurden aus Menschen, Vätern, Männern »IBMler« oder »Siemensianer« oder »Leute vom Daimler«; Bewohner eines für Frau und Kinder weitgehend entrückten (männlichen) Kosmos, die ihnen Sinn und Status gaben. Eine äußerst erfolgreiche Soziokultur ökonomischer Bindung entstand.

Der Soziologe William H. Whyte übte bereits 1956 Kritik an der neuen Mittelbauklasse. In seinem Buch *The Organization Man* bemängelte er die Konformität und ökonomische Unproduktivität des Mittelbaus. Tom Peters stellte in seinem Weltbestseller *In Search for Excellence* die Produktivität der »Corporates« generell in Frage: Er maß in einem großen Unternehmen die Anzahl der Hierarchiestufen, die an Entscheidungen beteiligt waren; er kam auf 223.[11]

Service Class – die neue Sklavenkaste?

Ferdinand Müller ist ein vornehmer Mann. Er trägt nur Anzug und Weste, hat feinste Manieren und kann, wenn es darauf ankommt, eine Menge Geschichten erzählen. Zum Beispiel, wie er an der Elfenbeinküste eine Import-Export-Firma gründete, reich wurde, eine schöne Afrikanerin heiratete, dann an die falschen Freunde geriet, seine Firma im Bürgerkrieg unterging, er aber zwei Kinder einer Schwester seiner Frau aus den Kämpfen rettete und mit nach Europa nahm. Seine Frau, eine Programmiererin, lebt heute mit den Kindern in Rom. Er selbst fährt Limousine. Rund um die Uhr.

Müller ist Chauffeur auf eigene Rechnung. Er fährt Geschäftsleute auf europäischen Fernstraßen, bei jedem Wetter, zu jedem Ziel. Er besorgt Zeitungen und steht, wenn ich eine Veranstaltung tief in der Nacht verlasse, schon lächelnd im Hintergrund. Als ich ihn kennen lernte, hatte er einen alten Jaguar und schwere Probleme. Heute fährt er nur noch S-Klasse (»bekommt man heute im Leasing hinterher geworfen«) und »netzwerkt« mit fünf anderen Fahrern seiner Klasse, alles Einzelselbstständige ohne Angestellte. In seiner kommunikativen Kommandozentrale hinter dem Steuerrad (zwei Handys, ein Blackberry-Gerät vom Feinsten) organisiert Müller sein ganzes Business. Er profitiert vom unaufhörlichen Niedergang des Taxigewerbes, von seinen Englischkenntnissen und seiner offenen Art. Er sucht sich seine Kunden aus. Er experimentiert, scheitert, gewinnt. Mal wird ihm die S-Klasse von der Russenmafia gestohlen, direkt vor seiner Wohnung, und die Versicherung will nicht zahlen. Mal wird er von einem Kollegen übers Ohr gehauen. Aber immer fährt er weiter. Meist in einem noch schnelleren Auto.

Ferdinand Müller besetzt eine aufsteigende Position im ständig wachsenden Heer der neuen Dienstleister. *Service class*, das heißt natürlich auch Illegale aus Sri Lanka, die sich als Tellerwäscher in Berliner Alternativkneipen verdingen, schwarze Etagendamen in den Hotelfluren Spaniens, die schnell in den Personalaufzug verschwinden. Polnische Putzfrauen, die locker in vier Haushalten 4 000 Euro verdienen, schwarz auf die Hand. Heißt aber auch: hoffnungslose Huren aus Weißrussland, Fensterputzer, Raumpfleger, Krankenschwestern mit miesesten Löhnen.

Ist das eine neue Unterschicht? Ein Sklavenheer? Das kommende Lumpenproletariat? Eher ein amorphes Feld von Einzelselbstständigen, die eines verbindet: Sie sind unterwegs. Räumlich, aber vor allem sozial. Anders als der »Organization Man« oder der klassische Fabrikarbeiter verfügen sie über keine Kontinuität, keine Absicherung. Aber im Unterschied zur »Unterklasse« haben sie jede Menge Chancen. Denn ihre Klientel wächst unaufhörlich. Die gut verdienenden Frauen, die gestressten Männer der globalen Wissenswelt brauchen Service, Service, Service, im privaten wie im beruflichen Sektor, morgens, mittags, abends, rund um die Uhr. Die Frage ist, wie weit sie sich selbst organisieren können, die neuen »Serviceler«, mittels Technologie und Netzwerken. Wie weit sie vom Staat und von den alteingesessenen Konkurrenten klein und illegal gehalten werden. Aber im Prinzip haben wir es hier mit einer aufsteigenden Schicht zu tun. Der globale Markt der Services, welcher Art auch immer, ist tendenziell unendlich. Und deshalb werden die Müllers dieser Welt sich immer stärker vermehren. Leute, die es können, die es wollen, die es drauf haben. Die fein sind. Sich aber nicht zu fein, um anderen zu dienen.

Wird uns die Arbeit »ausgehen«?

Seit meiner Jugend in den siebziger Jahren existiert der ehrenwerte Berufsstand des Verkehrsapokalyptikers. Mit unheilsschwangerem Bariton treten diese Herren mit etwas wirrem Haar auf Konferenzen, Talkshows, Kongressen vors Mikrofon, sprechen vom »Mobilitätswahn« und prophezeien das Ewiggleiche: einen vor der Tür stehenden, unvermeidlichen, radikal totalen Verkehrskollaps! Einen ewigen Stau, dem man nur durch den *sofortigen* Umstieg auf Züge, Roller und Fahrräder entgehen kann.

Warum gehört der finale Verkehrskollaps, der schon in meiner Jugend die Gemüter als Dauerthema beschäftigte (Godards *Weekend*, düstere Bilder von Menschen in Atemmasken, autofreie Sonntage) zu jenen Visionen, die *immer* ein halbes Jahr in der Zukunft zu liegen scheinen? Gewiss, es gibt Staus genug, Staus auf dem Weg in die Ferienreise, Staus zu den »Rush Hours« rund um London, Köln und Hongkong. Aber immer noch ist die Zahl der fahrenden Autos höher als die der stehenden, und noch mehr Autos, schönere, dickere und kultigere Autos, werden gekauft. Auch wenn sich der Benzinpreis in den letzten Jahrzehnten verdreifacht hat, scheint es einfach kein Ende zu nehmen mit dem automobilen Wahn.

»Verkehr« ist ein komplex adaptives System. Der Grundmechanismus ist einfach. Wenn plötzlich *alle* fahren, sind die Straßen verstopft. Das würde Fahren zeitlich und räumlich so teuer machen, dass niemand mehr führe. Nur wenige könnten es sich leisten, sagen wir, eine Schnellspur zu kaufen, von der alle anderen Autos ferngehalten werden. In der Folge würde sich der Verkehr sofort wieder verdünnen, weil nun mehr

Autos in der Garage blieben. Worauf die Kosten langsam wieder sinken würden. In der Zwischenzeit wären einige neue Straßen gebaut oder alte modernisiert sowie neue Motoren entwickelt worden, die weniger Benzin verbrauchten. So dass der Verkehr wieder etwas besser fließt. Worauf wieder mehr Autos gebaut, gekauft…

Nach ähnlichen Rückkoppelungsmechanismen funktionieren eine Unzahl anderer Systeme, die uns umgeben (anders könnte die Welt gar nicht existieren). Die Klimamaschine der Erde etwa, in der es mal wärmer, mal kälter wird (mal mit, mal ohne Zutun von Spezies). Der Blutkreislauf. Der Haushalt der Hormone in unserem Körper. Das Immunsystem. Die Demokratie. Die Liebe. Die weltweite Fischerei, in der irgendwann die Fische so klein werden, dass es sich nicht mehr lohnt, sie zu fischen. Worauf die Bestände sich in einem Jahrzehnt wieder erholen.

Seit Lohnarbeit unsere soziale Existenz dominiert, gibt es eine panische Angst vor der Verknappung dieser prekären Ressource. Ganze Heerscharen von Theoretikern und publizistischen Alarmisten haben liebevoll diesen Horror adoptiert: »Die Arbeit wird uns in den nächsten Jahren endgültig nach Fernost auswandern – für uns bleibt nichts mehr übrig!« – »In wenigen Jahren werden nur noch 20 Prozent der Menschen für alle Produktionsjobs ausreichen. Der Rest – also wir alle – werden überflüssig!« – »Die Globalisierung schafft eine permanente Deklassierung von Arbeit und führt zu immer mehr extremen Billigjobs«.[12]

Mauricio Rojas hat in einem kleinen, aber feinen Büchlein alle diese Gerüchte vom »Niedergang der Arbeit« widerlegt.[13] Er zeigt auf, wie die Erwerbstätigkeit in allen Wirtschaftsnationen (und den Schwellenländern sowieso) ständig anwächst; wie unter dem Strich immer ein wenig *mehr* anspruchsvolle »High-Skill-Jobs« entstehen als Billiglohnbeschäftigungen. Das ganze System der Arbeit driftet in Richtung *Komplexität* und *Ausdifferenzierung* – und erzeugt dabei ständig neue Nachfragen. Wenn diese am Markt der Arbeit nicht befriedigt werden, kommt es zu Phänomenen der Arbeitslosigkeit – aber nur temporär. Meistens adaptiert die Gesellschaft das Arbeitsangebot wieder an die Nachfrage, und so bleibt ein Rest von maximal 10 Prozent ohne Erwerb.

Wie kann diese Rechnung aufgehen? In der Tat sind heute die meisten Fabriken in den hochindustriellen Ländern nahezu menschenlos. Verpackungsstraßen laufen ohne menschliche Zutat, riesige Lagerhäuser werden nur noch von robotergesteuerten Wägen durcheilt, Chemiefabriken operieren wie von Geisterhand. Aber gerade dieser Entleerungsprozess erzeugt eine unendliche Nachfrage nach *weiterer* Arbeit. Die menschenleere Fabrik benötigt nicht nur Putzfrauen, die sie in der Nacht reinigen, oder mehr Sicherheitsdienste. Sie verlangt nach einer ausgefuchsten Logistik: Techniker, Prozessingenieure, Software-Leute und Service-Provider. Die Zuliefersysteme, just in time, müssen von schlauesten Logistikern im ganzen Lande betrieben werden, die für ihre Lieferkaskaden ständig neue Leistungen nachfragen (Transportleistungen, Versicherungssysteme, intelligente Flottensteuerung). Und wenn die Produktion auf Hochtouren läuft, braucht es eine immer größere Anzahl schlauer Marketing-Spezialisten, Symbolanalytiker, die mit immer klügeren Konzepten die individuellen Wünsche der Kunden frühzeitig erkennen. In Fabriken und Büros arbeiten nun immer gebildetere, spezialisiertere und gestresstere Menschen. Diese Hochspezialisten, die das Herz der Maschinerie am Laufen halten, benötigen jede Menge Dienstleistungen, die sie zu ihren schwierigen Jobs überhaupt befähigen. Den Großteil dieser Alltagsunterstützungsarbeit erledigten früher die Ehefrauen. Aber durch die neuen Rollen der Frauen muss jeder nun Profis kaufen, die seine Kinder erziehen, den Müll wegtragen, sich um die alten Eltern kümmern, den Garten pflegen. Und ihn, wenn er erschöpft ist, entspannen, »empowern« und mit »Wellness« versorgen …

Wie Adam Smith es in seinem berühmten Werk am Beispiel einer Nadelfabrik ausführte, basiert jedweder ökonomischer Fortschritt auf Arbeitsteilung. Genau dieser Prozess wird in der Transformation zur Wissensgesellschaft in immer feineren Mikrostrukturen und immer höheren Wertschöpfungsketten weitergeführt. Die Nachfrage nach Arbeit schafft ihre weitere Nachfrage, die wiederum mehr Nachfrage schafft, die wiederum …

Es sei denn, wir *behindern* dieses ganze System. Durch Auflagen, Normen, Restriktionen, Kontrollen, Lobbys der »alten Arbeit«, Regulationen, Unverständnis. Durch ständige Ängste, falsche Bildungsinputs, falsche Menschenbilder und ein lineares, an die industrielle Vergangenheit gebundenes Denken.

Die Fünf-C-Ökonomie

»Asia, automation, abundance (Überfluss)«. Diese drei »As« sind es, die nach dem Sozioökonomen Daniel Pink den Wandel zu dem antreiben, was er »conceptual society« nennt. Denn während die einfachen, industriellen Arbeitsplätze nach Asien wandern – oder automatisiert werden – bringt der materielle Überfluss eine »neue Sensibilität für Schönheit, Spiritualität und Emotion« mit sich – also all das, was in der klassischen Konsumgesellschaft zu kurz kam.

»Wir sind von einer Gesellschaft der Bauern zu einer Gesellschaft der Fabrikarbeiter und schließlich zu einer Gesellschaft der Wissensarbeiter geworden. Und nun geht es weiter voran – zu einer Gesellschaft der Kreativen, der Mustererkenner, der Meinungsmacher, der Empathieproduzenten.«[14]

Robert Reich, der Ex-Arbeitsminister der Vereinigten Staaten, nennt diesen Effekt »gekaufte Zuwendungen«.[15] Dieser Sektor umfasst in aufsteigender Komplexitätsreihenfolge die »Fünf Cs«: Computing, Caring, Catering, Consulting, Coaching.[16] Am Ende steht eine ökonomische Welt, in der sich die Wertschöpfungen immer mehr um das Individuum ranken: Alles wird zu »Me-Märkten«. Schon heute gibt es Dienstleister, die uns dabei helfen, gut auszusehen, unsere Wohnungen einzurichten, komfortabel von Punkt A nach Punkt B zu kommen oder souverän in eine Kamera zu schauen. Es gibt Menschen, die Duft-Design anbieten. Uns vorsingen. Gegen Bezahlung Ordnung auf dem Schreibtisch machen. Etwas vorlesen. Und in neuen Ritualformen begraben oder plastinieren … Und schon höre ich wieder den alten, ängstlichen industriellen Geist: Wer soll das alles bezahlen? Das ist, makroökonomisch, so lange kein Problem, wie die allgemeine Produktivität der Wirtschaft steigt. Dienstleistungen sind nachfrageresistent, solange die allgemeine Kaufkraft wächst. Genau das ist die politische Kunst der Transformation: das Volumen der Arbeit auszuweiten, damit das Perpetuum mobile der »Fünf Cs« greifen kann.

Von Bohemia zur »kreativen Klasse«

Gegen Mitte des 19. Jahrhunderts tauchte zum ersten Mal ein Menschenschlag auf, der die bürgerliche Welt zu Naserümpfen und Befremdung veranlasste. Diese Menschen kümmerten sich allem Anschein nach nicht um den Erwerb oder die Vermehrung des Geldes, legten aber großen Wert auf Kategorien, die auch in der bürgerlichen Welt einen hohen Stellenwert einnahmen: Kunst, Musik, Gefühle, ja sogar Stil und Genuss. Sie lasen Unmengen Bücher in einer Zeit, in der das Lesen den Privilegierten vorbehalten war. Einige von ihnen sprengten sexuelle oder Kleidernormen, so hatten etwa Frauen kurz geschnittene Haare oder Männer lange.

»Bohemiens« rebellierten gegen das rationale Prinzip, das im beginnenden Industrialismus das Menschenverhältnis mehr und mehr zu durchdringen schien. Sie verherrlichten die Kreativität, den Geist, die »Selbstverwirklichung«, und zogen all dies dem »Fabrikprinzip« vor, das die Welt umzugestalten begann. Das Wort »Boheme« stammt ursprünglich aus einer Bezeichnung für böhmische Zigeuner, kam aber schnell für jene in Gebrauch, die sich als soziale Nomaden zwischen den Klassen der frühen industriellen Welt fühlten. In Henry Murgers *Scènes de la vie de bohème* (1851) wurde der Müßiggänger zum ersten Mal mit dem Leben in städtischen Cafés in Verbindung gebracht. Arthur Ransome schrieb 1907 in *Bohemia in London:* »Bohemien kann überall sein: es ist kein Ort, sondern eine Geisteshaltung ...«[17]

Die »Boheme« sollte sich bisweilen durchaus aus ihrem apolitischen, randständigen Milieu lösen. Lenin etwa, ein notorischer Nutzer europäischer Kaffeehäuser, wurde nach seinem Transport im Güterwaggon nach Russland zum Charismatiker einer Jahrhundertdiktatur. In der »Bier-Revolution« 1918 in München spielten Bohemiens ebenso eine Rolle wie in der Mai-Revolte von 1968. Nicht immer war das harmlos, man denke an den Steinzeitkommunismus Kambodschas, wo französische Intellektuelle, die an der Pariser Sorbonne marxistische Dritte-Welt-Theorie gelernt hatten, die geistige Grundlage für Massenmord lieferten.

»Viele Bohemiens waren bereit, für ihre Überzeugungen zu leiden oder auch zu hungern«, schreibt Alain de Botton in seinem Buch *Sta-*

tus Anxiety.[19] Und sie waren stilbildend. Erotik, Hedonismus, Kunst, Kreativität, Individualismus – all diese Themen machten sich aus den Gettos der Minderheit auf den langen Marsch zum Mainstream, wo sie in den siebziger und achtziger Jahren mehr und mehr ankamen. Und in den Neunzigern schrieb der amerikanische Sozialwissenschaftler David Brooks in *Die Bobos. Der Lebensstil der neuen Elite*:

»Es war einmal sehr einfach, zwischen der bürgerlichen Welt des Kapitalismus und der bohemischen Gegenkultur zu unterscheiden. Der Bourgeois arbeitete für ein großes Unternehmen, trug blaue oder grauen Anzüge und ging in die Kirche. Die Bohemiens waren Künstler und Intellektuelle mit wilder Kleidung und hypertoleranten Werten. Heute aber sind Bürgerliche und Bohemiens völlig ununterscheidbar. Schon äußerlich kann man einen Espresso trinkenden Professor nur noch schwer von einem Cappuccino trinkenden Banker unterscheiden.«[20]

Mag sein, dass Brooks ein wenig übertreibt. Business-Herren in dunklen Anzügen unterscheiden sich immer noch graduell von Künstlertypen. Aber ohne Zweifel weicht die Demarkationslinie auf:

- *Kunst*, auch provokative Kunst, ist heute das verbindende Merkmal der globalstädtischen Angestelltenkaste. Darin bestätigt sich der »Megatrend Artification«, den John Naisbitt schon in seinem Buch *Megatrends 2000* ausrief: Alles wird »kulturisiert«, immer mehr hartes Geld fließt in den »geistig-ästhetischen Sektor«.
- *Innovation* ist nicht mehr nur eine Marginalie modernen Geschäftslebens. Die New Economy, so sehr sie auch in Verruf geraten sein mag, schuf einen neuen Typus des Erlebnisunternehmers, der seine große Zeit noch vor sich hat. Der Siegeszug von Star-Berufen wie Art Director oder Topdesigner, die oft besser bezahlt sind als die Managerkaste, zeugt von dieser Gewichtsverschiebung in Richtung Kreativität. Aber auch die Triumphe der *Pop-Marken* wie Starbucks, Apple, H&M singen das Lied eine neuen Innovationsökonomie.
- *Marketing* ist heute längst nicht mehr nur Verkaufstechnik, sondern kreative Symbiose. Sportartikelhersteller verbinden sich mit alternativen Extrembergsteigern, Getränkehersteller mit Popstars, die Post mit Entertainern. In einem weltweit ausgestrahlten Spot für UPS wurden Paketboten als megakreative Talente dargestellt, die man –

mit allen Mitteln und Tricks – von der Straße wegfangen und ihrer eigentlichen Bestimmung, eben dem »kreativen Botentum«, zuführen muss …

Die Kreative Ökonomie und der Kreative Sektor

Wo endet das Reich der Wiederholung, und wo beginnt das der Schöpfung? Das lateinische Wort »creare« für »erzeugen« hilft uns kaum weiter. Ist es kreativ, ein Auto zu bauen? Eine Buchhaltung in den Griff zu bekommen? Einen Ort sauber zu halten?

Fangen wir zunächst mit den »genuin« kreativen Berufen an: Architekten, Animateure, Analysten, Ärzte, Autoren, Ballerinen, Berater, Bibliothekare, Caster, Caterer, Clowns, Coaches, Comiczeichner, Choreografen, Designer, DJs, Dokumentarfilmer, Event-Agenten, Entertainer, Erfinder, Fitnesstrainer, Fotografen, Forscher, Grafikdesigner, Kabarettisten, Kommunikationsspezialisten, Lektoren, Lebensberater, Logistiker, Masseure, Märchenerzähler, Magier, Mediatoren, Medientrainer, Maler, Musiker, Musen, Moderatoren, Motivatoren, Models, Modeberater, Kameraleute, Keramikkünstler, Creative Manager, Prediger, Praxisphilosophen, Rechtsanwälte, populäre Wissenschaftler, Software-Cracks, Stilberater, Tänzer, Therapeuten, Trainer, Rapper, Rennfahrer, Redakteure, Regisseure, Starköche, Stuntmänner, Schönheitschirurgen, Wohnberater, Webdesigner, Zirkusdirektoren, Zahlenmagier …

Eine eindrucksvolle und völlig unvollständige Liste. Wenn man alle zusammenzählt, die heute schon in kreativen Berufen ihr Einkommen finden, kommt ordentlich etwas zusammen. Aber der Teufel liegt schon wieder im Detail. Sind Architekten *wirklich* schöpferisch tätig – oder ist Brückenzeichnen nicht eine Strafe Gottes? Gewiss, es gibt kreative Doktoren, aber ist der Arztberuf nicht eher ein handwerklicher und fremdbestimmter Routineberuf geworden? Ist »Model« nicht eine entfremdete Profession, die mehr mit Fließbandarbeit zu tun hat, als mit dem Erschaffen von etwas Neuen? Umgekehrt könnte man mit einiger Legitimität auch fragen: Ist nicht *alles* ein kreativer Beruf? Postbote? Verkäuferin? Babysitter allemal?

Immer wieder werde ich gefragt, welche Berufe »wirklich zukunftssicher« sind. Hier einige bombensichere Tipps: Ethnopsychologe, Prozessdesigner, Waldkindergärtnerin, Kulturvermittlerin, Duftgestalter, Trauerritualist, Zähnewellnessguru.

Von jedem dieser Berufe kenne ich mindestens einen erfolgreichen Pionier persönlich. Ich weiß, dass es sich um Zukunftsberufe handelt, eben weil sie sich gerade erst am Anfang ihrer Evolution befinden und noch nicht jeder zweite Jugendliche »so etwas« werden will. Weil sie an den Schnittstellen starker, tief liegender Bedürfnisse ansetzen, welche die Fünf-C-Ökonomie durchziehen. Weil sie originär, neu und faszinierend sind. Und weil wir vor 20 Jahren auch noch nicht wussten, was ein »Programmierer« ist.

Wie groß ist die kreative Klasse?

Der amerikanische Soziologe Richard Florida, der den Begriff der »kreativen Klasse« in den letzten Jahren entwickelt hat, schreibt im Vorwort seines Buches *The Creative Class:*

> »Heute arbeiten in den hoch entwickelten Industrienationen zwischen 25 und 30 Prozent aller Werktätigen im Kreativsektor – das heißt in Wissenschaft und Technik, Forschung und Entwicklung, in technologiebasierten Industriezweigen, in Kunst, Musik, Kultur, Ästhetik und Design sowie in den wissensbasierten Berufen der Bereiche Medizin, Finanzwesen und Recht.«[21]

Im Vergleich: Die Arbeiterklasse der USA kommt heute nur noch auf knappe 25 Prozent, die »Service-Klasse« bildet die zahlenmäßig größte Gruppe mit 43 Prozent.[22] Auch in Europa sind die Zahlen erstaunlich. Richard Floridas Team berechnete mit aufwändigen Methoden, dass die »Kreativen« in Belgien, Finnland und den Niederlanden bereits 28 bis 29 Prozent der Erwerbstätigen ausmachen. In England und Irland 26 Prozent. In Schweden und Dänemark 21 Prozent. In Deutschland und Österreich zwischen 17 und 18 Prozent. In Italien nur 13 Prozent. (Was ist mit den vielen Möbel- und Modedesignern? Den Restaurantbesitzern und virtuosen Kellnern – sind die nicht auch Künstler?)[23]

Der kleine Kreative-Klasse-Test: Gehören Sie dazu?

Bitte beantworten Sie nach freiem Wissen und Gewissen folgende Fragen:

- Verdienen Sie Ihr Geld überwiegend mit Leistungen, die einen *Unterschied* erzeugen?
- Wissen Sie nur ungefähr, wie Ihre Tätigkeit in einem, in zwei oder fünf Jahren aussehen wird?
- Haben Sie in Ihrem Leben schon *mehrere Berufe* ausgeübt?
- Beträgt der zeitliche Aufwand, den Sie zum Üben, Trainieren und Weiterentwickeln Ihrer Fähigkeiten aufwenden, mehr als 50 Prozent der Zeit, in der Sie tatsächlich performen, also aktiv Geld verdienen?
- Variiert Ihr Einkommen um mehr als 30 Prozent im Jahr – beziehungsweise *kann* es in den nächsten Jahren um diese Schwankungsbreite variieren?

Wenn Sie auch nur eine dieser Fragen mit einem klaren »Allerdings!« beantworten, gehören Sie zumindest zum Umfeld des kreativen Milieus. Lassen Sie sich dabei nicht von Formalien täuschen: Das Entscheidende beim Kreativen ist nicht der Arbeitsvertrag. Kreative Köpfe können sowohl angestellt als auch »fest frei« als auch komplett selbstständig sein. Das Entscheidende ist auch nicht, ob man den ganzen Tag »Spaß hat«. In vielen künstlerischen Berufe, man denke etwa an Balletttänzer, muss man viele Stunden am Tag üben. Das ist stupide, aber es dient ja gerade dazu, die »Kreativitätskompetenz« ständig zu verbessern.

Arm und Reich im Lande Kreativia

Wenn sich mein Vater früher zum Essen mit seinen Arbeitskollegen traf (manchmal musste ich als Kind im kratzenden Anzug und würgenden weißen Hemd mitgehen), befand er sich weitgehend in seiner Gehaltsklasse. Da mein Vater ein Ingenieur und Prokurist war, traf er sich mit Prokuristen und Ingenieuren. Das ist industrielle Arbeitskultur: Normalerweise treffen sich Ärzte mit Ärzten und Geschäftsleute mit Geschäftsleuten, und die Malocher gehen derweil in der Kneipe gemeinsam Bier trinken.

Wenn wir heute eine Party geben, dann stehen auf dem Parkplatz bei unserem Haus zerbeulte alte Golfs neben Familien-Vans mit zwei, drei Kindersitzen. Gleich daneben parken fette Audis oder auch mal ein Porsche. Von meinen besten Freunden sind drei ständig pleite, zwei sind Millionäre, die wenig über Geld reden, die meisten liegen zwischendrin. Uns verbinden aufregende, manchmal nervenzehrende Jobs. Auf- und Umbrüche. Erfolge und Misserfolge. Bestimmte Kulturgrundeinstellungen, Visionen und Werte. Aber nicht mehr dieselbe Gehaltsklasse.

Seit ich mich erinnern kann, seit meinen studentischen Pioniertagen, war das so. Geld war ein dynamisches Problem, aber nicht wirklich das Kernthema. Die Währung wird nicht mehr in Kontoständen ausgezahlt. Sondern in Aufmerksamkeit, sozialer Anerkennung, biografischem Wohlgefühl, Herausforderung. Alles »bohemische« Kriterien für Lebensqualität. In unserer kosmopolitischen Kultur kann man ruhig ein armer Schlucker sein, *wenn* man eine gute Geschichte zu erzählen hat (*das* allerdings ist Bedingung).

»Kein Zweifel, dass sich in der Zukunftsdebatte um ›Multimedia‹ besser verdienende Dreitagesbärte, postmoderne Blender und coole Abzocker die Bälle zuspielen«, schrieb Peter Glotz in seiner netten postsozialdemokratischen Boshaftigkeit.[24] »Die Kreativen«, so hören wir ihn knurrend fortfahren (während er hinter der Goldrandbrille argwöhnisch, aber unendlich sozihaft gutherzig hervorblinzelt), »können schon deshalb keine ›Klasse‹ sein, weil ihre unterschiedliche ökonomische Lage gar keine gemeinsame *Klassenlage* ermöglicht. Mal Marx lesen! Hat noch niemandem geschadet!«

Der freischaffende Künstler in Nordrhein-Westfalen verdient im Durchschnitt um 10738 Euro im Jahr.[25] 8 Prozent liegen allerdings deutlich darüber. 1 bis 2 Prozent haben »es geschafft« – sie sind so reich, dass sie sich Kokainorgien mit Prostituierten oder handgefertigte Autos aus Italiens Designerwerkstätten leisten können, dazu einen patzigen Umgang mit Galerien und Auftraggebern. Eine ähnlich polarisierte Einkommensverteilung finden wir bei Tennisspielern, Models, Designern, Regisseuren, Werbefreaks und Opernsängern, also eigentlich bei allen kreativen Kern-Performern: 80 Prozent sind arm, aber nicht unbedingt unglücklich. Für 18 Prozent reicht es gut zum Überleben. 2 Prozent sind stinkreich.[26]

Wie organisiert sich dieses Milieu, das von seiner »Klassenlage« unterschiedlicher nicht sein könnte? Wie kommt es, dass es trotz extremer personaler Unterschiede nicht in atomisierte Subszenen und Partikularinteressen auseinander fällt, sondern tatsächlich so etwas wie ein *Milieu* bildet?

Das Leonardo-Prinzip oder kreative Imperien

Als ich in den frühen neunziger Jahren mehrmals im Jahr in New York war (auf hektischer Trendsuche für eine weltweite Zigarettenmarke), führten mich meine deutschen Gewährsleute eines schönen Abends in ein halbverrottetes Fabrikgebäude in der Lower East Side. Infernalischer Lärm drang aus dem bröckelnden Maschinenhaus, in dem eine Performance-Gruppe ihr Hauptquartier eingerichtet hatte, die als Geheimtipp für die eingeweihte Gemeinde der Avantgarde-Theatergänger galt. Drei blau angemalte Männer in Overalls bliesen auf Schläuchen, wimmerten auf Farbbottichen und produzierten eine lustvolle Sauerei, gegen die die Farbkleckserei im antiautoritären Kindergarten wie reine Stümperei wirkte. Zum Schluss wickelten sie das Publikum in Kilometer von Klopapier. Und alle feierten die drei frenetisch.

Heute ist die »Blue Man Group« ein weltweites Markenprodukt, das für »Kreativität, Verrücktheit, Lebendigkeit« steht. Die »Blue Men« haben sich inzwischen mehr als 60-mal »geklont«, das heißt, 60 Schauspieler übernehmen rotierend die Rollen in der Show, die immer noch dem kindlichen Spektakel von damals gleicht. Heute läuft der Höllenlärm in sechs Metropolen der Welt, in Sälen mit Tausenden von Plätzen, vor einem weltweiten Millionenpublikum. Chris Wink, Phil Stanton und Matt Goldman, die ursprünglichen »Blauen«, können heute fast jeden Preis für einen Auftritt, ein Merchandising oder einen bestimmten, satten Pinselstrich mit blauer Farbe vor einer Fernsehkamera verlangen. Sie gestalteten die Fernsehspots für Intel – eine Technikmarke, der sie mit ihrer schrillbunten Symbolik ein für allemal den

Hautgout des Kreativen verliehen. Sie vertreiben T-Shirts, Poster, Kreativseminare ... kurz: Sie haben ein kreatives Imperium aufgebaut, wie es in der globalen Welt inzwischen Tausende und Abertausende gibt.

Der heiße Nukleus jeder Kreativkarriere besteht in einer fokussierten Idee, die sich deutlich an einen Personennamen oder eine »Gruppenmarke« bindet. Diese Leistung muss extrem »spitz« sein, das heißt, sie muss sich im Meer der kulturellen Meme gnadenlos unterscheiden, einen Kontrast bilden, der sich tief ins Hirn einfräst und dort von Mensch zu Mensch weiterkopiert wird. Diesen Prozess könnte man »memetisches Signieren« nennen. Ein Comiczeichner findet eine Figur (»Ahh – das kleine Arschloch vom Moers!«). Ein Fußballspieler schießt das entscheidende Tor beim entscheidenden Turnier (»Ahh! Beckenbauer!«). Der Designer gestaltet das erfolgreiche Kultauto, das von nun an für immer mit seiner Handschrift verbunden sein wird (»Ahh, Bertone-Stil!«). Von nun an kann der Comiczeichner jeden Vorschuss, der Fußballspieler riesige Ablösesummen, der Autodesigner gigantische Vertragssummen verlangen. Von nun an dreht sich die Verwertungskette um: Der Kreative wird zum begehrten Signet, zum »Arbeitgeber« seiner selbst.

Leonardo da Vinci, das Allround-Genie der künstlerischen Renaissance, war schon zu seinen Lebzeiten ein berühmter und reicher Mensch. Er beschäftigte in seinen Studios, die modernen Künstlerateliers wie Warhols »Factory« ähnelten, ständig zig Nachwuchskünstler, Handwerker, Zeichner, Konstrukteure, denen er Auskommen und bisweilen auch Nachfolgeruhm ermöglichte. Leonardo da Vinci war einer der ersten *Meta-Kreativen*, dem es gelang, seinen Namen als Symbolmarke zu brauchen. Seine Unterschrift reichte, um einer Arbeit einen ganz bestimmten Wert zu geben.

Im »creative age« springt diese Methode der kreativen Wertschöpfung auf immer mehr Berufe über. Heute signieren Bauern mit ihren Unterschriften ihre Produkte – zum Beispiel Eier von freilaufenden Hühnern – und sogar Putzfrauen verewigen auf Toiletten ihr Wirken! Diese Individualisierung individueller Differenzleistungen ist ein typisches Merkmal des Paradigmenwechsels. Ein industrielles Produkt lebt durch seine *Normierung*. Es unterscheidet sich vom handwerklichen Unikat durch beliebige Kopierbarkeit und geringen Preis. Im Zuge des

Übergangs zum »conceptual age« wollen wir jedoch (wieder) wissen, von wem etwas stammt.

Führt das nicht, wie Richard Sennett es in seinem Buch *Der flexible Mensch* ausdrückt, zu »Märkten des Alles oder Nichts«?[27] »Die Auszahlungsmodalität der modernen Wirtschaft«, schreibt Sennett, »führt dazu, bescheidenere, aber produktivere Alternativen aufzugeben. Alle sind immer nur hinter dem Hauptgewinn her.«

»The winner takes it all.« Das mag schon sein. Aber wo trägt er es hin? Was macht der »kreative Kapitalist« mit seinem erbeuteten Mehrwert? Antwort: Er investiert es in sein Umfeld. In seine Freunde. Gewiss, bisweilen auch in bescheuerte Autos und sinnlose Koksorgien. Aber kreatives Geld hat eine andere »breeding rate« als industriell verdienter Mehrwert. Kreatives Geld neigt dazu, mehr Kreativität zu erzeugen. Es wird investiert in Wünsche, Träume und Vorhaben, die so gut wie immer einen sozialen, humanen, ethischen Charakter haben.

Kreative Klasse – zum Lichte empor!

Natürlich fehlt der kreativen Klasse jene kollektive Homogenität und gemeinsame »Seinslage«, die einst die Arbeiterklasse verband. Auch hat der Kreative kaum Machtmittel wie etwa den Streik, um seine Interessen durchzusetzen. Dennoch lassen sich seine *Klasseninteressen* durchaus definieren. Alle Geschichte ist, so Marx, eine Geschichte von Klassenkämpfen. Worin besteht, um eng an Marx zu bleiben, zunächst das *Produktionsmittel* der kreativen Klasse? Es ist der eigene Körper und Kopf. Aber zu jedem kreativen Kopf gehört eine Umgebung, die ihn befähigt, anregt und herausfordert, seine Komplexität und Geschwindigkeit steigert. Man ist – ich weiß es aus vielen Eigenversuchen – in der einsamen Hütte im Wald nicht wirklich kreativ, trotz 300 digitaler Fernsehsatellitenkanäle und einem 40-GB-iPod.

Das Klasseninteresse der Kreativen bezieht sich also auf Milieus. Auf urbane Lebenswelten, die zur Kreativität befähigen. Das eigentliche »Produktionsinstrument« der Kreativen sind die Montmartres, Portobello Roads, die Tribecas, die Kreuzbergs, die kreativen Ecken und künstlerischen Anregungsfelder der Metropolen und Ideopolen.

In den USA hat Richard Florida mehr als zehn »creativity hubs«, kreative Boomtowns, ausgemacht. »Ideopolis« nennt der Soziologe Ruy Teixera wissensstarke und bohemienverseuchte Agglomerationen wie Boston, Tucson, Phoenix, Raleigh-Durham, Seattle, Portland, Minneapolis, San Francisco. Florida zählt in diesen Städten und Regionen die diversen Indexe für Bildungsniveau und Einkommen. Drei zentrale Faktoren, die »drei Ts«, sind dabei besonders signifikant für die Stärke der kreativen Klasse:

- *Technologie:* Voraussetzung und Begleiterscheinung für ein kreatives Milieu ist moderne Kommunikationstechnologie. Denn die Arbeit des Kreativen besteht überwiegend im »Einloggen«. Das liegt einerseits daran, dass viele Kreative nun mal mit Computern arbeiten. Andererseits begründet es sich aber auch in der Sozialtechnik des Networking, die ohne Internetanschluss kaum zu bewerkstelligen ist. Technologien »empowern« Netzwerke auf vielfältige Art und Weise.
- *Toleranz:* Laut Florida entscheidet der »Schwulenfaktor« über die kreative Produktivität einer Region oder Stadt. Wie bitte? Ja. Aber nicht, weil alle Schwulen kreativ sind. Sie sind nur die »Zeigerpflanzen« jener Milieus der Vielfalt, in der kreative Leistung blüht und gedeiht.
- *Talente:* Wie viele Cafés, Galerien, Lounges gibt es in einer Stadt oder Region? Das ist der so genannte »Boho«-Faktor, der Indikator für ein reichhaltiges soziales Leben. Je mehr Menschen jung, gebildet und sozial anspruchsvoll sind, desto häufiger gehen sie in solche Institutionen der individualisierten Begegnung. Das hängt nicht zuletzt von den Bildungsmilieus ab, von der Existenz einer herausragenden Universität. Aber auch von der Fähigkeit einer Stadt oder Region, Talente von außen, aus anderen Ländern und Kulturen anzuziehen.

Die Zukunft wird uns keine marschierenden Massen von Freelancern bescheren, die auf Bankangestellte einschlagen. Aber es gibt ihn doch, den neuen, den postindustriellen Klassenkampf. Er verläuft in drei Achsen oder »Fronten«:

Kreative Klasse versus »Organization Man«: Ungeheure Mengen von Kapital sind in den Domänen des »Organization Man« gebunden. In den Bankentürmen, Verwaltungspalästen und Konzernzentralen. Kreative konkurrieren mit den verbleibenden Kernangestellten um die Honorare für Marketing-, Design-, Beratungs- und andere «Töpfe«. Dieser Kampf ist lautlos und zäh, aber in ihm wird längst mit harten Bandagen gekämpft. Marketingleiter versuchen, Kreative mit Werkverträgen zu schlechten Konditionen zu knebeln. Konzerne versuchen, Werbern *Pitches* aufzudrücken, in denen diese umsonst ganze Genial-Kampagnen entwerfen. Architektenhonorare werden nicht gezahlt, Ideen gnadenlos geklaut. Aber wenn man kreative Köpfe in einen Keller sperrt und versucht, Ideen aus ihnen herauszupressen, wird ihnen einfach nichts einfallen. Auf Dauer gewinnen die Kreativen diesen Kampf. David Brooks, wie immer leichtfüßig zynisch:

»Die Studentin mit ›summa cum laude‹ von Harvard verdient in ihrer Denkfabrik 85 000 US-Dollar. Aber der Penner, den sie beim Joggen nicht einmal eines Blickes würdigte, macht als Börsenmakler, Spieleentwickler oder Drehbuchschreiber 34 Millionen im Jahr. Der Versager, der bei Harvards rausflog, ist in Silicon Valley ein paar Jahre später 2,4 Milliarden US-Dollar wert.«[28]

Kreative Klasse versus akademische Intelligenz. Die alte akademische Klasse hat ihre Bastionen gut ausgebaut. Sie verfügt nicht nur in den etatistischen Ländern Mitteleuropas über ein gigantisches Staatseinkommen, das selten ihrer Leistung entspricht. (Diskutieren Sie einmal mit einem deutschen Soziologen über die Gesellschaft!) Beim Kampf zwischen Akademikern und kreativer Klasse geht es nicht so sehr um Geld. Sondern um *informelle Macht.* Wer hat die Lufthoheit über die gesellschaftlichen Themen? Wer hat die *Interpretationskompetenz?* Wer bestimmt, was »wissenschaftlich« ist? Da viele Akademiker Staatstransfers beziehen und dabei radikal wirtschaftsfeindlich sind (»beamtete Staatsfeinde«), fühlen sie sich von den »Kreativen« nicht umsonst bedroht. Die Institutsdomänen und BAT-Biotope bröckeln. Überall muss der Staat sparen. Überall wird nun evaluiert, bewertet und Effektivität gefordert. Brooks spricht von der »SED-Krankheit« – Status-Einkommen-Disparität –, unter der die Mitglieder der alten Sinnelite leiden:

»Die Tragödie der SED-Kranken ist, dass sie ruhmreiche Tage, aber erniedrigende Nächte haben. Sie halten Reden und Vorlesungen, und aller Augen sind auf sie gerichtet, sie zeigen sich im Fernsehen, in Zeitungen ... und nachts wird ihnen plötzlich klar, dass sie sich das neue Auto nicht leisten können. Im Job sind diese Leute Aristokraten, zu Hause angekommen, in ihrer Dreizimmerwohnung, sind sie zu Zwergen geschrumpft (...).«[29]

Kreative Klasse versus Service Class. Auch und gerade die Wirkungswelt des Kreativen basiert auf dem unsichtbaren Wirken von Tausenden fleißigen Händen im Hintergrund. Das Schicksal der kreativen Klasse und der *Service Class* ist deshalb auf vielfältige Weise miteinander verwoben. Im Schicksal des Fahrradboten, des Pizza-Austrägers, des Taxifahrers spiegelt sich zudem die virtuelle Zukunft des Kreativen. Einerseits ist da tiefe Sympathie: Wie der Kreative ist auch der »Serviceler« ein Selbstunternehmer, wie er kämpft er um freies, der Industrieproduktion entrungenes Geld. Andererseits ist da Berührungsangst. Peinlichkeit. Scham. »Werde ich Taxifahren müssen, wenn mit das Drehbuch nicht gelingt?« Vieles wird in Zukunft davon abhängen, ob sich kreative Klasse und Service-Klasse verbünden oder bekämpfen!

Kreative Klasse und hypermobiles Kapital. Kapital verschwindet nicht aus der Welt, im kreativen Zeitalter nimmt es nur einen anderen Aggregatzustand an. Es ist nun nicht mehr gebunden in Gebäuden, Fabriken, langfristige Strategien. Es wird unruhig, volatil, spekulativ. Es tritt seine Reise rund um die Welt an; unstetig sucht es nach neuen Vermehrungsfeldern. Nach *Ideen* eben.

Wenn Bill Clinton einen Vortrag hält, bekommt er dafür bis zu 250 000 US-Dollar – obwohl der Mann über keine politische Macht verfügt. Wenn Jamie Oliver vor dem Topmanagement-Kreis von Infineon, BMW oder Laura Ashley kocht, geht die Gage in den sechsstelligen Bereich. Ex-Politiker und Koch können also fast absurde Beträge verlangen, wenn sie »performen«. Der »Mobilkapitalist« knirscht mit den Zähnen, zahlt und schweigt. Denn er weiß: Lebendiger als in der Hand der kreativen Klasse kann Kapital nicht werden. Jedenfalls, wenn sie den Durchbruch schafft!

Future Briefing: Die Arbeitswelt im 21. Jahrhundert

Der Selbstständigenanteil in den Wohlstandsnationen wird sich in den nächsten Jahrzehnten mehr als verdoppeln. Knapp 20 Prozent aller Erwerbstätigen, in manchen Ländern sogar 25 Prozent werden dann Selbstständige, Einzelunternehmer, »Ich-AGs« sein. Weitere 40 Prozent der Erwerbstätigen haben so genannte »prekäre Arbeitsverträge«. Dies sind entweder Werkverträge ohne zeitliche Angaben (produktorientiert) oder befristete Arbeitsverträge. Viele dieser Verträge versuchen, beides zu kombinieren, Angestelltentum und Selbstständigkeit (»angestellte Freelancer«). Nur die restlichen 30 bis 40 Prozent haben noch regulierte Arbeitszeiten und unbefristete Verträge, vor allem im Staatsdienst (15 Prozent). Die Arbeitslosigkeit wird durch »proaktive« Sozialsysteme eher zurückgehen. Sie liegt dauerhaft zwischen 5 und 10 Prozent.

Der Frauenanteil im Management wird auch in den derzeit noch patriarchal geprägten Arbeitsgesellschaften auf rund 40 Prozent steigen.

Jeder Arbeitsvertrag wird individuell ausgehandelt, es gibt keine Normverträge mehr. Man kann, je nach Familien- und Biografiesituation, mit verschiedenen transferierbaren Zeitkonten operieren, auf denen man Lebensarbeitszeit verschiebt, ansammelt, handelt und in Altersversorgung umwertet. Gehälter werden mehr und mehr in Erfolgstantiemen umgemünzt. Ein »Grundlohn«, von dem man gerade die Miete bezahlen kann, wird durch vielfältige Erfolgsbeteiligungen ergänzt.

Aus den Gewerkschaften wird die neue Gildenbewegung. Im Zentrum der Aufgaben der Gilden steht Weiterbildung, Empowerment, Portfolio-Beratung. Jedes Gildenmitglied kann zwischen Grundmitgliedschaft, Vollmitgliedschaft und »Premium« wählen. Premium beinhaltet auch eine Arbeitslosenversicherung, die durch konsequente Umschulung und Weiterbildung realisiert wird.

Kommandobrücke Enterprise oder das Diversity-Prinzip

Arbeit in der Zukunft können wir uns vorstellen wie auf der Kommandobrücke des Raumschiffs Enterprise. Wir sitzen auf Kontursesseln oder halten uns im Hintergrund bei Kontrollpanelen auf. Über eine Vielzahl von Monitoren »scannen« wir den Raumquadranten um uns herum. Wenn ein Phänomen oder Problem auftaucht, rufen wir: »Auf den Schirm!«

Und dann beginnt der Stress!

Die Enterprise-Metapher kann in der Tat so gut wie alles erklären, was mit dem Wandel von Arbeit zu tun hat. Es beginnt mit der Veränderung der *Mission*. Die Enterprise (der Name sagt es) befindet sich, wie moderne Unternehmen, in unerforschten Quadranten des Weltraums (= volatile globale Märkte). Sie ist konfrontiert mit Überraschungen (Innovationen, neue Technologien), die dem Team das Äußerste an Wissen und Reaktionsschnelle abverlangen. Sie befindet sich in ständiger Konfrontation mit seltsamen Spezies (= Konkurrenten), die völlig unberechenbar erscheinen.

Auf der Enterprise-Brücke materialisiert das, was Frans Johansson in seinem Buch *The Medici Effect* den »Überschneidungspunkt« (»Intersection«) genannt hat:

»Es ist ein Ort, an dem verschiedene Kulturen, Denkweisen und Disziplinen zu einem einzigen Diskurs zusammenströmen. Sie verbinden sich miteinander und erlauben es, dass etablierte Konzepte aufeinanderprallen. Und dabei eine Vielfalt von neuen, Bahn brechenden Ideen formen.«[30]

Auf diese Weise wurde bereits der Zweite Weltkrieg entschieden. In Blecheley Park bei London, wo die Briten den entscheidenden deutschen U-Boot-Code knackten (im Film *Enigma* ist dies beschrieben), arbeiteten Mathematiker, Kryptologen und Code-Spezialisten, aber auch Schachmeister, Kreuzworträtsel-Cracks und Kenner klassischer Musik. Nur durch diese Multiperspektivik entsteht jene »reaktive Kognition«, in der schnelles, praktisches Wissen generiert wird. Zum Beispiel, wie man ganze Planeten oder Zivilisationen vor dem Untergang bewahren kann, ein Zeitparadoxon schließt oder einen ausweglosen Konflikt gegen ein kompliziertes Energiemonster in Wolkenform doch noch gewinnt …

Je komplexer das »Gesamt-Brain« der Crew, desto leichter fällt die zentrale Aufgabe, *unkonventionell* zu denken. Um »Group Thinking«, also das Kopieren von Vor- und Fehlurteilen zu verhindern, müssen die

Gruppenmitglieder so anders sein wie möglich. Und störrische »Andere« sind die Mitglieder der Enterprise-Crew allemal! Data, der Android, setzt sich auf seiner Suche nach dem Wesen von Gefühlen vor allem mit Betrachtungen des Humanen auseinander. Spock, der Vulkanier, Mitglied einer Rasse, die sich dem Verfeinert-Rationalen zuwendet, löst logische Vertracktheiten. Erfolgreich im Showdown ist der Klingone, der die Macho-Art seiner Spezies bewahrt hat, aber mit einem großen Herz kombiniert. Mal nimmt Captain Picard die Brücke in die Hand, der den männlich-erfahrenen Fahrensmann verkörpert, der die Dialektik von Macht und Demut kennt. Aber auch das weibliche Element kommt nicht zu kurz – zu den weitsichtigsten Kommandanten gehört Captain Janeway, die sich ausgerechnet mit einer »ent-assimilierten« Borg im Zweierteam bewährt. Oft zeichnen sich Mannschaftsmitglieder auch in plötzlichen Rollenwechseln aus: Wer durch einen Notfall plötzlich die Brücke übernehmen muss, wächst über sich selbst hinaus und löst Krisen auf kathartische Weise: indem er eine existentielle Krise durchlebt, die ihn läutert und verändert, wie in der griechischen Mythologie, wie in allen Weisheitserzählungen der Menschheit.

»Kognitive Diversität« ist das zentrale Produktionsmittel der Wissensökonomie. James Surowiecki hat in seinem Buch *The Wisdom of Crowds* ausgeführt, wie wichtig dabei jene »blinde« Intelligenz ist, über die Fachexperten eben *nicht* verfügen. Börsengurus etwa irren fast immer, wenn Märkte eine gewisse Dynamik aufweisen. Scott Page, ein Kognitionswissenschaftler an der Universität von Michigan, hat das »Entscheiden in Diversitätsteams« mit Software-Agenten durchgespielt und kam zum selben Ergebnis: Entscheidend ist nicht, wie *schlau* die Agenten sind, sondern wie viele Agenten aus *verschiedenen Blickwinkeln* ein Problem betrachten.[31]

»Wenn alle Personen in einem Raum gleich sind, gibt es weniger Argumente und eine Menge schlechterer Antworten«, formulierte Ivan Seidenberg, der ehemalige CEO von Bell Atlantic.[32] Der Satz könnte auch zum Fußball passen, wo sich erwiesen hat, dass eine gleichförmige Truppe von blonden Deutschen, die am Starnberger See mit blonden Ehefrauen in Villen wohnen, einfach nur grottenschlechten Fußball spielt. Dagegen schaue man sich die Spielweise der französischen

»Equipe Tricolore« an. Oder erinnere sich an den Aufstieg von Arsenal London durch das Wirken des französischen Trainers Arsène Wenger, der die Truppe von einer britischen Provinzmannschaft zu einer graziösen Multikulti-Truppe umformte. »Jeder Spieler bringt das Positive aus seiner Kultur mit, und durch das Zusammenwirken erhöht sich die Leistungsfähigkeit der Gruppe. Nur so entstehen außergewöhnliche Spiele mit unerwartetem Ausgang!«[33]

Industrielle Ökonomien sind auf linearer Rationalität aufgebaut. In ihnen geht es um graduelle Optimierungs- und Verbesserungsprozesse. Dazu dienen Millionen von Maßnahmen und Messinstrumenten, vom Bewerbergespräch über Kosten-Controlling bis zur »Balanced Scorecard«. In der Sternenföderation – sprich: im Unternehmen der Zukunft – geht es hingegen um radikale Durchbruchserkenntnis – um »ideelles Wissen«. Wie wir von Captain Picard erfahren (in *Der erste Kontakt*), ist in der Sternenföderation »das Geld abgeschafft, weil es nutzlos ist«. Da Gegenstände und Ressourcen unendlich billig sind und man in »Holodecks« jedes erdenkliche Abenteuer erleben kann, besteht der »Sold« in Muße, welche die Crewmitglieder meist widerwillig auf irgendwelchen Wellness-Planeten finden. (Sie halten es aber meistens nicht lange aus und folgen gerne dem nächsten Ruf, das Universum zu retten.)

Das »Enterprise-Prinzip« markiert auch den Übergang von einem vertikalen zu einem horizontalen Konkurrenzprinzip. Die Individuen stehen nicht in einem hierarchisierten Wettbewerb, in dem alle dieselben Fähigkeiten anstreben, wobei dann der Bessere »den Posten« gewinnt. Jeder Einzelne soll vielmehr seine Andersartigkeit trainieren und ausprägen. Der Commander zeichnet sich dabei nicht durch überlegene Autorität aus, sondern durch sein Talent zur Koordination des Verschiedenen. Und vor allem durch das Stellen der richtigen Fragen!

Vom Weltraum zurück in die Geschichte: Die neuesten anthropologischen Forschungen geben uns verblüffende Antworten auf die Frage, warum sich vor etwa 25 000 Jahren der Cro-Magnon-Mensch in Europa ausbreitete, während der Neandertaler von der Bildfläche der Geschichte verschwand. Es waren Handel und Tausch mit anderen Stämmen, die den Cro-Magnon-Menschen in der rauen Wirklichkeit der Zwischeneiszeiten bevorteilten. Mithin seine Fähigkeit zur Kommunikation und Diversifizierung.[34] In seiner Studie *The Rise of The*

West: A History of the Human Community zeigt der Historiker William McNeill, wie der bewusste Kontakt zu Fremden der Motor des historischen Wandels war. Die Stadtstaaten der Renaissance wie Florenz und Venedig gründeten ihren Wohlstand auf Kooperation mit anderen Kulturen. In den Handelsnationen der Hanse und des britischen Empire bildeten sich früh jene Vermittlungsfähigkeiten heraus, die zur Wirtschaftsblüte führten. »Vielfalt bestimmt die Leistungsfähigkeit und den Wohlstand der Nationen«, so sagt es auch Pascal Zachary in seinem Pamphlet *Die neuen Weltbürger.*[35] Zachary spricht von der Notwendigkeit der »Diversifizierung der Diversität«.

Zurück in der Gegenwart übernehmen die global operierenden Fluggesellschaften die Pionierfunktion in diesem Prozess. Monika Rühl, eine Diversity-Beauftragte der Deutschen Lufthansa, formulierte folgende Sätze, die, vor weißen, älteren, verheirateten »Organization Men« zwischen 50 und 70 vorgetragen, immer eine interessante Unruhe auslösen:

»Im Jahre 2012 sind zwei von vier Vorstandsposten von Frauen besetzt, eine davon ist Türkin. Von den beiden Männern ist einer US-Amerikaner, der andere körperbehindert. Die mittlere Führungsriege ist zu 43 Prozent mit Frauen zwischen 28 und 70 Jahren besetzt, davon arbeiten 15 Prozent vorübergehend nur halbtags, aus Familiengründen (10 Prozent der Männer haben nur eine Zweidrittelstelle). Ein Drittel der Gesamtbelegschaft besteht aus Ausländern, unter den Führungskräften sind es 26 Prozent. 25 Prozent sind Moslems, 10 Prozent Buddhisten, weitere 15 Prozent gehören verschiedenen anderen Religionsgemeinschaften an.«

Die »Retros« der Arbeit

In seinem alarmistischen Bestseller *Der flexible Mensch* schildert Richard Sennett das Schicksal der Bäcker in einem Großbetrieb in Boston. Vor 35 Jahren, im industriellen Nachkriegs-Boom, war ihre Bäckerei »voller Lärm, der Geruch von Hefe vermischte sich in den heißen Räumen mit dem von Schweiß, die Hände der Bäcker waren ständig in Mehl und Wasser getunkt (...). Das Hantieren an den Öfen führte schnell zu Verbrennungen. (...) Ihr Handwerkerstolz war groß, auch wenn sie sagten, ihre Arbeit mache ihnen keinen Spaß.«[36]

Um die Jahrtausendwende kehrte Sennett in diese Bäckerei zurück:

»Inzwischen gehört die Firma einem riesigen Nahrungsmittelkonzern. Die Bäckerei ist aber trotzdem nicht auf Massenproduktion umgestellt worden. Sie arbeitet nach dem Prinzip der flexiblen Spezialisierung und bedient sich hoch entwickelter, vielseitig einsetzbarer Maschinen. Es riecht nicht länger nach Schweiß, und in den Räumen ist es erstaunlich kühl (...) und seltsam still. In diesem flexiblen High-Tech-Betrieb, wo alles benutzerfreundlich ist, fühlen sich die Arbeitskräfte durch ihre Arbeit persönlich erniedrigt. (...) Inzwischen kommen sie nicht mehr mit den Zutaten der Brotlaibe in Berührung. Auf Monitorbildern erscheinen Symbole für mehr Brotsorten, als man hier früher je hergestellt hat – russisches und italienisches und französisches Batard sind durch Mausklick möglich. Brot ist ein Bildschirmsymbol geworden (...).«[37]

Na klar – das ist das neoliberale Los! Sennett ist von der üblichen Sehnsucht getrieben, die Fronten zu bewahren und die Schuld dem Kapitalismus zuzuschreiben. Deshalb bastelt er Begriffe wie »flexibles Regime« ein, die schick und neomarxistisch klingen. Aber in Wahrheit ist alles vielleicht viel simpler. Die Bäckerei ist womöglich in einer Übergangsphase, in der das Management gnadenlose Optimierung versucht. Aber der Plan, Selbstständigkeit zu provozieren und sie *gleichzeitig* kaltblütig auszubeuten, wird nicht aufgehen. »It is hard to prevent brains from walking out of the door if they want to«, schreibt Charles Handy treffend in seinem Buch *The Age of Paradox*.[38] Das Unternehmen, das die Kompetenzen seiner Mitarbeiter so gering achtet wie die Bäckerei in Sennetts Beispiel, ist bald pleite. Weil ihr die besten Leute stante pede davonlaufen. Und in der postindustriellen Welt haben sie durchaus Alternativen. Denn die neue, die trans-tayloristische Arbeit führt zwangsläufig zu Renaissancen alten Berufsstolzes.

Retro des Ortes. In vielen Bürokomplexen hat man in den letzten Jahren mit der radikalen Auflösung der räumlichen Dimension des Arbeitsplatzes experimentiert. Keine Kuschelecken mehr, keine Kaffeemaschinen- und Ablageregressionen, keine Familienbilder über dem Ficus benjamini! Stattdessen Rollcontainer, in denen der Soldat der Hocheffizienz seine wenigen papiernen Unterlagen verwahrt. Wenn du schon ins Büro kommst, lieber Mitarbeiter, dann suche dir jedes Mal ein neues Eckchen! Check in, check out!

Dass diese Modelle bisweilen funktionieren, mag stimmen. Aber ebenso oft hat man sie wieder eingestellt oder zumindest stark nach Belegschaftswünschen modifiziert. Ebenso wie die berühmte »Tele-Arbeit« als Konzept zwar gut klang, in der sozialen Realität aber oft versagte. Natürlich arbeiten wir (heute schon, aber noch mehr in Zukunft) zu Hause, im Flieger, in der universalen Lounge. Aber eben nicht *nur*. Der alleinige Heimarbeitsplatz macht deshalb keinen Sinn, weil nur ein Fraktal kreativer Arbeit in einsamer Konzentration stattfindet. Wissensarbeit ist in ihrem Wesen sozial. Wissen vermehrt sich nur im kommunikativen Kontext. Wissen ist *Fleisch*, nicht Bildschirm.

Damit kommt dem *Genius Loci* eines Unternehmens wieder eine herausragende Bedeutung zu. Raumschiff Enterprise, also die Arbeitssphäre der Zukunft, braucht Duft, Farbe, Gestalt, Atmosphäre. Und das bezieht sich nicht nur auf chice Werbeagenturen in Designer-Lofts. Wer heute zum Beispiel die von Zarah Hadid gestaltete BMW-Fabrik in Leipzig besichtigt, bekommt eine Ahnung, wie Wissen, Raum und Produktivität verschmelzen. Solche hocheffektiven »postindustriellen Fabriken« haben wieder Raum für eine Ästhetik und Architektur, wie sie in der Frühgeschichte des Industrialismus schon einmal existierte – als man Fabriken im Jugendstil errichtete, um dem Ort der Produktion eine »Seele« zu geben. (Ich habe einmal als Berater an einer riesigen Firmenzentrale mitgearbeitet, die in Form einer gewaltigen, grasbedeckten, in die Landschaft eingefügten *Welle* geformt war.)

Retro der Erfahrung. In vielen geistig wachen Unternehmen unserer Tage findet gerade eine Umkehrung der altersrassistischen Betrachtensweisen statt, die viel zum »Desk Rage« unserer Tage beigetragen hat (der großen Wut und Verunsicherung in der Angestelltenkultur). Der Prozess der Eliminierung der Älteren aus dem Arbeitsprozess war die letzte Stufe der Taylorisierung, das finstere Resultat der konsequenten Anwendung von Rationalitätskriterien des Industrialismus.

Die Deutsche Bank hat schon vor Jahren damit begonnen, alte Hasen zurück zu gewinnen. Wegen ihres Wissens. Aber auch wegen ihrer

Kundenkontakte, die sie mit in die Frührente genommen und auf dem Golfplatz zur Blüte gebracht haben. Natürlich ist dieser Prozess der Neubewertung des Erfahrungswissens mit Bedingungen verknüpft. Wir brauchen andere Arbeitskontrakte, weil 60-Jährige tatsächlich (und aus guten Gründen) nicht mehr so gerne 14 Stunden am Tag arbeiten. Richtig an Fahrt gewinnen wird der Prozess erst in einer neuen Biografiekultur, wie ich sie im Kapitel »Das ganze Leben« skizziere. Solange viele 50-Jährige sich *tatsächlich* noch als »fertig« empfinden und in Freizeitideologie emigrieren, ist das Wissen der Älteren nur bedingt eine dynamische Größe.

Retro des Handwerks. Sennetts Beispiel der neoliberalisierten Bäcker ließe sich auf vielfältige Weise durch Gegenbeispiele beantworten. Denn im Zuge einer neuen Ganzheitlichkeit erleben wir auch wieder eine *Neuzusammenfügung* des Arbeitsprozesses zum schöpferischen Handwerksprozess.

Renaissancen handwerklicher Produktionen findet man mit ein wenig Tiefblick in fast allen Sparten der Konsumgesellschaft. Das Kosmetikunternehmen Lush lässt Seifen nach alten Rezepten wie Feinschmeckerprodukte »kochen«. Body Shop hat schon seit vielen Jahren eine Produktphilosophie, in der es auch um Anbau, Herkunft und Verarbeitung der Kosmetikrohstoffe geht. Der Versandhandel Manufactum ist in Deutschland mit kultigen Retro-Produkten aus handwerklicher Produktion zu einer Erfolgsgeschichte geworden. Viele Winzer haben im Zeichen eines Weltmarktes für verfeinerte Genüsse wieder zu alten Methoden zurückgefunden. In allen ländlichen Regionen gibt es heute »Designschreiner«, die mit alten Handwerks- und neuen Marketingmethoden ihr Gewerbe neu erfinden.

Die Pariser Bäckerei Poilâne ist vielleicht das beste Beispiel für die Sehnsucht nach dem Handgemachten. Die krustigen, archaischen Brote des Unternehmens mit bald einem Jahrhundert Tradition werden in alle Welt geliefert, mit UPS und Boten bis an die Haustüren von Steven Spielberg, Johnny Depp und anderen Berühmtheiten. Darüber hinaus sind sie in 500 auserwählten Feinkostläden von Hongkong bis Los Angeles zu erhalten. Gebacken werden sie in alten Steinöfen in den Kellern von Paris, unter Einsatz von Schweiß und Liebe. Die Kult-Firma hat inzwischen 140 Angestellte, überwiegend urige Bäcker mit Muskeln und Ethos wie »damals«. Und eine 20-jährige Chefin, die das Unternehmen von ihrem Großvater geerbt hat.[39]

Die kreative Meritokratie

Neulich sprach ich mit einem sehr hoch angesiedelten europäischen Manager über die wichtigsten Probleme in seinem Unternehmen. »Im Grunde können wir alles managen«, sagte er. »Den Ölpreis, die brutalen US-Konkurrenten, die unverschämten Chinesen, die Marketing-Probleme – alles! Wir haben nur ein einziges *echtes* Problem: die Mentalität unserer Leute. Unsere Mitarbeiter sind in der Welt der lebenslangen Festanstellung zu 100-prozentigen Befehlsempfängern geworden, die nur in einer Schiene denken: ›Wie kann ich möglichst lange hier sitzen und dafür bezahlt werden?‹«

Was wäre, wenn die kreative Klasse sich in der Ökonomie der Zukunft tatsächlich als *dominante* Klasse durchsetzen würde? Wenn ihr Werdegang dem der Bourgeoisie ähnelte, die zu Beginn auch nur eine belächelte und befehdete Minderheit war, bevor sie zur Kernschicht des Kapitalismus aufstieg?

Das Prinzip der Kreativität demontiert das Zeitmaß abhängiger Arbeit. Wie lange einer in der Firma *sitzt*, das sagt nichts mehr aus über seine Produktivität (im Gegenteil: oft eine negative). Kreative Zeit ist ver-rückte Zeit. Wie bei *Alice im Wunderland*, wenn der Hase die Zeit rückwärts und vorwärts laufen lässt und alle Uhren gleichzeitig schlagen. Ein einziger Gedanke – ein Claim, ein Patent, eine Formel, eine Headline, eine Melodie – kann gewaltige Geldmengen bewegen.

Kreative Ökonomie ist in ihrem Kern Ergebnisökonomie. Das ist der Grund, warum in Zukunft der industrielle Stundenlohn absterben wird. Er weicht – wir können es heute schon deutlich sehen – einem Grundlohn, einer »Haltemiete« am untersten Niveau. Darauf kommt die eigentliche Performance-Prämie: Dem jeweiligen Team oder Individuum wird der Überschuss zugewiesen. Wenn die Elefanten nach Hause getragen wurden, nicht vorher …

Dass dies über kurz oder lang via Beteiligungsmodelle auch zu anderen Eigentumsverhältnissen führen wird, liegt auf der Hand. Vor allem aber zerstört es den Kern unserer gewohnten Zeitstrukturierungen und Bemessungskriterien. Und hier steckt das eigentliche Motiv für jene Hartnäckigkeit, mit der wir das Aufkommen der Wissensökonomie ignorieren, ablehnen, ja denunzieren: Wir ahnen, dass es in der Kreativökonomie keine Nischen mehr geben wird. Keine gemütlichen Schreibtische, hinter deren Gummibäumen und Sachzwängen man sich verstecken kann. Keine ausgedehnten Kaffeepausen, bezahlte, teure Zeit. Alles, was Industriekultur ja auch so komfortabel machte – das Gleichmaß, die Unschärfe, die Fehlertoleranz, die Nischen, die Delegationsmöglichkeit an andere, aber auch die saubere und komfortable Trennung zwischen »Arbeit« und »Freizeit« –, geht zu Ende.

»Die meisten Menschen sind bei der Arbeit zufriedener als bei der Freizeit«, schreibt Norbert Bolz in seinem Buch *Blindflug mit Zuschauer*. »Arbeit fordert die Ausstellung der eigenen Geschicklichkeit, während Freizeit – wie prototypisch das Fernsehen – kaum Geschick erfordert und deshalb rasch frustriert. (...) Der Arbeitsplatz ist überschaubarer als das moderne Leben – deshalb bleiben immer mehr Leute im Büro.«

In der Wissensökonomie bricht das Raubtier Arbeit seinen Käfig auf – und findet überall reiche Beute. Da, wo sie sich aus ihrem industriellen Flussbett erhebt, wo sie kreativ, originell, eigenverantwortlich wird, wird Arbeit auch *fiebrig*. Sie wildert in unseren Wünschen, Träumen, Fanatismen, Größenfantasien. Sie will uns nicht nur acht Stunden, sondern ganz, mit Haut und Haaren. Sie wird, verglichen mit industrieller Verteilungslogik, seltsam »ungerecht«, denn nun gilt: »Je angenehmer die Arbeit ist, desto besser wird sie bezahlt.«[40] »Die neue Selbstständigkeit ist anfangs eine Aneinanderreihung von Qualen, gefolgt von einer langen Kette exstatischer Zustände«, schreibt Harriet Rubin in ihrer Bibel für den Neu-Kreativen, *Soloing*.[41]

Diese neue, verwirrende Welt erzeugt auch ihre störrischen Helden. Als Ottmar Hitzfeld, der sieben Jahre lang Bayern München von einem zum nächsten Triumph trainiert hatte, im Sommer 2004 gefragt wurde, ob er nicht Nationaltrainer Deutschlands werden sollte, sagte er einfach: »Die Batterie ist leer!«

Das ist die Kernqualifikation der neuen Arbeitswelt: Nein sagen. Scheitern lernen. Neu anfangen. Das eigene Maß finden.

»Papa, das ist alles gut und schön. Aber jetzt sag mir endlich, was ich lernen soll, damit ich eine *sichere* Arbeitsstelle bekomme! Du willst mir doch nicht sagen, dass ich Bäcker werden soll?!«

»Natürlich nicht. Aber wie oft habe ich dir schon erklärt, dass es in Zukunft keine Arbeits*plätze* und *-stellen* mehr gibt! Und schon gar keine *sicheren*!«

»Egal, wie du das nennst. Ich will eine Familie ernähren können. Ich will die Vorwürfe, dass ich dir seit Jahr und Tag auf der Tasche liege, nicht mehr hören müssen.«

»Werde Pferdeflüsterer. Lebens-Coach. Seelendesigner. Haustiergenetiker. Erfinde neue Jobs. Jeden Tag entstehen 300 neue Berufe, deren Namen bislang noch niemand kannte. Wenn du einen von ihnen erfindest, bist du auf der sicheren Seite. Werde du selbst!«

»Ach Papa, das ist doch alles Unsinn! Da lachen meine Freunde!«

»Erfinde doch einen Job. Werde Fantasytalker, Aqua-Cultivateur, Producing-analyst, Revitalizer, Ozean-Industrieller, Orthopist, Food-Coach, Internet-Gouvernante, Neurobioniker, Interkultur-Manager, Ethno-Botaniker, Duftpsychologe, Ehe-Consultant, Paläo-Zoologe, Storyliner, Science-Broker, Ritualist, Lebensstrukturierer, Work-Scientist …«

»Ich will einen lebenslangen Arbeitsplatz!«

»Kind, das Zeitalter des »Lebenslang« geht zu Ende. Werde Sinn-Maat, Leichtmatrose des Humors, Heilungsmagier oder Sportphilosoph. Beschäftige dich mit Quanten-Raum-Optik und halluzinogener Hermeneutik. Verbinde Computerspiele mit Lernen, Spiel mit Cash …«

»Ach Papa, hör doch auf, so zu schwafeln!«

»Du musst die Elefanten im Morgengrauen angreifen, dann, wenn sie noch müde sind und …«

»Ach Papa!«

Wohlstand

Ist »immer mehr Konsum« unser Schicksal? • Geht die Schere zwischen Arm und Reich immer weiter auseinander? • Wird die Welt wohlhabender oder ärmer?

Zuerst fühlen die Menschen das Notwendige, dann achten sie auf das Nützliche, darauf bedenken sie das Bequeme, weiter erfreuen sie sich am Gefälligen, später verdirbt sie der Luxus und zuletzt werden sie toll und vernichten ihr Erbe.

Giambattista Vico

Ich würde gerne leben wie ein armer Mann mit einem Haufen Geld.

Pablo Picasso

Alya, David – 2045

Als David und Alya heirateten, wussten sie, dass sie in eine hektische Lebensphase hineingingen. Beide standen in der Mitte ihrer globalen Karrieren. Beide waren hochmobil und nicht wirklich in der Lage, sich auf einen einzigen Lebensmittelpunkt einzulassen. Sie bezogen zwar ein Haus in der Mitte des Kontinents, in einer Stadt an einem großen See. Aber dies war nur ein »Stützpunkt«; beide befanden sich unwiderruflich im Reich des Transits, des Wechsels zwischen den Kontinenten und Seinszuständen, der zauberhaften Morphologie des Wandels.

Ihr Haus, ein minimalistisches *Smarthouse,* verwaiste. Bis im Winter 2047 Josephine geboren wurde, ein kerngesundes In-vitro-Mädchen, kombiniert aus der kryonischen DNA des 18-jährigen David und der 20-jährigen Alya.

Um ihren unruhigen Lebensstil auch mit dem Kind aufrecht zu erhalten, vertraute das Paar die komplette Organisation seines Lebens einer Föderation mit dem Namen »Phoenix« an. Phoenix verpflichtete sich, für die Familie die zentralen Knappheitsressourcen des 21. Jahrhunderts zu managen: Zeit und Aufmerksamkeit.

Phoenix schloss als erstes einen Vertrag mit einem örtlichen FoodProvider, der rund um die Uhr healthgescannte Nahrungsmittel direkt in die Kühlbox am Haus lieferte – zusammengestellt nach den persönlichen Gesundheitsprofilen der Familienmitglieder. Phoenix kümmerte sich um die Wartung des Hauses, um Zulieferer, Webanschlüsse und den Garten. Besorgte das Providing des Fuhrparks. Phoenix verwaltete die Ökonomie der multimobilen Familie. Alle Transaktionen – Daueraufträge, Leasingverträge, Hypotheken, Steuerüberweisungen – wurden ständig auf Preisgünstigkeit und Plausibilität überprüft. Die Föderation stand über eine Hotline rund um die Uhr mit Rat und Tat beiseite, wenn es um einfache oder komplexe Alltagsprobleme ging. Von Versicherungsfragen bis zu Gesundheitsproblemen – für alles gab es Spezialagenten. Phoenix beschäftigte Anwälte, Ärzte, Architekten, Betriebsberater, Steuerexperten, Spezialisten für Ausbildungs- und Erziehungsgänge, die bei schwierigen Schulentscheidungen helfen konnten. Man konnte diese Experten per Videokonferenz oder auch in *real world* konsultieren.

Während Josephine heranwuchs, nahm die Familie vor allem die Work-Life-Balance-Division von Phoenix in Anspruch – Babysitter, ChildHealthSupport, psychologische Dienste. David nutzte primär das Travel-Progamm, bei dem die Föderation die verschiedenen Reisedienstleistungen nahtlos zusammenfügte – Taxis, Abholung, Gepäcktransport, Umbuchungen –, er konnte spontan nach Bangkok fliegen, ohne seine Reisetasche anfassen zu müssen.

Und die Kosten? Auf der Familien-Homepage tickte rechts oben eine Uhr, auf der zu sehen war, wie viel Zeit die Föderation der Familie bereits gespart hatte. Bei Anschaffungen wie Autos, Möbeln, Flugtickets, FoodProviding erzielte die Föderation Rabatte zwischen 30 und 50 Prozent. Diese eingesparten Beträge wurden links neben der Uhr optisch sichtbar gemacht. Von diesem gesparten Geld zahlte die Familie die Hälfte an die Föderation. Phoenix bezahlte sich selbst – die Macht des Providing hatte über das Diktat des Preises gesiegt.

Das Szenario: die »Deep-Support«-Ökonomie

Man stelle sich vor: In einem halben Jahrhundert würden wir nicht mehr *konsumieren* – im Sinne des Einzelerwerbs von Gegenständen. Wir würden uns *providen* lassen. Statt als singulärer Kunde auf den

Markt zu treten, wird nun Einkaufsmacht beim Kollektiv der Kunden gebündelt. Zentraler Wertschöpfungshebel ist nicht mehr das Produkt selbst, sondern Marktübersicht, Entscheidungskompetenz, letzten Endes Wissen.

Das kleine Szenario scheint bizarr utopisch und bitter realistisch zugleich. Wer einen Haushalt hat, kennt zumindest die dahinter liegenden Sehnsüchte. Viele seiner Elemente sind nicht neu. Gebündelte Einkaufsmacht geht auf Modelle der Gewerkschaften und Genossenschaften des 19. Jahrhundert zurück (»Kohle für den Arbeiterhaushalt zum halben Marktpreis«). Internet-Portale, die einen bestimmten Bereich im Kundensinne »providen«, existieren bereits. Jeremy Rifkin hat schon vor Jahren in seinem Buch *Access* eine Welt beschrieben, in der die Gegenständlichkeit des Konsums einer allgemeinen Nutzungs- und Leasing-Logik weicht.[1]

Für die amerikanische Soziologin Shoshana Zuboff ist dies die logische Entwicklung unserer Konsumwirtschaft zu einer »Support-Ökonomie«.[2] Sie schreibt:

»Individuen wünschen sich ehrliche und konkrete Assistenz bei der Bewältigung ihres komplexen und verschlungenen Alltagslebens. Keine Übertreibung, keine Bevormundung oder falsche Besorgtheit, also all das, was heute im kommerziellen Leben das Höchste der Gefühle darstellt.«[3]

Ein großes, ein gigantisches Versprechen. Wie kann es zu seiner Erfüllung kommen?

Eine kleine (Zukunfts-)Geschichte des Konsums

Im Jahre 2003 entdeckte ein Team um den norwegischen Archäologen Christopher Henshilwood in der Höhle von Blombos in Südafrika 41 Schneckengehäuse mit regelmäßigen Löchern, datiert mindestens 45 000 Jahre vor unserer Zeit, sorgfältig nach Farbe und Größe sortiert. Schmuck für archaischen Menschen, der getauscht und importiert wurde. »Überflüssiges«, Luxus eben.

Lange bevor Menschen die Sprache und die Schrift erfanden, lange bevor unsere Vorfahren Städte und Recht entwickelten, *handelten* sie mit Gütern. »Wir Menschen sind geborene Händler. Und wir brauchen keine Läden oder Geld dafür. Der Kern des ›Kommerzes‹ ist unser instinktives Talent dafür, was die Anthropologen ›Gegenseitigkeitsgefühl‹ nennen.« So die Wissenschaftsredakteurin Kate Douglas im *New Scientist*.[4] Wo Handel ist, entfaltet sich schnell Luxus, Status, Überfluss.

Im Mittelalter galt »Völlerei« als Sünde, außer in den Klöstern, die geradezu einen Kult um hochkalorische Zeremonien betrieben. Mönche nahmen in den fruchtbaren Regionen Europas bis zu 6000 Kalorien am Tag zu sich und starben überwiegend an Rückenproblemen, Diabetes und Fettsucht.[5] François Rabelais schrieb schon 1532 eine Kritik an der kollektiven mönchischen Übergewichtigkeit. In *Gargantua und Pantagruel* hausen zwei unersättliche Riesen im Land »Übermaß«. In diesem Konsumparadies »sind alle Bewohner so übermäßig dick, dass sie sich immer wieder die Haut einritzen müssen, weil sie es sonst nicht mehr in ihr aushalten können.«[6]

In den »Big-Daddy«-Kulturen der tribalen Gesellschaft wurde »conspicious consumption« überwiegend zu politischen Zwecken verwendet. Tand und Schmuck, Ornament und Überfluss, die dem »Daddy« dargebracht wurden, dienten dazu, ihn und seine Gang gnädig zu stimmen. Oder man verwendete Warenfülle zum Besänftigen anderer Stämme (die Cargo-Kulte der Südsee, in denen westliche Waren entsprechend umgedeutet wurden, zeugen von dieser Art und Weise des »Konsums«).

In den antiken Imperialkulturen war privater Konsum hingegen weitgehend unbekannt. Heim und Herdstätten in römischen oder griechischen Städten blieben puristisch nur auf das Notwendigste beschränkt. Das lag einerseits daran, dass der Status eines Bürgers sich nicht auf physische Gegenstände, sondern auf den Besitz von Sklaven bezog. Andererseits waren die antiken Kulturen frühe »Erlebnisökonomien«; Wohlstand und Status wurde in Gelagen, Festivitäten, Sportereignissen und Gladiatorenspielen zelebriert – inklusive Erbrechen und sexueller Ausschweifung.

Höfischer Luxus für den kleinen Mann

Im feudalen Europa blieb Wohlstand im Sinne von »Konsum« eine unbekannte Größe – man lebte entweder (in einer winzigen Minderheit) in höfischer Pracht oder in bäuerlicher Armut. Handwerker, Fahrensleute, Händler besaßen einige Güter des täglichen Gebrauchs, konnten ihren Hausstand aber meist auf einem kleinen Karren fahren. Erst ab dem 17. Jahrhundert entwickeln sich erste Anzeichen eines Konsums, der über die Sphäre der Aristokratie hinaus in andere Schichten diffundiert. Es sind zunächst »höfische Gebrauchswaren«, die nun manufakturell produziert und für die aufsteigenden Bürgerschichten verfügbar gemacht werden. Im Biedermeier entwickelt sich in den Städten Europas eine Fülle von Serienfabrikationen, die große Begehrlichkeiten wecken. Kämme aus Perlmutt. Pfeifenköpfe aus Meerschaum. Korsettagen aus Draht und Spitze. Kästchen und Möbel mit Intarsien. Kunstvolle Stühle mit Polstern. Kerzenständer und Uhren. Kupfertöpfe, Eimer, Parfümflakons, Tapeten, Kaffeeschalen. Vor den Augen des staunenden Publikums, auf Messen und Weltausstellungen, entfaltet sich zum ersten Mal das unendliche Reich des Luxus und der Moden auch außerhalb des höfischen Bereichs.[7]

Im England des 18. Jahrhunderts entsteht eine blühende Haushaltsindustrie, die ganzen Landstrichen zu Wohlstand verhilft – Birmingham boomt durch Knöpfe und Kerzenproduktion, Manchester durch Textilien, Sheffield mit Essbesteck. Die meisten dieser Produkte werden von Tausenden von Frauen in individueller Heimarbeit hergestellt. (Was eine erste heftige Debatte über die Frauenemanzipation provoziert – plötzlich haben Frauen ein eigenes Einkommen!) Voraussetzung ist: Das Herrscherhaus »genehmigt« die Produktion, was zuerst in England der Fall ist. Josiah Wedgewood, der »königliche Lieferant von Creamware«, also edlem Porzellan, entwickelt aus dieser Struktur schließlich die erste zentrale Handels- und Vermarktungsstruktur. 1769, in dem Jahr, in dem James Watt das Patent für die Dampfmaschine anmeldet, gründet Wedgewood die erste große Porzellanfabrik mit Hunderten von Arbeiterinnen, die er zu »Hygiene, Fleiß und Disziplin« anhält.[8]

Schon in dieser Phase verbindet sich der Konsum mit einer rapiden

Veränderung der Sozialstrukturen. Anders als in der dörflichen Ordnung, in der jeder seinen angestammten (Status-)Platz hat, leben in den rasch wachsenden Städten nun viele Fremde zusammen. Das neu entstehende Bürgertum versucht dabei, die »gentility«, die Vornehmheit des Adels, mit Gegenständen zu imitieren. Und während die Männer die Haushalte verlassen, um in Fabriken und Büros Lohnarbeit auszuüben, wird die Verschönerung und »Veredelung« des Heims die Aufgabe der Frauen.[9]

Jedes Modell, aber alle schwarz

Zwei Erfindungen sind es, die zu Beginn des 20. Jahrhunderts der Konsumgesellschaft endgültig zum Durchbruch verhelfen. Die eine ist die Radikalisierung der Arbeitsteilung im »Fordismus«. Henry Ford »zerlegt« die Fertigungsprozesse (seine Inspirationen holt er sich auf den Schlachthöfen Chicagos) in immer winzigere Einheiten und stellt so die Kosten in den Mittelpunkt. Der Preis für ein Ford-T-Modell fällt von 1908 bis 1924 von 825 auf 260 US-Dollar. 1908 werden 1 000, 1924 eine halbe Millionen »Tin Lizzies« produziert, jene legendären Einfachautos, welche der Massenmobilität ein halbes Jahrhundert vor ihrem Durchbruch in Europa zu einem frühen amerikanischen Erfolg verhelfen sollte. Unmittelbar damit zusammen hängt jene sensationelle 5-Dollar-Marge (umgerechnet heute etwa 70 Euro), auf die Henry Ford im Jahre 1913 den Tageslohn seiner Arbeiter erhöht, »weil diese die besten Käufer ihrer Produkte sein können«. Was damals einen fast revolutionären Skandal darstellte, sollte die moderne Konsumentendemokratie mit ihrem Kreislauf aus Lohnarbeit, Produktivität und Konsum begründen: der Käufer als Produzent der Industriegesellschaft, »Consumer Industrialism« als gesellschaftliche Utopie.

Der zweite Durchbruch findet im Handel statt, einem vormals umständlich personalintensiven Gewerbe. Im alten Wien kann man die alte, vorindustrielle Handelswelt noch in einigen Seitenstraßen besichtigen: Es gibt »Eisenwaren« und »Messingwaren« oder »Sanitärwaren«, Hutgeschäfte, Strumpfgeschäfte, Hirschhorngeschäfte, Leinengeschäfte. Das Angebot strukturiert sich also entlang von Rohstoffen oder Handwerkskünsten und ist stark segregiert. Der Kunde muss für den täglichen Bedarf viele Läden aufsuchen, was ohne Personal kaum zu bewältigen ist.

Die ersten Kaufhäuser, die dieses Prinzip durchbrechen, eröffnen im Boom der siebziger Jahre des 19. Jahrhunderts, als die Eisenbahnnetze den Ferntransport von Gütern möglich machen. Es beginnt die Zeit der »Kolonialwaren«. Konsumsensationen transportieren »Botschaften« aus anderen Teilen der Welt. Elefanten und »Neger« prägen die Verpackungen. Konsum wird exotische Eroberung, Eingemeindung des Fremden in das Häusliche; er erzählt von Patriotismus und der Überlegenheit der eigenen Kultur.

Aber immer noch bleibt der häufige Erwerb von Gebrauchsgütern auf schmale, wohlhabende Schichten beschränkt, während das »Volk« auf den Märkten kauft oder von dem lebt, was es selbst auf dem Acker anbaut. Erst im Jahre 1916 gründet Clarence Saunders in Memphis die »Piggly Wiggly Supermarket Chain«, einen ersten Rohschnitt des heutigen Supermarktes, mit patentierten Regalschildern, Einkaufswagen und uniformierten Angestellten. In der Schweiz macht sich Mitte der zwanziger Jahre der Handelsrebell Georg Duttweiler mit vier Lieferwagen auf den Weg, billige Waren auch zur Landbevölkerung in den Bergen zu transportieren. Duttweiler rebelliert gegen die Großhändlerklans in den Städten, welche die Preise hoch halten und die Handelskanäle monopolisieren und damit »gesunde Volksernährung und gesunden Volkswohlstand verunmöglichen«.

Der »Konsumterror«

Im Jahre 1960 erschien in München ein Büchlein, das den Konsum, wie er sich mit Siebenmeilenschritten von Amerika nach Europa ausbreitete, zynisch-kritisch auf die Schippe nahm: *Consumerism* im Alois Zettler Verlag war ein wahrhaft visionäres Buch. In dem typisch altväterlich-kulturkritischen Tonfall der damaligen Zeit wurde Konsum bösartig als generelle Übertreibung und Verschwendung dargestellt.[10]

„In Zukunft wird also jede Familie vier Fernsehgeräte ... benötigen.“

Abbildung 5: Konsumterrorkritik der sechziger Jahre: Als wir noch staunten über das heute Alltägliche ...

Consumerism ist die Lehre von der Aufzucht des Super-Verbrauchers. Der Idealkunde konsumiert einfach alles, was eine vollautomatisierte Industrie auf den Markt wirft, und zwar in einem Tempo, das mit der ständig steigenden Geschwindigkeit der Produktion Schritt hält!

In neun Kapiteln werden dann folgende Methoden beschrieben, Absätze zu erhöhen und Umsätze zu steigern:

1. die »Du-brauchst-mehr-als-einen-Schlips«-Methode (immer mehr vom Gleichen),
2. das »Einmal-und-dann-weg«-Verfahren (Wegwerfprinzip),
3. das Prinzip des unaufhörlichen technischen Fortschritts,
4. das Programm der geplanten Alterung (der Produkte),
5. die Modellwechseltaktik (alte Modelle werden nicht mehr repariert),
6. das Komplikationssystem (das Produkt ist so kompliziert, dass man sofort wieder ein neues braucht, das die Komplikationen verbessert),
7. das Du-brauchst-kein-Geld«-System (heute: Kreditkartentrick),
8. die »Genieße-das-Leben-jetzt«-Parole (vulgo: Hedonismus),
9. das »Verkaufe-an-Kinder,-wenn-die-Alten-nicht-mögen«-Prinzip (Kindermärkte).

Durch den Konsumerismus wird der Verbraucher überzeugt, dass er mindestens zwei Häuser, drei Automobile, wenigstens vier Kühlschränke, sechs Radioapparate, auf jeden Fall zwölf Anzüge braucht. Ihm wird klar werden, dass *unter* diesem Standard die Armut beginnt ...

Ist es nicht phänomenal, wie gnadenlos sich diese Prophezeiung erfüllt hat? So sehr eine ganze Jugendgeneration auch gegen den »Konsumterror« rebellierte – am Ende war auch die Revolte nur Wegbereiter *neuer* Umdrehungen der Spirale (Harley, Apple, Nike, Starbucks ..., die Belegliste ist endlos). Es muss also eine tiefere Begründung geben, warum wir unsere soziale Umwelt so bereitwillig in eine »Konsumhölle« verwandelten.

Die erste Begründung ist evolutionärer Natur. Wir sind Jäger und Sammler. Die archaische Lust, die wir in einem wohl sortierten Supermarkt empfinden, sitzt uns tief in den Genen. Hier ist er endlich, der

Ort, von dem unsere Urväter Tausende von Jahren geträumt haben! Die für alle Ewigkeit mit Fleisch gefüllte Höhle. »Friss dir Fett an«, murmeln unsere Gene, »der nächste Winter könnte wieder hart werden!«

Zweitens: die *soziale* Komponente. So, wie das aufstrebende Bürgertum plötzlich in den Besitz von Produkten kam, die zuvor exklusiv dem Hofe vorbehalten waren, erzählt Konsum die Geschichte ungeheurer Aufstiege. Der Kleinbürgersohn, zum Werber oder Bankenbroker aufgestiegen, symbolisiert mit dem Saab Cabrio den Sieg über seinen Vater. Der russische Jungmafiosi reklamiert mit der (echten) Rolex seinen Anteil am Reichtum des Westens. Das ständige »Upgrading«, mit dem uns die technologische Kultur versieht – alle drei Jahre ein schöneres Auto, eine schickere Stereoanlage – bildet einen narrativen Rahmen sozialer Aufstiege, in dem wir regelrecht *fühlen* können, wie »es mit uns vorangeht«.

Drittens aber: Konsum ist rebellisch, weil er alte Privilegien zerstört und Rollensysteme umkrempelt.

Eine der Stätten, an denen man diesen verborgenen Charakter des Konsums am besten erahnen kann, ist die amerikanische Megamarktkette WalMart. Kilometerlange Gänge mit sanfter Musik türmen Waren und Kalorien ohne Ende auf. Wer hier einkauft, gehört meist zu den unteren Schichten. Er hat kein großes soziales Ansehen. Aber er hat *Geld*. Für dieses Geld wird er nun behandelt wie ein König. Man ist freundlich zu ihm. Man packt seine Waren ein und trägt sie zu seinem Auto. Das ist die Grundphilosophie von WalMart: den Kunden so zu behandelt wie jemanden Besonderes, Bedeutendes!

Wir vergessen oft, wie sensationell neu die Erfahrung des »Kundenseins« immer noch ist, die auch dem »kleinen Mann« (der »kleinen Frau«) eine Aufmerksamkeit und Zugewandtheit entgegenbringt, die in der Sozialgeschichte bis dahin nie existierte. Der Kaufakt macht aus Untertanen Menschen. Geld nivelliert Unterschiede. Bei der Kreditkarte hört der »Krieg der Kulturen« auf, der jede Gesellschaft durchzieht. Wer Kohle hat, entwindet sich den sozialen Bindungen. Er kann sich bedienen lassen. Er kann Höflichkeit einfordern. Er kann sich *Zuwendungen* kaufen!

Consumer democracy oder Luxus für alle

Konsum ist also keineswegs so konformistisch, wie die intellektuelle Kritik es uns seit Jahr und Tag weismachen will. Konsum rebelliert gegen die Endlichkeit der Ressourcen ebenso wie gegen den Kodex der Mäßigung, dessen Ursprünge im protestantischen Arbeitsethos liegen. Er setzt gegen den Zwang der Konventionen den simplen Genuss der Aneignung. Er bietet ein zugängliches Imperium an Codes, Zeichen, Symbolen, in denen Sinnkontexte jenseits der alten Klassen- und Schichtengesellschaft entstehen. Konsum hat wohl mehr zum Niedergang des Kommunismus und anderer Diktaturen beigetragen als der Diskurs der Freiheit und Vernunft.

Konsum ist der große Gleichmacher, der ständig die sozialen Grenzen verschiebt. Und am Ende winkt grenzenloser Luxus für *alle*!

Am Anfang des Jahres 2005 waren in allen europäischen Billigbaumärkten und in Tausenden von Supermärkten plötzlich in großen Massen Orchideen zu haben. Für 1,98 bis 2,99 Euro, direkt neben der Kasse. In zig verschiedenen Farben und Formen. Ausgerechnet Orchideen, jene zarten aristokratischen Gewächse, die einst als Insignium der adeligen Dekadenz galten!

Oder denken wir an das Fliegen. Flugverkehr war noch vor zwei Jahrzehnten eine Luxus- und Verwöhnerfahrung für eine ganz bestimmte Schicht. Im Zeitalter des Billigflugs sind riesige Airbusse voll mit Menschen aus allen Bildungs- und Einkommensschichten. Fliegen wurde eine »commodity«. Was, Sie waren in diesem Jahr noch nicht auf Bali?

Rebellionsmarken

Watts Wacker, einer der Konsumfuturisten der amerikanischen Marketing-Szene,[11] schildert, wie aus kreativen Ideen und marginalen Produkten wilde und begehrte Markenwelten wurden. Apple startete als Hippie-Garagenfirma und blieb gegen den Monopolriesen Microsoft immer im Hintertreffen – und gerade diese Outlaw-Position macht die Firma heute zur Innovationsikone. Starbucks begann als kleines Unternehmen mit studentisch-multikulturellem Lebensgefühl – und regiert heute ein Kaffeeerlebnis-Weltreich bis zum Roten Platz in Peking. Harley Davidson vermarktet seinen Freiheitsimpetus jetzt in den »zweiten Aufbruch« der Baby-Boomer zwischen 50 und 60 hinein. (Wie man diesen Aspekt auch übertreiben kann, zeigt Nike mit seiner extremen Leistungsverherrlichung – das machte sie zu Zielscheiben für das *moral bashing* von Greenpeace und Globalisierungsgegnern.)

Viele Konsumprodukte erzählen neben dem ewigen Lied von Preis, Qualität und Status auch die Geschichte eines sozialen Wandels, in dem Jüngere gegen Ältere neue Gewohnheiten durchsetzten und sich aus den Fesseln alter Abhängigkeiten lösten. Ohne diesen Aspekt ist der Konsumkult nicht verstehbar, und keine große Marke kommt ohne ihn aus. Mit Coca-Cola symbolisierten die jungen Arbeiter Amerikas den Aufbruch in den Freizeitlebensstil. Auch Persil war einmal revolutionär, weil es den Frauen die mühsame Rubbelarbeit am Waschbrett ersparte.

Je mehr die kreative Klasse die gesellschaftlichen Codes bestimmt, desto mehr dominieren rebellische Marken und Ikonen das Feld des symbolischen Luxuskonsums. Gucci, das düstere Signet für Sadomasochisten. BMW – Signet des narzisstischen männlichen Egomanen in einer feminisierten Umwelt … Ein Alptraum der Konsumkritiken wird wahr: Konsumwelt und Sozialwelt konvergieren in einen einzigen Raum der Möglichkeiten und Evolutionen.

Das große Zuviel

In meiner Jugend, als Zahnärzte noch ohne Vorwarnung und Narkose bis tief in die Wurzel hineinbohrten, gab es genau drei Sorten von Zahnbürsten. Hart, mittel und weich. Und drei Farben, so wie bei den Wählscheibentelefonen, bei denen man eine halbe Ewigkeit warten musste, bis die Neun gewählt war: Jägergrün, Dezentrot, Grauweiß. Zahncreme schmeckte scharf (oder auch mal salzig). Bürsten kosteten 70 Pfennig und wurden nach einem Jahr in die Schuhputzkiste transferiert, wenn sich die Borsten schon in alle Richtungen aufgelöst hatten. Zahncreme kostete 1 Mark und wurde bis zum bitteren Ende ausgequetscht.

Wenn ich heute vor dem Zahnputzregal meines Supermarktes stehe, kann ich das finale Resultat dessen bewundern, was man »Differenzierung der Produktwelten« nennt. Die Spezies der Zahnbürsten scheint im Zuge einer komplizierten Evolution in Tausende von Unterarten und Formvielfalten zu zerfallen. Borsten mit Querbiegung und Längsbiegung, diagonal tanzend, schräg versetzt oder gegenläufig geordnet. Farbige Borsten, die beim Putzen verblassen. Seitenborsten und Noppenborsten. Borsten mit Mikro-, Nano- und Adhäsionsbeschichtung. Griffe in allen Varianten der Plastikmorphologie: gerade, schmal, breit wie Biberschwänze, mit Rückschnellmechanismus, damit nicht mal eine Tomate verletzt werden könnte. Die allerteuerste Zahnbürste allerdings sieht wieder aus wie die alte Zahnbürste meiner Großmutter aus Fuchshaar: ganz schlicht, ganz einfach, klein und dezent. Für 8, 50 Euro.

Und die Zahnpasta: Sie nimmt inmitten eines antropomorph-alchemistischen Prozesses jeden Tag neue Konsistenzen und Narrationen an. Ich bin allein für meine Söhne ein Zahnpasta-Gourmet geworden – der kleine mag nur rote mit Himbeergeschmack, der ältere bevorzugt nur eine Marke mit einem ganz besonderen Schoko-Minz-Geschmack und ebenso speziellen Figuren auf der Tube. Die Ingredienzien sind geheimnisvoll, klein gedruckt und unverständlich. Eine normale Zahncreme enthält heute rund 120 chemische Substanzen. (Als Kind habe ich die Zahncreme immer aus Neugierde hinuntergeschluckt, weil ich dachte, dann würde auch mein Magen sauber. Bekomme ich jetzt Krebs?)

Aus dem stupiden Hygieneartikel unserer Jugend ist ein komplexes Molekül- und Zeichensystem geworden, mit gewaltigen Margen und Marketingetats bis unter die Decke. Zugleich hat sich rund um das Thema »Zähne« ein soziokultureller Bedeutungswandel abgespielt, den wir in den teuren Zahnbürsten mitbezahlen. Strahlende, makellose Zähne sind heute Statussymbole und Zeigeflächen unseres Charakters und Wohlergehens, Gestaltelemente unserer Außenwirkung, für die wir eine Menge Geld ausgeben.

Wer all dies schrecklich kapitalistisch findet, dem sei gesagt: Die Kariesrate in der westlichen Welt ist ganz nebenbei um den Faktor drei gefallen. Bei meinen Kindern wird nicht mehr ohne Narkose brutal in den Zahn gebohrt, sondern vorgesorgt, erhalten, beobachtet, sanft operiert. Das Universum der Zähne hat eine neue, segensreiche Aufmerksamkeit erfahren. Wieder einmal hat das verachtete System »Konsum« die Dinge verbessert, obwohl seine »Motive« alles andere als lauter waren.

Die Ökonomie der Aufmerksamkeit

Wenn ich von längeren Reisen nach Hause komme, »scanne« ich bisweilen die Welt der Dinge in unserem Hause. Ich schaue in die Regale, Schränke, Schubladen, tauche in die Garage, besuche den Keller. Und stelle fest: Es ist wieder mehr geworden. *Mehr*! Und es *ruft*! Aus den Schränken, Kisten, Kästen heraus locken die Gegenstände: »Ich bin hier! Ich habe Geld gekostet! Kümmere dich um mich! Erfreue dich! Nutze mich! Oder recycle mich wenigstens kompetent!«

- Das mittlere Warenangebot in einem durchschnittlichen Supermarkt ist von 1 000 in den sechziger Jahren auf 6 000 Produkte zum Jahrtausendanfang angestiegen. Fachmärkte und Großsupermärkte bringen es leicht auf die doppelte oder dreifache Zahl.
- Innerhalb des Jahres 2003 kamen allein in Deutschland 311 neue Tütensuppen in die Regale, 584 Feinkostsaucen, 1 561 Schokoladensorten und 2 505 alkoholfreie Getränke (zum Beispiel »Vittel + Energy Orange mit Vitamin B-Complex und Kohlehydraten«).[12]
- Allein in den USA existieren 777 Millionen Quadratmeter Verkaufsfläche, in Europa 190 Millionen, und jedes Jahr kommen Millionen dazu.[13]
- In jedem euro-amerikanischen Mittelschichtshaushalt existieren heute im statistischen Schnitt 18,3 Uhren, die von Sommer- auf Winterzeit und wieder zurück gestellt werden wollen. Analoge Uhren, digitale Uhren. Wecker, Taschenuhren, Küchenuhren. Uhren in Autos, Stereoanlagen, Videorecordern. Einige davon werden automatisch umgestellt. Andere bleiben stehen, verstellen sich, gehen kaputt.
- Im statistischen Mittel gibt es in jedem Haushalt 180 (!) elektrische Geräte, von denen ein Drittel einen ständigen Bedarf an Batterien

> hat. Alle diese Geräte erfordern einen zunehmenden *kognitiven Aufwand*. Sie müssen zunächst einmal *verstanden* werden, was mit steigender Funktionsfülle immer aufwändiger wird. Dann muss man den Umgang mit ihnen üben, sie warten, reparieren, pflegen. Sie werden umgetauscht, verschenkt, erneuert, aufgeladen, genutzt. Und schließlich entsorgt! Alles eine Wissenschaft für sich.

Einer der Pioniere der Konsumökonomie, Hermann Heinrich Gossen, definierte 1854 das »Gossensche Gesetz«: »Die Größe ein und desselben Genusses nimmt, wenn wir mit der Bereitung des Genusses ununterbrochen fortfahren, *ab*, bis Sättigung eintritt.«[14] Wie viel mentale Energie absorbiert die gigantische Armee der Dinge? Wie sehr hält sie unseren Geist von Dingen ab, die Konzentration und Eindeutigkeit verlangen?

Rund um das Universum der Dinge hat sich zudem längst eine sekundäre Sphäre der Kommunikationen entwickelt, ein Aufmerksamkeit heischendes Zeichensystem ohnegleichen: *Pseudoservices*. Unser Schicksal als Hilfe suchender »Verbraucher« (das Wort sagt schon alles!) ist die ewige Warteschleife, der Stau im Kundencenter, die Dienstleistungsverweigerung auf hohem Propagandaniveau. »Wir sind rund um die Uhr für Sie da! Rufen Sie unsere Hotline an! Unsere freundlichen Mitarbeiter wissen, was Sie wünschen!« Von wegen! Wir werden im virtuellen Nirwana festgehalten und verdämmern beim Warten auf den Rückruf des Kundendienstes. Das Versprechen der Waren, uns monotone Tätigkeiten abzunehmen und neue Aufmerksamkeiten zu genießen, mündet nun in Sklavendiensten, die wir selbst der Welt der Dinge entgegenbringen müssen.

Das »Starbucks-Prinzip«: alles ohne Kosten

Die klassische Konsumgesellschaft entstand in den sesshaften Lebensformen des Industriezeitalters der sechziger Jahre. Man lebte im Dreieck Fabrik beziehungsweise Büro, Supermarkt, Suburbia. In einer solchen Welt konnte Konsum sich als »Höhlenlogik« entfalten: Man schleppte immer mehr Dinge nach Hause und hortete sie wie ein Steinzeitmensch. In der multimobilen Gesellschaft der globalen Welt jedoch werden Gegenstände schlichtweg zu *Lasten.* Alles wird ein Organisationsproblem. Wo habe ich jetzt wieder diesen verdammten Aufsatz für die elektrische Zahnbürste gelassen – zu Hause, im Hotel, im Ferienhaus? Der Hang der Globalökonomie, Menschen ständig zu mobilisieren, fällt nun auf ihr innerstes Prinzip – das Aneignen der Gegenstände – selbst zurück. Als Antwort bauen wir unsere Autos zu fahrenden Kokons, zu unseren eigentlichen Lebensmittelpunkten aus. Aber wird das auf Dauer reichen?

Im Jahre 1999 gab die *New York Times* eine repräsentative Umfrage über das Lebensgefühl junger Amerikaner aus wohlhabenden Familien in Auftrag. 43 Prozent der Befragten formulierten, sie hätten eine *härtere* Jugend als ihre Eltern. Begründung war »too muchness« – zu viele Aktivitäten, zu viel Konsum, zu viel Lernen. (Die weniger wohlhabenden Kids lobten hingegen Internet und Computer als neue Möglichkeiten zum Lernen und zur Kommunikation.)[15]

Die neue Konsumwelt bietet eine unendliche Menge paradoxer Impulse, für deren Bewältigung man eine geradezu ungeheuerliche Interpretationsmacht benötigt. Das »Starbucks-Prinzip« zum Beispiel codiert ein bestimmtes Produkt, nämlich Kaffee, auf mindestens sechs Ebenen im höchstmöglichen Widerspruch. Geschmack, Wirkintensität, Kalorieninput, Textur, Preis und politische Herkunft des Produktes werden »kontrawirkend« indiziert. Man kriegt alles, und alles wird gleich wieder (scheinbar) entschärft. Was kommt heraus? Ein »De-Caf Triple Extra Large Macchiato with Skimmed Low Fat Milk and Extra Maple Non Sugar Mega Coffeine Flash Third World Bio Farmer Production from Guatemala for a Special Price«. Also ein AllesNichts.

Wer solche molekulare Botschaftsverwirrung nicht »lesen« kann, wird schlichtweg fett. Wie immer mehr Menschen auf dem ganzen Planeten nimmt er aus lauter Ratlosigkeit einfach *alles* – so süß, so fett, so »skimmy«, wie es eben geht. Natürlich zum Sonderpreis für guatemaltekische Bauern!

In seinem Buch *The Paradox of Choice* zeigt der Konsumpsychologe Barry Schwarz auf, welche psychologische Komplikation eine

Überfülle an Optionen erzeugt. Bis zu einem gewissen Punkt bedeutet breite Auswahl für den Kunden glückliche Unterscheidungsmöglichkeit. Aber wenn das System Überkomplexität erreicht, fangen wir an, nervös zu werden. Wir verheddern uns in Abwägungen, entwickeln Optimierungssucht und bereuen dann doch unsere Entscheidung. Bei sechs guten Marmeladen auf dem Regal kaufen wir meistens eine. Wenn 30 dort stehen, ziehen wir oft unverrichteter Dinge wieder ab.

Es sei denn, es gibt ein anderes Entscheidungskriterium, das uns auf den Pfad genussvoller Aneignung zurückkehren lässt. Wie zum Beispiel den Preis.

Der Triumph von Trash

Wer die Zukunft des Konsums besichtigen will, muss Orte besuchen, deren Namen kernig oder unaussprechlich klingen. Hrodoma, Novovolynsk und Dobron an der Ostgrenze der EU zwischen Polen und der Ukraine etwa. Pristina, die geschundene Hauptstadt des Kosovo. Tijuana und Nogales an der Grenze zwischen den USA und Mexiko. Diese Transmitterpunkte zwischen Wohlstand und Armut sind gigantische Flohmärkte, auf denen sich ein Stand an den anderen reiht, immer mit denselben Waren in immer gleichen Varianten – Lederjacken, Gartenzwerge, gebrauchte Teeservices, Kerzenständer, Räucherstäbchen, Schals, gefälschte Rolex, XXL-Socken im Zehner-Pack für einen halben US-Dollar, Schneekugeln, Heiligenbilder, Turnschuhe aus Plastik, Socken aus Kirgisien, gebrauchte Handys, gestohlene Radkappen, Tand und noch mal Tand.

Wer genau in die sich wandelnde Topografie unserer Großstädte hineinschaut, spürt, wie sich die globalen Flohmärkte in Richtung Innenstadt vorarbeiten. So werden in zehn Jahren mindestens 60 Prozent der Gesamtkonsummärkte aussehen. So werden sich Mega-Malls in Neukölln, Las Vegas und Athen präsentieren. Der größte Konsummarkt der Zukunft heißt »Trash«.

Natürlich heißt »billig« nicht automatisch »schlecht«. Aldi und Wal-Mart haben gezeigt, wie man Wertschöpfungsketten immer »leaner«

gestalten kann, ohne dass dabei die Warenqualität leiden muss. In diesem Sinne bedeutet billig für den Kunden vor allem auch »einfach« – »no frills«, die eigentliche Ware. Aber das gigantische Wachstum des Billigsegments hat unangenehme Nebeneffekte. Es verwirrt unsere in hundert Jahren Konsumgeschichte gewachsenen Sensorien für das, was ein »reeller Preis« ist. Es zerstört das Gefühl des qualitativen Mehrwerts.

Und dieser Entwertungsprozess wird nun universell. Wer heute eine Zeitschrift abonniert, bekommt Küchenwaagen, Fahrräder, Fernseher umsonst dazu. Wer einen Handyvertrag abschließt, bekommt das teure multifunktionale Handy hinterher geworfen. Die Folge: Fernseher, Küchenwaagen, Handys werden zu einer Art Sondermüll und landen stante pede auf dem Trash-Markt. Kaffeeketten verkaufen Haushaltsgegenstände in riesigen Mengen, jeden Tag eine neue Welt. Zeitungsverlage bieten Billigbücher im Schuber. Haushaltsgeschäfte mutieren derweil zu Cafés. Buchläden verkaufen Backwaren, Metzger Gemüse. Die Radikalisierung des »Cross-Selling« zerstört schließlich die Sichtbarkeit der Produktleistung überhaupt, und alles landet bei eBay.

Irgendwann entsteht daraus eine »reverse Ökonomie«. Die Ankündigung des Billigfliegers Ryanair lautet: Wir geben euch, den Passagieren, den Flug umsonst und kassieren das Geld von den Flughäfen; die verdienen ihr Geld mit den Gebühren der Ketten-Shops, die auf verdächtige Weise den endlosen Ständen in Hrodoma, Novovolynsk oder Tijuana ähneln …

Der nächste Schritt ist dann nicht mehr weit. Wenn man eine Zeitschrift abonniert, bekommt man heute schon nicht nur Werbegeschenke, sondern – bares Geld. Irgendwann werden wir in einer gewaltigen, langweiligen, immerwährenden Butterfahrt landen, in der wir für unsere Anwesenheit und Aufmerksamkeit bezahlt werden, und in der sich die Manager unserer Aufmerksamkeit nur noch gegenseitig Marktanteile abzujagen versuchen – ein gigantisches Nullsummenspiel, eine agonische Ökonomie.

Um den Konsum zu retten, müssen wir ihn, so scheint es, zuerst vor sich selber retten. Um den Wohlstand zu steigern, müssen wir ihn »umdribbeln«.

Das »Starnberg-Prinzip« oder die neue LQ-Economy

Starnberg, ein Landkreis südlich von München, gehört zu den reichsten Regionen Europas. Schöne, nicht völlig zersiedelte Landschaft, schnelle Erreichbarkeit einer Metropole, digitale Infrastruktur, »Landmarks« (blaue Seen, die Alpen, die König-Ludwig-Schlösser) in der Nähe. In Starnberg lebt ein überdurchschnittlicher Anteil der kreativen Klasse; berühmte Schauspieler, Architekten, Galeristen, Maler, Modeschöpfer, was sich in Clustern von Edelrestaurants ausdrückt, in denen die Preise hoch und vor denen die Autos teuer sind.

Zoomen wir uns ein wenig hinein in die mikroökonomischen Strukturen der Region. Neben dem »alten Geld«, das sich hier in Walmdach-Bungalows auf 500-Euro-pro-Quadratmeter-Grund auskristallisiert hat, finden sich auch andere, jüngere Modelle des Wohlstands. Ingrid, die Alleinerziehende Mitte 40, lebt mit ihren drei Kindern auf einem traumhaft schönen, etwas chaotischen Bauernhof. Sie finanziert ihr Leben durch zwei Ehemänner – einer ist Maler, einer Autor –, die ihr ein ordentliches Einkommen garantieren (der Bauernhof gehört dem Maler, der inzwischen nach Gomera gezogen ist). M. und F. besitzen unweit davon ein schönes ökologisches Design-Reihenhaus in der Nähe des Seeufers, das weitgehend abgezahlt ist. Er arbeitet als Kunstschreiner, sie unterrichtet etwa 15 Stunden an der örtlichen Volksschule. W., alleinstehender Hagestolz, war an einer Münchener Werbeagentur beteiligt, aus der er aber mit 50 ausgestiegen ist, um sich dem Studium von Frauen und astronomischen Theoremen zu widmen. Er macht Weltreisen – durch die Sahara, nach Sezuan – mit dem Motorrad.

Soweit, so gut. Saturierter Wohlstand eben. Denkt man. Erstaunlich nur: Alle diese Leute kommen mit kaum mehr als 1 000 Euro monatlich aus. Sie sind also nach der EU-Statistik »arm«, denn ihr regelmäßiges Einkommen beträgt weniger als 60 Prozent des mittleren Monatsverdienstes eines EU-Bürgers. Aber ihr Lebensstandard ist ungleich höher. Alle arbeiten weniger als 30 Stunden in der Woche. Meistens begreifen sie ihre Arbeit nicht als Job, sondern als Leidenschaft.

Das »Starnberger Modell« handelt von einer Ökonomie des *Stilvollen Verarmens*, wie es ein Buchtitel von Alexander von Schönburg bezeichnet. Eine Philosophie des Weniger paart sich mit Bildung, Exzentrik und einer gewissen Verweigerungshaltung. Folgende Faktoren machen dieses Lebensmodell für eine immer größere Minderheit möglich:

- *generative Transfers:* Wohlstand in der dritten oder vierten Generation heißt immer auch Abfederung der eigenen Existenz durch Grundbesitz, Vermögen, arbeitendes Kapital, freies Wohnen et cetera.
- *Nischen-Transfers:* In den »creative hubs«, den Ballungsgebieten der kreativen Klasse, existieren fein dosierbare, kreative Arbeitsmöglichkeiten. Das Spektrum reicht vom Botenjob bis zum Texten, vom Musikmachen bis zum Massieren, vom Programmieren bis zum Babysitten – ein niemals voll erschließbares Feld humaner Dienstleistungen, in denen die Löhne verhandelbar und meist dem Finanzamt entzogen sind.
- *ökonomisch-emotionales Networking:* Noch immer existieren die klassischen Rollenteilungen: Mann ernährt Frau. Mit den neuen Liebesunordnungen entstehen jedoch immer mehr »traversale Liebestransfers«. Traditioneller Mann mit gutem Einkommen ernährt Frau, die er mit einem jüngeren, hübscheren Modell verlassen hat (aus schlechtem Gewissen sind die Zahlungen recht üppig). Diese ernährt armen Künstler (und Lover), der mit seinem Liebesgehalt zwei alte Kumpel finanziert, die er seit der Volksschule kennt. Gemeinsam trifft man sich immer wieder in der großen Küche von N., die aus Russland stammt, einen Mann hat, der nie da ist, und die sehr gut kochen kann ... Ein global-urbanes Milieu trifft auf eine Transferökonomie, die der Sippenökonomie auf großen Höfen ähnelt. Herr, Haus, Gesinde, Gspusi unter einem Dach; Gott vergelt's.
- *ökonomische Downsizing-Prozesse:* Die Kosten für den basalen Lebensunterhalt sinken ständig ab – durch den Trash-Trend ebenso wie durch Reste oder Renaissancen von Subsistenzwirtschaft und Tauschringen. Fast alle Starnberger Freunde sind eBay-Händler

(meist spezialisiert auf irgendein Produkt; Lavalampen, Alpenstiche, Fünfziger-Jahre-Jazzplatten) und gehen bereitwillig beim Billig-Discounter einkaufen. Alle haben ihre Secondhand-Boutiquen, in denen ihnen Kredit gewährt wird. Die meisten fahren stilvolle alte Gebrauchtwagen (Landrover, Mercedes Diesel) mit Patina und kleinen Fehlern, die man heute auf den Gebrauchtwagenmärkten hinterher geworfen bekommt.

Alle diese Freunde sind auf eine ganz bestimmte Weise »relaxed«. Es regt sie nichts richtig auf. Sie sind in der Regel staatsfeindlich, spiritualistisch, grün und romantisch-humanistisch gestimmt; viele hängen den diversen Mond-Astronomie-Pilates-Kulten an, teilen Gurus und Therapeuten. Eine Art postmaterielles Paradies? Nein, sonderlich harmonisch ist das nicht. Man streitet viel, es gibt echte Feindschaften und Aversionen, jede Menge Affären, Verlassungen, auch frühzeitige Todesfälle, fast so mysteriös wie König Ludwigs Wassergang im Starnberger See.

Und dennoch ist das alles kein Luxusphänomen. Sondern logisches Resultat des stillen Wirkens des Wohlstands. Resultate von Grundstückpreisen, Finanzmärkten, quadriert mit dem Sparwillen vorangegangener Generationen. Ein Drittel der Bürger in den Wohlstandsgesellschaften erben von ihren Eltern Beträge von mehr als 100 000 Euro. Ein Fünftel mehr als eine halbe Million.[16] Und solange wir nicht in eine brutale Weltwirtschaftskrise stürzen, die alles Geld der Welt entwertet, wird sich dieser Reichtumspuffer, der uns vor der puren Gewalt der Märkte trennt, unaufhörlich erweitern.

Herzexperten, Lebensnarren, professionelle Freunde: die »agent society«

Wer sich gesund ernähren will, der muss nicht nur Kalorien zählen und Inhaltsstoffe kennen, er muss sich vor allem mit der jeweils aktuellen Meta-Theorie der Ernährung auskennen. Welche der gerade kursierenden Ernährungshysterien ist plausibel? Ist es richtig, fettes Fleisch, Eier und Speck zu essen und das Brot wegzulassen, wie es die Atkins-Diät (heute als »low carb« betitelt) propagiert? Soll man Speisen trennen? Ist Spinat gesund oder Kohlsuppe?

Wer heute im Beruf vorankommen will, kann sich nicht mehr auf die automatischen Fahrstühle verlassen, die vor Kurzem noch das Karrieresystem verlässlich durchfuhren. Er muss Märkte beobachten; Märkte für Chancen, Märkte für Talente. *Ich-Märkte.*

Wer Kinder hat, lebt im ständigen Anpassungsdruck pädagogischer Weltbilder. Heutige Eltern neigen zu Extremschwankungen zwischen Verwöhn- und Disziplintheorien. Sie terrorisieren gerne andere Eltern mit den neusten Erkenntnissen der Trauma-, Hochbegabten- und ADS-Forschung – die meistens nach ein paar Monaten von der exakt entgegengesetzten frühkindlichen Schadensbilanz abgelöst wird …

Wer heute eine chronische Krankheit hat, wird in ein überkomplexes System an konkurrierenden Methoden und Institutionen versetzt. Krankheitsbilder und Krankheitsdefinitionen unterliegen einer ständigen Veränderung. Was heute noch normal war (mollig sein oder keine Lust zum Sex haben), ist morgen pathologisch. Was heute noch als gesicherte Erkenntnis galt – Cholesterin ist schlecht, Aufstehen nach Operationen ist ungesund –, ist morgen Schnee von gestern.

Wir befinden uns inmitten eines Mahlstroms der Interpretationen. Wir können darauf aber nicht einfach mit Ignoranz reagieren. An diesem Punkt sehen wir uns um nach Verbündeten, Freunden und Helfern.

Lebensnarren. Das sind diejenigen, die uns in Krisenzeiten erheitern und entspannen. Wie der Hofnarr bei Hofe ermöglichen sie eine lächelnde Sicht auf die Dinge. Humor ist die Waffe und Ironie die Medizin. Das beinhaltet auch die schwierigste aller sozialen Künste: jemanden, dem man als »Narr« dient, kompetent zu *kritisieren*, ohne ihn zu verletzen. Und damit weiter zu bringen …

Herzexperten sind diejenigen, die uns bei der Stabilisierung unserer emotionalen Tragflächen behilflich sind. Alte Freunde, die uns auf unseren Lebenswegen begleiteten; die auch nachts das Telefon nicht abstellen …

Beraterfreunde sind schließlich jene Profis in unserem Umfeld, welche die Barrieren zwischen Professionalität und Subjektivität überschreiten. Ärzte, die wir duzen, und mit denen wir witzelnd über unsere Blutwerte reden können. Vermögensberater, die nicht nur die Tantieme einstreichen, sondern auch vorbeikommen, wenn die Aktien fallen. Karrierehelfer, die schon einmal selbst kräftig auf die Nase gefallen sind ...

In der Wissensökonomie werden wir alle zu Beratern und Coaches von anderen, die *uns* wiederum beraten und coachen. Unsere »Future Fitness« wird letztlich dadurch entschieden: wie qualitativ wir das *Agentennetz* um uns herum organisieren können, wie viel Lebenskomplexität wir durch *Vertrauenskompetenz* auflösen können.

Die Bündelung von komplexen Lebensdienstleistungen in einem »Föderationsportal« ist die logische Konsequenz der Evolution von der Konsum- zur Lebensqualitätsgesellschaft. Die Zukunft des Wohlstands bringt den transzendierten Supermarkt, der auf unsere persönlichen Wünsche »ganzheitlich« reagiert. Das ist das nächste Großprojekt des entfesselten Kapitalismus: Dienstleistungen, auch »High-Touch«-Dienstleistungen ökonomisch so zu skalieren, dass sie einen *bezahlbaren Massenmarkt* bilden. Wie Ford die Arbeitsschritte des Autobaus de-konstruierte und in der taylorisierten Fabrik neu zusammensetzte, re-konstruieren die Föderationen die alten Wertschöpfungsketten entlang individueller Bedürfnisse. So krempelt sich die Logistik der Wertschöpfungsketten um: vom »Innen« der Fabrik, der Produktion, der Organisation, zum »Außen« der Wünsche und Probleme jedes Einzelnen. Nun wird der Mehrwert im Herzen der Kundenwünsche erzeugt. Bezahlt wird die Leistung des *Verstehens* und die Anstrengung der *Beziehung*.

Natürlich, das sind alles Evolutionsmuster einer überreifen Konsumgesellschaft. Und so höre ich schon die Stimmen murmeln, welche die Welt von der anderen Seite her sehen, als den Ort des universellen Elends. Aber bleibt die Welt so?

Shanghai: Schaut auf diese Stadt!

Vom Huangpu-Park aus wirkt die Skyline von Pudong in der Abenddämmerung wie eine gigantische leuchtende Mauer. Kräne rotieren in der Abenddämmerung, verschwenderische Leuchtreklamen flackern im Mikrosekundentakt. Ein Glühen und Summen liegt in der Luft, auf den sechsspurigen Ausfallstraßen teilen und vermehren sich die Lichterströme wie die Gliedmaßen eines Drachen. Musik, helle, chinesische »Volksmusik«, scheint von überall her zu dringen und übertönt das Geschrei der Möwen.

Im chinesischen Aufschwung des beginnenden 21. Jahrhunderts können wir »live« beobachten, wie sich eine Gesellschaft vom agrarischen direkt ins postindustrielle Zeitalter beamt. Während westliche Metropolen ein bis zwei Jahrhunderte brauchten, um von staubigen Kleinstädten zu Hochhauscitys zu werden, passiert dies in Schanghai und den anderen Millionenstädten des chinesischen Imperiums in ein, zwei Jahrzehnten. Ein Resultat nicht zuletzt der Globalisierung des Wissens. Städtebauplanung, Verkehrssysteme, Sicherheitssysteme – die Steuerungssysteme dieser neuen Welt entstehen mit Hilfe von deutschen, amerikanischen Konsortien und Planungskommissionen, welche die Erfahrungen (und Fehler) der westlichen Metropolenentwicklung ins Reich der Mitte übertragen.

Erstaunlich auch: Wie schnell sich die Meme individualistischer Konsumkulturen in eine traditionale Gesellschaft hineinkopieren lassen. Die Götzen der Leuchtreklamen haben die alten Drachengötter fast über Nacht abgelöst. Die Ikonen des Kommunismus wurden sang- und klanglos durch Avon, Audi, Adidas ersetzt. Aus den rotbäckigen Mädels der Kulturrevolution »morphten« über Nacht jene schönen chinesischen Hardcore-Girlies, die aussehen wie Porzellanpuppen und mit ihren iPods und mafiösen Begleitern die Boulevards bevölkern. Längst spielt die kreative Klasse eine entscheidende Rolle: Das Künstlerviertel in der Taikang Lu boomt, im Loft-Stadtteil Xintiandi finden sich Hunderte von ultracoolen Hip-Restaurants, Bars und Shops, die *Shanghai Biennale* entwickelt sich zur größten Kunstschau Asiens. Es gibt inzwischen sogar ein chinesisches Wort für »cool«: *ku*.

Welche Gesellschaft entsteht hier, im sozialen Spannungsbogen zwischen den Baukolonnentrupps vom Lande, die für 15 Yüan am Tag 80-stöckige Hochhäuser aus dem Sumpf zaubern, und den neuglobalen Porzellan-Divas, die jeden Abend in der Buddha-Bar Hof halten?

Die Schuld der Ersten Welt

Das 20. Jahrhundert formte unseren Kosmos als eine Welt westlicher Prosperität. Hier sind »wir«, in den »Metropolen« der Wohlstands. Und dort, hinter Stacheldrahtzäunen, Gettogrenzen, Demarkationslinien, beginnt das weltweite Elend. Hier Zivilisation, Müllabfuhr, Einfamilienhäuser, Staus an jedem Nachmittag. Dort das milliardenfache Heer der Armen, der Slumbewohner von São Paulo bis Kalkutta, der verhungernden Kinder in Afrika mit dicken Bäuchen und Fliegen in den Augen.

Diese Dualität hat unsere Weltwahrnehmung zutiefst geprägt. Ganze Generationen sind ihrer betörend einfachen Logik verfallen. In meiner Jugend war es üblich, dass man für weit entfernte terroristische Gruppen Geld spendete, weil sie den »bewaffneten Kampf gegen die Metropolen« versprachen. Oder man bevorzugte christliche Gruppen, die gegen das Meer des Elends mit Liedern und guten Taten angingen. Auf diese Weise war auch die Schuldfrage gelöst. Schuld waren »wir«, beziehungsweise unsere Eltern, die mit ihrem verschwenderischen, imperialistischen Lebensstil den Bauern in Mexiko, den Hirten in Afrika gnadenlos ausbeuteten. Erste Welt und Dritte Welt, verbunden durch die Bande historischer Schuld und schlechten Gewissens. Armut, so haben wir es gelernt, ist eine Verschwörung der Reichen gegen den Rest des Planeten. Eine äußerst komfortable Weltanschauung, die keine Fragen offen lässt. Aber genau das ist Globalisierung nicht – ein lineares, gradliniges Ausbeutungsverhältnis. In diesem chaotischen Prozess wimmelt es vielmehr von Springfluten, Turbulenzen und überraschenden Erfolgsprozessen.

Eine kurze Geschichte der Ungleichheit

Man stelle sich auf eine x-beliebige Bühne dieser Welt und sage mit theatralischer Geste: Die Reichen werden immer reicher und die Armen immer ärmer!

Der Applaus ist garantiert. Es stimmt nämlich *immer*. Es ist eine

Universalgewissheit: dass der gesellschaftliche Konsens zerfällt und die materiellen Verhältnisse sich polarisieren. Schon in den zwanziger Jahren des vergangenen Jahrhunderts war William Butler Yeats mit seiner Poesie von der »Verlorenen Mitte« in aller Munde (»the centre cannot hold«!). Der Marxismus hat über Generationen von der Verelendungstheorie gelebt. Selbst in den Zeiten, in denen die Homogenität der Mittelstandsgesellschaft so hoch war wie nie in der Geschichte, waren die Zeitungen und Gesellschaftsdiskurse rammelvoll von Vermutungen unmittelbar bevorstehender Verelendung ganzer Bevölkerungsschichten.

Gemessen wird die Wohlstandsverteilung mit dem so genannten »Gini-Faktor«. Ein Gini-Faktor von Null hieße Totalsozialismus – jeder Bürger besitzt und verdient *genau so viel* wie alle anderen. Ein Gini-Faktor von eins hieße Totalfeudalismus: Einer Person gehört *alles*, alle anderen haben exakt nichts.

In den meisten Industrienationen ist der Gini-Faktor in den letzten Jahrzehnten beharrlich gleich geblieben. In Deutschland erhöhte er sich in den letzten Jahren minimal von 0,27 auf 0,28. In Österreich blieb er konstant bei 0,24. Sehr »gleiche« Gesellschaften wie Schweden und Norwegen wurden etwas ungleicher – von 0,20 auf 0,23 (Schweden). In Europa stieg der Ungleichheitsfaktor in Italien am stärksten (0,31 auf 0,35, was mit dem Kontrast des unterentwickelten agrarischen Südens und des Booms in Norditalien zusammenhängt). Die kanadische Gesellschaft ist derweil kräftig gleicher geworden (von 0,32 auf 0,25).[17]

Was könnte diese Gesellschaften *tatsächlich* wieder polarisieren – wie in ihrer feudalen oder frühkapitalistischen Vergangenheit? Und woher kommt es, dass die Polarisierungsvermutung einen derart großen Stellenwert im öffentlich Diskurs einnimmt, dass man mit Fakten nichts gegen sie ausrichten kann?

Manche Gesellschaften, zum Beispiel die deutsche und die österreichische, haben in bestimmten historischen Phasen extreme Gleichheiten erlebt. Nach dem Zweiten Weltkrieg, als das Land in Trümmern lag und auch Grundbesitz nichts wert schien, startete jeder Deutsche mit 40 Mark in der Tasche. Auf diese Weise wurde ein Mythos der Gleichheit erzeugt, gegen den jede Abweichung skandalös erschien.

Verschoben wird die Rezeption von Armut und Reichtum jedoch vor allem durch die Kriterien, mit denen wir Armut beurteilen. Die *Armutsschwelle* ist in der EU als 60 Prozent des Medianeinkommens definiert. Alle Menschen, die weniger als zwei Drittel des Durchschnittseinkommens verdienen, gelten als arm. Da das Medianeinkommen immer weiter steigt, werden nun auch Menschen »arm«, deren Lebensstandard sie vor einem Jahrzehnt noch als »Mittelschicht« definiert hätte.

Das Gerücht der »ständig steigenden Armut« ist in seinem Kern also ein klassisches Wahrnehmungsproblem. Eine Gesellschaft ist immer in Bewegung. In ihr finden Aufstiege und Abstiege statt. Medien und »vergleichende Hirne« aber fokussieren vor allem die Verluste. Der arbeitslose Stahlkocher mit den vier Kindern, der von 2 500 Euro leben muss, wird als Humanitätstragödie portraitiert. Die Abgestürzte aus der New Economy mit ihrer leicht neurotischen Sozialstruktur ergibt ein erstklassiges Feature über die Demontage der Wohlstandsgesellschaft, eine Opfergeschichte, wie wir sie immer wieder gerne sehen, schon allein um uns selbst von ihr abzugrenzen. Aber wie viele Menschen sich aus dem Mangel nach oben strampeln, in kleinen Schritten und Karriereschüben, tagtäglich, unentwegt, das wird in der medial-kollektiven Wahrnehmung nicht sichtbar.

Gesellschaften polarisieren sich nicht, weil medialer Lärm um ihre Opfer betrieben wird. Wohlstandskulturen demontieren sich immer nur unter einer Bedingung: wenn ihre Wirtschaft zusammenbricht. Wenn das subtile Geflecht der zivilen Gesellschaft zerreißt, das die Grundlage ist für das anhaltende Wunder, das wir Wohlstand nennen. Mit anderen Worten: Wenn Krieg herrscht, Tyrannei oder beides.[18]

»Global uprise«: die Transformation der Schwellenländer

»In den Entwicklungsländern hat ein fantastischer Fortschritt stattgefunden (...). Während der letzten vier Dekaden haben sich die sozialen Indikatoren in allen Regionen der Erde verbessert.«[19] Dieses Zitat stammt von der Weltbank. Nun ist die Weltbank natürlich kein objektiver Betrachter, sondern ein Handlanger des Neoliberalismus. Aber muss sie deshalb lügen? Ziehen wir noch einen UN-Report von 1997 heran:

»Wenige Menschen realisieren die großen Fortschritte, die wir bereits gemacht haben. In den vergangenen 50 Jahren ist die Armut stärker gefallen als in den letzten 500. (...) Am Ende des 20. Jahrhunderts haben zwischen 3 und 4 Milliarden der 6 Milliarden Menschen der Erde Zugang zu Erziehung und Gesundheitsversorgung (...).«[20]

Vielleicht ist ja auch die UN parteiisch und schwindelt uns aus Eigenlobinteresse etwas vor? Lesen wir den neuesten Entwicklungsbericht des UNDP, des United Nations Development Programme:

»Zwischen 1975 und 2000 erzielten die meisten Länder substanzielle Fortschritte bei der menschlichen Entwicklung (...). Von den 79 Ländern, für die HDI-Trends [Human Development Index; eine Zusammenfassung von Bildung-, Wohlstands- und Bürgerrechtsindikatoren] für diesen Zeitraum vorliegen, holten 54 mehr als 20 Prozent ihres Rückstandes auf, 31 mehr als 30 Prozent und 19 mehr als 40 Prozent. Sechs Ländern gelang es sogar, ihren HDI um 50 Prozent zu erhöhen.«[21]

Aber im selben Bericht können wir lesen:

»Der Gini-Koeffizient für die *gesamte* Welt ist in den letzten zwanzig Jahren gestiegen. In den 1960er Jahren lag er bei 30:1 – die reichsten 20 Prozent verdienten 30 Mal soviel wie die ärmsten 30 Prozent. Im Jahre 1991 war das Verhältnis auf 61:1 gestiegen, im Jahr 1994 auf 78:1.«[22]

Wie das? Wie kann gleichzeitig richtig sein, dass sich der Weltwohlstand auf breiter Front erhöht, dass aber dennoch der globale Unterschied zwischen Reich und Arm wächst?

Analysieren wir zunächst das Heute. Ganz oben, einsam an der unangefochtenen Spitze des Reichtums, steht der große Bill Gates, mit seinen 50 Milliarden US-Dollar Besitz. (Seit einigen Jahren streitet er allerdings mit Ingmar Kamprad, dem Erfinder von IKEA, um diese Position.)

Ganz in seiner Nähe befinden sich die etwa 1 000 anderen Milliardäre, die es auf unserem Planeten gibt.

Darunter versammeln sich die gut zehn Millionen Millionäre, die

Reichen, die zwar nicht *superreich* sind, aber genug besitzen, um den Golfplatz zu besuchen, eine S-Klasse zu fahren und *nicht* arbeiten gehen zu müssen.

Dann folgen die rund 1,8 Milliarden Menschen auf diesem Planeten, die in dem leben, was wir *Wohlstand* nennen. Die globale Mittelschicht. Die Grenzen nach unten und oben sind nicht präzise zu ziehen – vieles hängt von Kaufkraftparitäten ab, von sozialen Transfers, Infrastrukturen. Aber Mittelstandswohlstand blüht in einer Spanne zwischen 15 000 und 100 000 Euro beziehungsweise US-Dollar Jahreseinkommen. Aus Erfahrung wissen wir, was das bedeutet: Mobilität und Differenzierung der Bedürfnisse. Auto, Ferien und das, was seit Beginn der technischen Zivilisation zu einer Wohnung gehört: Kühlschrank, Fernseher, Couchgarnitur.

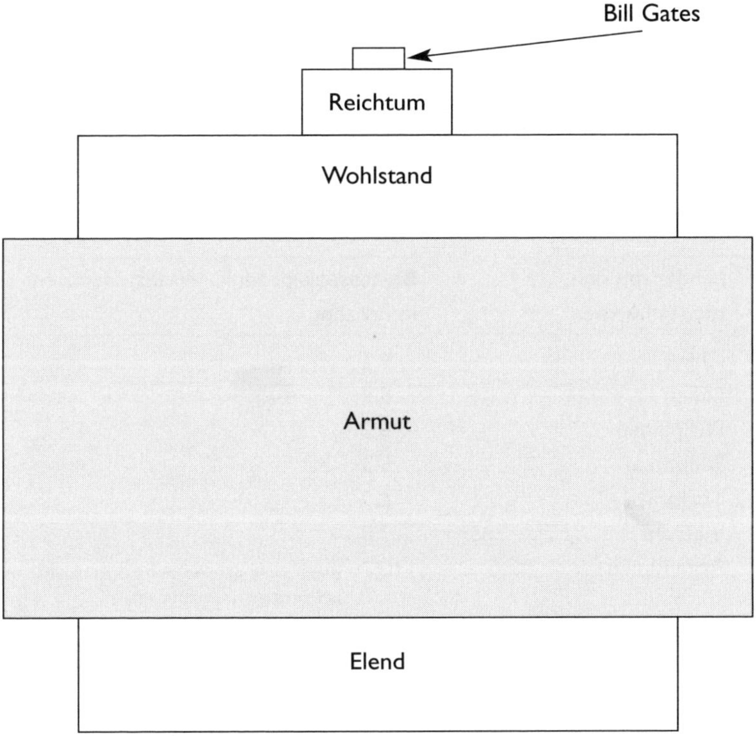

Abbildung 6: Wohlstand 2005

Wiederum darunter befindet sich das große, das gigantische Heer der Armen. Derjenigen, die in kleinen Hütten wohnen, in »Compounds«, in denen der Strom abgestellt ist. In Baracken und winzigen Buden. In Hochhausblocks am Rande der Städte, bei denen der Putz von der Decke fällt und die Mülltonnen ständig ausgebrannt sind. Knapp vier Milliarden Menschen, die zwar *etwas*, aber kaum genug zum Leben haben.

Von den Hungernden, den etwa 830 Millionen *Hungernden*, die nach dem Index der Vereinten Nationen im Jahr 2005 in *totaler* Armut leben, unterscheidet sie, dass sie so gut wie nie im Fernsehen vorkommen. Denn ihre Armut ist unspektakulär. Sie macht keine Schlagzeilen, sie sterben nicht vor laufender Kamera unter Begleitung von UN-Soldaten. Ihr alltäglicher Kampf um ein wenig Anteil am materiellen Glück ist banal, unspektakulär, verborgen vor unseren medienpolarisierten Augen.[23]

Abbildung 6 zeigt die Aufteilung der Wohlstandspyramide zu Beginn des 21. Jahrhunderts. Aber wie alle Menschengebilde ist auch dieses nicht auf alle Zeiten festgeschrieben. Sehen wir uns in Tabelle 1 die langfristigen Bruttosozialprodukt-Wachstumsraten in den Ländern mit den meisten Armen an.

Länder mit den meisten Armen	Bruttosozialprodukt-Wachstumsraten in Prozent	
China	9,6	
Indien	8,2	
Philippinen	6,2	
Südkorea	5,3	
Thailand	6,3	
Vietnam	7,8	
Argentinien	10,7	(nach einer schweren Rezession, also auf geringem Grundniveau)
Chile	4,8	
Mexiko	3,7	
Venezuela	29,8	(nach bürgerkriegsähnlichen Wirren)
Kolumbien	3,8	(schwer gebeutelt von bürgerkriegsähnlichen Zuständen)

Brasilien	2,7	(ein Nachzügler)
Ägypten	3,1	
Türkei	10,1	
Südafrika	2,7	
Tschechien	3,1	
Ungarn	4,2	
Polen	6,9	
Russland	7,4	

Dagegen die Kernländer des *alten* Wohlstands: Deutschland 1 Prozent. Italien 0,6. Frankreich 1 Prozent. USA 3 Prozent. Seit nunmehr 25 Jahren, seit der Rezession der frühen achtziger Jahre, sinken die Wachstumsraten der industriellen Länder mit jedem Konjunkturzyklus weiter ab. Und im gleichen Maße steigt die Dynamik der »unterentwickelten« Länder.

Auf diesem Wege sind ganze Gesellschaften bereits umgeformt worden. Südkorea war vor 30 Jahren ein agrarisches Entwicklungsland mit einer Wirtschaftskraft, die gerade ein Zwölftel der deutschen betrug. Heute liegt sein Bruttosozialprodukt bei 75 Prozent, und 40 Prozent der Südkoreaner haben einen Breitband-Internetzugang (Deutschland: 8 Prozent). Vor 20 Jahren hatten in Europa 80 Prozent der Haushalte einen Farbfernseher. Heute sind es in Brasilien und Thailand annähernd so viele. Das Land mit dem höchsten Durchschnittswachstum der letzten 20 Jahre ist: *Botswana*. Von 1981 bis 1991 wuchs das Land in der Mitte des südlichen Afrika mit 10 Prozent jährlich. In der letzten Dekade immerhin noch mit 5,7 Prozent. Das mittlere Jahreseinkommen in Botswana heute: erstaunliche 5 000 Euro. Trotz Aids und trotz einer nicht gerade prosperierenden Nachbarschaft.

Zwischen 1975 und 2001 wuchs das durchschnittliche Einkommen der Menschen in Ostasien (31 Prozent der Menschheit) um jährlich 5,9 Prozent – fast eine *Verdreifachung*.[24] Selbst ein bitter armes Land wie Bangladesh, das Armenhaus Mittelasiens, wuchs nach der Öffnung seiner Märkte Anfang der neunziger Jahre des letzten Jahrhunderts mit gut 3 Prozent jährlich und steigerte seinen Wohlstand seit 1980 um mehr als 60 Prozent. Noch nie in der Geschichte der Menschheit hat eine so große Anzahl Menschen so schnelle Wohlstandsschübe erlebt.

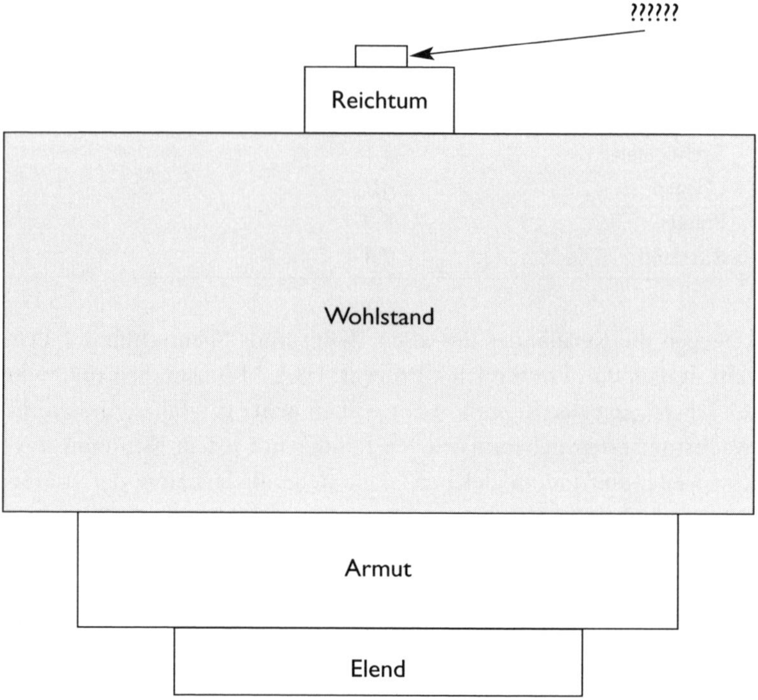

Abbildung 7: Wohlstand 2030

Der Abstand zwischen Arm und Reich wird immer größer, so lautet die Formel. Die Wahrheit lautet: Vor zwanzig Jahren hatten 20 Prozent der Weltbevölkerung nur einen Dollar oder weniger zur Verfügung, heute sind es nur noch 5 Prozent. Aber je wohlhabender immer mehr Menschen werden, desto skandalöser und schrecklicher erscheint uns das Elend derer, die vom »Big Boom« unserer Tage nicht profitieren.[25]

Marias Geschichte: die Macht der kleinen Ökonomie

Maria ist 38 Jahre alt und lebt in einem heruntergekommenen Wohnblock in der nordöstlichen Peripherie von São Paolo. Sie ist alleinerziehend; ihr Mann, ein Bauarbeiter, ist irgendwann auf Nimmerwiedersehen im Amazonasgebiet verschwunden. Marias Sohn, Miguel, ist jetzt sieben, geht ordentlich und bis jetzt ohne Komplikationen in die Schule, einen kleinen Backsteinbau an der übernächsten Straßenkreuzung. Maria lebt inzwischen nicht mehr als Bardame, wie noch vor zwei Jahren, sondern von Gelegenheitsjobs in den schnell aufsteigenden kleinen Firmen der Umgebung, bisweilen auch von staatlichen Transfers der Regierung, die seit 2003 links-sozialdemokratisch ist. Lula, der Gewerkschaftspopulist, mit viel Hoffnung und Enthusiasmus an die Macht gejubelt, hat der Armut den Kampf angesagt. Ob er Erfolg hat, darüber streiten sich Rechte und Globalisierungsgegner.

Seit dem Muttertag 2004 hat Maria ein Handy. Kein Luxusmodell mit Kamera und umständlichen Funktionen. Ein kleines, schwarzes Nokia 1100, staubresistent, einfach, robust.

Innerhalb nur eines Jahres stieg die Anzahl der Handy-Besitzer in Brasilien von 20 Millionen auf 53 Millionen. Das liegt nicht in allererster Linie am wirtschaftlichen Wachstum. Es lag an einer neuen Politik der Provider-Firmen, die die »ärmeren Konsumenten« als Zielgruppe entdeckten. Für diese entwickelten sie eine spezielles Angebot: »Prepagos«, vorgezahlte Verträge; für umgerechnet 3 US-Dollar kann man pro Monat etwa zehn Stunden telefonieren.

Handys, diese Zeigerpflanzen eines mobileren Lebensstils, ermöglichen eine andere Weltwahrnehmung. Sie verbinden – besonders Frauen – mit den Verwandten in der Stadt. Sie ermöglichen kleine ökonomische Netzwerke. Handys sind eng mit der Wirtschaftsdynamik der Schwellenländer verkettet, nach diversen Schätzungen macht eine hohe Handy-Rate zwischen 0,5 und 1,5 Wirtschaftswachstum eines Landes aus.[26] Die Weltbank hat herausgefunden, dass bereits 77 Prozent der gesamten Weltbevölkerung in der Reichweite eines Mobilfunk-Netzes leben. Die UN möchte die direkte Zugangsrate zu Handys bis zum Jahr 2015 auf 50 Prozent heben – und verspricht sich damit starke Effekte der Armutsreduzierung. In Bangladesh hat das »Microbanking« der Grameen-Bank viele Frauen auf dem Land zu lebendigen Telefonzellen gemacht. Die so genannten »Cell-Ladies« vermieten ihre Handys mit Gewinn an die Dorfbewohner – vorwiegend an Männer. Auf den Philippinen besitzen schon 27 von 100 Menschen ein Handy, in Afrika breiten sich Mobiltelefone auch in den ärmeren Regionen aus – ihre

Zahl verdoppelt sich alle drei Jahre, heute gibt es bereits 50 Millionen afrikanische Handybesitzer.[27]

In Marias Haushalt finden wir auch einen Farbfernseher von Panasonic; ein altes Modell, acht Jahre alt, funktioniert aber einwandfrei. Einen Schrank. Ein schönes Holzbett mit bunter Bettwäsche und eine Kommode, deren Stil an IKEA erinnert. Neuerdings hat Miguel ein Fahrrad, ein echtes Mountain Bike aus chinesischer Produktion. Und ganz hinten in der kleinen Wohnung, im Bad, steht die neueste Errungenschaft der kleinen Familie: eine nagelneue Waschmaschine, sieben Programme für umgerechnet 220 US-Dollar.

Maria zahlt von diesem Betrag nur 12 US-Dollar pro Monat zurück. Ein »Premium Loan« bei Casas Bahia, dem Kaufhaus, bei dem sie die Maschine erstanden hat. Casas, ein brasilianisches Billig-Warenhaus mit 350 Filialen, vergibt günstige Schnellkredite an minderbemittelte Kunden. Ohne formale Sicherungen, nur mit Angabe der Adresse.

»Je größer das Problem«, sagte Samuel Klein, ein polnischer Jude, der in den sechziger Jahren das Kaufhaus gründete, in einem Zeitungsinterview, »desto größer die Möglichkeit.« Und erzählte von der erstaunlichen Zahlungsmoral seiner dankbaren Kunden.[28]

Wir wissen nicht, ob Maria morgen, übermorgen noch die Raten zahlen kann für ihren bescheidenen Wohlstand. Wir wissen aber, dass sie eine Pionierin des neuen globalen Aufstiegskonsumenten ist. C. K. Prahalad vom World Ressources Institute berechnete, dass in den 18 größten Schwellenländern 680 Millionen Haushalte 6 000 US-Dollar jährlich – oder weniger – verdienen. Diese Niedrigverdiener geben im Jahr 2 *Trillionen* US-Dollar für Konsumgüter aus! Die Weltbank rechnet für das Jahr 2007 allein für das arme Indien mit einer Anzahl von 150 Millionen Upward-Moving-Haushalten mit einem Jahreseinkommen von bis 1 500 bis 3 500 US-Dollar.

Überhaupt, Indien: In unseren Hirnengrammen das Land der hungrigen Kinder und schönen, bitterarmen Frauen. Ganz nebenbei ist Indien inzwischen das Land mit der größten Anzahl von englisch sprechenden Menschen (300 Millionen). Mit 250 Universitäten und 3,2 Millionen Wissenschaftsstudenten auch nicht gerade ein »dummes« Land.

1 500 bis 3 500 US-Dollar Jahreseinkommen – das klingt in unseren

Wohlstandsohren wie gar nichts. In den Straßen Mumbais oder Bangalores aber ist man mit diesem Einkommen im Wohlstand angelangt. Kleidung, Wohnung, Möbel kosten zwischen 15 und 20 Prozent so viel wie in Tokio, München und New York. Für 20 Cent bekommt man in Bangalore einen köstlichen Capuccino. Für 2 Euro ein üppiges, gesundes Drei-Gänge-Menue. Mit indischem Wein und einem freundlichen Service, den man im Rest der Welt niemals finden würde. Aufwärtsmobile Haushalte in den Schwellenländern können sich mehr leisten als etwa die Bewohner der Bundesrepublik 1950 oder die Konsumenten im Amerika der zwanziger Jahre.

Die Climber-Produkte

Seit der Hitzestrom der Globalisierung die nationalen Industrien der Schwellenländer anheizt, überschwemmen billige Konsumgüter im Übermaß die Weltmärkte. Nun passen aber die internationalen Konzerne die Konsumangebote auch an die Bedürfnisse der »low earners« an:

- Unilever verkauft in den Low-earner-Massenmärkten Indiens sehr erfolgreich Kleinpackungen von Wasch- und Haarwaschmitteln – Milliarden Pakete pro Jahr im Wert von wenigen Cent.
- Ericsson hat wie Nokia eigene Handys für den Massenmarkt in Asien entwickelt – stoß- wie staubfest und preiswert.
- Bradesco, Brasiliens größte Privatbank, führte in alle Filialen Bankautomaten auch für die Armen ein – eine Investition von 100 Millionen US-Dollar. Die Bank gewann damit 1,6 Millionen neue Kunden, die ein mittleres Einkommen von 65 US-Dollar pro Monat haben.
- Electrolux hat für die tropischen Low-income-Märkte einen Kühlschrank entwickelt, der bei Stromausfall das Kühlgut einen ganzen Tag schützt.
- In Indien ist das Boxer AT, ein einfaches, robustes Motorrad, ein Verkaufsrenner – Kostenpunkt: 600 US-Dollar.
- Cemex, der weltweit größte Zementproduzent, produziert spezielle Zementsorten für den Hausbau der Niedrigverdiener in Mexiko.

- Hewlett-Packard hat mit einer Großoffensive für preiswerte IT-Infrastruktur die Boom-Länder im Auge: »E-Inclusion« heißt das Projekt.

In einer großen globalen Schleife werden alle diese »Climber«-Produkte früher oder später auch den Weg in die Erstweltmärkte finden – und dort das Billigsegment weiter ausdehnen. Die ersten »Cheap Cars«, einfache, funktionale Autos, sind heute auch in Europa zu kaufen. Und das Nokia 1100 ist inzwischen bei urbanen Kids sehr beliebt. *Weil* man damit nichts anderes machen kann als telefonieren und SMS schreiben!

Global women

Auf der Straße vor der Philippine Women's University in Manila herrscht Gedränge – Gruppen von Frauen zwischen 20 und 35 ziehen auf und ab. Nein, dies ist keine Meile der Prostitution, auch wenn »Royal Dream International Service« auf einem bunten Neonschild steht. »Phoenix – Work & Happiness« steht daneben. Was hier gehandelt wird, ist auf der anderen Seite des Planeten hochbegehrt: Hausarbeit. Für 600 Euro im Monat reisen junge philippinische Frauen quer über den Planeten, um gegen Kost und Logis Betten zu machen, Räume zu reinigen, Gärten zu pflegen und, vor allem, Kinder zu hüten. Oft sind es hochgebildete, gutaussehende Frauen mit Intellekt und Verstand, denen ihr Land zu eng, zu chancenlos erscheint. Ziel ihrer Odyssee über die Ozeane – mal von Regierungen geduldet, mal von Ländern willkommen, mal (ausgerechnet in Europa) illegal – sind die Haushalte gebildeter Frauen in den Wohlstandsnationen. Pro Tag sind es etwa 2000, pro Jahr bald eine Million, die auf diese Weise ihr Land verlassen. In jedem vierten Haushalt der Philippinen fließt »Globalgeld«. Die philippinische Regierung nennt die Frauen »unsere Heldinnen«, klagt aber auch über den »care drain«. Während in den philippinischen Krankenhäusern die Pflegekräfte fehlen, arbeiten Millionen Philippinen in Krankenhäusern rund um den Erdball.

Der philippinische Treck in die Welt wird von einer seltsamen Verschränkung von Emanzipation und globaler Ungleichzeitigkeit befeuert. Dort, wo die Frauen heute mit Macht in die gutbezahlten Jobs drängen, stellen sie nun *andere* gebildete Frauen an, um jene Arbeit zu verrichten, die einst von ihren Müttern gemacht wurden. Währenddessen schicken viele der Philippino-Frauen ihre zu Hause gebliebenen Kinder auf Internate im Heimatland. Und telefonieren einmal in der Woche mit ihnen. »Cellphone Parenting« nennt sich das.

Nicht alle dieser Biographien enden in halbsklavischen Anstellungen in Saudi-Arabien oder in Grauzonen der Prostitution. Unsere »gute Seele« Amelie, die fünf Jahre bei uns arbeitete, verließ ihre Familie mit vier Brüdern, die sie allesamt für »faul und nutzlos« hält, im Jahr 1985. Sie arbeitetete erst bei Chinesen in Hongkong (»schreckliche Leute«). Dann fand sie den Weg nach Israel, von wo aus ihre Arbeitsfamilie, ein israelisches Diplomatenpaar, bald in eine europäische Großstadt zog. Nun kehrt sie, mit 36, mit einer fast sechsstelligen Euro-Summe Erspartem zurück in ihr Land, wo sie sich ein Haus bauen und ein Restaurant eröffnen wird. Eine globale Erfolgsgeschichte wie Millionen andere.[29]

Zu den »global women« gehören schließlich ebenso jene Millionen Frauen, die sich jedes Jahr von der Armut in den Wohlstand aufmachen, indem sie in die erste Welt hineinheiraten. Diese Methode des Aufstiegs wirkt nicht immer appetitlich und moralisch. Aber viele Frauen, die in globaler Richtung »nach oben heiraten«, verändern sich im interkulturellen Prozess. Viele lassen sich nach dem Zutritt in die Wohlstandssphäre wieder scheiden und gehen ihre eigenen Wege. Viele nutzen Egon aus Dinslaken oder John aus Manchester nur als Sprungbrett nach oben – knallhart, durchaus berechnend.

Die gewaltige Sehnsucht der Menschen nach oben, in bessere Verhältnisse, die Flucht aus der Not, hat Millionen Wege – illegale, legale, selbstausbeuterische, raffinierte, diskrete und lautstarke, stumme und gewalttätige. Nein, es sieht nicht immer elegant aus, wenn Menschen, Nationen, Massen sich nach oben strampeln. Aber über kurz oder lang, wenn einige Rahmenbedingungen stimmen, funktioniert es. Und die Globalisierung, so schlecht auch ihr Ruf sein mag, hat in vielen Region der Erde genau diese Bedingungen geschaffen.

Die Geheimnisse der Wachstums

Hermann de Soto entwickelt in seinem Buch *Freiheit für das Kapital*[30] eine ganzheitliche Theorie des Wohlstands. Er zeigt, wie existenziell vor allem Eigentumsrechte für die Entwicklung von Breitenwohlstand sind. In den Ländern der »abgestürzten« Dritte Welt sind genau *diese* Rechte nicht geregelt, und deshalb bildet sich in ihnen nie jene unentbehrliche Mittelschicht, die ihren bescheidenen Besitz mit Fleiß wie Hartnäckigkeit vermehrt und an politischer Stabilität mit funktionierenden Verwaltungen interessiert ist.

John Kay beschreibt in *The Truth About Markets* die komplexen Bedingungen der Wohlstandsentwicklung:

»Eine moderne Ökonomie ist ein komplexes System von ineinander greifenden Institutionen, die sich über Jahrtausende entwickelt haben. (...) Wir arbeiten in Organisationen, verdienen als Individuen, konsumieren als Haushalte. Diese Perspektiven – Arbeit, Einkommen, Konsum – sind voneinander anhängig. (...) Sie differieren je nach Region und ökonomischem Modell, aber sie brauchen eine gewisse ›gesamthafte Form‹, um Wohlstand erzeugen zu können.«[31]

Kay zählt gleich 17 Parameter von Wohlstandskulturen auf: Klima, Demokratie, Umweltstandards, Meinungsfreiheit, Geschlechtergleichheit, Glücksempfinden der Bevölkerung, Gesundheit, Ehrlichkeit, Vertrauen, Ungleichheit, Inflation, Bildung, Materialismus, Offenheit, Bevölkerungswachstum, Religion, Toleranz. [32] All diese Faktoren tragen zum Wohlstandskuchen bei, sie bilden die Rosinen, den Teig, die Hefe und die Gewürze, ohne die der Kuchen nicht gelingen kann.

Gabor Steingart schildert in seinem Buch *Deutschland – Abstieg eines Superstars* umgekehrt, wie Wohlstandsgesellschaften ihren »glühenden Kern« aus Leistung und Produktivität langsam erkalten lassen können. Immer mehr Menschen werden über soziale Transfers oder Deals zwischen Unternehmen und Staat aus dem wirtschaftlichen Verkehr gezogen. Oder sie kommen erst gar nicht in die Erwerbssphäre hinein, weil ihre Arbeit zu teuer, ihre Qualifikationen unpassend, ihre inneren Einstellungen leistungshemmend sind. Allzu selbstverständlich »codierter« Wohlstand, so lernen wir, kann auch zu faulen Umverteilungskompromissen führen, die die vitalen Impulse des Ökonomischen ersticken. Gesicherte Gleichheit ist für das Wachstum nicht unbedingt von Vorteil. Man könnte auch sagen: Garantierte Gleichheit führt auf Dauer zu Ungerechtigkeit.

Wie die Natur selbst ist auch der Wohlstand ein System, in dem zu hohe Homogenitätsgrade Evolution behindern. *Dynamisches Ungleichgewicht* bringt die höchste Stabilität. Die US-amerikanische Wirtschaft, die stärkste Volkswirtschaft der Welt, wächst immer noch, weil in ihr ständig hungrige Minderheiten auf dem Weg nach oben sind – mit harten Bandagen und ungebrochenem Elan. Es ist die zähe Energie der hinauf Wollenden, die den Treibstoff der Prosperität bilden. Man spürt diese Energie in den Slums und Gettos dieser Erde mehr als in den Vororten von Stockholm, Zürich oder Paderborn.

Kann eine Gesellschaft einfach ihre Wohlstandsdynamik stoppen? Natürlich kann eine Wirtschaft kräftig schrumpfen. Allerdings: Nullwachstum ist ein äußerst fragiler Zustand. Im Äquilibrium können Ökonomien, wie alle anderen komplexen Systeme, allenfalls verbleiben, wenn in ihnen »Strudel« entstehen. Große Teile der Bevölkerung gleiten dann langsam den Wohlstandshang hinunter. Andere jedoch könnten zum Ausgleich die Chance ergreifen und machen ihr Glück. Ob man diese Ungleichzeitigkeiten gewähren lässt, davon hängt ab, ob die sanfte Utopie einer wachstumsarmen, »pazifizierten« Ökonomie realistisch ist.

Future Briefing: Wohlstand im 21. Jahrhundert

Materieller Wohlstand wird im Laufe dieses Jahrhunderts ein globales Mehrheitsmodell. In den Schwellenländern konstituiert sich eine gewaltige Schicht von »aufwärtsmobilen Neukonsumenten«, deren wachsende Kaufkraft die Dynamik der globalen Konsummärkte bestimmt.

China und Indien holen in den nächsten 50 Jahren gegenüber Europa und den USA auf und wetteifern im Jahr 2050 um die Position der drittstärksten Wirtschaftsmacht der Erde.

Die Billigsegmente dominieren die Konsummärkte der Zukunft. Klassische Kernbereiche des Konsums wie Food, Mobilität, Möbel und Ähnliches geraten durch »Climber«-Produkte aus den Schwellenländern unter weiteren Preisdruck.

In den Kernländern des alten Industrialismus entsteht eine »struggeling Underclass«. Diese muss nicht zwangsläufig verelenden. Sie kann auch neue Marktnischen im Rahmen der Service-Ökonomie erobern und sich durch einen erhöhten Anteil von Selbstständigkeit und Kleinunternehmertum stabilisieren.

In den heutigen Konsumentennationen entwickeln sich postmaterielle Ökonomiekreisläufe. High-Service-Ökonomien leben von einer »Verdienstleistung« ganzer Branchen. Konsumgüter werden immer weniger »gekauft«, sondern »providet«.

Individuelle High-Touch-Dienstleistungen machen in wenigen Jahrzehnten den Kern der Wertschöpfung in den ehemaligen Industrieländern aus. Wissen, Können, Ästhetik, Design und Lebenskunst bilden die Kernideen eines »Connaisseur-Consumerism«.

Die neue Wohlstands(un)ordung

In den Filmen über die Zukunft gibt es immer zwei deutlich voneinander getrennte Sphären. Die Welt des Wohlstands; kalt, blau, sauber, der Blick der Kamera schweift über Oberflächen aus Metall und Leder, Stein und Anthrazit. Autotüren schließen mit sanftem »Plopp«, und von irgendwoher weht Lounge-Musik. Eine Frau im weißen Kleid tritt auf einen Balkon und hebt ein Glas.

Dagegen steht die andere Welt. Die Welt des Schmutzes. Ockertöne. Blech. Müll. Braune Töne von Lehm, Erde, Blut. Männer bilden verschworene Grüppchen, dealen, handeln. Frauen starren ins Leere, warten.

Diese Farben, Töne und Stimmungen werden sich im kommenden Jahrhundert immer mehr vermischen. Zwei gegenläufige Bewegungen sind es, die die zentralen Wohlstandsbewegungen des 21. Jahrhunderts ausmachen. Da ist der Abschied vom linearen Mehr in den postindustriellen Ländern. Dies bedeutet einerseits den Siegeszug der postmateriellen Genussformen, der neuen Lebensqualitätsökonomie. In diesem Prozess verliert jedoch auch eine Gruppe den Anschluss an die Wohlstandsfahrstühle, die in den hoch arbeitsteiligen Industrieproduktionen automatisch mit nach oben fuhr. Eine »struggeling Underclass« entsteht, die sich im Umfeld der globalen Ökonomie neu positionieren muss. Sie kann dies durch Mobilität tun. Durch Rückkehr zu den Tugenden der Selbst- und Weiterbildung. Durch die Rekonstruktion eines hartnäckigen, opferwilligen Fleißes. Wie sich diese Klasse entwickeln wird, das hängt von der Wandlungs- und Unterstützungsbereitschaft der gesamten Gesellschaft ab. Sind wir bereit, diese Schicht wahrzunehmen? Sie zu unterstützen, zu »empowern«? Dann müssen wir *selbst* auch größere Lebens- und Arbeitsrisiken eingehen.

Und da ist, in einer gewaltigen gegenläufigen Protuberanz, der Aufstieg der Milliarden Armen in den Kontext einer Konsumwelt, in der Waren und Güter unaufhörlich billiger, verfügbarer werden, in der die Hebelwirkungen transnationaler Ökonomien nun auch den Milliarden Habenichtsen zur Verfügung stehen.

Bis weit in die Mitte des 21. Jahrhunderts wird es bittere Not geben, die zur Flucht zwingt. Doch die »Boatpeople« der Zukunft werden womöglich nicht mehr kommen, weil ihre Länder kollabieren. Über das Meer migrieren dann vielleicht die Ausgestoßenen des *neuen* Wohlstands; diejenigen die nicht mehr mithalten konnten in der steigenden Flut der weltweiten Prosperität; Wirtschaftsflüchtlinge der dritten Art.

So zerbröckelt unsere alte, übersichtliche Weltordnung. Und damit auch die einfachen Schuldzuweisungen. Die Elenden sind nicht mehr die Bedürftigen, und die Armen lernen schnell. Wir werden noch erleben, wie mächtige chinesische Konglomerate Europas Konzerne aufkaufen. Wie ganze Märkte für Wissen und Talente die Bewegungsrichtung umdrehen – deutsche Programmierer arbeiten für indische Softwarefirmen, tüchtige Schweden verdingen sich in Brasilien. Das 21. Jahrhundert überspült die Demarkationslinien zwischen Arm und Reich und macht jeden Versucht der Exklusivierung des Wohlstandes zunichte. Der Club der Reichen verliert seine Stammmitglieder, weil nun alle eintreten können, auch die Parvenüs und die Heiratsschwindler, die Knallharten und Besinnungslosen, die Kopierer und Hasardeure. Vor allem aber die ungebrochen Fleißigen, die nichts haben als ihre Zähigkeit und Hoffnung auf ein besseres Leben.

Am Ende steht eine verwirrende Welt. Eine Welt, die auf den ersten

Blick ungleicher ist. Aber in mannigfacher Weise auch gerechter. Die soziale Homogenität, dieser große Traum Europas, löst sich auf zugunsten einer größeren Gleichheit der Chancen. So konvergieren in jeder großen Stadt Erste, Zweite, Dritte und Vierte Welt. Und so warten noch ungeahnte Konflikte, Revolutionen und Kriege auf uns.

Krieg und Katastrophe

Werden wir den Dritten Weltkrieg erleben? • Wird der Terrorismus das 21. Jahrhundert definieren? • Werden Katastrophen zum Ende der Menschheit führen?

Gam Ze Yaavor (Auch dies wird vorübergehen)

Gravierung in König Salomos Ring – jüdische Legende

Angst ist das Schwindelgefühl der Freiheit.

Søren Kierkegaard

Alya, David – 2051

Sie spürte sofort, dass sich etwas verändert hatte.

Ihr Morgenlauf durch den Park hatte ganz normal begonnen. Es war nebelig und kühl für Anfang September. Die Sonne ging als blasse Scheibe im Osten der Stadt auf, bei den Docklands und Big Ben, dort, wo die filigranen Wolkenkratzer Londons wie ein bunter Spielzeughaufen in den Himmel ragten. Von dort stieg jetzt undeutlich Rauch auf, eine diffuse, glitzernde Wolke. Es war plötzlich seltsam still, als hätte der rauschende Puls der Metropole ausgesetzt.

Hyde Park war an diesem Morgen von buntem Leben erfüllt. Chinesische Business-Cracks übten ihre gleichförmigen Tai-Chi-Formen in langen Reihen neben Margate Pond. In den Arkaden bei der Albert Hall flitzten wie immer die Eichhörnchen, kleine graue Fellbündel, in perfekter Co-Evolution zu den Füttermaschinen der Kinder, die hier seit einem Jahrhundert mit ihren Opas spazieren gingen. An der Serpentine gab es heute ein Roboterrennen; die staksigen Maschinen, Marke Eigenbau, standen stumm in einem umzäunten Areal und warteten auf ihren Einsatz später am Tag. Sie wurden von Jahr zu Jahr eleganter, witziger und irgendwie menschlicher.

Als sie Speakers Corner erreichte, gab es dort keine Clowns und bizarren Prediger. Eine flüsternde Menschenmenge, die besorgt auf ihre Devices schaute.

Die meisten trugen Mundschutz, viele sogar Allround-Gasmasken, wie sie seit Jahrzehnten an jedem Zeitschriftenkiosk verkauft wurden. Ihr eigenes Device hatte keinen Kontakt zum Netz. Sie versuchte es über ihre persönliche Backup-Notlinie. Der direkte Audiolink nach Hause funktionierte noch.

»Was ist los?«, fragte sie atemlos.

»Keine Ahnung«, sagte David. »Alle Nachrichtenkanäle zeigen nur das Logo des Security Board. Seit ungefähr einer halben Stunde«.

Das gab es noch nie, hieß es, dass etwas sehr Schlimmes passiert sein musste.

»Sind die Kinder okay?«

»Es geht ihnen gut, und sie schlafen noch«, antwortete David.

»Ihr werdet mich vielleicht für einige Tage nicht sehen.«

»Ich weiß«, sagte er. »Kämpfe für uns und den noch nicht verrückten Teil der Menschheit. Ich liebe dich.«

Der Skycopter kam senkrecht aus dem Himmel, eine froschähnliche Maschine mit drehbaren Heckturbinen und einer grünen Kanzel. Dann setzte er mit einem kleinen »whapp« auf dem Rasen auf. Ein Mann sprang durch den aufsurrenden Türspalt. Er trug eine blaue Uniform und einen riesigen Schockblaster an der Hüfte.

»Sind Sie Alya Baumann?« Er blickte auf sein Armband-Device, auf dem unübersehbar ihre Face-ID zu sehen war.

»Das bin ich.«

»Das Board braucht Sie. Bitte steigen Sie ein!«

Wortlos folgte sie dem Mann, in ihren verschwitzen Jogging-Klamotten, so wie sie war. Als die Maschine mit einem Aufjaulen der Turbine in den Himmel über London zog, sah sie auf Flughöhe andere Copter, ganze Schwärme, die wie an Schnüren gezogen nach Westen flogen. Sie überflogen Heathrow Airport. Sie sah keine Beschädigungen, aber der Flugverkehr stand. Auf den Zufahrtsstraßen herrschte Stau, 20 Kilometer die M4 entlang.

Die Auguren versammeln sich im Allerheiligsten, dachte sie. Die Krieger für die Zukunft ziehen in die Schlacht.

Eine halbe Stunde später saßen sie alle im Ovalen Raum irgendwo in den schottischen Bergen. Alya hatte einen Overall erhalten und fühlte sich jetzt ruhig, aber gespannt. Sie waren etwa 40 Menschen. Denker, Philosophen, Taktiker. Mathematiker, Systemtheoretiker, Evolutionspsychologen, Mind-Hacker. Cracks aus allen wissenschaftlichen Bereichen. Die Generalin eröffnete die Sitzung.

»Ladies und Gentlemen«, sagte sie. »Es tut mir sehr leid, dass ich Sie kaum zwei Jahre nach der letzten Krise bereits wieder aus Ihrem Alltag entführen muss. Aber wir haben einen Fall A. Gefährdung des globalen Gleichgewichts. Simultane Incidents in allen Kontinenten, Schwergewicht Fernost. Das Hauptevent liegt in Tokio, wo durch die Zündung einer Nuklearwaffe im zentralen U-Bahn-System etwa 2500 Tote und die zehnfache Zahl schwer Verwundeter zu beklagen ist. London wurde heute früh getroffen, es war noch keine Hauptbürozeit. Eine Schockwellenbombe hat die Tate Galerie zerstört, wir rechnen mit etwa 500 Opfern und fatalen Verlusten an Kunstwerken.«

Auf dem riesigen halbrunden Schirm, der die eine Hälfte des Saals umspannte, leuchtete jetzt eine riesige Weltkarte auf, Zahlenkolonnen und Bilder der Attentatsorte folgten.

»Die Heilige-Berg-Sekte«, murmelte Feinmann, ein Soziophysiker, der sich auf die Semantik von Fanatiker-Netzwerken spezialisiert hatte.

»Das wäre schön«, erwiderte die Generalin. »Aber ich fürchte: nein. Der Hintergrund ist diesmal schwerer zu erfassen als beim letzten Mal. Der Feind scheint eine sehr merkwürdige Allianz aus präemptiven Apokalyptikern zu sein. Kaum religiöse Töne. Mit einigen nicht zu unterschätzenden Köpfen, die aus den Geheimdiensten stammen. Wir haben einige identifiziert.«

Auf dem Screen erschienen jetzt zehn, zwanzig Gesichter mit Personenbeschreibungen. Überwiegend weiße Kaukasier, keine arabischen Gesichter. Drei, vier Wissenschaftler aus den USA waren dabei, die Alya schon in der Presse gesehen hatte.

»Und was sagen *die?*«, fragte Alya in die Runde.

»Bis jetzt noch nichts. Wir vermuten aber, dass das Netzwerk in den nächsten Stunden die Karten auf den Tisch legen wird. Forderungen und Drohpotenzial. «

»Ich hab's«, rief Feinmann plötzlich. »Kaczynsky! Der Ted-Kult!«

Alle blickten ihn verständnislos an.

»In den letzten Jahren des 20. Jahrhunderts«, erläuterte Feinmann rasch, »gab es einen Verrückten in Alt-Amerika, der sich ›Unabomber‹ nannte. Er schaffte es, mehrere Wissenschaftler mit geschickten Bomben zu töten, bevor sie ihn erwischten. Er verfasste ein exterminologisches Manifest, das in den letzten Jahren in mehreren Gruppen, vor allem deutschen und japanischen, kursiert. Der Mann ist seit Jahrzehnten eine Kultfigur, besonders bei den Neo-Animisten, die in den letzten Jahren die Zoos angegriffen haben. Anschläge auf Kultureinrichtungen würden dazu passen.«

»Das könnte eine Spur sein«, gab die Generalin zu. »Aber noch können wir uns nicht festlegen. An die Arbeit also. Setzen Sie das Puzzle zusammen. Wir stellen Ihnen alles zur Verfügung, was *Big Mother* hergibt.«

Hinter ihnen, an der anderen Wand des Ovals, einer glatten, glänzenden Betonfläche, stand in blutroten, respektheischenden Buchstaben:

»This too will pass!«

Auf den Trümmern der alten Welt

Etwas flussaufwärts des mittelalterlich geprägten Städtchens Pirna an der Elbe, 30 Kilometer entfernt von Dresden, führt eine steinerne Brücke mit sieben Bögen über den Fluss. Dort, am nördlichen Ufer, liegt ein unscheinbares kleines Grundstück, kaum 500 Quadratmeter, von Brombeerranken und Brennnesseln völlig überwuchert, gegen die Elbwiesen abgetrennt durch einem maroden Zaun. Zwischen den Ranken erkennt man mit einiger Phantasie die Trümmer eines Hauses mit einem völlig verschütteten Kellerabgang.

In den Trümmern dieses Hauses kamen am 27. Februar 1945, in einem der letzten Bombenangriffe des Zweiten Weltkrieges, meine Großeltern väterlicherseits ums Leben. Mein Großvater war sofort tot, meine Großmutter fiel mit dem Gesicht über einen Brunnen im Keller. Der Sauerstoff im Wasser, so die Legende, ließ sie drei Tage Verschüttung überleben. Sie starb wenig später im Krankenhaus. Meinem Vater, der einige Tage später ankam – nachdem er sich von der Ostfront nach Hause geschlagen hatte –, blieb nichts übrig, als sie im tiefgefrorenen Wald zu beerdigen. Holz für Särge gab es nicht mehr, die Einwohner Pirnas hungerten in den letzten Kriegstagen und verfeuerten alle Möbel. Nach dem Fall der Mauer habe ich einige Male auf diesem Schutthaufen gestanden. War es wirklich ein Geschenk ohne spätere Rückforderung, dass meine Generation, die nach dem Krieg Geborenen, eine derart lange Friedensperiode erleben durfte? Sind Frieden, Wohlstand und die Kontinuität einer stabilen Ordnung nicht immer nur Ausnahmeperioden in der Geschichte gewesen? Und Zerstörung, Vertreibung, Not oder Tyrannei der Normalzustand der Menschheit?

In meiner Postadoleszenz war ich lange Zeit ein glühender Friedenskrieger. Ich schrieb zwei nicht unerfolgreiche Science-Fiction-Romane über eine Atomkriegswelt, die von Sekten und Glaubensfanatikern im Stile von *Mad Max* bevölkert ist. Kubricks *Dr. Seltsam oder wie ich lernte, die Bombe zu lieben* nahm ich nicht als Satire, sondern als hyperrealistisches Drehbuch für die Zukunft. Die nukleare Apokalypse zog mich und meine Generation auf eine seltsame Weise magisch an. Sie verhalf uns zu einem über alle Maßen gesteigerten Intensitätsgefühl. Und verlieh uns eine höhere Form der Selbstgerechtigkeit. Wir lebten in einem existenziellen Ausnahmezustand, der unser Leben und unsere Wahrnehmungsweisen extrem beschleunigte.

Im Nachhinein fühlt sich das Gleichgewicht des Kalten Schreckens manchmal geradezu vernünftig an. Am Ende hat man die Atomraketen in den Silos gelassen. Weil es einfach nicht sinnvoll war, sie zu benutzen. Weil sich ihre Logik jeder Kriegsstrategie entzog. Oder war es einfach nur ein winziger Zufall, der uns – für eine Weile noch – vor der Selbstausrottung bewahrte?

Das Szenario: der molekulare Weltbürgerkrieg

In dem Science-Fiction-Film *Minority Report* werden Verbrechen durch Visionen verhindert. Eine Gruppe von »Precogs«, Mutanten mit dem Zweiten Gesicht, kann jeden Mord filmisch darstellen, der in den nächsten 24 Stunden geschehen wird. Mit dem für Actionfilme üblichen Lärm bricht dann eine Trupp von Polizisten auf, um die Tat in allerletzter Sekunde zu verhindern und den Mörder für immer aus dem Verkehr zu ziehen – sie werden in leuchtende Zylinder gesteckt und für immer in einer gigantischen Halle kryonisiert.

Natürlich arbeitet *Minority Report* mit der ganzen Klaviatur des spiritualistischen SciFi, einschließlich Mystik und Hokuspokus. Vor allem kann der Film in seinem Erzählungskern ein Paradox nicht klären, das für seine Erzählung fundamental ist: Wenn ein Verbrechen nicht geschieht, weil es verhindert wurde, dann ist es kein Verbrechen und kann deshalb auch nicht geahndet werden! Aber das sind vielleicht nur Marginalien. Wie weit deutet *Minority Report* den Weg in die Zukunft der Verbrechensbekämpfung? Wie weit können wir *vorhersehen* und *verhindern*, was kommt?

Dass globale Auseinandersetzungen in Zukunft mehr und mehr die Form des Verbrechens annehmen werden, daran besteht wenig Zweifel. Das 21. Jahrhundert begann mit einer Botschaft, die eindeutiger nicht sein konnte. Die Zerstörung des World Trade Center in New York hat eine Matrix des öffentlich inszenierten Massenmordes etabliert, der wir in diesem Jahrhundert immer wieder begegnen werden. In ihr kämpfen nicht mehr Staaten gegeneinander oder Armeen um den Raumgewinn. In ihr gibt es keine Frontlinien, Schützengräben. In ihr ist die Front gleichzeitig verkleinert und unendlich erweitert. Die Zivilisationen selbst, das mediale Zeichensystem, das Nervengeflecht der Weltwirtschaft, gerät nun ins Visier der Gewalt. Die fragilen Systeme der Zivilisation selbst sind Resonanzboden, ja »Waffe« in diesem Konflikt. Akteure sind nicht mehr riesige Organisationen, in denen Zerstörungstechnik logistisch perfektioniert und industriell ständig verfeinert wird.

Der Krieg der Zukunft lässt sich pointieren: Netzwerke der Zerstörung gegen Netzwerke des Wissens.

Eine kleine (Zukunfts-)Geschichte des Krieges

Bis zu einer Gruppengröße von etwa 18 Individuen sind Schimpansenmännchen untereinander Konkurrenten, die sich mit Hieben, Bissen und notfalls auch Totschlag Weibchen und Nahrung streitig machen. Finden sich aber mehr als 18 zusammen, verfallen sie plötzlich in männliche Zuneigungsrituale: Kosen, Lausen, Nahrung verteilen. Nun wendet die Gruppe ihre Aggression nach außen. Schimpansen-Gangs gehen auf mörderischen Kriegspfad, auch ohne materielle Not. Sie töten Gegner gemeinsam zum Spaß, am liebsten Schimpansen-Einzelgänger, die sich nicht wehren können.[1]

Der Peking-Mensch, der erstmals vor etwa 600 000 Jahren auftrat, erwies sich unter der Lupe moderner Anthropologie als gewalttätiger

Kannibale, der seinen Artgenossen mit Vorliebe den Schädel einschlug.[2] Kannibalismus, so die jüngste anthropologische Forschung, begleitete die menschliche Geschichte eine weit längere Strecke als bisher geglaubt. In allen Erdteilen der Welt kamen vor der Dämmerung der Zivilisationen und Hochkulturen zwischen 10 und 30 Prozent aller Menschen durch unmittelbare Gewalt ums Leben – das zeigen die Schädelfunde. Manche Regionen, wie etwa Papua-Neuguinea, waren jahrtausendelang Schauplätze von Gemetzeln unvorstellbarer Grausamkeit.[3]

Dem Mythos des »edlen Wilden« fehlt also die Basis. Für ihre »Urtümlichkeit« verherrlichte Völker wie die Germanen erwiesen sich in der historischen Forschung als blutrünstige Schlägertypen. Und die elegischen Indianer aus der Jugendliteratur unserer Nachkriegszeit (Winnetou) hat es wohl nie gegeben. Sie waren Projektionen kleinbürgerlicher schwuler Sonderlinge, die eher den *Drag Queens* der schmalzigen Popmusik ähnelten als den realen Ureinwohnern. Für die nordamerikanischen Indianer war der Ausrottungskrieg eine Alltagserfahrung über Jahrtausende. Selbst die friedlichen Südseevölker fielen, Margaret Meads Hymnen zum Trotz, jahrtausendelang immer wieder übereinander her, versklavten die Unterlegenen und aßen ihr Fleisch.

So also ist die Ausgangslage. Gibt es so etwas wie ein Gewalt-Gen, dem wir nicht entkommen können? Untersuchungen von gewalttätigen Männern wiesen nach, dass das MAOA-Gen, das das Enzym Monoaminoxidase kontrolliert (das wiederum den Serotoninspiegel im Hirn steuert), eine signifikante Wirkung auf Aggressionspegel und Aggressionsabbau hat. Berühmt wurde es, weil es in einer Studie aus dem Jahre 1993 bei einer gewalttätigen holländischen Familie komplett fehlte. Folgestudien zeigten, dass Männer mit der kürzeren Variante des Gens oft oder fast immer gewalttätig wurden.[4]

Schlachtenordnungen

Krieg war über lange Zeit vor allem die Kunst *gesellschaftlicher Organisation*. Der globale Erfolg des Römischen Reiches basierte auf der Führung der Legionen, die ihre Schreckenswirkung bei den »Barbaren« schon allein durch ihre Übermacht, ihre gute Ausrüstung und zentrale

Führung ausübten. Kubricks Kostümfilm *Barry Lyndon* illustriert die Kriegsführung des späten Mittelalters bis in die Frühmoderne. In ihr wurde der Krieg gleichzeitig ritualisiert und streng hierarchisiert: Die feindlichen Linien rücken in Reihen aufeinander zu, es feuern die Vorderlader, die Gefallenen werden beiseite geräumt, die nächste Reihe feuert und so fort. Wer übrig bleibt, wird zum Sieger deklariert.

Für die meisten Kombattanten war dieses Sterben sinnlos und bizarr – sie waren zur Fahne gepresste Wehrpflichtige, die wenig mehr als Brot und Logis für das Kanonenfutterdasein erhielten. Aber mit der Verfeinerung der Kriegskunst und der Technisierung der Waffen wurde immer deutlicher, dass »Gepresste« nicht gerade effektive Soldaten waren. Im 16. Jahrhundert geriet das Kriegsgeschäft deshalb zunehmend in die Hand von Söldnern; Profis, die auf dem Schlachtfeld weitaus effektiver agierten. Das bedeutete von nun an eine gewisse Eingrenzung des Krieges. Söldner waren teuer, und man musste sie gezielt einsetzen, damit sie ihren Preis einholen konnten.

Seit Ausgang des Mittelalters blieb der Krieg in Europa ein Ritual, das auf Schlachtfeldern ausgetragen wurde: von Armeen, die die jeweiligen Feudalherren repräsentierten und sich unter »Fahnen versammelten«. Im 19. Jahrhundert, zu Beginn der napoleonischen Eroberung Europas, konnte man bisweilen im Weiler nebenan schlafen, während auf einem Schlachtfeld in der Nähe Hunderttausende kämpften. Die Heere waren mobil, es ging um die – oft symbolische – Erbeutung strategischer »Landmarks«. Ab dem 17. Jahrhundert entwickelte sich so ein Kriegsethos, das die eher archaischen Gewaltformen des Mittelalters ablöste. Staatskunst und Contenance waren nun gefragt, das Militär wurde politisiert, schließlich waren Europas Adelsgeschlechter alle mehr oder minder miteinander verwandt. Eine Idee der »Fairness« kam auf (die allerdings in den kolonialen Völkermorden außer Kraft gesetzt war). Die multikulturellen napoleonischen Truppen rückten auch als *zivile* Streitmacht durch Europa, mit einem Codex versehen. Die Frühmoderne, das Zeitalter der Aufklärung, schien dem Krieg sogar einen erfahrbaren *sozialen Sinn* zu verleihen.

Erst der Erste Weltkrieg und die Erfindung technologischer Distanzwaffen durchbrach dieses Containment. In der totalen gesellschaftlichen Mobilisierung verwischte der Unterschied zwischen Schlachtfeld und Hinterland. Auch wenn das Schlachten noch in den Gräben stattfand – die »Heimatfront« rückte unaufhörlich näher. Und in der Raserei des Zweiten Weltkriegs, in der Blutorgel des »Totalen Kriegs«, wurde dann zum ersten Mal die Menschheitsvernichtung als realistische Möglichkeit des Krieges sichtbar.

Mit all diesen Veränderungen wandelte sich die Rolle des Individuums im Krieg. Bis zu den Stahlgewittern der Weltkriege gelang es weitgehend, den *einzelnen Mann* in der sicheren Kontrolle von Vaterland, Pathos und militärischer Disziplin zu halten. Ein Zeitzeugenbericht aus dem Ersten Weltkrieg bringt dieses soziale Funktionieren auch in der atavistischsten Angst auf den Punkt:

»Einige machten Scherze. Einige waren still und rauchten. Einige derbe Witze waren zu hören, die als Mutstimulans gedacht waren. Und nun, durch das nahende Geschützfeuer, schien jeder ein wenig ängstlich. Aber niemand zeigte es. Ich habe einmal ein Buch gelesen, in dem es hieß: Die einzige Angst, die der Soldat vor der Schlacht empfindet, ist die Angst, dass sein Kamerad denken möge, er habe Angst. Und diese Angst macht ihn tapfer.«[5]

Der Abwurf der Atombombe über Hiroshima am 6. August 1945 gab dem Krieg als kulturelle Metapher endgültig eine neue Codierung. Er verlor jedwedes heroisches Motiv, jede archaische Aufladung und Phantasie. »Sinnlos« war die Vokabel, die in der kollektiven Wahrnehmung für das Kriegerische stand. Nur winzige Minderheiten von Menschen hätten in früheren Zeiten so über den Krieg gedacht, selbst im Frieden nicht.

Die Suche nach Identität

Die Logik des Krieges entwickelte sich entlang zweier evolutionärer Entwicklungslinien: einer materiell-physischen, die mit Ressourcen und Territorien zu tun hatte. Und eines Sinnzusammenhangs, der sich um die »Politik der Identität« rankt: Eine Gruppe, ein Stamm, eine »Nation« *produziert* sich Feinde, um sich selbst zu finden, zu definieren, abzugrenzen. Wie es Robert Wright trocken anmerkt: »Krieg, wie keine andere Angelegenheit, Menschen intensiv zusammenbringt, Herz an Herz.«[6]

Ernst Jünger beschrieb in *Stahlgewittern* das Lebensgefühl der deutschen Jugend am Beginn des Ersten Weltkriegs:

»Wir hatten Hörsäle, Schulbänke und Werktische verlassen (...). Aufgewachsen in einem Zeitalter der Sicherheit, fühlten wir alle die Sehnsucht nach dem Ungewöhnlichen, nach der großen Gefahr. Der Krieg musste es uns ja bringen, das Große, Starke, Feierliche ...«[7]

Am 14. August 1914, nach einer langen Periode des europäischen Friedens, mitten in einer Zeit der technischen Erfindungen und Weltausstellungssensationen, erschien in Berlin ein flammendes Pamphlet des kriegerischen Existentialismus. Gezeichnet hatten 93 Intellektuelle, Literaten und Wissenschaftler, darunter Max Planck, Max Reinhardt, Wilhelm Röntgen, Gerhart Hauptmann ...

»AUFRUF AN DIE KULTURWELT Glaubt uns! Glaubt, dass wir diesen Kampf zu Ende kämpfen werden als ein Kulturvolk, dem das Vermächtnis eines Goethe, eines Beethoven, eines Kant ebenso heilig ist wie sein Herd und seine Scholle. Dafür stehen wir mit unserem Namen und unserer Ehre.«[8]

Dieser singende Ton der *Sinnfindung* im Opferwillen begegnet uns immer wieder. In den Reden von Milosevic. Im heiseren Tremolo der Warlords Afrikas. In den coolen Videobotschaften des Asketen Osama bin Laden. In Andreas Baaders Aufrufen gegen das »Schweinesystem«. Aber auch im Pathos eines George W. Bush. Lässt sich diese unheimliche Kraftquelle des Kriegerischen, die ihre Wurzeln in unserer Sehnsucht nach existentieller, rauschhafter Identität hat, zivilisatorisch jemals überwinden? Oder sind wir auf ewig dazu verdammt, unsere Hordenhaftigkeit in Abneigung, Hass und schließlich Vernichtung »der anderen« zu beweisen?

Die Individualisierung der Kriegserfahrung

Das Vietnam-Memorial-Denkmal in Washington besteht aus einer langen Reihe von schwarzen Granitplatten, die sich nahtlos zu einer leicht ansteigenden, konkav gewölbten Fläche verbinden. Gestaltet im Jahre

1982 von Maya Yink Lin, einer jungen Architekturstudentin der Yale Universität, war das Monument von Anfang an umstritten. Denn es ist das genaue Gegenteil eines »Monuments«. Es verherrlicht den Krieg nicht. Es erklärt den Krieg nicht. Es huldigt nur *jedem Einzelnen* der 58 000 toten amerikanischen Soldaten des Vietnamkrieges.

Schon der flüchtige Vergleich zu anderen Monumenten macht den Unterschied klar. Der Eiserne Turm des Völkerschlachtdenkmals in Leipzig. Das himmelstürmende gigantische Soldatenpaar über den Gräbern von Stalingrad. Die unendliche Reihung weißer Kreuze in der Normandie oder in Flandern. Oder auch die martialischen, mit Kranz, Kreuz, Adler, Helm bewehrten Granitstelen (»In Ehre für das Vaterland!«), die sich auf dem Hauptplatz Tausender Kleinstädte und Dörfer Mitteleuropas finden. Es ist der Krieg selbst, der sich in dieser Formensprache heroisiert. Seine Opfer sind nebensächlich.

Auf der polierten Gedenkstätte des Vietnam Memorials hingegen sind es die *Namen*, die alleinig in den Vordergrund treten. An der langen Wand stehen seit Jahrzehnten Gruppen von Menschen und trauern. Sie weinen, sie berühren den Stein, gedenken des individuellen *Menschen*, eines Bruders, Vaters, Großvaters, Freundes. Das Denkmal fungiert auch als ein Spiegel. Es »betrachtet« auch die Trauernden selbst, bestätigt sie in ihrer Trauerarbeit.[9]

Der Vietnamkrieg war die Wende in der kollektiven Wahrnehmung des Krieges. Von nun an beginnt in der westlichen Welt die Zeit des »Postheroismus«, in der der Einzelne sich immer weniger für das Ganze mobilisieren lässt. Die »Me-Culture« entsteht und krempelt die persönlichen Empfindlichkeiten nach außen. Angst zu zeigen, ja zu propagieren, wird jetzt vom Verdikt zur moralischen Pflicht. Die Vietnam-Filme, von *Apocalypse Now* über Kubricks erschütterndes Werk *Full Metal Jacket* bis zum eher profanen *Good Morning Vietnam* treiben diesen Paradigmenwechsel weiter. Erzählt werden nicht die Geschichten von Helden (wie noch überwiegend in den Produktionen der sechziger Jahre zum Zweiten Weltkrieg). Gezeigt wird die Tragik des Einzelnen, das unauflösliche Dilemma, das keinen heroischen Ausgang mehr kennt.

Natürlich gab es auch nach Vietnam noch weitere *industriell* geführte Kriege – etwa den Iran-Irak-Krieg mit seinen an den Ersten Weltkrieg erinnernden Gasangriffen und Frontlinien. Aber die Zeit von »Front« und »Armee« ist gezählt. Weil *Eroberung* (von Territorium oder Bodenschätzen) in der globalen Welt mehr und mehr sinnlos wird. Weil supra-nationale Machtstrukturen langsam die Blockstrukturen ersetzen. Vor allem aber, weil das machtvolle Erscheinen des Individuums im Zentrum gesellschaftlicher Sinngebung die Maschine des Massenkrieges von innen dekonstruiert.

Die Soldaten des Selbst

Im zweiten Bosnienkrieg 1999 gelangten drei amerikanische Soldaten in Kriegsgefangenschaft – Staff Sergeant Christopher Stone, Staff Sergeant Andrew Ramirez und Specialist Steven Gonzalez. Gerüchte von Folter kamen in den Medien auf. Prompt machte Bill Clinton die serbische Führung für das Wohlergehen der Gefangenen persönlich verantwortlich. In Millionen amerikanischer Suburbia-Häusern wurden nun gelbe Bänder aus den Fenstern gehängt. Die Eltern traten in jeder Fernsehshow auf, *Newsweek* und *Time* brachten auf vielen Seiten minutiöse Biografien der drei Soldaten, bis zum Kindergarten und den Hobbys. Selbst Zeljko Raznatovic, ein serbischer Militärführer, pries den Mut der drei Soldaten und verbürgte sich höchstpersönlich für ihr Wohlergehen. Spezialeinheiten suchten nach den Medienstars, die Kriegsmaschinerie wurde eine Weile gestoppt. Schließlich reiste der schwarze Bürgerrechtler Jesse Jackson persönlich nach Belgrad und erreichte die Freilassung.[10]

»Soldaten des Selbst« nennt Shoshana Zuboff diesen Effekt.[11] Wenn der Einzelne aus dem Kontext des Krieges heraustritt, wenn das Anonyme persönlich und sichtbar wird, dann stoppt selbst die geölteste Maschinerie. »Me-Warrior« können nun ganze Kriegsgetriebe zum Stoppen bringen – wenn die Medien sich ihrer annehmen.

Diese Aufwertung des Einzelnen findet sich auch in der Aufwertung des soldatischen Ich wieder. In der Rekrutierungskampagne der US-Armee von 2001 lautete der Claim »An Army of One«. In den Spots läuft ein voll ausgerüsteter GI durch eine Wüste. »Ich bin eine Armee«, sagte er. »Obwohl es 1 045 690 amerikanische Soldaten gibt, bin ich meine eigene Armee ... Die Macht der US-Truppen liegt nicht in der Zahl, die Macht der Armee liegt bei *mir*.«[12]

Der Topos der »Army of One« korreliert mit hybriden Filmmythen, in denen einzelne »Super-Fighter« ganze Städte in Schutt und Asche legen oder komplette Armeen aufhalten. Bruce Willis, Sylvester Stallone, alle Rambos dieser Erde haben damit einen anderen, verqueren Ast der Individualisierung von Gewalt »besetzt«: Sie haben Krieg von einem hierarchischen Geschehen in ein grotesk verzerrtes Berserkertum verwandelt. Vielleicht der letzte Versuch der alten Kriegslogik, sich an die individualistische Semiotik anzupassen.

Es bedurfte des 11. September 2001, um amerikanische Soldaten wieder in Kampfhandlungen zu verwickeln (vorher hatte Bush Auslandsengagements stets abgelehnt, mit dieser Haltung sogar Wahlkampf gegen Clinton betrieben). Und trotz der steigenden Opferzahlen im Irak: Längst richten sich die Militärs in den technisierten Streitkräften darauf ein, dass Menschenopfer nur noch in ganz wenigen Konstellationen erlaubt sind. Das automatische Schlachtfeld, die unbemannte Drohne, die Präzisionswaffe, dazu einige wenige hoch ausgebildete Spezialisten und schließlich der Kampfroboter: So sieht die Zukunft des Krieges aus. *Eine* Zukunft.

Eine friedlichere Welt?

Der englische Mathematiker und Meteorologe Lewis Fry Richardson, ein Ambulanzfahrer im Ersten Weltkrieg, untersuchte ein halbes Jahrhundert lang akribisch die Mathematik des Krieges. Sein Versuch, Kriegsausbrüche an bestimmten Anzeichen vorauszusagen (Stürme, Börsenkrisen, Vergiftungsepidemien) scheiterte. Aber es gelang ihm, den Krieg historisch zu quantifizieren.

Als Messinstrument diente Richardson eine Zahlenreihe, die auf einem Zehner-Logarithmus, ähnlich der Richterskala, beruhte. In diesem Maßstab zählt der kriegerische Tod einer Person als Ereignis von 0, während 100 Todesopfer einen »event« der Stärke 1 bedeuten. Ein Bürgerkrieg mit einer Million Toten markiert also ein Ereignis mit dem

Wert 4,5. Die beiden Weltkriege brachten einen Ausschlag von 7,1 bis 7,3 (10^7 sind 10 Millionen). Ein begrenzter nuklearer Weltkrieg hätte etwa 500 »Mega-Tote« gefordert, das wären 8,4 auf der Richardson-Skala. Ein Krieg mit Stärke 9,8 würde die menschliche Geschichte für immer beenden.

In Richardsons gespenstischer Mathematik ragen die Weltkriege als »Mega-Events« aus der Geschichte heraus. Von den 315 Kriegen zwischen 1820 und 1950 erreichen sieben einen Ausschlag mit mehr als eine Million Toten (unter anderem die Taipeh-Rebellion, der US-Bürgerkrieg, der Krieg in La Plata, der erste chinesische kommunistische Bauernaufstand und der Spanische Bürgerkrieg). Die beiden Weltkriege *allein* waren jedoch für mehr als 60 Prozent aller Kriegstoten der Geschichte verantwortlich. Nach dem Zweiten Weltkrieg verharrte die Anzahl der weltweiten kriegerischen Konflikte zunächst bei rund 20, stieg bis Ende der Achtziger auf 50 an, sank auf 37, um kürzlich wieder leicht anzusteigen. Die Zahl der Toten pro Halbjahrzehnt schwankte zwischen 300 000 in den Jahren 1956 bis 1960 und 4,2 Millionen im Halbjahrzehnt 1966 bis 1970 (Vietnamkrieg, mehrere Kriege in Afrika).[13]

In dieser Mathematik des Grauens gibt es dennoch einen generell positiven Grundtrend. Der Dreißigjährige Krieg von 1618 bis 1648 kostete in Europa elf Millionen Menschen das Leben. Bei einer Weltbevölkerung von 750 Millionen Menschen kam somit jeder 68. Erdbewohner zu Tode. Im 20. Jahrhundert fiel im Schnitt jeder 100. Erdenbürger einem kriegerischen Konflikt zum Opfer, *trotz* der Knochenmaschinen der Weltkriege. Die etwa drei Millionen Toten des blutigsten (Bürger-)Krieges des letzten Jahrzehnts, im Kongo, brachten hingegen »nur« jeden 2000. Erdenbürger ums Leben. Auch für die Sachwerte gilt diese Bilanz: 15 Billionen US-Dollar, das gesamte Bruttosozialprodukt der USA, Deutschlands und Großbritanniens zusammen, wurden im Zweiten Weltkrieg vernichtet.[14] Dagegen waren die materiellen Kriegsschäden der jüngsten Zeit eher klein.

Gleichzeitig *polarisiert* sich das kriegerische Risiko. Die Kriegsanatomie der neuen Bürgerkriege in den »Fading States« unterscheidet sich fundamental von den Kriegen der Vergangenheit. Bei einem Friedensschluss lässt sich nun die Gesellschaft nicht mehr de-mobilisieren. Der

Opferanteil der Zivilbevölkerung liegt bei 80 Prozent, das Morden kommt fast mühelos ohne jedes utopisches Element aus – es reicht ein Stück Brot, ein Fragment einer »Befreiungsideologie«, ein Mythenversatzstück aus irgendeiner gloriosen Vorzeit. Dieses barbarisch-hirnlose Element der neueren Kriege macht sie hoch infektiös. Gleichzeitig aber *schreien* diese Kriege, nein Schlächtereien, geradezu nach Beendung. Und sie lassen sich beenden. In neotribalen Kriegen kämpfen erschöpfte, demoralisierte Menschen um ihr Überleben. Wenn man ihnen in den Arm fällt, scheinen sie auf eine seltsame Weise regelrecht erleichtert.

Fareed Zakaria schrieb in *Newsweek* folgende Sätze der Hoffnung:

»Woran denken Sie, wenn Sie an Ruanda, Bosnien, Kosovo, Ost-Timor, Mosambik, Uganda denken? An ›ethnische Säuberungen‹, Bürgerkrieg, Gemetzel, Barbarei. Doch seltsam: Das Scheinwerferlicht ist über diese Länder hinweggegangen. Und langsam bringen diese Nationen ihre Häuser in Ordnung. Inzwischen sind dies alles friedvolle, halbwegs stabile Gesellschaften mit den ersten Anzeichen eigenständiger Ökonomien.«[15]

Die Virtualisierung des Krieges

In seinem Buch *The Lexus and The Olive Tree* hat Thomas L. Friedman 1995 das so genannte »Friedman-Theorem« aufgestellt: In der Geschichte haben noch nie zwei Nationen gegeneinander Krieg geführt, in deren beiden Hauptstädten es McDonald's gibt.

Das Theorem gilt mit kleinen Einschränkungen erstaunlicherweise immer noch. In Argentinien war während des Falklandkrieges noch keine McDonald's-Filiale eröffnet (nun ja, in London schon). In Afghanistan und auch in Serbiens Hauptstadt und im Kosovo fand man nur Döner. Drei exzessiv Krieg führende Nationen der achtziger Jahre, Irak, Iran und Syrien, ließen ebenfalls keine ungläubigen Hamburgerbrater ins Land, verhielten sich aber damals durchaus feindselig gegen das »McDonald's-Land« Israel. In Pakistan und Indien ist die Präsenz von McDonald's immer noch marginal, nimmt aber deutlich zu – ein Grund zur Hoffnung?

Der eigentliche Kern von Friedmans eher witzig gemeintem Theorem lässt sich in einem Satz von Carl Schmitt zusammenfassen: »Der Kalte Krieg erzeugte eine Welt von Feinden – heute werden Feinde zu Mitbewerbern.«[16] Offene globale Märkte, Konkurrenz- und Konsumgesellschaften sind die besten Kriegshindernisse, weil nun plötzlich der Faktor Wirtschaft – anders als in den großnationalistischen Konflikten des industriellen Zeitalters – als pazifierende Kraft auftritt. Lass uns sie nicht erobern, lass uns ihnen lieber unsere Produkte verkaufen!

So lange Menschen Krieg führen, so lange versuchen sie auch, Gewalt in Ritualen, Regeln und »Spielen« einzugrenzen. Die Olympischen Spiele der Griechen waren der erste überlieferte Versuch, Sport zum symbolischen Surrogat der Gewalt zu machen. Eine zivilisatorische Grundleistung, die allerdings daran krankte, dass in der hellenischen Antike keine »ganzheitliche Öffentlichkeit« existierte. Während die einen ehrgeizig rannten, Speere warfen und boxten (übrigens mit ungehemmter brutaler Gewalt; beim Boxkampf in Olympia gab es Tote), führten die anderen ihre Kriege munter weiter.

Dennoch: Wer heute ein Stadion während eines wichtigen Finales betritt, ahnt, welche ungeheuren Energien sich gerade in Massensportarten kanalisieren können. Eine Vielzahl von Simulationen nimmt heute atavistische Energien auf, die Menschen dazu bringen, sich gegenseitig umzubringen. In den Katakomben des Cyberspace häufen sich die virtuellen Mega-Toten – Avatare unserer alten, blutigen Ichs, die keine Ruhe geben können. Gibt es Hoffnung, dass die menschliche Kultur auf dem Wege der Virtualisierung aus dem Abgrund der Vernichtung entkommt? Noch muss sie, so scheint es, durch die Hölle des Hasses und der Vernichtung, die sich nun in den Händen weniger mörderischer Superkrieger bündelt.

Die globalen Warlords

Die amerikanische Kriegsmaschine kann heute an jedem Punkt des Planeten jede Form der Zerstörung erzeugen. Sie kann millimetergenau Brücken pulverisieren, mit unbemannten Drohnen jedes Gebäude in

Schutt und Asche legen, mit betonbrechenden Waffen Bunker sprengen, die 14 Meter Betondecke haben.

Nur Kriege gewinnen kann sie nicht.

Das Schlachtfeld der Zukunft sieht vielleicht aus wie der Friedhof von Nadschaf. Ein 15 Quadratkilometer großes Areal mit gemauerten Steingräbern. Zwei Millionen Gräber! Hier versteckten und verschanzten sich im Sommer 2004 die Kämpfer des kleinen dicken Predigers Al Sadr. Al Sadr musste nur warten, bis die amerikanische Militärmaschine den Irak besetzte und seinen Erzfeind Saddam vertrieb. Seine schwarzen Kämpfer können in jeder Wüstenstadt überleben. Sie bieten keine »primary targets«, die die amerikanische Armee braucht, um auch nur *einen* sinnvollen operativen Schritt zu unternehmen. Die Muhammad-Ali-Moschee, in der Al Sadr sich bis zuletzt versteckt hielt, gehört zu den symbolischen Orten des Islam. Sie zu zerstören oder zu erstürmen war nie ein *militärisches* Problem. Aber eine politische Unmöglichkeit.

Auf einem Friedhof begann auch die Karriere eines weiteren mörderischen Kriegers, Abu Musab al-Zarquawi. Als Ahmed Fadhil Nazzal Khalaliyah, so sein richtiger Name, wurde der fünfte Sohn eines städtischen Angestellten der Kleinstadt Zarqa in Jordanien geboren. Wie bin Laden, der als 13. Sohn einer endlosen Kinderschar irgendwo unter »ferner liefen« rangierte, ist auch er ein »Sandwich-Kind« einer kinderreichen Familie, die wiederum Teil einer riesengroßen Sippe ist. Nach ihm sollten noch fünf weitere Kinder geboren werden.

Die Familie bewohnte eine karge Bleibe im Erdgeschoss eines vierstöckigen Hauses direkt an der Nekropolis von Zarqa, einer Bergbaustadt, die nach dem israelisch-arabischen Krieg zur Flüchtlingsstadt wurde. Banden und Gangster bildeten sich in großer Zahl. Ahmed war ein mittelmäßiger Schüler und tauchte schnell ab in das Milieu der Halbkriminalität. Er ließ sich tätowieren, sein Vater musste ihn jede Woche von der Polizeistation abholen. 1988 wurde Ahmed religiös; er war fasziniert von den Heldengeschichten aus Afghanistan, wo im Kampf gegen die Besatzer andere Erfolge zu verzeichnen waren als gegen Israel. 1989 erlebte er die Befreiung von Khost im Osten Afghanistans, lernte schließlich bin Laden kennen. 1993 kehrte er nach Zarqa zurück, plante Anschläge gegen israelische Kinos und wurde 1994 zu

15 Jahren Haft verurteilt. Er kam durch eine Amnestie frei, floh nach Pakistan und wurde schließlich zum »Global Player« auf den Schlachtfeldern des internationalen Terrorismus. Zarquawi sollte sich später als der größte Killer der Irakregion herausstellen. Eigenhändig schnitt er westlichen Geiseln, Frauen, Entwicklungshelfern, Geschäftsmännern, vor laufender Kamera die Kehle durch.[17]

Er *ist* endlich jemand. Er muss nicht mehr hinter den Gräbern spielen. Er kann jetzt ganz vorne auftreten auf der Bühne der Weltöffentlichkeit.

Und so geht es weiter, unser Album der mörderischen Männer, deren gespenstische Parade sich keineswegs auf den islamischen Kulturraum beschränkt. Etwa der blasse Steven Smyrek. 1971 in Detmold geboren, in ärmlichen Verhältnissen, als Jüngster von drei Geschwistern. Die Eltern trennen sich, als er sechs Jahre alt ist. Seine Mutter heiratet einen britischen Soldaten und folgt ihm mit den Kindern nach England. Der Stiefvater verprügelt die Kinder. Schließlich kommt Steven auf ein Internat mit militärischem Drill. Zurück in Deutschland, als 17-Jähriger ohne Kontakt zum Elternhaus, macht er eine Karriere als Kleinkrimineller im Drogenmilieu. Und dann: die Wiederauferstehung. Die Erhellung durch Allah. 1994 beginnt Steven, in einer türkischen Pizzeria in Herford zu arbeiten. Die Besitzer sind ruhige, religiöse Menschen, die den »Gefallenen« voller Sympathie aufnehmen. Elternfiguren. Nun erlebt er islamische Gemeinschaft, gerät in die Kalifatsstaat-Bewegung des Predigers Kaplan.

»Wir müssen alle einmal sterben«, sagt er viele Jahre später ruhig in die Fernsehkameras. Er raucht nicht. Er trinkt nicht. Er ist mager und durchgeistigt. »Um die Auszeichnung eines Shahid, eines Märtyrers zu erhalten, würde ich mein Leben geben. Für Allah.«

Viele Jahre sitzt Steven Smyrek in einem israelischen Hochsicherheitsgefängnis. Bei der Einreise nach Israel 1997 wird er vom Mossad verhaftet. Er hat nie geleugnet, ein Selbstmordattentat geplant zu haben. 2003 wird er im Austausch gegen die sterblichen Überreste gefallener israelischer Soldaten ausgetauscht. Seitdem lebt er, eine Bombe im Wartestand, an einem unbekannten Ort.[18]

Und dann, der Meister aller Killerklassen des molekular-globalen Bürgerkrieges: Schamil Basajew. Basajew, ein netter Student aus einem entlegenen Kaukasus-Tal, geht 1991 nach Moskau, um zu studieren. Während die russische Hauptstadt ihren ersten Boom nach dem Kommunismus erlebt, zerfällt seine Heimat, Tschetschenien, in endlosen nationalistischen Auseinandersetzungen. Basajew kehrt zurück und wird ein richtig guter Räuberhauptmann mit einer Truppe von 200 toughen Schmugglern, Dealern und Banditen, die sich die Unruhen zunutze machten, um Waffen-, Öl- und Drogengeschäfte jeder Art auf hohem Niveau zu betreiben. 1994 wird die abtrünnige Republik von den Russen besetzt. Nur mit schultergestützten Raketenwerfern, koordiniert mit simplen Handys, stoppt Basajew mit seinem Haufen eine ganze Panzerarmee (dass ganz Grosny zum Ruinenfeld wird, ließ sich nicht vermeiden). Danach ist er der Größte. Er sprengt Wohnhäuser in die Luft, lässt in Moskau radioaktives Material vergraben. 1995 fährt er mit seiner Truppe in Richtung Moskau, nimmt Hunderte von Geißeln, besetzt ein Krankenhaus mit 1500 Patienten in Budenowks – und kommt mit freiem Geleit und 150 Toten wieder heraus. Auf der Heimfahrt mit Bussen, mit einer Kühlanlage für die eigenen Gefallenen wird er endgültig zum Superstar des Todes. Einige Jahre später organisiert er nach allem, was wir wissen, die mörderischen Dramen des Theaters »Nord-Ost« in Moskau und der Schule in Beslan.

Superpower-Egos

Bin Laden, dessen Biografie mittlerweile so bekannt ist, dass man sie kaum noch nacherzählen muss, hatte die Kompensationsgelder des saudischen Wahabitismus hinter sich, als er sich entschloss, ein Popstar des Terrorismus zu werden. In den afghanischen Bergen zelebrierte er jahrelang einen eigenen Feudalstaat mit kampfbesessenen Jungen aus aller Welt. Schon heute, zu Lebzeiten, übertrifft die Anzahl der T-Shirts mit seinem Konterfei die des kubanischen Beaus Che Guevara, der in den bolivianischen Bergen sein Ende fand.

In diesen Personen kristallisiert das, was Thomas Friedman mit der Wendung »von der Superpower zum Super-Empowered-Individual« beschreibt. Es ist immer das gleiche Muster. Der Zerfall staatlicher Ordnung, vorangetrieben von korrupten Cliquen, setzt zentrifugale Kräfte frei. Große Familien mit arbeitslosen Jugendlichen zerbrechen. Narzisstische Hochtalentierte mutieren zu Warlords, drücken Kids eine Kalaschnikow in die Hand, verkaufen mit religiösem Getöse Sinn und Identität und finanzieren das Ganze mit Waffen- und Drogenhandel, wahlweise mit Geldwäsche, Schutzgeldern oder Prostitution. Der Krieg wird zur Lebensform, zur Seinsweise – zur Sekte.

Was soll diese Kraft aufhalten können?

Die Grenzen des Heiligen Krieges

Im ersten Jahrhundert vor Christus wurde das Römische Reich von einer Serie terroristischer Anschläge heimgesucht. Cäsar, der große Feldherr, wurde entführt und nur gegen ein Lösegeld wieder freigelassen. Kohorten und Galeeren gerieten auf offener See in Hinterhalte. Die Piraten, die diese Attentate verübten, kontrollierten und sabotierten mit ihren Aktionen vor allem den zentralen Rohstofffluss der Antike: Sklaven. Im Jahre 68 vor Christus segelten sie in einer Überraschungsaktion in den Hafen von Ostia, keine 15 Kilometer vom Zentrum Roms entfernt, und verbrannten die Flotte der Konsule. Eine darauf ausbrechende Hungersnot in Rom führte zu Unruhen, die erst von Magnus Pompeius in einem großen Feldzug gegen den Piraten-Terrorismus beendet werden konnten – mit 500 Schiffen und 120 000 Legionären schlug er die Desperados nieder.[19]

1898 schrieb der englische Polizeioffizier Major Arthur Griffith in einem Werk mit dem Titel *Mysteries of Police and Crime*:

> »Terroristen am Ende des 19. Jahrhunderts sind ungleich bedrohlicher, denn nun stehen ihnen schreckliche Waffen zur Verfügung (...) und die Welt ist bedroht von neuen Kräften, die, wenn sie entfesselt werden, eines Tages universale Zerstörung hervorrufen können. (...) Die Wissenschaft der Zerstörung macht schnelle und horrende Fortschritte.«[20]

Seit es große, arbeitsteilige Zivilisationen gibt, ist Terrorismus ein Mittel in asymmetrischen Kriegsführungen. Die anarchistischen Attentate der vergangenen Jahrhundertwende erschütterten ganze Weltreiche.

Der IRA-Terrorismus der Siebziger kostete 2600 Tote. Auch die Nationalsozialisten begannen in den zwanziger Jahren mit Bombenattentaten (für die Hitler ins Gefängnis wanderte). Wirklich geschichtsmächtig wird Terrorismus jedoch immer nur in Kombination mit bestimmten historischen Schlüsselsituationen – das Attentat auf den österreichischen Thronfolger in Sarajewo löste den Ersten Weltkrieg aus, weil dieser längst *in der Luft lag*. Hat der islamische Suizid-Fundamentalismus nicht all diese Kontexte auf seiner Seite, plus eines gigantischen menschlichen Nährbodens?

Viele – auch islamische – Intellektuelle interpretieren den Djihad-Terrorismus nicht als ein Zeichen neuer Kulturkriege, sondern als ein Symptom des Niedergangs. So, wie der RAF-Terrorismus den Niedergang der kommunistischen Emphase begleitete (gewissermaßen seine narzisstische »Endkarikatur« darstellte), sind die Kombattanten des suizidalen Djihad die »last warriers« einer Idee, die ihre geschichtliche Chance längst hinter sich hat.

Gilles Kepel, einer der vielen klugen Analytiker der arabischen Welt, vertieft diesen Gedanken in seinem Buch *Djihad*.[21] Er zeichnet die jüngste Geschichte des islamistischen Weltgottesstaates von seinem Höhepunkt, Khomeinis Machtergreifung, bis in die Jetztzeit. Immer da, wo sich Säkularisierung und Ansätze von Demokratie gegen Sharia und Männerherrschaft durchsetzen konnten, entstanden zunächst Brennpunkte eines entgrenzten Terrors, der, wie in Algerien, hunderttausend Tote verursachen konnte. Doch den Radikalisten gelang es nicht, Ägypten, Marokko, Pakistan zu destabilisieren. In Jordanien verloren sie die Auseinandersetzung gegen ein westlich-liberal orientiertes Herrscherhaus. In Saudi-Arabien, den Emiraten, Indonesien konnten sie zwar die Demokratisierung, nicht aber die westliche Ökonomisierung verhindern. In Bosnien geriet die Bewegung gar in einen moralischen Hinterhalt, weil der multireligiöse Staat militärisch vom Westen verteidigt wurde. Einzig in den Elendskriegen Afrikas und Afghanistans konnte das dunkle Reich des Terrors einstweilen ein begrenztes Hinterland behaupten.

Es ist die suizidale Radikalität, die gleichzeitig die Optionen dieses Feldzugs begrenzt. Der Massenmord in den Türmen des World Trade Centers hat endgültig das filigrane Netz der Kausalitäten zerstört, mit denen dieser Terrorismus sein Spiel betreiben konnte. Es gibt nun nichts mehr zu erpressen, nichts mehr zu verhandeln, nicht über Opfer, Geiseln, über politische Ziele. Es gibt kein multiethnisches Sympathisantenumfeld, auf das man, wie noch in der Zeit des palästinensischen Terrorismus der Siebziger, zurückgreifen könnte. Nur noch abgekapselte Kleingruppen und einige wenige mörderische Einzelgänger.

Der amerikanische Politologe David C. Rapoport hat die Geschichte des Terrorismus untersucht und ihre »Wellenhaftigkeit« nachgewiesen. Die »vier großen Wellen des Terrors« entstanden alle in unterschiedlichen weltpolitischen Konstellationen, aber sie hatten immer eine bestimmte Verlaufsfolge. Es waren die »Anarchistische Welle«, die »Nationalistische Welle«, die »Linksradikale Welle« und die »Islamistische Welle«.[22] Jede dieser Wellen dauerte zwischen 15 und 30 Jahren, hatte eine »Aufbauphase«, eine »Reifung« und eine »Zerschlagungsphase.«

Rapoports Analyse legt nahe, dass der islamistische Terror Anfang des 21. Jahrhunderts bereits in seine Zerschlagungsphase eingetreten ist. Für seine spektakulären Aktionen, die notwendigerweise im Westen stattfinden müssen, benötigt der suizidäre Djihad einen Menschentypus, der einerseits in hohem Maße durch Religiosität geprägt ist, andererseits hochfunktional in westlichen Kulturen agieren kann. Dieser Charaktertypus ist und bleibt selten. Die Schlüsselfigur des Mohammad Atta, mit seiner westlichen Sozialisation, seinen Sexualneurosen, seiner Fähigkeit, in einer modernen urbanen Umgebung trotz Depressionen mehrere Jahre zu überleben und dabei eine komplexe Logistik (mit teilweise völlig unzuverlässigen Mitkombattanten) zu errichten, bleibt eine Singularität.

Wie die Weltkriege aus den Statistiken des Krieges, so ragt aus der Verteilungskurve des Terrorismus der 11. September 2001 als einsame Spitze hervor. Und auch hier gelten unbestechliche mathematische Formeln. Aaron Clauset und Maxwell Young haben herausgefunden, dass zwischen Terroropferzahlen und Anschlagshäufigkeit eine feste mathematische Korrelation besteht.[23] Ja doch: Es wird Attentate geben, die an Schrecken die Dimensionen des 11. September 2001 überschreiten. Aber seit der Seeschlacht von Lepanto 1571, als die christliche die muslimische Flotte im Mittelmeer versenkte, ist der »Krieg der Kulturen« im Grunde längst entschieden.

Leben mit Terror und Katastrophe

Am 15. Juni des Jahres 1904, einem frischen Frühsommertag, geriet das Dampfschiff *General Slocum* auf dem Hudson River in Brand. Vor der New York Skyline, der Ersten Welt, starben 1 021 Menschen durch Ertrinken und Verbrennen, überwiegend Mitglieder einer Deutschen Kirchengemeinde der Lower East Side. Zu diesem Zeitpunkt waren dies proportional zur Bevölkerung der Stadt New York weitaus mehr Todesopfer als die Opfer des 11. September 2001.

Was hat der 11. September im Inneren der Stadt New York angerichtet? Nach dem Fall der Türme waren die Kommentare unisono: Die Stadt würde sich nie wieder erholen. Kapital und Menschen würden die Weltmetropole fliehen.

Am 14. August 2003 kam es zu einem Stromausfall, der ganz Manhattan ins Dunkle tauchte. Man fürchtete das Schlimmste. Aber das Gegenteil passierte. Eine seltsam friedlich-entspannte Stimmung machte sich auf den Straßen breit. Kerzen wurden angezündet, spontane »Blackout Partys« gefeiert – es gab weniger Gewalttaten und Festnahmen als an jedem anderen Augusttag.[24]

Schreckliche Ereignisse können Menschen auch zusammenrücken lassen. New York hat heute die geringste Mortalitätsrate aller US-Städte – und die höchste Lebenserwartung. Die Grundstückspreise stiegen von 2001 bis 2005 um 20 Prozent. 1990 gab es in den Straßen der Stadt 2 300 Morde – im Jahre 2004 waren es noch 566! Museen eröffnen, die Stadt brummt vor Tatenfreude. Trotz oder gerade wegen des ungeheuren Menetekels.

»Wenn der Mensch keine Fähigkeit zur Angst hätte, hätte er niemals die Macht der Sprache entdeckt, das Lesen, das Gestalten, das Imaginieren, die Vernunft (…). Angst (…) war die stärkste und mächtigste Kategorie der menschlichen Mentalität, die schließlich zur Evolution unserer höheren Funktionen führte.«[25]

Menschliche Gemeinschaften sind auf unglaubliche Weise zäh und »wiederaufrichtungsfähig«. In vieler Weise *profitieren* Menschen und Gemeinschaften sogar von den harten Bedrohungen, denen sie ausgesetzt sind.[26]

Die Vision des weltumspannenden, dämonischen Hochleistungs-Terrornetzes, das die Zivilisation beenden könne, ist deshalb eine Chimäre. Gesellschaften können mit der Bedrohung leben lernen, so wie man in London viele Jahrzehnte mit dem Terror lebte, ohne die britische Contenance zu verlieren. Und wie die Spanier mit dem Horror von Atocha umgingen – ruhig, bestimmt, ohne Hysterie, mit Entschlossenheit und gezähmter Wut. Mit der einziger *effektiven* Waffe, die wir gegen den Mega-Terrorismus haben: heroische Gelassenheit.[27]

Warnungen vor den Abu Hafs Al-Masri-Brigaden haben 2004 höchste Alarmbereitschaft in Italien ausgelöst. Angeblich seien Anschläge auf die Kunststädte Italiens und speziell auf Premierminister Silvio Berlusconi geplant. Ganz Europa sei bedroht und könnte »niedergebrannt werden«, wenn es nicht auf einen angebotenen Waffenstillstand mit Osama bin Laden einginge.

Doch die Abu Hafs Al-Masri-Brigaden existieren gar nicht. Sie sind nur ein flüchtiger Schatten, eine Drohgeste im Netz. Sie sind die Untoten der Angst, die mehr umtreiben als die real existierenden Gotteskrieger selbst. In diesem Kampf, so scheint es, hilft nur, was früher niemals half: Coolness. Vergessen. Pure Ignoranz. In gewisser Weise: Todesbereitschaft. Erst wenn wir nicht mehr schlottern, wenn bin Laden oder seine Wiedergänger auf geschickt gemachten Videos den Ungläubigen Tod und Verderben androhen, hat der Djihad verloren.

Die Terror Management Theorie (TMT)

Die Anthropologen Sheldon Salomon, Tom Pyszczynski und Jeff Greenberg beschäftigten sich mit der Frage, wie die menschliche »Todesbewusstheit« unser Verhalten bestimmt.[28] So testeten sie zum Beispiel Geschworene in Gerichtsprozessen. Sie legten zwei Gruppen denselben Fall vor – einen kleinen Diebstahl, den eine Prostituierte begangen hatte. Die eine Gruppe wurde mit Bildern von Toten, von verwesenden Leichen konfrontiert. Die andere nicht. Die »Todesgruppe« verurteilte die Prostituierte zu 455 US-Dollar Strafe. Die andere zu nur 50 US-Dollar.[29]

Auch in umgekehrter Richtung funktioniert dieser Reflex. Eine Anzahl von ganz normalen Bürgern wurde nach einem Persönlichkeitstest mit hohem Selbstbewusstsein »aufgeladen«: »Ihr seid die Größten, ihr seid superintelligent.« Die Kontrollgruppe bekam nur ein mittelmäßiges Feedback. Dann wurden *beiden* Gruppen Bilder von Toten gezeigt. Die »Selbstbewussten« konnten diese Bilder viel besser verkraften, sie zeigten weitaus geringere Angstreaktionen und verteilten danach großzügig kleine Geschenke an die Mitglieder der anderen Gruppe.

Schließlich wagten sich die Anthropologen an heiklere Tests: Amerikanische Bürger wurden mit der Aufgabe konfrontiert, schwarze Tinte auf die amerikanische Flagge zu schütten und einen Nagel mit einem Kruzifix in die Wand zu schlagen. Diejenigen, die vorher Bilder entstellter Leichen gesehen hatten, kamen mit dieser Aufgabe viel schlechter zurecht. Sie verweigerten zum größten Teil den Tabubruch.

Menschen, die in der Nähe eines Krematoriums leben, spenden mehr Geld an religiöse und karitative Organisationen. Christen, denen man Horrorbilder zeigt, mögen Juden plötzlich signifikant weniger als ihre Glaubensgenossen.

An der Universität von Mainz zeigte man Studenten Bilder von entstellten Leichen. Danach saßen sie im Hörsaal deutlich näher an ihren deutschen Kommilitonen und vergrößerten die Distanz zu den Ausländern.

Der Tod und seine Gegenwart lässt uns zusammenrücken. Er bringt uns dazu, Nationalhymnen zu singen und andere Gruppen eher als störend oder feindlich zu empfinden. Todesnähe setzt *beides* frei: engere Kooperation und Emphase zwischen Menschen.

Aber auch die Tendenz des Menschen, sich in begrenzten Gruppen mit starren Regeln und Normen zusammenzutun und die »anderen« als Bedrohung zu sehen. Dieser Mechanismus ist ein logischer, evolutionärer Reflex. Gegenüber den Gefahren, die uns auf unserem langen Weg durch die Evolution begleiteten, versprach das Zusammenrücken und Feindehassen manchmal einen Überlebensvorteil. Manchmal aber, in glücklichen Sommern, war die tolerante und universalistische Reaktion sinnvoller: mit den anderen Handel treiben, sich Vorteile durch »Fernkooperation« verschaffen.

Die Frage, wie der »Mensch ist« – ob großzügig-kooperativ oder aggressiv-gruppenegoistisch – lässt sich also niemals final beantworten. Beide Strategien sind tief in unseren Genen verankert. Je nach Setting werden wir die eine oder andere Variante reflexhaft bevorzugen. Allerdings leben wir heute meist nicht mehr in Höhlen. Unsere Lebenswirklichkeit ähnelt mehr und mehr einer globalplanetaren Savanne. Via Kooperation können wir heute weitaus mehr Win-win-Ergebnisse erzeugen als mit dem alten Reflex. Das verschiebt, langsam aber sicher, die Gewichte der Sozioevolution in Richtung auf nicht ewigen, aber dominanten Frieden.

Future Briefing: Krieg und Katastrophe im 21. Jahrhundert

In diesem Jahrhundert kommt es zu nuklearen Teilkonflikten und terroristischen Attentaten mit Nuklear- oder biologischen Waffen. Dies wird jedoch nicht zur allgemeinen Apokalypse führen, sondern der Vision einer »Weltarmee« und »Weltinnenpolitik« zum entscheidenden Durchbruch verhelfen.

Terrorismus in den unterschiedlichsten Formen ist im 21. Jahrhundert Teil alltäglicher Lebenserfahrung. Er löst mehrere weltweite Wirtschaftskrisen aus, die jedoch nicht von Dauer sind.

Die Zahl der Todesopfer in kriegerischen Konflikten nimmt weiter ab. Um das Jahre 2050 werden auch die meisten Bürgerkriege in Afrika beendet sein. Protektorate mit Unterstützung der afrikanischen Nationen entstehen für mehrere Jahrzehnte des Aufbaus.

Im Jahre 2040 erhält die UNO Vollmacht für die Erstellung einer voll ausgerüsteten Weltarmee. An dieser Armee beteiligen sich 180 von dann 2015 Ländern. Ein großer Teil der dazu benötigten Mittel stammt aus Spenden der Wirtschaft und der Bürger.

Die Anzahl der Naturkatastrophen nimmt subjektiv weiter zu. Neue Technologien und verbessertes Krisenmanagement verhelfen jedoch zu einem Containment der dadurch entstehenden Krisen.

»Desaster Task Forces« werden aufgestellt, die sich auf supranationaler Ebene mit Prävention von Schäden und Minimierung der Opfer beschäftigen.

Katastrophen als Menschheitskränkung

Am 1. November 1755 erschütterte ein schweres Erdbeben den Meeresboden vor Lissabon. Eine gigantische Welle überspülte die Stadt, zerstörte die Häuser, entfachte Brände und kostete einer ungezählten Zahl von Menschen – die Stadt hatte 250 000 Einwohner – das Leben.

Es war die Zeit der Aufklärung. Überall in Europa suchten Philosophen und Staatsmänner nach einer Welt, in der die Menschen frei von Not und Ausbeutung sein sollten. Das Beispiel der Französischen Revolution gab den Völkern Hoffnung. Kant schrieb zum Lissabon-Erdbeben:

»Alles, was die Einbildungskraft sich Schreckliches vorstellen kann, muss man zusammen nehmen, um das Entsetzen sich einigermaßen vorzubilden, darin sich die Menschen befinden müssen, wenn die Erde unter ihren Füßen bewegt wird, wenn alles um sie her einstürzt, wenn ein in seinem Grunde bewegtes Wasser das Unglück durch Überströmungen vollkommen macht.«[30]

Und Goethe in seinen Lebensaufzeichnungen:

»Gott, der Schöpfer und Erhalter Himmels und der Erden, den ihm die Erklärung des ersten Glaubensartikels so weise und gnädig vorstellte, hatte sich, indem er die Gerechten mit den Ungerechten gleichem Verderben preisgab, keineswegs väterlich bewiesen. Vergebens suchte das junge Gemüt sich gegen diese Eindrücke herzustellen, welches überhaupt um so weniger möglich war, als die Weisen und Schriftgelehrten selbst sich über die Art, wie man ein solches Phänomen anzusehen habe, nicht vereinigen konnten.«[31]

Und Voltaire:

»Entsetzt, bestürzt, seiner Sinne nicht mächtig, über und über blutend und zitternd sagte Candide sich: ›Wenn dies die beste aller möglichen Welten ist, wie müssen dann erst die anderen sein?‹ «[32]

Nahezu alle Dichter und Philosophen der Aufklärung beteiligten sich in den folgenden Jahrzehnten an dieser teleologischen Diskussion. »Das Erdbeben führte nicht nur zu einer Erschütterung der Erde, sondern das unerklärliche Leid bewirkte auch eine Erschütterung des allgemeinen Sinnzusammenhangs und führte zu einer ernsten Krise der

Philosophie des metaphysischen Optimismus«, so der Historiker Tobias Bott.[33]

Unsere Erde ist, so haben wir es in den siebziger Jahren des letzten Jahrhunderts gelernt, eine blühende Oase im All. Eine ökologische Arche, die, wenn man sie von bösen Einflüssen der Industrie, Menschen und Wirtschaft verschonen würde, den Menschen ein Himmelreich wäre. In Wahrheit wird unser blaues Juwel wie alle Himmelskörper von tektonischen und klimatischen Gewalten heimgesucht, die keine noch so perfekte Supertechnologie wirklich zähmen kann. Und die kein menschliches Wohlverhalten verhindert.

Katastrophen werden in diesem Jahrhundert nicht zunehmen, weil sie tatsächlich »häufiger« werden (vielleicht werden sie auch das, aber das wäre eher statistischer Zufall). Sie nehmen aber in unserer *Wahrnehmung* andere Dimensionen an.[34]

Die Millionenaugen der Medien. Der Ausbruch des Tambora auf der indonesischen Insel Sumbawa im Jahre 1815 war der größte bekannte Vulkanausbruch aller Zeiten, mit der Stärke von 60 000 Hiroshimabomben – noch stärker als der Krakatau-Ausbruch ein halbes Jahrhundert später. Danach fiel überall auf der Erde der Sommer aus, weil Aschewolken die Atmosphäre trübten. Aber die Zeitungen Europas brachten nur kurze Meldungen, von Todesopfern war keine Rede (obwohl Hunderttausende starben).[35]

Was weit entfernt anderen Menschen aus anderen Kulturkreisen passierte, war bis zur Entwicklung des weltweiten Mediennetzes kein wirkliches Thema. Wer weiß, dass bei einem Wirbelsturm in China 1931 über drei Millionen Menschen starben? Das Beben von Tianjin, ebenfalls in China, am 27. Juli 1976 forderte 255 000 Tote. 1976 war China ein »verbotenes« kommunistisches Land, für dessen reale Einwohner sich die Industrienationen nicht sonderlich interessierten.

Der steigende Wohlstand. Technik und Wohlstand schützen in gewissem Maße vor Naturkatastrophen – *steigern* aber gleichzeitig ihre Gesamtwirkung. Man kann nun Dämme bauen – aber jetzt wachsen die Häuser auch an Orten, die man sonst als Siedlungsraum gemieden hätte. Aus Hütten werden Villen – und dies steigert Reichtümer, die sie repräsentieren.

Seit vor etwa drei Millionen Jahren in der Verschiebung des mittelatlantischen Bergrückens der Golfstrom seine Arbeit aufnahm, ziehen mehrmals im Jahr starke Hurrikans von den tropischen Gewässern zur amerikanischen Westküste. Immer waren diese Hurrikans »verheerend« und »niederschmetternd«. Seit aber Florida zum Altersparadies für Millionen Amerikaner wurde, seit das Bruttosozialprodukt jedes Jahr wächst, erscheinen sie jedes Jahr »verheerender« und »niederschmetternder«. Eine optische Täuschung, weil wir eine andere Variable in die Naturgleichung einsetzen. Für unsere von Naturromantik und Schuldgefühlen codierte Weltwahrnehmung sieht es so aus, als ob die »Natur immer mehr gegen den Menschen rebelliert«. Und wenn Roland Emmerich uns in *The Day after Tomorrow* die Klimakatastrophe zu einem Vater-Sohn-Drama zusammenrührt, dann ist die Botschaft endgültig verankert: Wir haben gesündigt!

Desaster als evolutionäre Herausforderungen

Ist es ein Zufall, dass die entscheidenden Zugewinne an Technologie und sozialer Komplexität immer dann stattfanden, wenn es für Menschen »hart auf hart« kam?

- In den Schwemmländern Mesopotamiens, Ägyptens, Chinas entstanden vor 9 000 Jahren simultan die ersten agrarischen Hochkulturen. Einige Zeit später, in den klimatischen Umbrüchen von 8000 und 4500 vor Christi, veränderte sich das Klima, es wurde erneut kälter und trockener. Hungersnöte und Kriege brachen aus, bevor sich die Bewohner wieder etwas Neues einfallen ließen. Sie entwickelten ausgeklügelte Formen der Bewässerung, um die sinkenden Wasserressourcen auszugleichen. Und sie wanderten nun über weite Strecken, indem sie das Pferd domestizierten.[36]
- Ötzi, der Eiszeitmensch aus dem Gletscher, ist ein Produkt klimatologischer Herausforderungen. Ötzis subtile Technologien – Mehrschichtkleidung, Messer mit Holzgriffen, Steinahlen, Bogen aus Eibenholz, Birkenpilze mit antibiotischer Wirkung – entstanden in den Zwischeneiszeiten vor 8 000 Jahren. Als die Eispanzer zurückgingen, hatten die wenigen Überlebenden in den nördlichen Breiten ge-

lernt, wie man Wild jagt, eine Falle baut und sich komfortabel und warm kleidet, um einen harten Winter zu überstehen. Diese Überlebenden wurden zu Pionieren der europäischen Bauernkulturen.

- Die Renaissance, jene frühe Blüte eines schöpferischen Menschenbildes, entstand in unmittelbarer Reaktion auf den Schwarzen Tod. Die Pest hatte die Anzahl der Menschen in Europa in manchen Gegenden auf ein Drittel reduziert. Die norditalienischen Stadtstaaten waren plötzlich vom Nachschub billiger Arbeitskräfte (Halbsklaven) abgeschnitten, auf denen ihre Blüte basierte. Sie mussten sich technologisch *und* sozial etwas einfallen lassen.
- Viele Durchbruchserfindungen entstanden gerade deshalb, weil unbeschreibliches Elend Tausende von Denkern und Wissenschaftlern motivierte: So war etwa die Entdeckung des Penicillins eine unmittelbare Reaktion auf die schrecklichen Erfahrungen des Ersten Weltkriegs, in denen Millionen von Soldaten an Wundbrand und Blutvergiftungen krepierten.
- Die technokulturelle Beschleunigungswelle der sechziger Jahre (Weltraumfahrt, Autos für alle, Rock' n' Roll) entstand im Spannungsbogen des Kalten Krieges und als Nachspiel des Zweiten Weltkrieges. Die Atombombe versetzte die Welt in einen Zustand des existenziellen Adrenalinrausches. Der Wettlauf zum Mond war über weite Strecken ein militärisches Abenteuer mit Nebenwirkungen in der mentalen Konfiguration einer ganzen Generation.

Der Dichter Wystan Hugh Auden schrieb:

> »Doch Katastrophen fördern nur das Experiment,
> In der Regel gingen die Tauglichsten unter, doch die Unangepassten,
> Durch ihr Scheitern in unbesiedelte Nischen gerieben,
> änderten ihre Struktur und gediehen.«[37]

Als Berlin im Jahre 1945 in Trümmern versank, wurden die Herrenmenschen von der sozialen Evolution ausgesondert. Die Brüllaffen der Nazi-Partei verschwanden im Untergrund oder begangen Selbstmord. Die Stadt wurde übernommen von einer seltsamen Mischung aus Überlebens-Cracks und Traumwandlern, die die nächste Runde der Zivilisation eröffneten.

Mein Vater, ein Soldat, der sich von der Ostfront abgesetzt und soeben seine beiden Eltern verloren hatte, zog in den fünften Stock eines halbzerbombten Hauses. Er war technisch begabt und bastelte sich mit dem, was er in den Trümmern fand, einen der ersten »elektrischen Haushalte« (heute würde man sagen: »Smart House«, aber allein schon der Begriff »Haus« wäre damals ein Euphemismus gewesen). So kam er durch die kalten Winter. Er reparierte den Leuten Radios und Elektrogeräte. Er dealte mit Tabak und Kaffee. Und begann so, mit Millionen anderen Überlebenden, eine Aufstiegsgeschichte.

Menschen sind zäh. Noch in den Ruinen ihrer Städte denken sie fieberhaft über Boulevards nach. Alle Metropolen zeugen von dieser Beharrlichkeit, die wahrscheinlich das evolutionäre Geheimnis unserer Art birgt. Im Untergrund Roms kann man graben, ohne jemals auf nichts zu stoßen. Chicago, San Francisco, Mexico City und Lissabon wurden durch schwere Erdbeben zerstört – und erblühten danach umso mehr. Hiroshima oder Berlin, einst Symbole der totalen Vernichtung, wurden nicht der Natur zurückgegeben. Sie erblühten an derselben Stelle, aus teilweise denselben Steinen, mit einem Geist, der die Trümmer inkorporierte, sie zum Teil einer neuen Erzählung machte.[38]

Hieße das nicht: Selbst wenn es uns gelänge, Kriege und Katastrophen zu beseitigen – wir würden neue Krisen, andere Katastrophen erzeugen, nur damit es *weitergeht*?

Die Weltarmee

Heute sind 50 000 Nato-Soldaten und 40 000 UN-Blauhelme in derzeit 24 *peacekeeping missions* auf unserem Planeten unterwegs. Nicht gerade eine stolze Zahl. Aber diese Soldaten, meist freiwillige, nicht sonderlich kampferprobte Männer und Frauen aus allen Ländern der Erde, sind nur eine Vorhut, eine Avantgarde.

Der Oxford-Historiker Niall Ferguson schreibt von der Notwendigkeit eines neuen »sanften Imperialismus«. (»Ergreift die Bürde des Weißen Mannes / schickt die Besten aus, die ihr erzieht / führt die wüsten Kriege des Friedens!«, so Rudyard Kipling vor einem Jahrhundert.) Der

Einmarsch in Afghanistan, die Besetzung des Kosovo, am Ende auch die Besetzung des Iraks sind genau dies: erste Anzeichen einer *Weltinnenpolitik*. Intervention, Ernährung der verelendeten Kombattanten, Errichtung von temporären Protektoraten, Garantie von demokratischen Grundstrukturen auf mindestens zwei Jahrzehnte – nach diesem Drehbuch ließen sich immer mehr der mörderischen Konflikte auf dieser Erde beenden. Nicht ohne Opfer. Aber mit immer wenigeren.

Der Konflikt zwischen »hard power« und »soft power«, wie er derzeit den atlantischen Diskurs beherrscht, ist kein Hindernis auf diesem Weg, sondern in Wahrheit sein Ausdruck – er markiert zwei Seiten derselben Medaille. Neue Weltpolitik wird all dies beinhalten müssen: Abschreckung, Diplomatie, Entwicklungshilfe, guter Polizist und böser Polizist. Dass beide Rollen ungleich zwischen Europa und den USA verteilt sind, hat historische Gründe. Was aber, wenn Asien ins Spiel kommt und ebenfalls seine Verantwortlichkeiten übernimmt?

Seit dem Völkerbund ist die Idee einer weltumgreifenden Exekutive, die das Menschenrecht in den tiefsten Winkel der Erde trägt, ein ewiger Menschheitstraum. In der zusammenwachsenden Welt sind immer mehr Eigeninteressen auch die Interessen der anderen.[39] Und gerade deshalb wird sie kommen: die Armee des Friedens. Die Weltarmee. Die globale Polizei. Das Netzwerk des Friedens. Es wird ein langer Weg sein, gepflastert von Rückschritten und Irrtümern, von Schwachheiten und Ignoranz, von Blödheit in Wahrnehmung und Ausführung, von Feigheit und falschem Mut. Aber er wird kommen, der Moment, an dem kein Diktator, kein Oberbrüllaffe eines wie auch immer gearteten Clans mehr morden und wüten lassen kann. Der Moment, an dem ein Gerichtshof für Menschenrechte auch in Addis Abeba, Peking und Pjöngjang funktioniert.

Kassandra – Dr. Popper

Kassandra lehnt sich lässig auf ihrem Stuhl zurück. Hier, im Zentrum des Dunkels, ist sie in ihrem Element. Sie zündet eine Zigarette an, Gauloises, tiefschwarz, und bläst den Rauch quer über den Tisch, der inzwischen mit Käseresten und halbleeren Weingläsern bedeckt ist. Dem zunehmend ermatteten Dr. Popper ins Gesicht.

»Lassen Sie nur, Doktorchen. In den Arsenalen der Menschheit liegt noch genug Tod herum, damit wir die Menschheit dreimal vernichten können. In den Genlabors wartet die nächste Generation von Massenvernichtung, diesmal mit noch ein wenig mehr Subtilität. Sie glauben doch nicht im Ernst, dass wir darum herumkommen ...«

»Es ist gar nicht so einfach, die Menschheit auszurotten«, antwortet Popper sanft, und seine Brillengläser scheinen beschlagen. »Versuchen Sie das mal!«

»Nichts leichter als das«, sagt Kassandra kichernd. »Ein paar Seuchen. Ein paar von den neuen Superwaffen, die längst in den Labors zusammengeschraubt werden. Dazu ein paar Vulkanausbrüche. Hysterie. Erdbeben. Panik ...«

Schweigen.

Eine Radiostimme aus dem Off ertönt:

»Wenn es kommt, wird es anders kommen, als wir es uns dachten. Denn das ist ja gerade das Wesen des Unterganges: dass wir ihn nicht denken und ihn deshalb nicht verhindern können. Vielleicht wird einfach ein neurotischer Student, wütend darüber, dass er in der 5 000. Folge von Big Brother nicht gewonnen hat, etwas basteln. Der Student hat vielleicht den »Sperm Contest« verloren (ja, den gibt es heute schon). Sein Sperma war im Fernsehen einfach nicht schnell genug. ›Denen werde ich es zeigen‹, denkt er sich.

Er geht also in das Genlabor, in dem er gerade im Rahmen eines von EU-Geldern gesponserten Pilotprojektes arbeitet, das in den darauf folgenden Jahren Krebs in fast allen Formen heilbar machen soll. Um das zu schaffen, hat man jetzt gelernt, Viren in jeder beliebigen Form zu programmieren und schnell zu vermehren.

Und er bastelt in einer Nacht- und Nebel-Aktion (seine Füße scharren dabei vor dem Rechner auf dem Boden, auf seinem von Aknenarben zerfurchten Gesicht bildet sich eine Schweißschicht) einen Virus, der eine perfekte Mischung aus Ebola und einem harmlosen, ansteckungsoptimierten Schnupfenvirus ist. Er tut es wirklich. Und dann steckt er das Röhrchen in die Tasche, fährt mit seinem schicken Elektro-Scooter, den ihm sein reicher depressiver Vater gekauft hat, zum Hauptbahnhof, wo die Magnetzüge in alle Welt starten. Auf dem Weg singt er ein idiotisches selbstgedichtetes Liedchen.

Zum Beispiel:

Zwei kleine Schweinchen
Fuhren um die Welt.
Eines hatte Hustenbonbons,
Das andere hatte Schweinegeld.

Und lässt von der obersten Balustrade das Röhrchen auf einen belebten Bahnsteig fallen. Ein kleines Klirren, das in der Hektik keiner bemerkt.

Ja, so wird es sein.

Aber was ist, wenn das Röhrchen gar nicht zerspringt, weil unser Student aus Versehen eines aus unzerbrechlichem Kunststoff genommen hat? Oder das Virus eingeht, wenn es an die Luft kommt? Oder nur hundert Leute ansteckt, und dann zu einem harmlosen Schnupfen retardiert? Wenn man inzwischen auch schon ein Gegenmittel gegen Ebola entwickelt hat? Oder wenn dieser blöde Student von seiner Freundin dran gehindert wird? Oder nie existieren wird?

Damit müssen wir rechnen.

Auch *damit* müssen wir rechnen.

Mit *allem* müssen wir rechnen.

Das ist es ja, was uns als Zukunftswesen ausmacht!«

Weißes Rauschen. Kassandra ist auf ihren verschränkten Armen am Tisch eingeschlafen. Die Zigarette verbrennt ihr gleich die Finger. Popper kippelt auf einem alten Holzstuhl und starrt in die Luft. Nebenan, auf dem Sofa, schlafen Kosmo und Helga. Kosmo schnarcht leicht, mit offenem Mund. Der Fernseher läuft und zeigt Boxkämpfe, eine Werbung für Zahnprothesen-Haftcreme und marschierende Nazihorden.

Politik

Wird die Demokratie in eine existenzielle Krise geraten? • Ist der Staat in der globalisierten Marktwelt überflüssig? • Entsolidarisiert sich die Gesellschaft?

Was den Staat immer zur Hölle gemacht hat, ist exakt dass die Menschen ihn zum Himmel machen wollten.

Friedrich Hölderlin

Während die Menschen in der Zivilisation fortschreiten und kleine Stämme in größere Einheiten verschmelzen, sagt ihnen die Vernunft, dass sie ihre sozialen Instinkte und Sympathien auf alle Menschen ausdehnen sollten, selbst wenn sie persönlich nicht mit ihnen bekannt sind. An diesem Punkt gibt es nur eine künstliche, überwindbare Barriere, die uns von den Sympathien für alle Nationen und Ethnien trennt.

Charles Darwin

Alya, David – 2045

»Alya! Mama! Warte!«

Sie drehte sich um. Dort hinten, am Strand, wo eine kleine Felsengruppe ins türkisblaue Wasser abfiel, stand eine kleine Figur, die mit einem weißen Tuch wedelte.

Fahnen wehten über den Beduinenzelten, die hier auf dem breiten Strand standen, festlich geschmückt mit den Flaggen aller Tribes von hier bis zum Südkap.

Ein dicker schwarzer Mann ging vorbei. Er lachte wie ein Pferd und schlug auf eine Trommel – Boum-Boum-Boum –, um seine Freunde, einen dünnen Marokkaner und einen Äthiopier, die Blasinstrumente trugen, anzuspornen, etwas schneller zu laufen.

Alyas Sohn kam näher. Er rannte lachend durch den nassen Sand. Sein Gesicht leuchtete, seine blonden Haare hatte er unter einem Turban versteckt.

Hinten, auf dem Hügel über dem Meer, wuchs die Stadt.

Es war eine sehr seltsame Stadt. Sie erinnerte an die vielstöckigen Lehmbauten im Jemen. Hohe, ineinander geschachtelte Bauten mit sanft geschwungenen Rundungen. Orientalische Fenster, in atemberaubend schöner Ornamentik, zogen sich über die filigranen Fassaden. Dabei wirkte das Ganze äußerst modern, von Glaskuppeln und High-Tech-Materialien durchsetzt. Dunkle Menschen in weißer Kleidung, die wie Ameisen an Seilen vor den Fassaden hingen, trugen jetzt Farbe auf. Das leuchtende Rot der Hibiskusblüte. Das Gelb des Senfstrauches. Das Braun des Kaffees. Die afrikanischen Farben.

Zum ersten Mal in ihrem Leben fühlte Alya sich wirklich glücklich.

Eine kleine (Zukunfts-)Geschichte des Staates

Als der Engländer Thomas Hobbes im Jahre 1651 im französischen Exil seine berühmten Schriften zum Staat verfasste, tobte in England ein mörderischer Bürgerkrieg. Das Land, das im 16. Jahrhundert die Blüte einer zivilen, handwerklich geschickten und auf allen Weltmeeren präsenten Kultur erlebt hatte, zerfiel unten dem Stampfen der Soldateska. Oliver Cromwell, Statthalter einer maroden Republik, rief Parlamente ins Leben, nur um sie kurz darauf wieder aufzulösen. Royalistische, herzogliche oder einfach räuberische Truppen zogen marodierend durchs Land, schlachteten Kinder und vergewaltigten Frauen. Die Pest raffte die Menschen dahin, und die Sitten verrohten.[1]

»Life is Nasty. Brutish and Short. Without any law enforces, every man is open to violent exploitation.« So lauten die berühmtesten Sätze Hobbes', mit denen er die moderne Staatstheorie begründen sollte. Hobbes, Sohn eines alkoholabhängigen Vikars (ein streng blickender Mann mit Perücke), konstruierte den kommenden Nationalstaat als unerbittliche Instanz, als Leviathan, der die Bürger und ihre Konflikte mit harter Hand und Gewalt disziplinierte. Er dachte Gesellschaft als ewigen, blutigen Machtkampf – und den Staat als Garanten des Machtverzichtes.

Aus Hobbes' Theorie entwickelte sich das System der Gewaltenteilung, des »Gewaltmonopols«, in dem Gesetzgebung, Richtertum und Exekutive getrennte Einheiten bilden. Damit war der mittelalterlichen Willkür ein Ende gesetzt. Und so entstanden neue, nationale Verwaltungsgebilde, Institutionen der Verlässlichkeit.

Ein halbes Jahrhundert später, in friedlicheren Zeiten, sollte John Locke die düstere Vision des staatlichen Zwangsfriedens etwas aufhellen – und in die Idee der Demokratie transformieren, die den Bürger an den Angelegenheiten des Staates aktiv beteiligt. Aus dem »Monster« wurde ein moderierter Riese, eine milde Mutter, die die Angelegenheiten ihrer Mitglieder ernst nahm und *Institutionen des Zuhörens* schuf. Von nun an war der Weg vorgezeichnet: Kant, die Französische Revolution 1789, Napoleon, Bismarck – staatliche Organisationsformen strukturieren eine Welt im Umbruch in die industrielle Kultur. Der Staat ging auch aus den Zusammenbrüchen der Weltkriege als Sieger hervor. Je mehr die Menschen in den Konflikten zwischen den Staaten zu Schaden kamen, desto mehr verfeinerte der Staat seine Kompetenzen. Und die Vielfalt seiner Möglichkeiten. Der Staat wurde eine vielköpfige Hydra. Er konnte, im Nationalsozialismus und Kommunismus, ganze Gesellschaften unterjochen, formieren und mobilisieren. Er konnte sich, wie die Schweiz, aber auch Inseln eines zivilgeschichtlichen Sonderweges behaupten, in denen die Bürger sich auf direkte Weise miteinander verständigten. Er konnte Volksheime errichten wie in Schweden und Österreich und korrupte Strukturen, die dennoch funktionierten, wie in Italien. Er konnte Polizeistaat mit sozialistisch-patriarchalem Versorgungsstaat kreuzen (in Perons Argentinien). Oder, wie in Amerika, eine emphatische »Neue Welt« mit »Law and Order« als Minimalkonzept begleiten.

»Der Staat bin ich.« hatte der Sonnenkönig einst formuliert (und Napoleon realisiert). In der Zeit nach dem Zweiten Weltkrieg, der großen, industriellen Prosperitätsphase, sollte der Leviathan sich zur Ruhe legen. Für eine Jugendgeneration zog er in seiner postfaschistischen Legitimitätskrise noch einmal Hass und Misstrauen auf sich (»Schweinestaat«). Aber langsam, allmählich, morphte er zu seinen *modernen* Formen – jenen sanften Umverteilungsverwaltungsstaaten, die den Segen des Wohlstands in die ganze Welt hineintragen sollten.

All diese Experimente lassen bis heute eine wichtige Frage unbeantwortet: Wie sehr kann die Gesellschaft selbst die Formel vom »brutish and short« widerlegen? Wie »zivil« können Menschengemeinschaften werden – und damit die Macht des Staates beschränken?

Sind Menschen kooperativ?

Vor einigen Jahren entwickelten die Sozialwissenschaftler Herbert Gintis von der University of Massachusetts und der Anthropologe Robert Boyd eines der aufwändigsten Computermodelle im Rahmen der sozialen Spieltheorie. Das Ziel ihrer Testreihe galt der fundamentalen Frage, wann und unter welchen Umständen Menschen in Systemen kooperieren.[2] Ausgehend von der »Urmutter« aller Spieltheorien, dem »Gefangenendilemma« (Zwei Gefangenen wird eine Belohnung angeboten, wenn sie den jeweils anderen verraten: Wenn sie aussagen, halbiert sich ihre Strafe. Wenn beide nichts sagen, gehen sie straflos aus ...), experimentierten Gintis und Boyd mit Gruppen zwischen vier und 256 Menschen. Diesen wurden bestimmte Aufgaben erteilt, bei denen sie kooperieren oder »betrügen« konnten. Während bei kleiner Gruppengröße die Anzahl der Kooperationsprozesse stets hoch war, »erlahmten« diese mit steigender Menschenzahl; Betrug und Nichtkooperation nahmen rapide zu. Nun wurde die Komplexität des Regelsystems erhöht – wer betrog, wurde bestraft. Dadurch hielt die Kooperationsphase länger an, fiel jedoch bei größeren Gruppen schnell wieder auf null. Stabilisieren ließ sich das Kooperationssystem erst, als eine weitere »Meta-Regel« eingeschaltet wurde: wenn es nicht nur zur Bestrafung von Betrug kam, sondern auch zur *Bestrafung derjenigen, die Betrug nicht bestraften* (siehe Abbildung 8).

Dieses Modell kann sowohl das Enron-Desaster wie auch den Bürgerkrieg im Kosovo erklären. Es illustriert in simplifizierter Form die Entwicklung der menschlichen Kooperationsgeschichte. Aus kleinen Urhorden von 15 bis 30 Individuen entwickelten sich Stammesgesellschaften, in denen »Big Daddys«, dominante Clan-Männer, die Regeln setzten und Abweichler rigoros bestrafen ließen. Mit steigender Komplexität und

Menschenzahl entwickelten sich neutralisierte Institutionen: Polizei, Gerichte, moralische Instanzen wie Kirchen und Medien. Auf diese Weise entstand, im Wechselspiel zwischen staatlichen Sanktionen und zivilen Regeln, die Demokratie, wie wir sie kennen. Mit all ihren Meta-Gesetzen zur Erzwingung von Kooperation, Fairness und Schutz. Man denke an die Gesetze zur unterlassenen Hilfeleistung. Oder die Korruptions- und Kartellgesetze ...

Je höher die Anzahl der möglichen Beziehungsknotenpunkte zwischen den Menschen ist – und in der globalen Gesellschaft wächst sie ins Unendliche –, desto deutlicher müssen sich die Regeln ausprägen, die nicht nur Regelverstöße sanktionieren, sondern auch die Gleichgültigkeit gegenüber Regelverstößen. Den Erfolg des Nationalsozia-

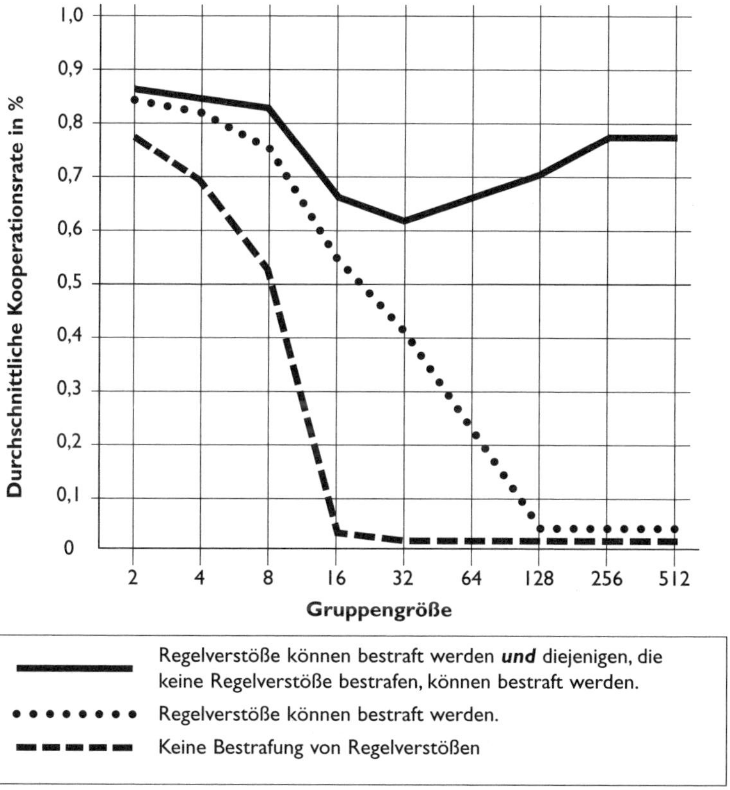

Abbildung 8: Das Kooperationsspiel menschlicher Gemeinschaften

lismus können wir genau in diesem Sinne lesen. Die Nazi-Diktatur war deshalb so »erfolgreich«, weil sie zwischen den Angehörigen einer »Rasse« ein hochkooperatives, ja »moralisches« Verhaltenssystem setzte. (»Alles für den Volksgenossen!«) Gleichzeitig wurde jede Instanz, die universelle Rechte einklagen oder verteidigen konnte, systematisch vernichtet. Die Gesellschaft wurde, obwohl sie bereits eine hochtechnisierte Massengesellschaft war, auf den Verhaltenskodex der tribalen Urhorde »resettet«. Das »Kontroll-Mem« der höheren Instanzen, in denen auch »die Anderen« Menschen sind, wurde außer Kraft gesetzt. Deshalb können viele der damaligen Täter und Mitläufer bis heute nichts »Unmoralisches« in ihren Handlungen sehen ... Wir wollten doch nur »das Beste« für die Mehrheit unseres Volkes ... Unsere Motive waren lauter, nun ja, die Methoden waren vielleicht etwas problematisch ...

In der Globalwelt des frühen 21. Jahrhunderts geht die Entwicklung der Zivilisation nun in die nächste Komplexitätsrunde: Wie verhindern wir Völkermord, Hunger, Terror und Diktatur auch dann, wenn sie weit weg von unserer Alltagsrealität erscheinen? Diese Frage ist im Beziehungsgeflecht der Globalität nicht mehr nur eine »Randfrage«, sondern eine Existenzfrage für die ganze Zivilisation. In der politischen Diskussion, etwa der »Globalisierungsfrage«, setzten wir unseren ethischen Bezugshorizont jedoch immer noch in den Rahmen des alten Nationalstaats. In diesem ging es immer nur um »uns«. Um uns als »Arbeitnehmer«. Um uns als Wohlhabende. Um uns in unserer abgesicherten Demokratie.

Das Autistische der Globalisierungsdebatte findet hier seine Begründung. Und auch das Regressive der Pazifismus- und Umweltdebatte. Eine globale Politik muss die Betrachtungswinkel anders setzen: Ist es nicht höchst gerecht, dass »Arbeitsplätze« in Europa verschwinden, damit Indien eine Chance hat, aus der Armut aufzusteigen? So betrachtet war der Irakkrieg ein Pionierkonflikt, in dem sich zum ersten Mal in voller Deutlichkeit eine globale Moral, eine planetare Innenpolitik formulierte. So sehr wir Europäer diese Frage auch hassen: Wir werden in Sachen Irakkrieg erst »Recht bekommen«, wenn wir eine für die globale Zukunft existenzielle Frage beantworten: Wer bestraft in Zukunft diejenigen, die den Nichtbestrafer nicht bestrafen?

Der Parteienstaat: Linke gegen Rechte

Die europäischen Demokratien nach dem Krieg brachten einen bestimmten Typus von »Staatsmännern« (ausschließlich: *Männer*!) hervor, denen Versagen und Zusammenbruch der Rechtsordnungen im Europa der Weltkriege zutiefst bewusst waren. Sie hatten tiefe Wurzeln in den Milieus des Bürgertums oder der humanistischen Bewegungen. Es waren Steuermänner, die den modernen, westlich gewendeten Staat als großes Schiff sahen, das man allen Anfechtungen zum Trotz durch die Zeit steuern musste.

Alle diese Männer waren Individualisten, Eigensinnige, Charakterköpfe. Aber sie waren gebunden in den großen Volksparteien, die sich nach dem Krieg als Stabilitätsfaktoren herausbildeten als Antworten auf die zersplitterten Parteistrukturen der Vorkriegszeit. Sie waren Sozialdemokraten, Christdemokraten. Sozialisten oder Konservative. Oft fluchten sie auf ihre Parteien. Oder vertraten fröhlich das Gegenteil der Parteiprogramme. Aber sie waren politische Richtungsträger.

In der Identifikation mit diesen Männern liegt der Beginn jenes Hin und Her in den westlichen Demokratien, das sich zu einem von allen mitvollzogenen politischen Ritual entwickelte. Links eroberte in einem allgemeinen Schwall der Gerechtigkeitsempörung die Mehrheit. Mehr Ausgleich! Nieder mit der Gier der Reichen! Mehr Rechte für Frauen, Hunde, Minderjährige! Mehr Cash!

Rechts wartete auf seine Chance. Die kam im nächsten Konjunktureinbruch, wenn der Finanzminister der Linken wieder nicht genug in der Tasche hatte. Gnadenlos wurde die eigene Klientel mobilisiert, die Sparsamen, Fleißigen, die Rentner, die Hausmeister, die Kirchgänger, Lodenträger, Hutträger. Also die Mehrheit. Und so schmolz die vermeintliche Mehrheit der Linken aus Staatsdienern, Lehrern, Arbeitern, Ungelernten, Emanzen.

Man berief sich auf Traditionen, ohne sie allzu wörtlich zu nehmen. Im Linkssein spiegelte sich die quälende »soziale Frage«, die tief aus den Klassenverwerfungen des 19. Jahrhunderts stammt. Die Hoffnung auf die Emanzipation des Menschen. Der Glaube an den Staat als großen guten Onkel, als Instrument des Fortschritts und der Veränderung.

Rechts sah den Staat als notwendige Ordnungsmacht, während der

Bürger sein ökonomisches Wohl selbst in die Hand nahm. Links wollte mit dem Staat die Menschen aus der Not befreien und die Wirtschaft der Kontrolle unterwerfen. Rechts beharrte zwar auf der Privatsphäre, mischte sich aber ständig in das Sexualleben und die Regeln des Privatlebens ein. Beide wollten also bestimmte Freiheiten *zugunsten* eines anderen Ziels beschränken. In industriellen Verhältnissen fielen diese Widersprüche nicht weiter auf. Im Gegenteil: Sie »passten« zu den inneren Strukturen einer Massen- und Klassengesellschaft mit ständig steigender Produktivität.

Ob man Linker oder Rechter war, das konnte man mit einer Geste, einem Kleidungsstück, einer Haartracht, einem Codewort ausdrücken. Das Rechts-Links-Spiel war harmlos, profan und brutal zugleich. Brutal, weil *alles* der polaren Logik untergeordnet wurde. Harmlos, weil die Machtübernahmen, trotz allem Getöse, meist recht friedlich verliefen. Die Rechten machten so gut wie immer da weiter, wo die Linken aufgehört hatten. Die Rechten stellten bei Wahlerfolg munter nun auch ihre Klientel in den warmen Verteilungsregen, zahlten Kindergeld, Rentenunterstützung und Dachrinnenrenovierungszulage für Kriegsversehrte, Handwerker, Hundebesitzer. Wenn die Linken wieder dran waren, führten sie im Gegenzug alles aus, was die Rechten immer gefordert hatten: Sie verschärften munter die Sicherheitsgesetze, erweiterten die Ausnahmeklausel für Waffenexport und liberalisierten die Arbeitsschutzbestimmungen. Mit einer Ausnahme: Maggie Thatcher in England (und, in manchen außenpolitischen Fragen, die USA), repräsentierte das Rechts-Links-Spiel im vergangenen Halbjahrhundert tatsächlich als einen Kampf zweier grundverschiedener Positionen.

Und man sollte dies anerkennen: Der Rechts-Links-Widerspruch spielte viele Jahrzehnte eine wesentliche Funktion für die Entwicklung differenzierter Gemeinwesen. Er politisierte die Gesellschaft in einem Maße, das ihr ermöglichte, ihre innere Komplexität weiterzuentwickeln. Die Links-Rechts-Kultur verkörperte trotz allem weltanschaulichen Humbug eine Kultur des Engagements. Gewerkschaften, Verbände, Bürgerinitiativen, Intellektuelle – alle beteiligten sich und *verbesserten* sich im gegenseitigen Widerspruch. Neue Parteien wie die Grünen, die neuen sozialen Bewegungen differenzierten die Spielweisen und -regeln einer politisierten Gesellschaft.

In der globalen Wissensgesellschaft verkommt das Rechts-Links-Paradigma jedoch endgültig zum ideologischen Kabuki-Ritual. Wie in diesem japanischen Puppentheater dreht man sich in endlosen Wiederholungen im Kreis. Weder die »Linke« noch die »Rechte« (oder »Konservative«) können nun plausible Antworten auf die entscheidenden Zukunftsfragen anbieten. Beide Richtungen verheddern sich in ihren eigenen Traditionen. Während die Linken eine Solidarität einfordern, die im Rahmen des globalen Spiels längst ganz andere Horizonte aufweist, beharren die Konservativen auf einer Rückkehr zu »intakten« Tugenden, Normen und Milieus, die im harschen Kontrast zu einer florierenden globalisierte Wirtschaft stehen. So entwickelt sich eine politische »Zweisprech«-Kultur, eine verlogene Doppeldeutigkeit, in deren Zentrum ein riesiges Vakuum entsteht. Weil beide politischen Mainstreams nicht in der Lage sind, eine auf freier Individualität basierende Netzwerkgesellschaft zu denken, in der Kreativität, Wissen und Bildung die entscheidenden Triebkräfte der Gesellschaft sind, müssen sie *tricksen*.

Das, was wir »Politikverdrossenheit« nennen, ist nichts anderes als das logische Resultat dieses bipolaren Versagens. Linke wie Rechte stehen wie Ochsen vorm Berg der Zukunft. Sie scharren mit den Hufen, muhen und sehnen sich lautstark und polemisch nach einer vergangenen Zeit. Sie appellieren, drohen, heben die Zeigefinger früher oder später gegen den Bürger.

Die neue soziale Frage

Der europäische Sozialstaat – ein Co-Konstrukt linker wie konservativer Strömungen – machte seinen »Kunden« ein einfaches Angebot: Wenn es dir schlecht geht, musst du *gar nichts* tun. Du kannst dich vor den Fernseher setzen und beruhigt abwarten, bis die Konjunktur wieder anspringt und wieder ein »Arbeitsplatz« zur Verfügung steht.

In der Wissensgesellschaft ist das gleich in mehrerlei Hinsicht ein falsches Konzept.

Die Gesellschaft der Zukunft bringt dem Einzelnen mehr Wandlungsdruck, weil Globalisierung und neue Technologien die Risiken und das Tempo zwangläufig erhöhen. Ob wir morgen noch *denselben* Job haben, können wir nicht wissen. »Arbeitsplätze« sind, da sie ein Konstrukt der Industriegesellschaft sind, in Zukunft nicht mehr zu erwarten (Jobs, Arbeit, »Tätigkeit« sehr wohl).

Aber die raschen Wandlungsprozesse bringen uns auch ständig Chancen, unseren Job und unser Einkommen drastisch zu verbessern. »Entdecke die Möglichkeiten«, sagt eine witzig-schwedische Stimme in der IKEA-Werbung. Die Wissensökonomie ist auch eine *Chancengesellschaft*, weil sie eine ungleich höhere Vielzahl von Realisierungschancen in Sachen Jobs, Liebes- und Lebensglück bietet. Je höher die Komplexität eines sozioökonomischen Systems, desto rascher steigt die Anzahl der individuellen Optionen.

In dieser Situation mutiert der alte, bürokratische Sozialstaat mit seinem Hang zur »Vergleichung« der Lebensverhältnisse zu einem gigantischen Bremsklotz. Er fördert nicht die Chancen, sondern versucht nur die Risiken zu minimieren. Das ist so, als wenn man auf einer Skischanze beim Abfahren ständig bremst, um das Risiko eines Sturzes zu minimieren.

In einer Arbeitswelt der prekären Arbeitsverhältnisse wird *jeder* zum Bedürftigen. Da *alle* in gewisser Weise *Selbstständige* sind, tendiert die Anzahl der Transferempfänger gegen 100 Prozent.

Zudem sind die Menschen clever. Sie wissen durch lange Erfahrung und viel Übung, wie man den Sozialstaat abzockt. Kaum ist ein Gesetz gemacht, wird es auch schon missbraucht, die Ausnahmeregeln werden ausgenutzt, die Grundlagen umgangen. Kaum erlässt der Staat großzügigere Invaliditätsgesetze, schon sind 15 Prozent der Bevölkerung Frühinvaliden. Diesen Kampf gegen einen (im Grunde völlig logischen) Selbstoptimierungsdrang kann der Sozialstaat nicht gewinnen. Selbst in »Hochvertrauensgesellschaften« wie in Skandinavien nicht.

Drittens aber ist Geld nicht mehr das entscheidende Problem. Armut heißt im 21. Jahrhundert nicht, Hunger zu leiden. Armut bedeutet eher ein *Zuviel* an Input und ein *Zuwenig* an Adaptivität. Heißt: Chips fressen vor dem Fernseher, der einem mit 300 Programmen in die Blödheit lullt, während man sich immer mehr als ohnmächtiges Opfer »der Verhältnisse« fühlt und diese Meinung lautstark bei jeder Gelegenheit kundtut. »Mit mir nicht! Die da oben sind alle Verbrecher!«

»Wie sieht sie aus, diese neue Armut? Die niedrigen Wohnblocks aus den Sechzigern sind gepflegt. Ein Bataillon von Schüsseln peilt Satelliten an. Hinter den Gardinen flackert bläuliches Licht. Studiogebräunte Mädchen klackern über die Betonwege. Dicke Kerle wuchten sich aus breitbereiften BMWs, Audi TTs und tiefergelegten Golfs. (...) ›Armut?‹, sagt der Hausmeister. ›Gibt's hier nicht.‹ (...) Das Elend ist keine Armut im Portemonnaie, sondern die Armut im Geiste. Der Unterschicht fehlt es nicht an Geld, sondern an Bildung.«[3]

Dieses Zitat stammt aus einer sensationellen Reportage von Walter Wüllenweber in der deutschen Illustrierten *Stern*, in der die Armutsareale in Essen und Köln beschrieben werden. Ein Text, bei dem es zum ersten Mal in einem großen deutschen Magazin (nach drei Millionen wüsten Beschimpfungen des Neoliberalismus) um die wirklichen sozialen Zukunftsfragen ging: Wie schaffen wir es, im Wandel zur Wissensökonomie neue Formen von Inklusivität zu erzeugen? Menschen wieder zu integrieren in Arbeitsfähigkeit und Selbstverantwortung? Tony Blair nannte das einmal »Mitleid mit breiten Schultern«.

Statt Fallnetze braucht der Staat in einer Zeit, die vom Wandel der Arbeitssuchenden geprägt ist, *Trampoline*. Diese Überlegungen münden in nichts anderes als das Konzept aktivierender Sozialpolitik, wie sie in vielen Ländern schon ganz gut funktioniert.

Der neue Sozialkontrakt: mehr Politik, weniger Staat

Im Januar 2005 gingen durch die englische Presse Meldungen, dass staatliche Müllmänner in ländlichen Regionen in *Herznotfallbehandlung* unterrichtet werden. Nur Müllmänner, so die Argumentation, kommen in viele entlegene ländliche Gebiete, wo die Todesraten durch Herzattacken sehr hoch sind. Wenn man sie im Umgang mit Defibrillatoren schult, könnten Hunderte, wenn nicht gar Tausende von Menschenleben gerettet werden.[4]

Eine wahrhaft teuflische Idee des Neoliberalismus (wie die Gewerkschaft sofort fand). Aber die kleine Anekdote zeigt, wie eine Politik der

»unveränderten Verknüpfungen« funktioniert beziehungsweise funktionieren kann. Wir sind es gewohnt, Services vom Staat zu bekommen. Da immer mehr Service *erwartet* wird – bei gleichzeitigem globalen Steuerwettbewerb –, müssen wir diese Dienstleistungen anders organisieren, ohne ihren Kern zu verändern.

Der deutsche Publizist und Politikberater Warnfried Dettling hat die magische Formel »Mehr Politik – Weniger Staat« geprägt, eine Art »Mandala« der politischen Zukunftsevolution. Nein, wir müssen in Zukunft auf Politik nicht verzichten. Wir brauchen im globalen Zeitalter aber eine Politik, die die Rolle des Staates zwischen Individuum, Wirtschaft und Gesellschaft komplexer und intelligenter gestaltet.

- »Okay«, sagen wir denjenigen, die in die Schule gehen. »Wir geben dir Nachhilfe. Wir kümmern uns um deine Lernschwächen. Wir rennen dir hinterher, wenn du schwänzt. *Aber tu etwas für dich selbst!*«
- »Okay«, sagen wir denen, die auf den neuen, den turbulenten, manchmal gnadenlosen, aber chancenüppigen Arbeitsmärkten straucheln und an den Rand gedrängt werden. »Es ist schwer, aber es geht. Es geht allerdings nur, wenn du *dich selbst* als ›Arbeitgeber‹ verstehst. Wenn du dich *bewegst*. Wenn du deine höchstpersönlichen Fähigkeiten beurteilen und weiterentwickeln lernst.«
- »Okay«, sagen wir denjenigen, die ins Altersheim gehen, wenn es eigentlich schon zu spät ist. »Wir bieten so viel, wie wir können. Wir machen Fundraising, leisten Überstunden, wir singen, tanzen und begleiten dich bis zur letzten Stunde. Aber das heißt auch, dass du *läufst*, so lange du kannst. Dass du dich mit uns um diejenigen kümmerst, die *noch* schwächer und kränker sind.«

Dieses Aktivierungsprinzip ist die entscheidende Kernmaxime des neuen Sozialkontraktes jenseits der alten industriellen Logik. Es baut auf einem Menschenbild auf, in dem der Einzelne nicht einfach nur »Transferempfänger« ist. Es bestreitet die allgemeine Opfermentalität, die sich in entwickelten Sozialstaaten zwangsläufig herauszubilden droht: »Ich bin nicht verantwortlich, die Gesellschaft ist es.« Es bietet die Grundlage einer neuen Sozialmoral: Wer Leuten das abnimmt, was sie selbst (noch) können, handelt *unsozial*.

- In England werden mit den Erlösen der staatlichen Lotterie nicht nur klassische Sozialaufgaben finanziert, sondern auch eine Menge kultureller Projekte. Zum Beispiel Schlossrestaurierungen im Rahmen der English Heritage Stiftung. Ganze Theater werden mit Lotteriegeld betrieben. Kulturgeld wird »einsichtiger«, wenn es aus »Spielgeld« gemacht wird. Sozialprojekte sollten hingegen durch direkte Steueraufkommen oder Spendenpools finanziert werden.
- In den USA funktioniert das Bildungssystem über weite Strecken als Public-Private-Partnership. Private Investitionen bringen Milliarden von US-Dollar in den glühenden Kernbereich des sozialen Aufstiegs. Die »Bildungsgerechtigkeit« – also der Zugang von Kindern ärmerer Elternhäuser zu höherer Bildung – ist dabei in den USA sogar besser gelöst als in den meisten Sozialstaaten Europas.
- Dänemark geht mit seinen Arbeitslosen liebevoll rabiat um. Wer arbeitslos wird, dem fällt man so lange auf die Nerven, bis er wieder einen Job hat. Dabei hilft vor allem die Gemeinde, die eine Vielzahl von Jobs in allen Gehaltsklassen generiert, wenn es nötig ist.

In der Sprache des politischen Regressionsdenkens, das uns seit dem Links-Rechts-Zeitalter leider nicht mehr verlassen will, ist das alles »Neoliberalismus«. Wohl denen, die ihr glattgebügeltes Schwarz-Weiß-Weltbild in einer komplexen Welt erhalten können. Wehe denen, die nicht verstehen, dass genau das *das* Problem der Demokratie werden könnte.

Der fokussierte Staat

Als Francis Fukuyama sein Buch *Das Ende der Geschichte* veröffentlichte, einige Jahre nach Ende des Kalten Krieges, überschlugen sich die Feuilletons in Häme und Hohn. Zeigten die aufbrechenden Bürgerkriege auf dem Balkan, die Konflikte im Nahen Osten nicht, dass nun eine neue, eher chaotische Epoche der Geschichte angefangen hatte?

Was Fukuyama meinte (und womit er gnadenlos Recht behielt): Nach dem Ende des Kalten Krieges, mit der Öffnung der weltweiten

Märkte verändert sich die Rolle des Staates über Nacht. Heute existieren im Grunde nur noch zwei Typen staatlicher Gebilde: Staaten, die funktionieren; und kaputte Staaten, marode Staaten, *de-konstruierte Staaten.*

Anders als im größten Teil des 20. Jahrhunderts, in dem die Staatsform der Demokratie immer noch das zarte Pflänzchen eine Ausnahmeerscheinung darstellte, leben heute drei Fünftel der Weltbevölkerung in demokratischen Rechtsordnungen. (1955 gab es lediglich 22 Demokratien bei 190 Ländern, das waren 14,3 Prozent!) All diese Demokratien *konkurrieren* nun auch *gegeneinander* um die besten Konzepte zur Erzeugung von effektiven Infrastrukturen und Humankapital.

Dabei sind die Kernaufgaben des Staates in der globalen Wissensgesellschaft folgende:

- eine Armee zu betreiben, die in der Lage ist, hochtechnisiert und nahezu ohne Opfer an Menschenleben an jedem Punkt des Planeten in Befriedungsprozessen einzugreifen – in Koordination mit einer Vielzahl von Alliierten, politischen Abstimmungsprozessen, Verbündeten, und ohne den Staatshaushalt zu ruinieren;
- ein effektives Schulsystem zu organisieren, das seine jungen Bürger nicht nur fünf Stunden am Tag verwahrt, sondern sie effektiv auf die Wissensökonomie vorbereitet; ein Bildungssystem, das das Bildungsniveau der Gesamtbevölkerung *ständig* erhöht, also lebenslanges Lernen ermöglicht und dabei eine zunehmende Anzahl von Ausländern integriert;
- reibungslose globale Investitionsströme in Innovations- und Durchbruchstechnologien zu ermöglichen, in Technologiesektoren wie Gen-, Bio- und Nanotech, Fusion, Quantentech; *möglicherweise* können diese Technologien an einem bestimmten Punkt große Gefahr für Leib und Leben der Bürger bedeutet, dies gilt es, auf dem Wege vorausschauender Kompetenz und hochtechnologischer Expertise, zu *erahnen* und zu *bewerten*;
- ein Renten-, Gesundheits- und Sozialsystem zu betreiben, das auch unter den Voraussetzungen ständig neuer High-Tech-Medizin und ständig steigender Lebenserwartung funktioniert;
- Flughäfen offen zu halten – in der Welt des Terrorismus.

All diese Aufgaben sind alles andere als »Peanuts«, Verwaltungsvorgänge oder »Rückzugsmanöver«. Sie erfordern ungleich mehr Grips, Energie, systemische Intelligenz als die alten Bürokratien, die im Wesentlichen den Wohlstandszuwachs umverteilen mussten. Es ist verdammt hart, im 21. Jahrhundert Flughäfen offen zu halten! Der neotechnokratische Staat ist keineswegs »kalt«, wie das von den Moralisten von Attac und Co. immer behauptet wird. Er muss allerdings die Regeln des globalen Managements auch für sich selbst anwenden. Und er benötigt dafür dringend ein anderes Personal.

Der Neo-Politiker

Ein wenig zynisch schreibt Bruce Sterling in seinem Buch *Tomorrow Now:*

»Ein Staat unter diesen Bedingungen ist immer noch ein Staat, aber eben kein romantischer Liebhaber mehr. Es fehlt ihm an romantischen Slogans und aggressiven Doktrinen. Er hat keine äußeren Feinde, nur Konkurrenten. Eine Regierung unter diesen Umständen kann sich nicht mehr die *beste Hoffung der Menschheit* nennen. Politiker versuchen aber immer noch die alte, idealistische Rhetorik. Aber selbst amerikanische Präsidenten klingen irgendwie lächerlich, wenn sie von *unendlicher Gerechtigkeit* und dem *Zeitalter der universalen Freiheit* faseln. Es klingt, wie wenn man einen Ramschladen besitzt, aber so tut, als wäre man Napoleon persönlich.«[5]

Der neue Globalstaat hat einen neuen Typus von neopragmatischen Politikern hervorgebracht. Tony Blair, Gerhard Schröder, Bill und Hillary Clinton, Wolfgang Schüssel, viele osteuropäische Politiker der neuen Demokratiebewegungen sind Prototypen für diese oft als »überzeugungslos« denunzierten Politiker, die mit den alten, knorrigen Lagercharismatikern nicht mehr viel zu tun haben. Ihre Methoden, Denkweisen, selbst Kleidungsstile ähneln eher dem der neuen, globalen Managerklasse. Sie sind pragmatisch bis zur Sturheit. Sie benutzen populäre Rhetorik, suchen aber bedächtig nach Worten, anstatt sie ständig parat zu haben. Sie wissen, dass sie die Dinge jeden Tag neu erfinden müssen, wenn sie nicht untergehen wollen im Sumpf der populistischen Stimmungsschwankungen. Sie wissen vor allem, dass sie sich von ihren Parteien Lichtjahre entfernt halten müssen.

Der Neo-Politiker ist ein Held des Rückzugs von der ideologischen Front, und stets auch ein tragischer Held. Unter seiner Ägide wird *Government* durch *Governance* ersetzt, und das heißt, dass Politik immer mehr zur Moderationskunst wird, zur Verknüpfung gesellschaftlicher Kräfte zu neuen, effektiveren Allianzen. Das macht aus einer Heldengestalt schnell den Scherenschnitt eines Technokraten. Aber der Neo-Politiker ist kein kalter Technokrat. Er glaubt nur an die Zukunft, an neue Synthesen der Bürgergesellschaft, an die heilende Kraft von Prozessen und Systemen.

In seinem Versuch, Zukunft zu formulieren, trifft der Neo-Politiker auf eine bis an die Zähne lobbyistisch bewaffnete politische Kultur. Und auf eine Öffentlichkeit, die die Rechts-Links-Regression noch tief in den Knochen hat. Jeder Reporter, der ihm gegenübertritt, jeder Volontär einer Schülerzeitung, will immer nur wissen, was *nicht* funktioniert. Alle wollen einfache, polare, ideologische Antworten, die möglichst kein Fünkchen jener Komplexität besitzen, die die globale Welt auszeichnet. Alle gieren nach Storys, die von Opfern handeln, nie von »Tätern«. Mit der alarmistischen Öffentlichkeit versucht der Neo-Politiker »kathartisch« umzugehen. Er geht gerne in Talkshows und lässt sich »fertig machen« oder »grillen«. Eine Methode der paradoxen Intervention, die erstaunlich wirksam sein kann.

Die Mediokratie

Wenn vor 20, 50, 100 Jahren ein Politiker im Nebenzimmer seines Regierungszimmers eine junge, dralle Praktikantin befummelt und einen kleinen »blow job« arrangiert hätte – was wäre passiert? Nichts. Die Staatsgeschäfte wären unbeschadet weitergelaufen, die Praktikantin hätte mit einer netten Abfindung das Büro verlassen, die Ehe des Politikers noch nicht einmal einen winzigen Kratzer davongetragen – Diskretion ist das Geschäft des Gentlemans.

Als Monica Lewinsky mit dem Saxophonisten Bill Clinton im einen Nebenraum des Oval Office Ähnliches trieb, wurde der Grundstein zu einer gigantischen Medienkampagne gelegt, deren Dimensionen jede Vorstellung sprengte. In dem halben Jahr, in dem der Skandal von den Medien »verarbeitet« (im Wortsinn) wurde, liefen im US-Fernsehen allein etwa 300 Sondersendungen zur »Prime Time«. Hunderte von Zeitschriften brachten die Story auf ihrer Titelseite. Es folgen Untersuchungsausschüsse, Gerichtsverhandlungen mit Armeen von teuren Anwälten. Es folgten Nachfolgefälle, in denen andere Damen Ähnliches für sich reklamierten, Beichten, öffentliche Statements, psychologische Runden, Essays, T-Shirts (»I love Monica«), Witze, Witzbücher, psychoanalytische Talkshows (»Die Erotik der Macht«). Selbst Bill Clintons Memoiren, viele Jahre später in hoher Auflage veröffentlicht, kapitalisierten noch die arme, dralle Monica (die den besten Job ihres Lebens machte).

Der Clinton-Skandal erzählt das hohe Lied der Skandalisierung einer exzessiven *Personalisierung* von Politik. Die Medien ent-politisieren das Politische und »überpersönlichen« es zugleich. Sie emotionalisieren und zerstören damit auf lange Sicht das Politische selbst.

Anders als die Politik haben die Medien kein Interesse an *Lösungen*, sondern am genauen Gegenteil. Sie fragen selten ernsthaft nach Reformen, politischen Plänen oder Lösungsvorschlägen. Sondern, ob der Politiker gegen einen Herausforderer aus seiner Partei in eine Kampfkandidatur eintreten will und ob sie zu diesem eine Hass- oder Neidbeziehung haben. Sie fragen nicht im Namen der Gesellschaft, die eine Lösung für Probleme sucht. Sondern im Namen der Auflage nach der Frisur der Ehefrau.

In seinem Buch *Erregte Gesellschaft*[6] spricht Christoph Türcke vom »Sensationismus« als zentraler Wahrnehmungsform moderner Gesellschaften. Menschliche Gefahrenwahrnehmung, so Türcke, wird in einer langen Geschichte von Beschwörungsgeschichten kanalisiert, mit denen Menschen versuchen, Bedrohungen zu verharmlosen. Dies kann einerseits damit erreicht werden, indem man der Gefahr ein *Gesicht* verleiht. Aus einem Dämon eine Witzfigur macht. In der modernen Welt übernehmen Medien diese Funktion. Im zweiten Schritt werden die Medien Verwalter katastrophischer Gefühle. Und sogleich beginnen sie damit, diese Gefühle regelrecht zu *züchten*.

Das Perfide an diesem Prozess ist, dass die Medien dabei unsere tiefsten Instinkte der Gefahrenabwehr ausbeuten können. Die Evolution hat uns eine bestimmte Form von wachsamer Aufmerksamkeit in die Gene gelegt. Für die Bewohner der Urzeit war es stets ratsam, auf Signale drohender Gefahren zu achten. Ein Rascheln im Gebüsch konnte einen Säbelzahntiger oder einen feindlichen Angriff anzeigen. Ein leises Vibrieren des Bodens eine Horde Mammuts. Deshalb sind wir empfänglich für Schlüsselreize, für »Risikoboten«, für »Zeichen an der Wand«.

In der hochkonkurrenten elektronischen Medienwelt eskaliert dieser Reflex nun zu einem *Schamanismus der Bilder*. Dabei geraten Bildsequenzen mit archaischer Bedeutung in katastrophische Verknüpfungen. Auf diese Weise werden unsere Hirne alarmistisch »gebrandet« und für die finalen Botschaften regelrecht weichgekocht. Das Kalben von Gletschern zum Beispiel – ein uraltes Naturphänomen – verkündet nun, orchestriert mit düsterer Musik, den nahen Untergang. Moslems beim Gebet stehen heute für Terrorismus. Und Regen, Sturm und Hagelschlag sind nicht mehr Regen, Sturm und Hagelschlag, sondern Anzeichen der kommenden Klimakatastrophe.

Schon immer starben Menschen bei Hitzewellen, vorwiegend Alte und Kranke. Aber die Schlagzeile »Hitzewelle fordert 10 000 Tote« assoziiert gleich drei verschiedene Notfälle in den von apokalyptischen Kontexten programmierten Hirnen des Massenpublikums: a) das Wetter wird immer schlimmer = Klimakatastrophe, 2) die Menschen werden immer älter und hinfälliger = Vergreisung, Aussterben der Menschheit, 3) niemand kümmert sich um die Alten = neoliberale Kälte des Kapitalismus, Auflösung von familiären Bindungen, Einsamkeit ...

- Der Irakkrieg wird blutig. Er wird hunderttausend Tote kosten, monatelang dauern, zum Atomkrieg führen. Hunderttausend erfahrene Kämpfer stehen bereit, um ein Blutbad anzurichten. Das sagt der allgemein anerkannte Islamisten-Kenner zu besten Sendezeit. Ein Oppositionspolitiker bestätigt es. Am nächsten Tag wird es in allen Zeitungen groß gedruckt. Der Bildredakteur wählt die entsprechenden Bilder aus. Der Gesichtsausdruck der Talkshow-Masterin wird noch erschöpfter und resoluter. Die Musik dramatischer. Der Anchorman senkt noch weiter seine Mundwinkel ...

- SARS und Rinderwahn erobern die Welt. Immer mehr gefährliche Seuchen! Die Grippe kann Millionen Opfer fordern. Weltweite Epidemien bedrohen die Menschheit!
- Kinder werden missbraucht. Es könnte jederzeit auch in Ihrer Nachbarschaft passieren! In Ihrer Familie! Jedes fünfte Kind wird missbraucht. Jedes dritte! Amerikanische Wissenschafter haben herausgefunden …

Bruce Sterling bezeichnet das Resultat dieser medialen Gehirnwäschen als »moralische Panikattacken«, die in immer kürzeren Abständen aufeinander folgen und immer weitere Themenkreise betreffen. Da aber der Angst*beschwörung* keine Angst*bannung* mehr folgt (durch Erlegen des Mammuts oder Besiegen der angreifenden Horde), da das Adrenalin der Sensation niemals mehr durch Aktionen abgebaut wird, muss der Reiz immer weiter gesteigert werden. Heraus kommt eine Kultur der Angst, eine Atmosphäre allgemeiner depressiver Paranoia. Nun läuft praktisch *jeder* mit einer einzigen, unumstößlichen Lebenshaltung durch die Gegend, die durch den tägliche Medien-Overkill ständig gefüttert wird: *Es wird alles immer schlimmer!*

Die Immer-Mehr-Logik oder der monströse kleine Unterschied

Vom Sozialwissenschaftler Gregory Bateson stammt der Satz: »Information ist ein Unterschied, der Folgen hat«. Im Kontext medialer Systeme bedeutet dies: Eine Meldung ist nur dann eine Meldung, wenn sie eine *Differenz* zu einer vorherigen Gewissheit verkündet und diese Differenz wiederum etwas bewirkt, zum Beispiel das Auslösen einer Emotion. So sind Medien auf der ständigen Suche nach neuen Unterschieden, die diesen Schlüsselreiz der Aufmerksamkeit auslösen. Da aber der Fundus der möglichen Katastrophen nicht ausreicht, wird früher oder später das normale Alltagsleben zum Objekt der Krisenbetrachtung.

»Seit Beginn der Aufzeichnungen …« – »Immer mehr solcher Vorkommnisse …« – »Die ständig steigende Zahlen von …« – »In unserer

Gesellschaft sind immer mehr …« – »Schon wieder haben …« – »Anzeichen für diese Phänomen sind …« »Immer mehr Singles … Einsamkeit in den Großstädten …« – »Die neue Armut nimmt zu …«

Diese Grammatik der *Steigerungsverdächtigung* – englisch: »problem mongering« – wird nun zum gesellschaftlichen Grundrauschen. Automatisch werden immer neue Problemfelder erzeugt. Was früher »natürlich«, gang und gäbe war – etwa die Missgunst von Arbeitskollegen –, wird nun durch einen Akt des »Naming« zur entsetzlichen Seuche. Denn es sind letztendlich Worte, die in unserem Hirn ein bestimmtes Phänomen »markieren«.

Ein schon klassisches Beispiel ist »Mobbing«. »Mobbing zerstört immer mehr Existenzen!« heißt es in regelmässigen Abständen in den Medien. Endlich, so könnte man meinen, wird ein Problem benannt. In der Tat gibt es in Unternehmen üble Konkurrenzkämpfe, hinterlistige Denunzierungen. Die Nebenwirkung dieser Konfiguration ist nur, dass nun jeder, der ein berufliches Leistungsproblem hat und dafür kritisiert wird, eine entlastende Opferkonstruktion zur Verfügung hat: Seht her, ich werde gemobbt! Das Problem wird nicht gelöst, es wird kompensatorisch besetzt.

»11,6 Prozent der Deutschen geraten im Laufe ihres Lebens in Gefahr, Stalkingopfer zu werden.«[7] »Stalking« ist das »Nachstellen einer Person ohne Einverständnis des Verfolgten«. Aber was heißt »in Gefahr geraten«? Ursprünglich ist Stalking ein Prominentenphänomen – Fans verfolgen ihre Stars. Wer dieses Phänomen für sich reklamieren kann, befriedigt zunächst einmal eine narzisstische Größenphantasie – »Ich bin so wichtig, dass die Fans mir auf die Nerven gehen!« Natürlich gibt es Fälle, in denen der enttäuschte Liebhaber einer Person das Leben zur Hölle macht. Aber diese Probleme werden hier in einen neuen Kontext gestellt, der zur *Produktion* des Phänomens geradezu einlädt.

Auf diese Weise verrutschen uns langsam, aber sicher alle Relationen. Der Philosoph Odo Marquard spricht vom »Prinzessin-auf-der-Erbse«-Syndrom, oder, cooler, von der »Erhaltung des Negativitätsbedarfs«:

»Wo Kulturfortschritte wirklich erfolgreich sind und Übel wirklich ausschalten, wecken sie selten Begeisterung; sie werden vielmehr selbstverständlich, und die Aufmerksamkeit konzentriert sich dann auf die Übel, die übrig bleiben. Dabei wirkt das Gesetz der zunehmenden Penetranz der Reste: Je mehr Negatives aus der Welt verschwindet, desto ärgerlicher wird – gerade weil es sich vermindert – das Negative. Knapper werdende Übel werden negativ kostbarer (...)«[8]

In Wilhelm Genazinos Roman *Die Liebesblödigkeit* übt der Held einen Beruf als »freischaffender Apokalyptiker« aus. Er hält Vorträge über den Unter- und Niedergang von allem und jedem, ein »Kassenwart der Lebensangst«.[9] Das ist natürlich wunderbar ironisch. Aber sagen wir es frank heraus: Angstproduktion ist in der überkonkurrenten Mediengesellschaft ein äußerst lukratives Geschäft. Eine Mega-Industrie, die inzwischen Millionen von Angstproduzenten, Problemingenieuren und Berufsalarmisten ernährt. Alle diese Berufsstände haben aber nicht mehr nur Ehrenämter zu vergeben. Sie *leben* vom Horror. Sie haben ein handfestes Interesse an der Angst.

An sich, so könnte man denken, müsste dies doch harmlos sein. Besser einmal zu viel gewarnt als einmal zu viel ignoriert! Aber Skandalismus, Katastrophismus und »Immermehrismus« sind nicht nur harmlose Aperçus einer lärmenden Medienkultur. Die ständige Steigerung von Angstkontexten ist in der Lage, jenes feine Kapillarensystem zu zerstören, mit der jede menschliche Gemeinschaft ihre Probleme regelt und mit Gefahren umgeht. Sie führt zu einer chronischen Entzündung des kollektiven Geistes, in der wir auf Dauer blind werden für das, was uns tatsächlich bedroht. Nur allzu leicht mutieren sie zu »Hystorien« – zu hysterischen Verschwörungserzählungen.

Die Logik der Verschwörung

Kollektive Hysterien sind »epidemische Memplexe«, die sich rasend schnell ausbreiten und dabei den Resonanzboden unserer Ängste als Verstärker benutzen. Sie füttern das sinnhungrige Hirn in Verwirrungssituation mit »süffigen« Kontexten, in dem sie Dinge verknüpfen, die eigentlich nichts miteinander zu tun haben. In der harmlos-verspielten Variante haben wir es mit »Popkulten« zu tun. Gefährlich wird es immer dann, wenn die Verknüpfungen aus Angst und depressiven Grundhaltungen stammen. Dann schaltet die Hysterie den Turbo ein.

Warum können diese »Mem-Epidemien« im 21. Jahrhundert tatsächlich gefährlich werden? Weil die gigantische Macht der Medien ein völlig neues, hoch effektives Kopiersystem für solche Epidemien bietet. Für die bin Ladens dieser Welt sind sie das Einfallstor, denn nun braucht man noch nicht einmal ein Attentat, um den Flugverkehr lahm zu legen. Nun können ungebremste Panikstimmungen Währungsstürze auslösen, ganze Branchen lahm legen, Politiker über Nacht von der Macht vertreiben, komplette Produktgattungen vom Markt verbannen. So wird aus Machtpolitik *Psychopolitik*. Länder, Kulturen sind nun nicht mehr verletzlich, wenn sie wenig Militär haben, sondern wenn sie von vielen Ängsten durchwabert sind.

- Wussten Sie schon, dass die Amerikaner die Atmosphäre künstlich aufheizen – sie setzen einen bestimmten Stoff in Flugzeugabgasen in der höheren Atmosphäre frei. Warum? Um von der Klimaerwärmung abzulenken! (Diskurs auf einer hochkarätigen Ökologie-Diskussion, bei der ich eingeladen war.)
- Am 11. Mai 2012 soll es nach übereinstimmenden Aussagen von Horoskop-Experten zu einem gewaltigen weltweiten Börsencrash kommen. Was sagen Sie dazu? (Frage aus dem Publikum auf einer Börsenveranstaltung, auf der ich neulich eine Rede hielt.)

»Historische«Epidemien spielen oft Schlüsselrollen bei *realen* Katastrophen. Im Aufstieg und Untergang des Dritten Reiches wimmelte es von paranoiden »Storys«, von der Geschichte der »Weisen von Zion« bis zum Bolschewiken-Mythos. Und wussten Sie, dass am 11. September 2001 die jüdischen Angestellten des World Trade Centers nicht zur Arbeit erschienen? In vielen Ländern des Nahen Ostens wird einem diese Geschichte heute immer noch erzählt. Eine sich selbst speisende Feindproduktion mit womöglich mörderischem Ausgang.

Jared Diamond hat in seinem Buch *Collapse* die klassischen Gründe für den Untergang von Zivilisationen und Kulturen im Laufe der Geschichte aufgezählt: Falsche Entscheidungen, umweltschädliches Verhalten, korrupte Politik. Dafür gibt es unzählige Beispiele, von den Römern über die Wikinger Grönlands bis zu den Mesopotamiern im fruchtbaren Halbmond, von den Hochkulturen Kambodschas über Groß-Simbabwe in Afrika bis zu den Statuenerbauern der Osterinseln.[10]

Vielleicht das drastischste Beispiel ist jedoch das der Maya. Dieses kunstfertige Volk besiedelte in einer Stärke von etwa 20 Millionen Menschen die Halbinsel Yukatan in Mittelamerika. Etwa 100 vor Christi erfanden die Maya ein neues Schriftsystem. Um das Jahr 300 nach Christi lebten mehrere Millionen Maya in 50 selbstständigen Stadtstaaten Mittelamerikas. Im Jahre 850 nach Christi waren alle diese Städte und Tempel verlassen, der Rest der Bewohner vegetierte in einfachen Holzhütten im Dschungel.

Viele Forscher gehen davon aus, dass es schlicht Umweltprobleme waren, die den Zusammenbruch der Maya-Kultur verursachten. Ethnopsychologen haben jedoch in den letzten Jahren eine andere, womöglich plausiblere Theorie entwickelt: Die Theorie der »selektiven Wahrnehmungsprogrammierung«. In den verlassenen Wohngebäuden und Tempeln fand man eine große Anzahl von Überreste von Tischen, Schalen, Krügen. Alles war in kleinste Teile zertrümmert. Nein, keine Kämpfe hatten hier stattgefunden, nichts war einfach zurückgelassen worden. Es war ein kollektiver, mutwilliger Zerstörungsakt, der von den Bewohnern *selbst* veranstaltet wurde. Verzweifelt versuchten sie, durch blutige Opferung und Selbstopferung, ihr Schicksal abzuwenden, das sie aber eigentlich schon als besiegelt ansahen – die Priester hatten es ja immer geweissagt!

Die Mayas hatten ihren Realitätssinn verloren. Sie sahen in jedem Gewitter ein Menetekel, in jeder Trockenheit ein Zeichen, in jeder Überschwemmung eine strafende Apokalypse. Weil sie nicht mehr an sich selbst, an ihre Fähigkeit zur Veränderung glaubten, hörten sie auf zu lernen, wie man es besser machen könnte. Sie waren so gebannt von den strafenden Zeichen ihres eigenen Untergangs, dass sie sich in einer suizidalen Selbstopferung ihrer großartigen Kultur selbst entledigten.

Der schlimmste Kollateralschaden, den der mediale Alarmismus im Herzen unserer Kultur anrichtet, besteht in der Zerstörung jener Kernressource, ohne die politischer Wandel und politische Adaption kaum möglich ist: Vertrauen. Ohne Vertrauen ist keine gesellschaftliche »Win-win«-Beziehung möglich, keine echte Debatte um die Zukunft und wie wir uns darauf vorbereiten könnten. Dann wird jede Reform zum »Sozialklau«, jede Investition zur »Verarschung am Volke«, jede Sparmaßnahme zum »Betrug am kleinen Mann«.

Future Briefing: Demokratie und Politik im 21. Jahrhundert

Nach dem Beispiel der ukrainischen »Revolution in Orange« entsteht eine weltweite demokratische Bürgerbewegung (Georgien, Ukraine, Libanon, Kirgisien und so fort), die sich untereinander vernetzt und nach und nach die letzten Diktaturen und oligarchischen Systeme beseitigt. Spätestens im Jahre 2020 wird China demokratisch.

Die Rolle der Nationalstaaten wird weiter relativiert. Immer mehr Angelegenheiten werden auf supranationalen »Metaebenen« entschieden. Dafür entstehen vielfältige Formen von lokaler Adhoc-Demokratie. Die Rolle der Regionen und Gemeinden wird gestärkt. »Glokalisierung« ist das eigentliche Raumordnungsprojekt des 21. Jahrhunderts.

Parteien spielen im Jahre 2050 eine veränderte Rolle. Sie verwandeln sich in Bündnisse, »Issue-Allianzen«, die bestimmte Ziele kampagnenhaft verfolgen und nach Erfolg sich wieder auflösen. Die Wählervolatilität nimmt weiter zu.

Der Rechts-Links-Konflikt transformiert sich in den Antagonismus zwischen »Komplexisten« und »Reduktionisten«. Während erstere ein Gesellschaftsverständnis aufgrund von Patchwork-Gesellschaften mit hoher Diversität entwickeln, versuchen die zweiten, eine eher hierarchische Mehrheitskultur zu rekonstruieren. In mehreren Ländern kommt es zu populistischen, neo-nationalistischen Machtergreifungen und schweren Auseinandersetzungen.

Die nationale Wahlbeteiligung sinkt in vielen Ländern auf unter 50 Prozent. Gleichzeitig gedeihen jedoch andere partizipatorische Formen wie Plebiszite und direkte Demokratieformen über das Internet.

Der informierte Bürger

Nach einer Umfrage, die die Universität von Maryland im Jahr 2002 unter US-Bürgern veranstaltete, forderten diese mehrheitlich, dass die amerikanische Regierung von den 3 US-Dollar pro Bürger für die Verteidigung mindestens einen US-Dollar für internationale Entwicklungshilfe ausgibt (das reale Verhältnis ist 19 zu eins). In einer *parallelen* Umfrage antworteten die Bürger auf die Frage, ob die US-Regierung nicht *viel zu viel* Geld für Entwicklungshilfe ausgebe, zu 80 Prozent mit »Ja«. Die Amerikaner schätzten dabei, dass das Budget der USA zu 24 Prozent in Auslandshilfe fließt.[11] Ähnliche Umfragen in Deutschland brachten – zum Beispiel – die Bürgermeinung zu Tage, dass »der Staat unbedingt mehr gegen die Arbeitslosigkeit tun sollte, auch wenn dies eine Steuererhöhung bedeuten würde« (78 Prozent, 2003). Der Frage, ob der Staat nicht »zu viel Geld in der Bekämpfung der Arbeitslosigkeit ausgibt, anstatt mit Steuersenkungen die Wirtschaft anzukurbeln« stimmten 82 Prozent zu.[12]

Wie offen und demokratisch – im Sinne von Volksherrschaft – kann ein Gemeinwesen seine Angelegenheiten diskutieren, wenn selbst in den »Basics« eine dermaßen heillose Verwirrung herrscht?

Das Beispiel der Schweiz zeigt, wie eine partizipatorische Demokratie viele Entscheidungen zwar zäh verlangsamt, den Bürgern aber ein höheres Maß an diskursivem Engagement abverlangt – und damit auf lange Sicht zu demokratischer Zufriedenheit führt. In seinem Buch *The Wisdom of Crowds* schildert James Surowiecki, wie klug sich Entscheidungen erweisen können, die von großen Gruppen von Menschen gefällt werden, *obwohl* jedes einzelne Individuum nicht exakt über die Hintergründe seiner Entscheidung Bescheid weiß.[13] In *Blink*[14] analysiert Malcolm Gladwell, wie wir erstaunlich zuverlässig intuitiv zu richtigen Schlüssen kommen. »Die Wähler sind schlauer, als man denkt!« – diese metaphorische Beobachtung wird von der modernen Kognitionsforschung bestätigt.

William Rilker, ein amerikanischer Wahlforscher, sagte: »Menschen wählen nicht, um Entscheidungen zu treffen. Sie wählen, weil sie ihre Wirksamkeit durch einen symbolischen Akt bestätigen wollen.« Nach Rilker ist dies aber kein *Manko*, sondern die Stärke der repräsentativen Demokratie.[15]

»Harte« Demokratien in der globalen Welt

Um die Demokratieformen der Zukunft deutlicher erkennen zu können, müssen wir unseren Blick weit nach Osten richten. In den Stadtstaaten von Hongkong und Singapur, deren Bruttosozialprodukte so groß sind wie die von Belgien oder Schweden, sind die sozialen Strukturen nicht von Klassenlagen und wenig von Arbeitskonflikten geprägt, sondern von urbanen Vielfältigkeiten. In Singapur wird penibel darauf geachtet, dass die malaysische Minderheit nicht von der 70-Prozent-Mehrheit der Chinesen benachteiligt wird – mit Quoten bis in die höhere Verwaltung und strengen Antidiskriminierungsgesetzen. Indien und Indonesien, zwei große Volkswirtschaften mit unzähligen Kulturen und Religionen, sind durch gewaltige kulturelle Brüche zwischen Moslems, Hindus, Buddhisten und sechs anderen Religionskulturen geprägt, ohne dass sich im Laufe der Geschichte »ethnic wars« entwickelt hätten. (Es *gab* in beiden Ländern blutige Ausschreitungen. Aber sie konnten sich in den letzten hundert Jahren nie zu Pogromen auswachsen.)

Auffällig ist, dass in allen vier Beispielen ein traditionelles »englisches« Verfassungs- und Verwaltungsverständnis gilt. Korrekt und effektiv, kaum korrumpierbar und auf eine strenge Weise restriktiv. Singapur ähnelt einer Mischung aus preußischem Verwaltungsstaat und bayrischer Sittenstrenge. Auch in Indonesien sind deutlich autokratische (und leider bisweilen korruptive) Tendenzen auszumachen. Indische Polizisten lieben ihre Uniform und verfolgen mit Vorliebe arme kleine Inderkinder, die die Wände beschmieren. Aber alle Länder haben stabile und funktionierende Demokratien.

Die Demokratie der Minderheiten wird an dieser Strenge in der einen oder anderen Form nicht vorbeikommen. »Zero tolerance« – mit dieser paradoxen Formel werden jene Spielregeln, die in einer nicht-homogenen Kultur so existenziell sind, eben erst ermöglicht. Was in New York als großes Befriedungsprogramm funktionierte, was die Stadt wieder lebenswert machte (ein Rückgang der Morde pro Jahr auf ein Drittel der früheren Zahl!), klappt auch in anderen Ländern. Kein Kaugummi auf der Straße, keine Chauvi-Witze im Büro, keine Graffiti an der Wand, und wer auf der Straße raucht, bekommt eine saftige Strafe: »zero tolerance«. Im Kontext multikultureller Zukunftsgesellschaften meint diese Formel: Wir *glauben* an einen gemeinsamen offenen Raum, in dem sich jeder Einzelne, egal welchen Geschlechts, welcher Ethnie, welcher Leidenschaft, ungehindert bewegen kann.

In der homogenen Mittelstandsgesellschaft dominierte die Mehrheit die Minderheiten. In der kommenden Polykultur werden wir jedoch *alle* ein wenig zurückstecken müssen, damit jene Agora, die das Zentrum aller Gemeinwesen ist, nicht vermüllt und versaut.

Open-Source-Demokratie

Die Schüler der Brecknock Primary School in Camden, London, sind im Jahre 2005 unter die Designer gegangen. Mit dem Möbeldesigner William Warren (Habitat), dem Mode-Guru Paul Smith und anderen haben sie die Schule der Zukunft entworfen.[16]

Komische Idee. Schulen werden normalerweise von Schulbehörden gestaltet. Das ist auch der Grund, weshalb Schulen immer noch selten Orte des Lebens sind. Weshalb es in ihnen eigenartig riecht und fade schmeckt. Und man heilfroh ist, wenn man wieder draußen ist…

Die Kinder der Brecknock School haben dagegen »Design« im Kern des Begriffes – von de-signare – ent-zeichnen (oder neudeutsch »dekonstruieren«) begriffen. Sie haben scheinbar banale Dinge wie Spinde völlig neu gestaltet (transportabel, keine Schlüssel mehr, die Boxen sehen aus wie eine Mischung aus Vogelhäuschen und Kaugummiautomat). In der »Zukunftsschule« gibt es am Eingang keine Pförtnerloge, sondern einen Empfangstresen wie in einer schönen Privatklinik, mit Designerlampen, witzigen Skulpturen und fröhlichen »Empfangsdamen«. Die einzelnen Schulbereiche sind mit unterschiedlichen Farben und einem an die Wand gemalten Leitsystemen deutlich erkennbar, dort steht »Science!« an der Wand und zwölf Sprachen, oder »Literature«, »Food« – in englischen Schulen wird zu Mittag gegessen, und zwar immer gesünder. Die Kids haben jetzt ein eigenes Mineralwasser-Label für den Pausendurst, mit witzigen Frosch-Symbolen (abfüllbar in der Aquathek). Und eigene Schulbriefmarken, eigene Schulbuch-Outfits…

Eines der wichtigsten Designs im Rahmen des »Building Schools for the Future«-Programms, an dem auch die englische Regierung beteiligt ist, waren die Toiletten. Die Klos stellten sich für die Schüler als eigentliche Problemzone heraus. Dort, im stinkenden Ambiente von Angst und Prügel, wo die meisten Übergriffe stärkerer auf schwächere Schüler stattfinden, wurde die radikalste Lösung konstruiert. Die Wascharesale sind nun hell beleuchtet und durch *transparente Wände von den*

Schulgängen her einsehbar (natürlich nicht die Toiletten selbst, die allesamt feste Türen und Wände erhielten). Die Wasserhähne funktionieren berührungslos. Die »Loos« werden nun von Lehrer *und* Schülern gleichermaßen benutzt. Folge: Übergriffe und Bedrohungen sanken blitzschnell auf Null.

»Das ist doch eigentlich das Einfachste von der Welt«, sagte einer der Designer. »Die Kinder sind schließlich die Kunden der Schule. Warum soll man sie nicht fragen, in den Prozess einbeziehen und ihnen in vieler Hinsicht das Kommando übergeben?«

Man stelle sich vor, das Beispiel würde Schule machen. Wäre das nicht eine Allegorie für die neue Bürgergesellschaft, in der die erste Bürgerpflicht lautet: Nicht nörgeln, sondern mitgestalten? Ist nicht der gemeinsame Gestaltungsprozess das eigentliche Geheimnis von Zukunftsgesellschaften, in denen Bürger von Transferempfängern zu Gestaltern werden?

Partizipation der Bürger und Fokussierung des Staates auf seine »vornehmsten« Aufgaben, in denen er jedoch in der globalen Welt außergewöhnliche Leistungen erbringen muss – dass ist die Formel jeder Zukunftspolitik, die im 21. Jahrhundert Erfolg haben will. Die Architektur des Berliner Reichstages zeigt uns, wie wir uns den Prozess der Öffnung der Demokratie symbolisch vorstellen können. Eine Kuppel, die das Simulacrum schützt, den Ort der Debatte. Eine Spirale, die in den offenen Himmel über der Stadt übergeht. Tausende von Menschen besichtigen täglich diesen Ort. Demokratie ist eben weit mehr als ein Wahlakt. Sie bedingt die offene Gesellschaft, in der Medien, Oppositionen, auch *Radikal*oppositionen, in konstruktiven gemeinsamen Leistungen die Komplexität der gesellschaftlichen Verträge erhöhen. Aber dazu bedarf es in Zukunft auch einer höheren Intelligenz der Neinsager, der Kritiker, der Dissidenten und Nörgler.

Abschied vom Fundamentalprotest

»Ratten-Gene im Salat, Motten-Gene im Apfel, Kuh-Gene in der Soja-Bohne? Das sind keine Horrorfantasien skeptischer Gentechnikgegner, sondern tatsächliche Produkte aus dem Genlabor. (...) Die Gentechnik-Industrie erhofft sich große Profite. Sie will mit den Genpflanzen die Herstellung unserer Nahrungsmittel kontrollieren. Vom Saatgut bis zum fertigen Produkt im Supermarkt, vom Acker bis auf unseren Teller. Schon heute wird die Landwirtschaft von einigen wenigen großen Agrarkonzernen beherrscht (...)«[17]

Dieses süffige Zitat von der offiziellen deutschen Greenpeace-Website spricht die Sprache der Verschwörung, des generalisierten Misstrauens, der Denunziation, in dem Wissenschaft und Wirtschaft ständig Vernichtungsinteressen unterstellt werden. Wir haben uns an diese Diktionen im Namen des Guten schon derart gewöhnt, dass sie uns gar nicht mehr auffällt. Im 21. Jahrhundert wird die Sprache des radikalen Protestes endgültig zu einem massiven Problem für die politische Kultur der Demokratie.

Zur Geschichte der Demokratie gehört zweifelsohne auch die Geschichte des Protestes. Ohne die Arbeit der Kriegsgegner und Naturfreunde, der Andersdenker und Dissidenten früherer Jahrzehnte wären wir niemals so weit gekommen beim Projekt einer offenen Globalgesellschaft, die anfängt, ihre Probleme zu diskutieren und zu lösen. Im Jahr 2000 verzeichnete das *Jahrbuch der Internationalen Organisationen* 27 893 »Non Governmental Organisations«, NGOs, weltweit.[18] Und jeden Tag kommen neue hinzu. Darunter bildet das Gros zweifellos äußerst legitime Initiativen, die die authentische Sprache des Veränderungswillens sprechen. Betrachten wir jedoch die älteren und institutionalisierten Organisationen des Protestes, finden wir mit wenigen Ausnahmen »Hausmeisterbewegungen« vor. (Ich nenne sie deshalb so, weil sie mich in vieler Weise an die Hausmeister meiner Jugend erinnern, die unentwegt mit rotem Kopf durch die Gegend rannten und »Verbieten!« riefen. »Darf-nicht-Leute«.)

Greenpeace hat allein in Deutschland 535 000 registrierte Förderer. Weltweit sorgen 39 Millionen Mitglieder dafür, dass der Strom der Millionenspenden niemals abreißt. Der Demokratisierungsgrad in der Organisation ist so groß wie in der katholischen Kirche, mit der man Greenpeace in vielerlei Hinsicht vergleichen kann. Greenpeace verfügt über enorme Deutungsmacht in der mediokratischen Kultur. Wenn Greenpeace sich entschließt, eine bestimmte Technologie des Teufels zu erklären, wird diese so schnell keinen Fuß mehr auf den Boden bekommen. Wenn Greenpeace sich entschließt, dass die Inuit in Alaska keine Robben mehr jagen dürfen, dann wird dies geschehen. Millionen ökobewegter Lehrerinnen in der westlichen Welt werden sich gut und gerecht vorkommen. Während die alaskischen Eskimos in Zukunft von Sozialhilfe leben.

Und leider ist es von hier aus nicht mehr weit zu Schlimmerem. Die Tierschutzorganisation Peta hat mit ihrem zynischen Vergleich zwischen Konzentrationslagern und Tierhaltung den Rubikon überschritten, jenseits dessen alles legitimierbar wird, was die »gefolterten Kreaturen vor dem schlimmsten Raubtier auf Erden schützt« – auch Menschenmord. Noch eine Umdrehung weiter im Orbit der Apokalypsenideologien: Der »Unabomber« Ted Kaczynsky, der in den USA in den späten neunziger Jahren des letzten Jahrhunderts Wissenschaftler mit Bomben ermordete, begründete seine Attentate damit, sie seien das »Grundübel technologischer Zivilisation«. Bei manchen Radikal-Globalisierungsgegnern ist »Ted« inzwischen eine Licht- und Kultgestalt. Wetten, dass er demnächst Nachfolger findet?

Die Großkirchen des Alarmismus sind in Wirklichkeit alte, abgelebte Organisationen. Gegründet in den siebziger Jahren haben sie immer nur einen Zuwachs von Macht und Geld erlebt – ein Faktorensystem, dass keiner Organisation gut tun kann. Aber könnte es auch eine *andere* Bewegung der NGOs geben? Könnten sich die Kräfte des Protestes, wie in vielen Ländern und Themenbereichen bereits geschehen, auch mit den Kräften der Ökonomie und der zivilen Gesellschaft verbinden?

Jeffrey D. Sachs hat diese kommende Allianz in seinem Buch *The End of Poverty* antizipiert. Sein Begriff der »clinical economics« benennt eine präzise, nach allen Regeln moderner Systemtheorie ausgeklügelte Interventionspolitik, mit der die schreiende Armut, die es immer noch auf diesem Planeten gibt, endlich überwunden werden kann.[19] Um dies zu erreichen, brauchen wir jedoch weit mehr als Weltbankmilliarden, mehr als guten UNO-Willen, mehr als antiimperialistisches Anprangern und empörtes Gutmenschentum.

Und so wird sie kommen, die kosmokratisch-globolistische Allianz. Der Schulterschluss von reichen Schlaumeiern vom Schlage eines

George Soros oder Bill Gates mit den Boatpeople dieser Welt. Ein mächtiges Joint Venture von Popstars und Bürgern und Denkern und Intellektuellen und hartnäckigen Hoffern, von systemischer Intelligenz und großem Geld, hartnäckiger Opferbereitschaft und kühlem Verstand. In ihr fusionieren die besten Energien, die der Planet zu bieten hat, zu einer einzigen Stimme. Zur Globalpolitik des 21. Jahrhunderts.

2045

Im Jahre 2030 bildete sich die Bewegung der Solutionists.

Alle Initiativen, die es in den letzten Jahrzehnten gegeben hatte, ehrenwerte und mächtige, partikulare und staatliche, globale und wirtschaftliche, gutmeinende und professionelle, schlossen sich nun zu einer Allianz zusammen. Das *Manifest der globalen Einheit* trat in Kraft.

Das erste, was diese schlagkräftigste Organisation aller Zeiten, die die geballte Macht der Neuen UNO mit den zivilgesellschaftlichen Energien aller Kontinente verband, war die Lösung der Probleme Afrikas. Der Kontinent war gegen Mitte des Jahrhunderts auf dem Peak seiner Bevölkerung angelangt – 1,4 Milliarden Menschen. Kriege, Genozide und die Folgeschäden von Aids hatten einen einsamen, gewaltigen Höhepunkt erreicht, der durch die halbherzigen Interventionen der alten UNO nicht gelindert worden war.

Ein ehrgeiziger Plan entstand, der noch nie in der Geschichte auch nur ansatzweise angedacht worden war. Die *New World Africa.*

Ein wichtiger Teil des Projektes war eine gigantische Stadt an der Küste Afrikas, die sich in einem Bogen vom Mittelmeer bis an die Elfenbeinküste und, an der anderen Seite des Kontinentes, bis nach Somalia hinzog. Eine Stadt im Geist moderner afrikanischer Architektur, gebaut von afrikanischen Handwerkern. Erfüllt von Musik und Kunst. Mit Palmen, Oasen, Fischteichen, biologischer Landwirtschaft, Meerwasserentsalzungsanlagen.

Die besten europäischen und amerikanischen Architekten beteiligten sich an dem Projekt. Tausende von eurasischen und neuamerikanischen Unternehmen schickten Material und ihre Mitarbeiter, die ihre Ferien dort mit Arbeit verbrachten. Milliarden von Spenden wurden locker gemacht. Gebaut wurden High-Tech-

High-Touch-Siedlungen, die den Energie- und Rohstoffreichtum des Kontinents nutzen konnten. Sonne, Wind und Wasser gab es mehr als genug.

Und so entstand die avantgardistischste Architektur der Erde. Jeder Europäer konnte für 100 000 Euro eine Wohnung kaufen, die er zunächst an einen Flüchtling oder eine Familie weitervermietete. Später würde er dort Urlaub machen, oder, im Alter, im warmen Afrika wohnen, an den kristallblauen Stränden.

Die Megastadt linderte den schlimmsten Druck auf Ressourcen und Menschen. Sie war ein Refugium für Millionen, die aus dem schlimmsten Elend des Zentralkontinents entkamen. Und während sie sich langsam füllte, drangen die Peacecorps aus Freiwilligen in das Innere des Kontinents vor, löschten die letzten Brände der Bürgerkriege. Und dann begann eine lange, mühsame Phase der Rekonstruktion von Ökonomien, Ökologien, Gleichgewichten ...

In *New World Africa* entstanden derweil Universitäten, an denen sich Talentierte aus aller Welt einschrieben. In African Campus entstand die Führungs- und Mittelschicht von *Future Africa*.

Natürlich gab es Probleme. Mit Gangs und Korruption. Aber diesmal schreckten die Initiatoren nicht zurück.

Diesmal nicht.

Die meisten Bürgermeister der einzelnen Compounds von *New World Africa* waren Frauen. Starke, gestandene afrikanische Frauen, die mit unerbittlicher Hand regierten.

Es waren diese Frauen, denen Afrika schließlich seine Zukunft verdankte.

Glaube

Wird Religion allmählich verblassen? • Auf welche Erlösungen werden wir hoffen? • Wie entwickelt sich das Christentum?

Letztlich sind Moralität und Religion nichts anderes als die Art, wie wir das Universum hinnehmen.

William James

Von nichts sind wir fester überzeugt als von dem, worüber wir am wenigsten Bescheid wissen.

Michel de Montaigne

Die politischen Bewegungen finden wieder im religiösen Raum statt, die Welt ist eine Kirche, ein Göttinnenhaus, das Gute und das Böse haben sich zu universalen, regionalen Freund- und Feindbastionen verfestigt, so dass nur ein großer Showdown denkbar ist. Nach uns die Harmonie.

Matthias Beltz

Alya, David – 2065

An einem Tag im November wurde *das Signal* aufgefangen. Die Horchposten der Erde, die Teleskope in den Wüsten, Bergketten und in der Umlaufbahn, die all die vielen, vielen Jahre wacker von Millionären und Fans von SETI finanziert worden waren, hatten übereinstimmend eine kurze Sequenz einer Datenfolge aufgefangen, die eindeutig künstlichen Ursprungs war. Das amerikanische und das eurasische Militär hatten den Empfang bestätigt. Nein, keine Fernsehbilder, keine Erklärungen des Universums oder Bauanleitungen für eine Zeitmaschine. Einfach eine kleine, stark modulierte, absolut differenzierte Sequenz mit mehreren Höhepunkten und Synkopen. *Eine Melodie. Ein Gesang.*

Er stammte von einem Stern, der in etwa 120 Lichtjahren entfernt im Sternbild Sagittarius zu verorten war und der in Verdacht stand, schon einmal, in den siebziger Jahren des vergangenen Jahrhunderts, ein Signal ausgeschickt zu haben.[1] Niemals würde ein Mensch dort je hinkommen, über den Abgrund von Raum und Zeit.

Während im weltweiten MindNet die Diskussion glühte, ob man eine Botschaft zurücksenden sollte, legte Alya auf ihrem Grundstück in Schottland einen Tempel an.

Die kleine Hütte in der nordischen, auf seltsame Weise außerirdischen Einsamkeit eines schottischen Fjordes hatte sie sich geleistet, als der Bund mit David und den beiden Kindern sich zu lockern begann. Es war *ihr* Refugium, obwohl sowohl David als auch die Kinder mit ihren diversen MindPartnern und LoveMates immer wieder vorbeikamen. Das Appartement in London existierte noch, war aber vermietet. Im Winter lebte Alya jetzt meist in der roten Wärme der äthiopischen Berge, wo sie eine große Wohnung in einem der neuen Oasen-Habitats gekauft hatte. Im Sommer suchte sie die Weisheit der Winde, die vom Nordatlantik her unaufhörlich Regen brachten.

Hinten, an der alten verwinkelten Steinmauer, dem Rest einer keltischen Kapelle aus dem 9. Jahrhundert, war eine freie, gegen den Wind geschützte Fläche. Hier wuchs nur ein windschiefer Baum, von Jahrzehnten zerrenden Westwinds zu einer Anklage gegen die Elemente geformt. Hier errichtete sie ihr kleines Heiligtum.

Es war ein Monolith von etwa 2 Metern Höhe. Im Verhältnis 1 : 4 : 9. Sie hatte ihn sich vom Steinmetz in Collaghoughan machen lassen. Aus nachtschwarzem, durchgefärbtem Basaltstein. Er war so schwer, dass der Steinmetz ihn mit einem kleinen Kran in den Tempel hieven musste.

In den Ecken des Innenhofes brachte sie vier Gegenstände unter, die sie in einem Magnetfeld in der Luft schweben ließ: den Teddy Bramaputra, den sie seit ihrer Kindheit besaß; die Lesebrille ihrer Mutter, die sie in ihrem Grab gefunden hatte; einen balinesischen Holzkarpfen mit wunderbaren Farben, den sie am Morgen nach der ersten Nacht mit Joe gekauft hatte (sie nannte ihn »Pseudoerleuchteter Karpfenclown«); einen kleinen Glitzerstein, den Josephine, ihre älteste Tochter, die längst auf der anderen Seite des Planeten wohnte, einst vom Strand mitgebracht hatte. Vier Dinge des Friedens.

Vor den Monolithen stellte sie ein kleines HoloDevice, das an MindNet angeschlossen war. Das Hologramm zeigte *das Auge*. Das Auge lebte durch Millionen von Menschen, die sich auf besondere Weise verbunden fühlten. Es pulsierte und wechselte die Farbe. Aus ihm drang, in zahllosen Modulationen von Komponisten aus aller Welt, der *Gesang*.

Eine kleine (Zukunfts-)Geschichte des Glaubens

Religion ist so tief mit der menschlichen Geschichte verwoben, dass es schwer fällt, einen Anfang zu finden. Religion entsteht in dem Moment, in dem der Mensch seinen Blick dem Himmel zuwendet und *Dunkelheit und Licht* wahrnimmt. Indem er seine Toten betrachtet und sich nach ihrem Verbleiben fragt. Soeben waren sie noch da, jetzt ist dort nur noch ein lebloser Körper. Wie kann das sein?

»Wenn wir unter ›Religion‹ den Glauben an unsichtbare und geistige Kräfte mitverstehen, so scheint dieser Glaube (...) ganz allgemein zu sein. Auch ist nicht schwer zu begreifen, wie er entstanden ist. Sobald die bedeutungsvollen Fähigkeiten der Phantasie, Verwunderung und Neugierde, in Verbindung mit eigener Urteilsfähigkeit, teilweise entwickelt waren, wird der Mensch ganz von selbst versucht haben, das, was um ihn herum vorgeht, zu verstehen, und er wird auch über seine eigene Existenz zu spekulieren begonnen haben.«[2]

Wenn wir Religion soziokulturell betrachten, fügt sie sich aus drei Faktoren zusammen:

- *Weltordnung:* Religion strukturiert die Welt und ihre Sensationen in Ritualen. Sie bietet Feste der Fruchtbarkeit oder des Abschieds. Sie verteilt Rollen und sagt uns, was zu tun ist. Sie bringt das Kultische und das Magische in das Kleid des Alltags.
- *Tröstung:* Religion bietet eine Antwort auf die Frage, was nach uns kommt und wie wir in diesem *Nach* vorkommen. Religion moderiert das Leid und gibt ihm auf die eine oder andere Weise Sinn.
- *Machtbannung:* Religion stellt immer auch einen Kontrapunkt zu weltlicher Macht dar. In Schreinen, Synagogen, Tempeln und Kathedralen konzentrieren sich symbolische Überhöhungen, die einerseits für weltliche Machthaber äußerst lukrativ, andererseits aber nicht ungefährlich sind (wenn sie diese ignorieren, wie beispielsweise die Nationalsozialisten weitgehend, begehen sie einen schweren strategischen Fehler). Die Räume des Religiösen *relativieren* weltliche Macht, sie *entlasten* sie darüber hinaus aber auch von unerfüllbaren Wünschen.

Das Glauben suchende Hirn

Eine solch funktionalistische Deutung von Religion sagt zwar eine Menge über das Religiöse. Aber sie erklärt noch nicht jene Eindringlichkeit, in der das religiöse Mem in unseren Hirnen überdauert. Die moderne Kognitionspsychologie erlaubt uns noch einen anderen, fundamentaleren Zugang. Wie Pascal Boyer in seinem Buch *Religion Explained* ausführt, geht das Religiöse auf den erkennenden Geist selbst zurück. Das menschliche Hirn ist ein »Bündel von Erklärungsmaschinen« mit einem automatischen Hang zur Transzendenz. Boyer schreibt am Ende seines Werkes:

»Dies ist die volle Geschichte aller Religionen in allen Zeiten:

Für Äonen haben Menschen über Kontexte gedacht und gesprochen, und darunter waren immer auch Dinge, die nicht auf direkte Weise beobachtbar waren. Denn das ist das Wesen des menschlichen Geistes: Pläne, Zusammenhänge, Spekulationen (...). Unter den Millionen Botschaften, die im Verlaufe der Geschichte ausgetauscht wurden, waren einige besonders aufmerksamkeitserregend. Sie beschäftigten die Zuhörer, weil sie von Objekten und Geschehnissen handelten, die sich nicht sofort erklären ließen. Einige dieser Geschichten handelten von ›Agenten‹, die einen besonderen Zugang zu diesen spektakulären Geschehnissen und Dingen hatten (...). Da Menschen Unglück gerne auf soziale Weise erklären, war es nahe liegend, diese Agenten auch mit Unglücksfällen und Katastrophen zu assoziieren. Ebenso ließ sich der Zugang zu Toten erklären. All dies eröffnete ein weiteres Feld von Spekulationen (...). Wenn man in einer Gruppe lebt, die groß genug ist, gibt es sehr wahrscheinlich einige Menschen, die Botschaften dieser Agenten besser kommunizieren können als andere (...). Diese Menschen beginnen, eine bestimmte Rolle in spirituellen Inszenierungen zu spielen (...).«[3]

Als John Nash, der Mathematiker und Spieltheoretiker, der an schwerer Schizophrenie erkrankte, einmal gefragt wurde, wie ein so genialer, klarer Geist einer solchen Krankheit anheim fallen kann, sagte er trocken: »It came out of the same part of my brain!« Und E. M. Forster, der Architekt und Autor (*A Room with a view*), sagte zu der Frage, wie Religion entsteht: »Just connect!«

Solange unser Hirn arbeitet, *können* wir gar nicht anders als glauben. Denn Glauben ist nichts anderes als das Resultat der *Kontextualisierungsleistung* unseres Hirns. So, wie aus reaktiven Molekülen irgendwann zwangsläufig komplexe Organismen entstehen, wachsen aus Gedanken Glaubensgebilde. *Das* ist Religion: die evolutionäre Konsequenz von Neuronentätigkeit. Am Ende steht zwangsläufig »Gott« als Metapher der höchsten Komplexität, als logische Konsequenz der neuronalen Verknüpfung von *allem*.

Religionen als »Memplexe«

Warum bleiben bestimmte religiöse Bilder, die sich tief in der Vergangenheit gebildet haben, auch in modernen Kulturen so erstaunlich vital? Jede Religion setzt sich aus einer Kombination von einzelnen Memen zu einem »Memplex«, einem Bündel von Bedeutungen, zusammen. Solche »Mega-Meme« haben die Angewohnheit, sich tief im kollektiven »Mindset« zu verankern.

Ein typisches solches »Groß-Mem« wäre etwa Weihnachten.[4] Im Zentrum steht die Verbindung von »Kind«, »Mutter«, »Baum« und »alter Mann mit Bart, der Geschenke bringt« – eine verdichtete Choreografie des menschlichen Lebens. Dazu kommen rituelle Formen, die auf genetisch programmierte Verhaltensformen verweisen: Aufnahme hochkalorischer Lebensmittel in Zeiten geringen Lichteinfalls (Dresdner Stollen hat etwa die kalorische Intensität von Pemmikan, dem alten Kraftfutter der Eskimos); der Geruch und Geschmack von Gewürzen (Zimt, Nelken, Vanille!); der langsame, rituell beruhigende Gesang von Kindern und Frauen, kombiniert mit Glockengeläut; und Kerzenlicht, als Symbol für Licht im Winter.

Einzeln genommen sind all diese Symbole eher banal. Doch zusammen wirken sie im wahrsten Sinne des Wortes ansteckend. Das Weihnachtsmem ist so stark, dass es sich seit Jahrhunderten unaufhaltsam auf dem Planeten ausbreitet. Man erkennt es inzwischen an seinen äußeren Fraktalen (wenn man Glockengeläut hört oder Zimt riecht, wird es innerlich sofort Weihnachten). Es kann inzwischen sogar auf einzelne Elemente *verzichten*. Auch in Honolulu, Australien und Südamerika wird heute Weihnachten gefeiert, obwohl dort um diese Jahreszeit

Abbildung 9: Das Weihnachtsmem

keine kalten Temperaturen bei Dunkelheit herrschen. Und jedes Jahr kommen ein paar Kulturkreise hinzu, die notfalls aus Palmen Weihnachtsbäume basteln ...[5]

Nehmen wir ein anderes klassisches Memplex unserer Zeit, einen Bedeutungsschwarm, der sich innerhalb weniger Jahre rasend schnell ausgebreitet hat. Eine »große Story«: *Global Warming*.

Um zu erklären, warum Global Warming heute das Lieblingssujet der alarmistischen Sinnproduzenten darstellt, müssen wir in ihre archetypischen Semantik der Erzählung eintauchen. Global Warming besagt, dass die menschliche Zivilisation durch den Ausstoß von Treibhausgasen die mittlere Temperatur der Erdatmosphäre erhöht. Und dass dadurch Katastrophen entstehen: Fluten, Stürme, unerklärliche Phänomene wie Hagel, abrupte Klimawechsel. Das Ganze gibt für menschliche Hirne einen überdeutlichen Sinn-Impuls, denn die menschliche Geschichte ist eine Geschichte der tödlichen Naturereignisse. Sintfluten gehörten *immer* zum Terrorrepertoire der Natur (die Sintflut des Alten Testaments wurde wahrscheinlich durch einen geologischen Dammbruch im Bereich des heutigen Schwarzen Meeres verursacht). Feuersbrünste, Trockenheiten, Eiszeiten bedrohen die Menschheit schon von Beginn an.

Die Global-Warming-Story kombiniert dies nun mit den modernen

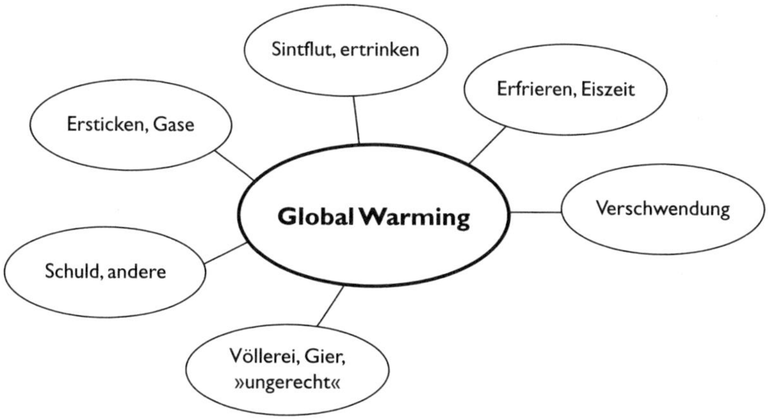

Abbildung 10: Das Global-Warming-Mem

Kulturmustern der Gesellschaftskritik. Wir – beziehungsweise die »Umweltsünder« – sind schuldig, weil wir Auto fahren, weil unser »ökologischer Fußabdruck« viel zu groß ist, weil wir verschwenderisch mit Ressourcen umgehen. Noch schuldiger sind »die Amerikaner« oder »die Konzerne« oder »Esso« oder »Shell«... Und so wie in Abbildung 10 sieht unser mentales Meta-Mem aus.

Der Klimaforscher Stefan Rahmsdorf hat in der Wochenzeitung *Die Zeit* beschrieben, wie die Medien als Co-Konstrukteure dieses Memplexes agieren.[6] Sie verdrehen Interviews. Sie schlagzeilen »Die Erde wird 12 Grad wärmer!«, wenn in einer Studie ein Extremszenario mit dieser Zahl genannt wurde (die anderen Szenarien waren weitaus harmloser). Wenn ein starker Regen kommt, stehen die Fernsehteams vor dem Klimainstitut und versuchen mit allen Tricks ein Statement zu ergattern, das diesen Regen mit der Klimakatastrophe verknüpft. Sie lassen so lange nicht locker, bis sie einen Forscher finden, der gerne einmal in die Medien käme. Und davon gibt es viele. Und schließlich werden große Hollywood-Filme gedreht, wie Emmerichs *The Day After Tomorrow.*

Man verstehe mich nicht falsch: Es geht hier nicht darum, ob die Christusgeburt oder Global Warming »wahr« oder »falsch« sind. Unser Hirn funktioniert *immer* als virtuelle Wirklichkeitsmaschine, und somit ist alles, was dort stattfindet, *wahr*. Unser Hirn verfolgt jedoch mit diesen Beschreibungen bestimmte Ziele und Strategien. Diese Kontexte müssen wir verstehen, wenn wir wissen wollen, wie sich Religion, Glaube und Werte in die Zukunft hineinbewegen.

Religion und Zukunftsdeutung

Eine der schönsten Geschichten über die Konvergenz von Macht und Religion rankt sich um das Orakel von Delphi. Das Orakel, ein Priesterorden, der sich dem Gott Apollon gewidmet hatte (einer kreativen und vital-männlichen Gottheit) blieb 400 Jahre lang ein geistig-politisches Zentrum der hellenistischen Staatenwelt. Reich, mächtig und dionysisch bot es Weissagung und Ranküne, Ritual und Fest, politische Machtausübung und Machtkontrolle.

Delphi wird von philosophischen Priestern geführt, die sich im politischen Geschäft des Mittelmeerraumes bestens auskennen. Es unterhält »Agenten« in den wichtigsten Städten, Sparta, Athen, Mykonos; Informationsbeschaffer, Spione, Intriganten. Der »Beirat der Weisen«, das »Delphi-Syndikat«, wird im Laufe der Zeit zu so etwas wie einer weltlich-religiösen Meta-Regierung des politisch zersplitterten Mittelmeerraumes vor dem römischen Imperium. Nicht ganz wie Brüssel für Europa, eher ein »Think-Tank« mit starkem Einfluss in den Hauptstädten.

480 vor Christi gelingt dem Orakel ein Coup, der seine Macht endgültig festigen soll. Der Perserkönig Darius greift mit einer Übermacht das militärisch schwache Athen an. Anstatt zu ermutigen, schickt das Orakel dunkle Visionen des Untergangs. Das Ratsmitglied Themistokles, gleichzeitig Feldherr, überbringt Schilderungen von ermordeten Stadtbewohnern, geschändeten Frauen und gemetzelten Kindern, die die Pythia, die Weissagerin, gesehen hat.

Athen wird von seinen Bewohnern geräumt, die Stadt scheint schutzlos ihren Eroberern ausgeliefert. Dann kommt eine zweite Vision aus Delphi. Undeutlich zwar, aber es taucht der Name der Insel Salamis darin auf und »Wände aus Holz«. Wenig später werden die Perser bei Salamis in einen Hinterhalt gelockt. Ihre gesamte Flotte wird in eine Meerenge gelotst, in der ihre Boote nicht manövrieren können, hier werden sie von den Athenern mit strategischer Kriegslist vernichtend geschlagen. Wenig später lässt Perikles in Athen die Akropolis bauen, auch sie ein apollonisches Monument. Und die Macht des Orakels erreicht ihren Höhepunkt.[7]

Je nach Zeit und Topografie passt sich das Religiöse immer wieder an das Menschliche an. Die Hochkulturen der Frühzeit nutzen es zur imperialen Herrschaft: Kaiser sind Götter, Angst, Schrecken und Apokalypse regieren, die Ewigkeit ist das Ziel, in die die Gottherrscher mit Prunk einziehen (die Pyramiden). In den Dschungelgebieten der Erde ist Religion hingegen immer bunt, farbenfroh und voller Magie, ein Panoptikum der Tiere und Gottheiten. In Wüstenregionen, mit ihrer klimatischen Monotonie, ihrem gleißenden Licht, ihrer lebensfeindlichen Topografie, dominieren hingegen Erscheinungen, Eroberungsmythen und Wundergeschichten (Quellen entspringen, Truhen mit Schätzen werden gefunden, fruchtbarere Landstriche werden erobert). Die Wüste ist ein Lebensraum der Knappheiten und Gefahren, deshalb benötigen Kulturen, die in ihr überleben wollen, in vieler Hinsicht strenge Disziplin. So entwickelten sich im Islam besonders strikte Regeln und Rollenbilder. Aber auch eine besonders radikale Paradiesvorstellung. Im islamischen Jenseits werden alle Knappheiten aufgehoben: Frauen, Früchte, Wasser, Pflanzen stehen im absoluten Überfluss zur Verfügung und trösten den von langen Ritten und Opferungen geplagten (männlichen) Helden.

Im Christentum, das sich im mediterranen nach-antiken Raum ausbreitet, wird hingegen die Ernte gefeiert und geheiligt, hier verbinden sich Elemente der Antike (Geist) mit Symbolen der Mütterlichkeit und Fruchtbarkeit (Blut, Brotlaib, Wein). Das Christentum entsteht als Gegenthese zu den multitheokratischen Religionen der Antike, als Sektenrebellion am Rande des Römischen Reiches. Es beendet mit der These des *einen* Gottes energisch das Wirrwarr der Gottheiten. Es schafft Erlösungsbilder nie gekannter Intensität. Es ist eine Wüstenreligion, aber mit »antiimperialem« Charakter: Der Sklavenordnung setzt es die *Gleichheit vor Gott* gegenüber, dem archaischen Feindgebot eine Antithese der Nächstenliebe.[8] Auf dem Weg über Verfolgung und Märtyrertum kommt das Christentum schließlich an die Macht – und bildet bis heute den stärksten Strang der religiösen Evolution.

Das Christentum verdankt seinen anhaltenden historischen Erfolg vor allem der Flexibilität und Kraft seiner Bilder. Im Mittelalter mit seinem Elend und seiner Barbarei zieht es alle Register der transzendenten Verklärung: Kathedralen, Licht, Erlösung. Scheinbar mühelos adaptiert es archaisch-heidnische Elemente, mit denen es sich missionarisch auf allen Kontinenten ausbreiten kann: Marienglauben, blutende Heilige, Trance, Katharsis. Es bietet aber auch praktikable »Missionen« für Abenteuersuchende und Machthungrige: Kreuzzüge, Pilgerfahrten, Papstglaube. Das Christentum ist, so könnte man es formulieren, die am stärksten *mutagene* Religion, eine Multi-Religion, die alles in sich aufsaugt. Wie alle Religionen setzt es auch in seinem Sinnzentrum auf Erlösungsversprechen. Aber seine politischen Funktionen sind variabler. In der Renaissance übernimmt es im Schulterschluss mit den weltlichen Herrschern die Rolle des vitalen Mäzenatentums und sorgt für die erstaunliche Blüte von Kunst und Kultur. In den Kreuzzügen wird es direkt zum Feldherrn und Eroberer. Christliche Klöster bilden dennoch immer wieder Zuflucht für die Opponenten der Macht. (Die Ordensgemeinschaften des Spätmittelalters begründen Ideenwelten, die man heute sozialrevolutionär nennen würde.) Luther schafft schließlich die Basis für eine Kultur der Selbstreflexivität und legt den Grundstein für die Individualitätsprozesse der Moderne. Später wachsen daraus mit Pietismus und Calvinismus die geistig-kulturellen Fundamente der Arbeitsgesellschaft.

Erst gegen Anfang des 20. Jahrhunderts, auf dem Höhepunkt der industriell-technischen Umwälzung, scheint die christliche Religion an eine imaginäre Grenze zu stoßen. Religiöse Energien wandern in den sozialrevolutionären Raum ab – Sozialismus und Kommunismus werden die »Religionen« des ersten Drittels des Jahrhunderts. Wozu, fragt in den zwanziger Jahren eine halbe Generation junger Europäer, wozu brauchen wir noch Religion, wenn das Himmelreich auf Erden bevorsteht?

Zu Beginn des 21. Jahrhunderts sieht die Lage wieder anders aus. In praktisch allen Regionen der Erde, mit Ausnahme der kern- und osteuropäischen Länder sowie vielleicht Englands, repräsentiert Religion eine anschwellende Kraft. In ehemaligen kommunistischen Staaten wachsen die Moscheen aus dem Boden. In China wuchern »Untergrund-Hauskirchen« schneller, als die kommunistische Partei sie verbieten kann. In Süd- und Nordamerika breiten sich die Pfingstgemeinden aus und stärken den ständig breiteren Strom des Retro-Fundamentalismus.

Und dennoch bleibt auch der Glaube nicht ungeformt von den Kräften der Mega-Trends, nicht unbeeinflusst von den Energien der weltumspannenden elektronischen Erlebniskultur. Religion, so haben wir gelernt, bildet einen globalen Markt der Meme, auf dem eine ähnliche, gnadenlose Konkurrenz herrscht wie auf Konsumgütermärkten. Und dieser Markt entwickelt sich entlang der Nachfrageströme, der mentalen Defizite und den ungestillten Hoffnungen der globalen Welt.

Die Produktivkraft des Glaubens

Neulich joggte ich am Sonntagmorgen nach einem Businesskongress durch die Weinberge an den Hängen der Elbe unweit von Dresden. Unten, am Flussufer, lag Radebeul, eine Kleinstadt, im milden Morgenlicht, mit schönen renovierten Bürgervillen. Plötzlich fiel mir die Stille auf. Eine schneidende, seltsam umfassende Stille.

Auf den Straßen begegnete ich nur wenigen Menschen. Sie führten Hunde aus, wirkten verloren. Keine Spur von den ordentlich gekleideten, feierlichen Kirchgängern, die seit Jahrhunderten den christlichen Kulturraum zumindest jeden Sonntagmorgen bevölkern. Und tatsächlich: Es gab kein Glockengeläut. Die Kirche im Ort stand stumm und still. Niemand bewegte sich. Selbst die Autos standen starr in den Garagen.

14 000 Kilometer weiter östlich. In Bali ist das Opfern eine alltägliche Angewohnheit. Man geht mit Familie, Kollegen oder allein mindestens einmal täglich in den Tempel. In der offenen Architektur, die mit der Natur korrespondiert, findet sich eine überbordende Pracht von Düften, Gerüchen, Blumen. Etwa ein Viertel seines Einkommens, so verbreitete Schätzungen, opfern die Balinesen ihren Göttern, in Tem-

peln voller Reis, Früchten, Schweinehälften, Geld. Sind sie deshalb arm? Nein, sie sind im Verlauf der letzten Jahrzehnte immer wohlhabender geworden. Sie haben die besten Hotels der Welt, das freundlichste Lächeln. Und sie müssen beim Freundlichsein nicht lügen.

Grundlage des »Agama Hindu Dharma« oder »Agama Tirta (»Science of the Holy Water«) des balinesisch-hinduistischen Buddhismus ist vor allem ein Wort: *faith*, Vertrauen. Vertrauen in die Natur. In die Menschen. In den Tod, der als Fest der Freude und Befreiung begangen wird – man sieht niemals weinende Menschen auf balinesischen Friedhöfen. Alle Rituale, das Tanzen, die Gamelan-Musik, die Farben, die getürmten Früchte, die Düfte der Sinnlichkeit dienen dem Zelebrieren des Vertrauens, das stärker ist als jeder Terrorismus.

»Wellness« hat in der balinesichen Religion eine direkte Andockstelle – als Vision der Balance zwischen »dharma« und »adharma«, Ordnung und Chaos. Auch das ist der Grund – und nicht nur die billigen Löhne – dass in Bali die Wellness-Kuren wirklich zu helfen scheinen …

In der Entwicklung der menschlichen Zivilisation spielen die Meta-Meme des Glaubens eine vielfältige Rolle. Sie organisieren Gesellschaften zu höheren Formen der Gemeinsamkeit. Sie strukturieren Zeit. Sie ermöglichen gemeinsame Emphaseerfahrungen, Angstbannungen, sie stützen Empathien und kulturelle Identitäten. Wie aufgeklärt wir auch über Religion nachdenken – durch Glauben werden wir verbunden mit unserer Umwelt, in Form von Ritualen und »Teilhabungen«. Mit der Transzendenz. Dadurch sinkt die existenzielle Angst, die mit dem Leben unweigerlich verbunden ist. Glaube ist, in seiner ursprünglichsten Form, eine Anti-Entropie. Dafür brauchen wir nicht einmal die Erkenntnisse der neueren »Neurotheologie«, die die »Ursache« für die Religion in den »Gottes-Genen« sucht.[9] Es reicht schon, Glaube sozial zu interpretieren. Glaube *hilft*, schon allein weil wir uns anders verhalten, wenn wir ein transzendentes »Backup« besitzen. Heilungsprozesse gehen schneller. Menschen die glauben, haben im Schnitt ein stabileres Selbstwertgefühl. Und Beten, man glaubt es kaum, hilft gegen Unfruchtbarkeit.[10]

Aber wieso kann Glaube dann so schnell die Basis eines umfassenden Todestrips werden?

Calling-Kulte

Am 25. März des Jahres 1995 drang das Nervengas Sarin in drei U-Bahnschächte der Tokioter Innenstadt ein, tötete zwölf Menschen und verletzte über 5 000 weitere zum Teil schwer. Die japanische Polizei benötigte nicht lange, um auf die Hintermänner und Täter zu stoßen: Die japanische Aum-Sekte – »Aum Shinrikyo« – »tiefe Weisheit« – hatte das Massaker über Jahre geplant und schließlich ausgeführt.

Die Geschichte der Aum-Sekte liest sich wie eine verdrehte Hardcore-story aus einem Manga, der irgendwann im dritten Jahrtausend spielt. Im Zentrum steht der Guru Asahara. Er wird mitten im Aufschwung des japanischen Wirtschaftswunders als blindes Kind einer armen Tokioter Familie geboren. Früh schon entwickelt er ehrgeizige Ambitionen und eine enorm narzisstische Persönlichkeitsstruktur. Er will studieren, Premierminister werden. Er eröffnet, als das nicht klappt, eine Apotheke mit »Wundermitteln« der chinesischen Heilmedizin, für die er aber keine Lizenz besitzt. Er wird kurzfristig verhaftet und findet schließlich eine Gruppe von Meditationsasketen, der er sich anschließt.

Bis hierher ähnelt die Geschichte des kleinen dicken Asahara der Geschichte unzähliger Adepten mit schwachem Selbstwertgefühl. Aber Asahara will mehr, und er ist nicht zu stoppen. Wie indische Gurus veröffentlicht er Bilder, die ihn beim »Fliegen« zeigen, beim »Levitieren« in der Meditation. Geschickt nutzt er seine Blindheit als Märtyrermotiv, kandidiert mit seiner rasch wachsenden Truppe 1990 für das Parlament, gewinnt dort kaum Stimmen, interpretiert dies jedoch als Betrug der staatlichen Behörden, die von nun an paranoid bekämpft werden.

Die »Priesterschaft«, die er um sich herum in den späten achtziger Jahren versammelt, ist ein typischer Querschnitt von Verwirrten und Beleidigten der gewaltigen Modernisierungswelle, die Japan im »Großen Boom« überrollt. Überdurchschnittlich viele stammen aus akademischen Berufen, arbeiten in Behörden und großen Unternehmen. Viele sind jung und leben im Umfeld der elektronischen Comic- und Cyberkultur, die sich in japanischen Großstädten explosionsartig ausbreitet. Etwa 60 Prozent sind Frauen, die in den strengen Hierarchien und

Machtordnungen der japanischen Gesellschaft keine persönliche Chance sehen. Ein ausdrückliches Ziel der Aum-Sekte ist es, die »Geschlechterverhältnisse aufzulösen«. Asaharas Kult kennt keine einfachen Mitglieder, nur Priesterschaft. Er verspricht völlige Hierarchielosigkeit, auch zwischen Mann und Frau, mittelfristig Auflösung des Persönlichen (wie in einem Borg-Kollektiv).

Während sich die japanische Gesellschaft rasch säkularisiert, entsteht in ihrer Mitte ein spirituelles Vakuum. Gnadenloser Materialismus überspült eine shintoistische Tradition, die von Demut und Selbstbeschränkung handelt. Die faktischen Individualisierungsprozesse der japanischen Gesellschaft können beim Prozess der rasenden Umgestaltung in eine großstädtische Single-Kultur nicht mithalten – der Gesellschaft fehlt es an »Soziotechniken«. Genau an diesem Bruch, in diesem Vakuum, setzt die Aum-Ideologie an. Im Kern steht eine Ideologie der Selbstkasteiung durch tagelange Entsagung, die aber nicht der Erleuchtung, sondern der Freisetzung übernatürlicher Kräfte dient: »Gedatsu«, der Erlösung von Körper und Geist in reine Energie. Wie in einem Videospiel soll man dann durch Wände gehen, seinen Körper formwandeln und in verborgene Bereiche des Bewusstseins vordringen können.

Kombiniert wird diese Größenvision mit einer klassischen Verschwörungsuntergangsvision, in der kulturelle Minoritätsgefühle eine Rolle spielen: Japan wird, so ist der Kult überzeugt, Schauplatz des Dritten Weltkrieges. Von den Amerikanern aus Konkurrenzgründen in einen Krieg mit China gezwungen, wird das Inselreich in einem Atomkrieg zerstört. Darauf muss man sich vorbereiten. Mit Waffenübungen, schwerem Gerät, Schutzanzügen und – zum Üben – Giftgas. Irgendwann wird dann der Druck der gemeinsamen Vision so groß, dass man dem Desaster ein bisschen nachhelfen und die Apokalypse *selbst* einleiten muss …[11]

»Wenn man schnell eine Million verdienen will, geht das am einfachsten mit einer eigenen Religion«, soll L. Ron Hubbard, der Begründer von »Scientology«, einmal gesagt haben.[12] »Calling«-Sekten wie Aum wuchern stets in den Grabenbrüchen einer gesellschaftlichen Modernisierung, die Einzelne massiv überfordert. In dieser Situation, in der er sich unsicher, ambivalent, gelähmt fühlt, wird er »gerufen« in eine Gemeinschaft, die ihm Sinn und Zweck verheißt, ihn auserwählt.

In der russischen Taiga zum Beispiel hat der Ex-Polizist Sergej Anatoljewitsch Torop unter dem Namen »Wissarion« einen der jüngsten dieser spirituellen Calling-Kulte eröffnet. Inmitten des deprimierten und entvölkerten Sibirien schuf er eine Oase aus kitschiger Popmusik, Vegetarismus und Jesuskult. Wissarion schreitet in purpurnen Togas durch sein »Reich«, eine Mischung aus Shaker-Siedlung und Landkommune, Buddhismus und Erweckungschristentum, gewürzt mit Vegetarismus, UFOs und – selbstredend – dem bevorstehenden Weltuntergang.[13]

Es geht immer nach demselben Prinzip: Man nehme ein narzisstisch gestörtes, hoch sensibles, chauvinistisches Kommunikationstalent, das fest entschlossen ist, sich unendlich feiern zu lassen, entwickle dann eine grundlegende Verfolgungsparanoia – und schon hat man eine »Fastburner«-Religion, eine religiöse Schnell-Bewegung mit epidemischer Dynamik, die leicht in einem großen Suizid oder einer mörderischen kultischen Handlung enden kann, aber nicht muss.

Um Religion geht es dabei nicht immer wirklich: Scientology zum Beispiel verkörpert das Phänomen der religionslosen Sekte. Hier wird religiöses Manna auf ein profanes Ritual übertragen, das gleichzeitig Hierarchien produziert. Im Falle von Scientology dient dazu ein lügendetektorähnliches Gerät, das »schlechte Erinnerungen« aus der Kindheit »löscht«. Zack – und schon ist man ein Thetan (so bezeichnet Scientology seine Über-Menschen).

Scientology verdankt seinen Erfolg einem sozialen Milieu, das eine ähnliche Hilfsbedürftigkeit aufweist wie der Rekrutierungspool von Aum. Die Sekte wuchs in den neunziger Jahren des letzten Jahrhunderts stark in der Starlet-Szene Hollywoods, bei Filmschauspielern, die sich später teilweise ungeniert vor den Karren spannen ließen. Schauspieler, zumal in Hollywood, haben besonders stark mit Selbstwertkrisen und neurotischen Ängsten zu kämpfen.

Eine weitere Sekte, die Raelianer, zeigt, wie man es noch ein kräftiges Stück weiter treiben kann. Die Gruppe, gegründet von dem Franzosen Claude Vorilhon, einem SciFi- und Comic-Hippie, der 1973 Außerirdischen begegnet sein will, hat das Spiel mit den Reflexen der globalen Medien professionalisiert. Die Sekte ist meisterhaft im Aufbau grandios schlechter Kulissen für sensationslüsterne Medien. Vorilhon, der sich jetzt »Rael« nennt und wie ein grinsender Surflehrer aussieht, posiert mit Damen in knappen Raumuniformen vor schlecht zusammengelöteten UFOs. Wenn Klonen das aktuelle Medien-Paranoia-Thema ist, kündigt die Sekte prompt das Klonen eines Babys an. Sofort stehen 200 Journalisten aus aller Herren Länder auf dem Parkett, mit laufenden Kameras. Effektiver ist PR nicht zu haben.

Natürlich ist das alles nicht *wirklich* neu – erinnern wir uns an Bhagwans Liebescamp in Poona, an die »yogischen Flieger« oder besser Matratzenhüpfer der Sekte TM (Transzendentale Meditation) und an das Auftreten bizarrer älterer Damen mit übersinnlichen Fähigkeiten (spätestens seit Helena Blavatsky, einem berühmten spirituellen Medium des späten 19. Jahrhunderts). Aber im globalen Medienzeitalter lässt sich Calling-Religiosität ungleich besser professionalisieren. Das Internet erschließt den Kulten fast unbegrenzte Rekrutierungsmöglichkeiten. Symbionten der Sinnkrise können sich rasend schnell in den Bruchlinien sozialer Identitäten ausbreiten, die mit der kulturellen Globalisierung einhergehen. »Stehe auf und wandle«, die Parole der Erweckungsreligiosität, das heißt im 21. Jahrhundert vor allem *Inszenierung*. So werden wir, neben den Killerkommandos, auch noch viel »religious trash« zu sehen bekommen: geklonte Heilige der Zukunft. Sekten vom Ewigen Leben auf Mars und Mond. Etropianer, die Köpfe oder Körperteile verpflanzen, Astralleiber in Computer einlesen ... eben alles, was Heerscharen von Reportern anlockt und Websites weiß glühen lässt.

Die Öko-Religion

Dirk Maxeiner und Michael Miersch, die deutschen Ketzer wider den Grünen-Dogmatismus, formulieren die Grundstruktur einer weiteren dominanten Religion des 21. Jahrhunderts.[14] Wie im Christentum rankt sich die Vorstellungswelt des Ökologismus um die Erwartung einer Endzeit, auf die man sich durch Verzicht und Buße vorbereiten soll. Die Natur ist gut, der Mensch ist schlecht. Das Natürliche: rein, unverdorben, heilig. Das vom Menschen Gemachte: sündhaft, schmutzig, verderbt. In der Popkultur haben die Wale die Rolle der Engel eingenommen: gütige und weise höhere Wesen, die uns Botschaften übermitteln. Wie das kirchliche Abendmahl festigen Lichterkette und Sitzblockade die Gemeinschaft der Gläubigen. Und wie in allen Religionen sorgen Nahrungstabus für elitäre Abgrenzung von den unreinen Heiden. »Bio« ist nichts anderes als »halal« oder »koscher«, eine mentale Hilfestellung zur Festigung des Glaubens im Alltag. Erlösung verspricht einzig der »ökologische Kreislauf«, der die individuelle Vergänglichkeit in den ewigen Zirkel der Natur transzendiert.

Nahezu unbemerkt – weil überhaupt nicht im religiösen Kontext wahrgenommen – hat der Ökologismus tiefe Wurzeln in den westlichen Kulturen geschlagen. Hunderttausende leben heute in und von den Organisationen, die die Umweltbewegung in den 30 Jahren ihrer Existenz schuf, in Instituten, Akademien, Förderstellen, in Subventionen und Parteien. Ökologismus verbindet uns wieder direkt mit den Naturreligionen. Die Ituri-Pygmäen im Kongo glauben daran, dass der Wald sich um sie kümmert, besonders um »gute« Menschen. Die Amyra der Anden glauben daran, dass bestimmte Berge die Fruchtbarkeit der Felder erhöhen können, wenn man ihnen Tiere opfert; andernfalls speien sie Feuer.[15] Mehr als 50 Prozent der Deutschen glauben, dass in der Natur eine »magische Kraft« liege, die schützenden Charakter haben kann.

Clear-Glaube: die neuen Puristen

Yusuf Islam ist ein einfacher Mann, der seinen Glauben auf überzeugende Art und Weise lebt. In London gründete er ein Waisenhaus. In mehreren arabischen Hauptstädten kümmert er sich im Rahmen von Stadtteilprojekten um arbeitslose Jugendliche. Fünfmal täglich verbeugt er sich gen Mekka. Er liebt seine Frau und unterstützt seine Kinder wie ein sorgender weltlicher Vater.

Yusuf Islam, alias Cat Stevens, wurde im Jahre 2004 bei der Einreise nach Amerika wegen Terrorverdachts von den US-Immigrationsbehörden rüde abgewiesen. Aber nichts läge ihm ferner als Fanatismus und Fundamentalismus. Die Geschichte des Popsängers mit den romantischen Liedern bildet einen weiteren Evolutionszweig religiöser Identitäten, die ich »Clear-Glaube« oder »puristische Religion« nennen möchte.

In allen großen Weltreligionen befindet sich ein schlichter spiritueller Kern, eine Botschaft, der sich auch im säkularen Raum sichtbare Gestalt geben lässt. So wie in der Welt der Ästhetik der Purismus die Reduktion auf das »Eigentliche« eine wichtige Entwicklungsmöglichkeit darstellt, so findet sich auch in der Welt des Glaubens eine *intensive Versachlichung*.

Das Schöne an Glaubenspuristen (ich kenne einige) ist ihre milde Weltzugewandtheit, die sie gerade aus ihrer aufgeräumten Religiosität beziehen. Sie sind eben nicht »fromm« im Sinn von Abgewandtheit und theokratischem Manierismus. Eben *weil* sie den transzendenten Anker im »Anderen« gesichert haben, müssen sie nicht zweifeln, nicht zerreden, nicht ständig rechtfertigen, interpretieren, exegieren. Sie sind ganz entspannt im Hier und Jetzt, ohne Ausreden, ohne Ausflüchte. Vielleicht ist es ihre historische Aufgabe, die religiöse Botschaft von der Sprache der Furcht und der Schuld zu trennen, die in der Religionsgeschichte so untrennbar mit dem Glauben verbunden ist. »Clear-Gläubige« bleiben Individualisten. Sie funktionieren nicht als Kirche, zu der sie oft genug in milder Opposition stehen.

Retro-Frömmigkeit: das Beispiel Amerika

Wie kommt es dazu, dass ausgerechnet Amerika, dieses Land der Freien, zum Land der Frommen geworden ist? Mehrere Erklärungen bieten sich an. Erstens: die Geschichte Amerikas als Einwanderungsland, in dem das Christentum immer die eigentliche »Heimat« blieb. Man ließ alles hinter sich auf dem Großen Treck nach Westen, aber nicht jene soziale Verankerung in der Gemeinde, die ja auch oft die verfemte Glaubensgemeinschaft einer Minorität war.

Zweitens: die logische Retro-Funktion, die »Werte und Glaube« gerade in einer radikal materialistischen Gesellschaft haben müssen. Das amerikanische Individuum ist – wie viele Filme gibt es über dieses Thema! – latent hysterisch, eben *weil* es nicht in staatlichen und gesellschaftlichen Institutionen oder Milieus gebunden ist. Wenn man in Amerika als Individuum scheitert, scheitert man ohne den doppelten Boden einer Schuldzuweisung an »die Gesellschaft«. Die Geschichte der 20, 30 Millionen »wiedererweckten Christen« Amerikas ist deshalb auch eine Geschichte der persönlichen Katharsis, des Scheiterns an den Ansprüchen einer hypermobilen und hyperindividualistischen Gesellschaft. Die Abkehr von Sex und Drogen, die Hinwendung zur Familie – in der amerikanischen Alltagskultur finden sich die Erweckungsgeschichten des Urchristentums wieder.

Der 11. September 2001 war für die Amerikaner eine gewaltige kollektive Todes- und Verwundbarkeitserfahrung. Das uralte »religiöse Tier« regt sich, hier im Zeichen der Angst. Und deshalb ist die Zukunft »konsistenter« Religionen wie eines dogmatischen Erweckungschristentums letztlich von einer einzigen Frage abhängig: Als wie gefährlich erweist sich die Welt der Zukunft?

Der religiöse Headcount

Tabelle 2 zeigt die religiöse Bilanz des Planeten Erde zu Beginn des 21. Jahrhunderts.

Religion	Anzahl der Anhänger
Christentum	2 000 000 000
Islam	1 300 000 000
Hinduismus	900 000 000
bekennende Atheisten	850 000 000
Buddhismus	360 000 000
traditionelle chinesische Religion	225 000 000
Stammesreligionen	190 000 000
Sikh	23 000 000
Spiritismus	14 000 000
Judentum	14 000 000
Baha'i	6 000 000
Scientology	750 000
Rastafarismus	700 000
Jedi	ungefähr 50 000 000

Was, um Himmels willen, ist *Jedi*? Es ist der fiktive »Glaube« der Jedi-Ritter aus den *Star-Wars*-Filmen. Eine Kriegerkaste mit Laserschwertern, viel Weisheitsgedröhne, die fliegen und Gegenstände durch Gedankenkraft manipulieren können. In einer Umfrage unter Jugendlichen in den USA gab jeder *sechste* diese Religion als die seinige an. Was sich zu einer kräftigen Weltreligion addieren würde.

Und wie wäre es mit den Glaubensrichtungen wie sie in Tabelle 3 aufgelistet sind?

Religion	Anzahl der Anhänger
Astrologismus / Horoskopismus	300 000 000
Tantra / Yoga / Wiedergeburt	100 000 000
Gaiaismus / Öko-Religion	150 000 000

Future Briefing: Glaube im 21. Jahrhundert

Fundamentalistische Religionen nehmen explosionsartig an Varianz zu. Dabei handelt es sich zum größten Teil um radikale kleine Sekten, so genannte »Calling-Kulte«.

Christliche Glaubensformen entwickeln ihre Stärken vor allem in den aufsteigenden neoindustriellen Ländern des fernen Ostens.

Buddhistische und animistische Religionsformen entwickeln einen »Schwarm« von modernen Adaptionen und dominieren das Religionsgeschehen in den westlichen Ländern.

Ab Mitte des 21. Jahrhunderts nimmt der Einfluss des Islam rapide ab. Starke Säkularisierungstendenzen führen zu innerislamischen Konflikten, die sich in bürgerkriegsähnlichen Auseinandersetzungen innerhalb der arabischen Welt entladen.

Therapeutische Religionen sind die eigentlichen Gewinner der religiösen Evolution. Eine Unzahl von Wunderheilerkulten entsteht, deren Einflusskraft durch enorme Geldmittel und professionelle Kommunikation gewaltig steigt.

Ab Mitte des 21. Jahrhunderts entwickeln sich »Science«-Religionen, in denen populär übersetzte naturwissenschaftliche Motive dominieren. »Brain-

Kulte«, »Kosmo-Kirchen« und »Quanten-Sekten« beherrschen das Feld. Die Idee eines spirituell-wissenschaftlichen Übermenschentums breitet sich aus.

Feel-Good-Religionen

Einer der vielleicht spirituellsten Orte der Gegenwart ist die Buddha-Bar in Paris in der Rue Boissy d'Anglais. Rund um die Lounge-DJs Claude Challe, Ravin und David Visan hat sich hier ein regelrechter »Kult der Lebensenergie« gebildet. Die Bar selbst, ein pompöses, eher düsteres kathedralisches Gewölbe mit gewaltigen Kandelabern, ähnelt einer urchristlichen Katakombe, wird aber von einer gewaltigen goldenen Buddha-Statue beherrscht. Es riecht nach den Sedimenten von fast vier Jahrzehnten Hippie-Geschichte; der Beat, der das Gemäuer durchpulst, ist spirituell-urbane Weltmusik. Die Buddha-Bar ist so modern, das sich in Shanghai (in der Maoming Lu), New York, Detroit immer wieder neue Filialen bilden.

In der Buddha-Bar finden wir die aktuellsten Rekombinationen spiritueller und lebensweltlicher Strömungen. Buddhistischer Hedonismus repräsentiert den stärksten »Groove« aller eklektizistischen Neo-Kulte. Er verbindet die Lebenslust der Individualkultur – Sex, die Sinnenfreude, den Willen zum Genuss – mit der Trance, dem Pathos und der Entlastungsmagie des Buddhismus. Für buddhistischen Hedonismus muss man nicht fromm sein, sondern froh. Die Parole und Grundbotschaft lautete: *Energie*. Claude Challe nennt sein Gesamtkunstwerk »eine Religion des Glücks«.

Als Barbara Becker sich von Boris trennte, ging es ihr nicht gut. Aber Pilates half. In der Rückeroberung ihres Körpers fand Barbara ihre Harmonie wieder, ihren »inneren Kern«. Was hat das mit Glaube und Religion zu tun? Das Wort »Religion« stammt vom lateinischen »religare«, »etwas im gemeinsamen Ausdruck zusammenfügen«. In der Individualkultur werden die Dinge tatsächlich neu zusammengefügt, »Glaube« rückt in den Bereich von Anwendungslogik. Sie wird *Gesundheitspraxis*. Nur wer glaubt, wird gesund. Nur wer spirituell »auf Draht« ist, hat Energie, Power und Liebe genug, um das Leben zu meistern.

Heraus kommen 300 Millionen Frauen zwischen 30 und 55, die einem auf Partys, in Restaurants, auf Veranstaltungen gegenüber sitzen und mit der Präzision eines Atomuhrwerks nach dem Sternzeichen fragen. (Sie lassen nicht locker! Man kann es nicht vermeiden!) Heraus kommen weitere 500 Millionen Adepten von Akupunktur, Geisterheilung, Channeling, Nahtoderlebnis und Homöopathie, 200 Millionen Anhänger druidischer Beschwörungen, keltischer Mythen, indianischer Ahnenkulte, 150 Millionen glühende Vertreter asiatischer Heilkünste, tibetanischer Gesänge, vedischer Tänze, japanischer Tee-Rituale und obskurer Zen-Praktiken. Gefolgt vom Millionenheer der Blutgruppenmagier, Bachblütentherapeuten, Akupunkteure mit Geisterkraft, Energieklopfer auf den Meridianen – kombiniert mit balinesischer Ethik und abessinischem Veitstanz. Zu schweigen von kabbalistischer Mystik (Madonna), klösterlicher Zen-Einsamkeit (Til Schweiger), Schamanismus der Inuit und allem, was in der nächsten Saison noch kommen wird ...

Kosmopolitischer Spiritualismus – die neue Weltreligion

Wenn die Globalisierung über kurz oder lang *globale Institutionen* hervorbringt – eine Weltregierung, eine Weltmoral, die Weltpolizei –, dann gilt dies auch für die Religion. Als Gegengewicht zum Gotteskriegertum schickt die kulturelle Evolution in diesem Jahrhundert neue Memplexe ins Feld, aus denen sich ein planetarer Glaube zusammensetzt.

Auch dieses Phänomen ist nicht unbedingt neu. Wie der Versuch, mit Esperanto eine Weltsprache durchzusetzen, gibt es auch in der abendländischen Geschichte immer wieder Versuche, »Omniglauben« herzustellen. Hermann Hesse lässt seine Siddhartas und Steppenwolfs an alle Götter der Welt glauben. Die deutschen Romantiker, von Rilke bis Nietzsche, neigten zur Vielgötterei. Auch die Nazis versuchten sich in mehrstufigen Religionssystemen (Wotan, Abraham, Gott).

Aber welche Kriterien müsste ein Religionmemplex erfüllen, der in den drei Zukunftslandschaften, die ich im nächsten Kapitel schildere –

Globolopolis, Agriconia, Ideopolis – die besten evolutionären Chancen hätte? Er müsste folgende Funktionen erfüllen:

- *Das Ego relativieren.* In der neuen Individualkultur bildet übersteigerter Narzissmus das zentrale soziokulturelle Problem. »Erlösung« verheißt deshalb alles, was das übergriffige, alle Grenzen sprengende Ego sanft in seine Grenzen verweist. Dies lässt sich am besten mit dem buddhistischen Glaubenskanon bewerkstelligen.
- *Recycling herstellen.* Für das entwickelte Individuum ist der Tod der letzte, der finale Skandal. Deshalb muss die neue Religion eine einleuchtende Antwort auf unsere Sterblichkeit formulieren – und hierzu eine Menge praktikabler Rituale entwickeln.
- *Toleranz predigen.* Schließlich müsste die spirituelle Weltreligion eine starke *globalintegrative* Funktion aufweisen.

In diesem *Framework* können wir heute bereits das enorme Wachstum des kosmopolitischen Spiritualismus beobachten. Dabei wird auf vielfältige Weise die politische Religionsgeschichte des 20. Jahrhunderts recycelt. Die christlichen Mystiker (etwa Teilhard de Chardin), die heutigen Botschafter des Pop-Buddhismus (Dalai Lama), aber auch die spiritualisierten DJs und Rapper finden sich auf die eine oder andere Weise in der neuen religiösen Melange wieder, die sich in diesem Jahrhundert zu einer kaum institutionalisierten »Kirche« verbinden wird. Hier kann jeder ein- und wieder austreten, nach Herzenslust kombinieren und seinen momentanen persönlichen Glaubensmix zusammenstellen.

Quanten-Religionen oder »Scienligions«

Gibt es noch eine andere Option, wie sich Glaube in die Zukunft evolutionieren könnte? Eine Alternative womöglich auch zum Schwärmerischen, Redundanten, das ja auch im Religiösen steckt?

Seit Beginn der Aufklärung entführte die Wissenschaft Stück um Stück die Grandiosität des Menschen. Es begann mit Kopernikus, der uns aus dem Mittelpunkt des Universums verbannte. Newton brachte die Kräfte der Natur in einen neuen Sinnzusammenhang. Vor allem aber war es Darwin, der uns – als Spezies und als Individuen – in unsere evolutionären Schranken verwies. Wir sind das Ergebnis eines unendlich langen, unendlich »kalten« Selektionsprozesses, Produkt einer Kaskade von Anpassungen und Überlebensstrategien.

Heute sind es Gentechnologie und Hirnforschung, die den Grandiositätscharakter des Menschen in Abrede stellen. Wie sollen wir mit dieser anhaltenden Demütigung fertig werden? Viele Retro-Religionen und Billig-Spiritualismen setzen genau hier den Hebel an. Sie versuchen, die Naturgesetze zu revidieren, indem sie Menschen schweben oder – Simsalabim – genesen lassen. Sie »empowern« den Einzelnen mit Supermannkräften wie die Raelianer, Scientology oder die Schreihälse der Motivationstrainerbranche. Der christliche Neo-Fundamentalismus arbeitet derweil mit der Leugnung der Evolution: Nein, wir sind nicht das unfertige Resultat von Adaptionen. Wir sind von Gott gemachte Idealprodukte!

Man kann aber auch ganz andere Gefühle für unsere Rolle im Werden der Welt entwickeln. Der Direktor des Centre for Brain and Recognition in San Diego, Vilaynur S. Ramachandran, formulierte es so:

»Das Erstaunliche ist, dass die wissenschaftlichen Revolutionen uns nicht fundamental traurig machen. Wir werden auf ein Bündel von Chemikalien reduziert, ohne wirklich freien Willen, wir leben auf einem kreuznormalen Planten, aber viele Menschen finden das immer noch aufregend. Vielleicht liegt es daran, dass wir durch unser größeres Verständnis der Welt nun das *ganze Bild* sehen können. Wir sind Teil von etwas Größerem, und wenn wir das wirklich verstehen, ist es nicht degradierend, es adelt uns vielmehr.«[16]

Ist eine »Religion« – eine Weise des Glaubens – denkbar, die die Erkenntnisse der neuen Wissenschaften miteinander verbindet und daraus einen *Kontext der Transzendenz* macht? Richard Dawkins, der Autor des *Egoistischen Gens*, schlägt einen solchen Versuch vor. In *Der entzauberte Regenbogen* setzt er sich mit denen auseinander, die in Newtons physikalischer Erklärung des Regenbogens eine Entzauberung der Welt zu erkennen meinten. Und formuliert als Antwort:

»Wir können uns außerhalb des Universums stellen. Damit meine ich, dass wir ein Modell des Universums im *Inneren* unseres Schädels aufbauen – und zwar kein abergläubiges, kleingeistiges, engstirniges Modell voller Kobolde und Geister, Astrologie und Magie, in dem die Goldschätze am Fuß des Regenbogens vergraben sind, sondern ein großes Modell, ebenbürtig der Wirklichkeit, von der es gelenkt, aktualisiert und fein abgestimmt wird.«[17]

In der Religiosität bildet sich die Erweiterungshoffnung des Menschen – und damit wird sein evolutionärer Pfad sichtbar. Er kann nicht am Glauben vorbei, weil er zwangsläufig als »Mind« in den Dialog mit der höheren Komplexität gerät. Er wird herausgefordert durch das, was er nicht ist und (noch) nicht sein kann. Die Autistin Temple Grandin schrieb:

»Ich bin zu der Überzeugung gelangt, dass Gott eine ordnende Macht ist, die sich in *allem* befindet (...). In der Natur sind Teilchen mit Milliarden anderen Teilchen verbunden. Man könnte spekulieren, dass die Verbundenheit zwischen all diesen Partikeln eine Art Bewusstsein für das Universum erzeugt. Das ist mein gegenwärtiges Konzept von Gott.«[18]

Die vielleicht radikalste Antwort auf die Frage des »Sinns der menschlichen Existenz« stammt von dem Physiker und Astronomen John Wheeler. In seinem Buch *Geons, Black Holes & Quantum Foam* wagt er eine rasante »unified theory«, die scheinbar *alles* in einen Horizont des Erkennens, aber auch des Glaubens zu bannen scheint. Das Gottesproblem. Den Urknall. Quantenphysik. Das menschliche Bewusstsein. Die menschliche »Mission«.

Wheeler beschreibt die Struktur des Universums, als ein großes U (siehe Abbildung 11). Der rechte, dünne Arm gipfelt im Urknall. Auf der linken Seite »beobachtet« sich das Universum selbst. Durch *uns*, die kognitiven Agenten ...

Wheeler schreibt:

»Der Physiker Niels Bohr entwickelte die Theorie von der ›Registration der Events‹. Kein Phänomen, so Bohr, ist *tatsächlich* ein Phänomen, bevor es *registriert*, das heißt, wahrgenommen wurde. Nichts anderes passiert bei einer Messung oder einer Wahrnehmung: Ein Teilchen emittiert in einem radioaktiven ›Event‹ in alle Richtungen. Es ist, nach dem Unschärfegesetz, weder in seiner Richtung noch Masse bestimmbar. Es hinterlässt eine ›Spur‹; und Millionen Jahre später wird diese Spur beobachtet. Was passiert? Das Teilchen wird ›realisiert‹.

Was das Teilchen ›hätte tun können‹ – in einem Quantensinne könnte es viele Dinge simultan machen – wird durch das ersetzt, was es *tatsächlich* tat.

Unendliche Ströme von Wahrscheinlichkeit laufen durchs Universum, aber alle diese Wahrscheinlichkeiten müssen ›ausfindig gemacht‹ werden. Was wir

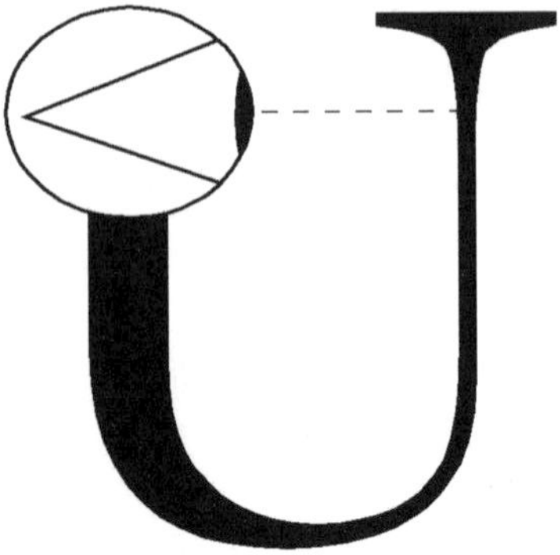

über das Universum wissen, basiert auf den ›eisernen Beobachtungsposten‹ unserer Wahrnehmungen und unserer Theorien. Mein Diagramm eines U – für ›Universum‹ – illustriert diese Idee. Das obere rechte Ende repräsentiert den Urknall. Wenn wir den dünnen Schenkel hinab und wieder zu unserem ›Beobachtungsposten‹ hinaufgehen, symbolisiert dies die Evolution des Universums. Indem wir *zurückblicken*, erzeugen wir nun aus dem Quantenschaum der Unschärfen die Realität.«[19]

Das wäre die andere, die quantenreligiöse Antwort auf das Glaubensproblem. In ihr ist Gott keine Person, sondern eine naturwissenschaftliche Variante dessen, was bislang immer kitschig »kosmisches Bewusstsein« genannt wurde. Und auch wir, als Menschen, als Individuen, haben eine Rolle, die über das simple Glauben hinausgeht. Eine »Mind«-Rolle. Im Betrachten der Welt schaffen wir sie. Im *Bewusstsein* geben wir ihr Form und Gestalt. Wir sind »createurs de la future«. Und nähern uns dabei langsam, zaghaft, schüchtern, der Gestalt der Schöpfung an.

Das ganze Leben

Wie verändert die Alterung unsere Kultur? • Welche Lebensphasen prägen unsere Biografien? • In welchen Landschaften werden wir leben?

Das Leben sollte mit dem Tod beginnen, nicht andersherum. Zuerst gehst du ins Altersheim, wirst dort herausgeworfen, spielst ein paar verrückte Jahre lang Golf, kriegst eine goldene Uhr und beginnst zu arbeiten. Anschließend gehst du auf die Uni und genießt das Studentenleben mit einem Haufen Lebenserfahrung. Nach der Schule spielst du fünf, sechs Jahre, dümpelst neun Monate in einer Gebärmutter und beendest dein Leben als Orgasmus.

Donald Sutherland

Es dauert sehr lange, bis man jung wird.

Pablo Picasso

The idea is to die young as late as possible.

Ashley Montagu

Alya – 2070

Als Alya 70 wurde, leistete sie sich einen Engel.

Sie wohnte jetzt allein, und es war gut so. Die Kinder zogen ihre Networks über andere Teile des Planeten. Mit David verband sie nach wie vor ein mächtiger SeelenLink; sie sprachen viel in der Nacht (für ihn war es Tag; er lebte jetzt mit seiner neuen *Soulmate* auf der anderen Seite des Planeten). Sie genoss das unabhängige Leben. Aber sie spürte, dass ihr Leben Löcher aufwies, unverheilte Wunden.

Es rundete sich nicht.

Engel waren in Mode gekommen in dieser Zeit, nach den Globalkrisen der sechziger Jahre. Engel horteten und schützten die Erinnerungen ihrer Besitzer.

Engel waren die Hüter der LifeLogs, der Identitätsspeicher. Aber sie waren keine primitiven reaktiven Avatare oder simple Datenspeicher.

Alyas Engel zeigte niemals seine Gestalt. Er war ein rauschender Lichtfleck mit irisierenden Rändern auf den Soft Screens ihres Hauses, der immer schon da war, wenn sie erwachte (und der gezackte Ränder bekam, wenn sie Migräne hatte). Manchmal wandelte er sich in eine opake Wolke, die inmitten ihres Zimmers schwebte, vom Holo-Projektor in den Raum projiziert.

Einen Krebs hatte sie glorreich überwunden. Wenn man regelmäßig einen molekularen Screen machte, eine Abtastung aller Zellzustände bis in den molekularen Bereich hinein (und das taten nun fast alle), war man gegen fast alle Krankheiten gefeit. Aber eben nur fast.

Das Leben blieb, was es immer war, eine Zufallsprotuberanz, geformt aus dem unsichtbaren Geflecht des Unwahrscheinlichen. Und je älter man wurde, je weiser, wirkmächtiger, desto mehr konnte man dies spüren.

Manchmal sang ihr Engel. Ihre Lieblingslieder. Ihre Kinderlieder.

»Du hast eine bedenkliche Häufung von Liebesunglück in deinem Repertoire«, sagte er eines Abends mit seiner komischen Tonmischung aus Joes und Davids Stimmspeichern. »Solltest du nicht mehr lieben?«

»Es ist zu spät«, antwortete sie. »Ich will niemanden mehr verletzen.«

»Möchtest du noch einmal hinaus? Auf den Mond?«

»Da oben ist es kalt, eng und kommerziell. Ein Touristenloch.«

Der Engel pulsierte eine Weile.

»Du könntest noch ein Kind haben«, säuselte er dann.

»Jetzt? Du übertreibst.«

»Ich versuche, alles über dich zu lernen. Dich zu verstehen. Ich will dich weiterführen. Das ist meine Aufgabe.«

»Sag mir, was deine stärkste Empfindung ist, wenn du mein Leben betrachtest.«

Der Engel schwieg eine Weile. Dann sagte er:

»Du hast den Schmerz, der dir in deinem Ursprung zugefügt wurde, in Ekstase umgeformt. Dabei warst du sehr gut. Gefährlich gut. Du wirst nicht frei, wenn du nicht einen letzten, entscheidenden Schritt gehst: dich selbst anzunehmen.«

»Und was schlägst du vor?«

»Du könntest«, antwortete der Engel, »eine Wallfahrt zum Grab deines Vaters machen.«

»Es gibt kein Grab meines Vaters. Er ist seit mindestens einem dreiviertel Jahrhundert irgendwo in afrikanische Erde verstreut.«

»Ich werde eines erschaffen«, versprach der Engel. »Ein starkes, leuchtendes Grab. Ein Mausoleum!«

»Ich muss darüber nachdenken«, murmelte Alya.

Die Verjüngungsgesellschaft

In meiner Kindheit war das biologische Alter schon aus der Distanz erkennbar. Onkel John, der seine »besten Jahre« kaum überlebte, war beleibt und schwitzte an der Seite seiner Frau Elsbeth, die Kinder bekam, bis sie sich in eine Frau mit grauem Dutt und wollenen Kleidern verwandelte. So blieb sie 20 Jahre, bis zu ihrem Tod. Oma Kathrin war immer schon alt. Sie saß zwischen ihrem 60. und 90. Lebensjahr in genau derselben Körperhaltung am Kaffeetisch, während das Ensemble ihrer Teppiche, Troddellampen und hellgrünen Sofas unverändert blieb wie ein prämortales Museum.

An Kleidung, Körpervolumen, Körperhaltung konnte man ein verlässliches Bild darüber gewinnen, in welchem Abschnitt seiner Biografie sich ein Mensch gerade befand. Mit jedem Lebensjahrzehnt ging eine verlässliche Rollenstandardisierung einher, die sich auch in einer bestimmten Kommunikationsweise ausdrückte. 20-Jährige redeten nervös. 30-Jährige hatten einen »Reportstil«, sie »erstatteten Bericht« über ihr Fortkommen in Beruf und Familie. 40-Jährige mahnten. 50-Jährige brummten auf eine ganz bestimmte vorwurfvolle Weise. Darüber hinaus war man eine Institution, die vor allem den Wunsch hatte, nicht gestört zu werden.

Je weiter wir ins 21. Jahrhundert hineinwachsen, desto mehr geraten diese Zuordnungen aus dem Ruder. Ich kenne Menschen in meinem näheren Bekanntenkreis, die sich ständig verjüngen. Strahlende 70-Jährige mit kristallklarem »Mind«. Und frühvergreiste 18-Jährige, die sich wie alte Menschen bewegen und auch so denken. Vor allem im biologischen Alter zwischen 40 und 70 sind Altersbestimmungen heikel geworden.

Diese »Altersverwirrung« lässt sich in jedem Familienfotoalbum studieren. Noch vor 30 Jahren wirken alle auf Fotopapier Gebannten etwa zehn Jahre älter als heute. In den fünfziger Jahren sehen 30-Jährige bisweilen wie 50 aus. Und 50-Jährige wie 70.

Die Alterung, vor der heute in so ängstlichem Ton die Rede ist, als handele es sich um eine Art Euthanisierung der Gesellschaft (»Vergreisung«, »Rentenkatastrophe«), ist also in Wirklichkeit das genaue Gegenteil. Eine Verjüngung. Und diese Verjüngung ist ein Reflex auf die veränderten Funktionen des »Generativen« im Laufe der Geschichte.

Eine kurze (Zukunfts-)Geschichte des Alterns

Der biologische Prozess des Altwerdens verläuft in der Natur völlig verschieden. Schwäne bleiben bis kurz vor ihrem Tod schwanweiß. Gorillas werden früh grau und grantig. Gamsböcke jagen ihre älteren, schwächeren Rivalen in den Abgrund. Paviane sortieren ihre Alten gnadenlos aus. Diese trotten dann der Herde hinterher und ernähren sich von den Abfällen, bis sie sterben. Ein gewisser »Respekt« vor älteren Individuen lässt sich im Tierreich nur als seltene, luxuriöse Ausnahme erkennen. »Ausrangierte« Hirschbullen etwa scheinen für ihre Artgenossen eine Art Honoratiorenrolle zu spielen. Schimpansen teilen – nur manchmal – Nahrung mit Alten und Schwachen. Elefanten, die einen besonders großen Hippocampus aufweisen, bauen sogar Gräber aus Zweigen für ihre toten Artgenossen.[1]

In der Cro-Magnon-Zeit vor circa 25 000 Jahren und später in der neolithischen Revolution tritt der Effekt der Zuneigung zum Alter zum ersten Mal als kulturelle Prägung auf. Es gilt nun, die entstehende Tauschwirtschaft – mit anderen Jäger- und Sammlergruppen – »weise« zu organisieren. Dafür braucht man *Erfahrung* in der Kommunikation, Geschick im Verhalten – Eigenschaften, die sich nur durch längere Lebenssequenzen erwerben lassen. In der Welt von Ackerbau und Viehzucht gilt es, das Wissen über Vorratswirtschaft, Pflanzensorten, Saat, Anbaumethoden an die nächsten Generationen weiter zu geben. Auch dazu benötigt man Individuen deutlich jenseits des Reproduktionsalters.[2] Und so bildet sich Alter langsam als eigener Lebensabschnitt, als »Kultur« aus.

Drei Grundmuster des Umgangs mit der älteren Generation haben sich im Lauf der Geschichte entwickelt.

- *Ahnenkult:* In den animistischen Familienstrukturen, die sich im Fernen Osten bis heute erhalten, sind die Alten nicht nur bis zu ihrem Tod die Träger der aktiven Autorität, sondern auch *darüber hinaus.* Ihr Tod verwandelt sie in noch mächtigere *Ahnen*, die auf vielfältige Weise das Leben bestimmen. Der soziale Raum füllt sich mit der Zeit mit immer mehr mächtigeren Alten und Toten.
- *Patriarchalismus:* In einigen Hochkulturen, wie bei den antiken Griechen und Römern, erlangten die Alten (Männer) über Kulturtechniken (Philosophie, Schriftkundigkeit) eine Sonderstellung, die ihnen Privilegien und politische Macht zuweist. Im familiären Raum übt besonders in den islamischen Kulturen das älteste männliche Familienoberhaupt die Macht bis zu seinem Tode aus. Ziel der Dynastie ist nun eine möglichst große Anzahl von Söhnen. Das führt zu hohen Geburtenraten und radikal getrennten Lebenswelten zwischen den Geschlechtern – und Zwangshochzeiten.
- *Ausgedinge:* Die europäische Bauernkultur entwickelt einen Kontrakt der Machtmoderation zwischen der mittleren und der älteren Generation. Im Bauernhof des Mittelalters wird den Alten ein eigener Lebensbereich, oft ein Nebengebäude, zugewiesen, in dem sie bis zur ihrem Lebensende mit Nahrungsmitteln versorgt werden. Damit verbunden ist allerdings der vollständige Verlust der Macht auf dem Hof.

Der Historiker Michael Mitterauer erläutert in seinem Buch *Warum Europa?*:

»In Ahnenkultgesellschaften haben die den Ahnen am nächsten stehenden Alten eine besonders angesehene Stellung. Im Christentum fehlt jede Begründung dieser Art für einen Altersvorrang. In der europäischen Gesellschaft gibt es kein Senioritätsprinzip. (...) Das Ausgedinge basiert auf der Möglichkeit, die Stellung als Hausherr im Alter abzugeben. (...) Nicht um Vater und Sohn, sondern um das Gattenpaar erfolgt die Rekonstruktion der Familie.«[3]

Weil auf diese Weise die aktive Schicht gestärkt wird, kann sich jede Generation ein Stück weit von den Älteren differenzieren und distanzieren. Somit entstehen eigene lebenszeitliche Reifungsprozesse, die schließlich zu dem führen, was wir »Biografie« nennen. Die Grundlage einer Veränderungskultur.

In der industriellen Revolution wird die Altersfrage auf neue Weise polarisiert. Die Maschinenwelt fordert junges Blut, die Muskelkraft von jungen Bauern und Bäuerinnen, die zu Millionen in die Städte ziehen. Auf dem Land bleiben die Alten zurück. Und seitdem ist das ländliche Leben mit einer romantischen Rückwärtsvorstellung verbunden. Auf den Biedermeier-Illustrationen sehen wir alte Muttchen und Pfeife rauchende Großväterlein auf Bänken, mit nichts als dem zufriedenen Nichtstun beschäftigt. Alter, so gaukelt es uns unser romantisches Nostalgiemem vor, ist »eigentlich« stilles Glück im Abseits, Einklang mit sich und der Natur. Modern interpretiert: Freizeit auf Mallorca.[4]

Eine kleine (Zukunfts-)Geschichte von Kindheit und Jugend

Warum durchlaufen junge Menschenkinder jene erstaunliche Phase, in der die Glieder rasend schnell wachsen und die Hormone den Organismus in ein anhaltendes Durcheinander versetzen? Der Anthropologe Stephen Leigh von der Universität Illinois glaubt, dass die ausgeprägte Jugendphase der evolutionären Optimierung der »Lauffähigkeit« gilt: Schnelles Gliederwachstum bereitet den jungen Sapiens auf lange Wanderungen und Jagdzüge vor. Rachel Caspari von der Universität Michigan vermutet, dass Juvenilität eine Co-Evolution der Langlebigkeit des Menschen ist. Während Neandertaler und Homo erectus eine Lebensspanne von nur etwa 30 Jahren hatten, entwickelt sich der jugendliche Wachstumsschub in jenem Evolutionsschritt, der unserer Spezies eine Lebensspanne von 60 bis 75 Jahren verhieß. Die »Rebellion des Teenagers« wäre dann nichts anderes als seine Verpuppung zu einem Wesen mit langfristigen biologischen und kulturellen Optionen.[5]

Aus dem frühen Mittelalter wissen wir, dass »Kindheit« als abgegrenzter Lebensabschnitt kaum existierte – Kinder sind in dieser Zeit kleine, perspektivisch verschobene Erwachsene. Kindheit taucht erst in der Renaissance als eigenständige Phase auf, über die man sich Gedanken macht. In der beginnenden bürgerlichen Revolution wird Kindheit und Jugend zwar »geoutet«, aber nun geht es um die Domestizierung, das »Brechen des Willens« und die Unterordnung des Kindes unter die elterliche Gewalt.[6]

Auch hier setzt mit der Industriegesellschaft ein anderer Ton ein. Einerseits verfügen jetzt plötzlich 18-Jährige über ein Erwerbseinkommen und damit über ökonomische Macht. Andererseits bildet sich »Jugend« auch als Gegenentwurf zur harten Arbeit des frühen Industriezeitalters. »Jugendstil« und »Jugendbewegung« verbünden sich mit naturromantischen Elementen und suchen den Weg »in die freie Natur« – weg von den Knochenmühlen der Fabrikwelt.

Es ist die Bildungs- und Wohlstandsrevolution der sechziger Jahre des letzten Jahrhunderts, die die Jugend endgültig auf den Thron der Kulturgeschichte setzt. Der Strukturwandel in die Dienstleistungsökonomie und die rapide steigende Produktivität lassen die Bildungsphase gewaltig expandieren. Selbst in Arbeiterhaushalten bleibt jedes zweite Kind mindestens bis 20 in einer Ausbildung, um vom Fabrikarbeiter zum Angestellten aufzusteigen. So entsteht als eigenständige soziale Lebensphase die Postadolezenz. Alle Transitionen ins »ernste Erwachsenenleben« werden nun immer weiter herausgezögert. Und auf diesem Humus explodiert es, das Universum der Entfesselung von allen Normen und Hemmnissen. Jugend wird zu einer Heilserwartung, einem Reich aus betörenden Freiheitsversprechungen, aus Sex, Rebellion und Rock' n' Roll.

Die postjuvenile Gesellschaft

In der amerikanischen Filmkomödie *Liebling, ich werde jünger* spielt Cary Grant einen 40-jährigen Professor, der ein Verjüngungsserum trinkt. Daraufhin macht er lauter lächerliche Dinge, die das Filmpublikum zu röhrendem Gelächter bringen sollen. Er hopst von einem

Sprungturm mit Bauchklatscher ins Wasser. Er fährt seine Ehefrau in ein Hotel und mietet dort mit ihr ein Zimmer. Er kauft sich ein Sport-Cabrio – und macht sich auf diese Weise zum Gespött seiner Nachbarn. Marilyn Monroe spielt den Part der naiven Sekretärin in dieser »Reifungskomödie«, in dem juveniles Verhalten in der Lebensmitte Anlass zu kreischender Belustigung gibt.[7]

Wenn man den Film heute sieht, ist die Reaktion verblüffend. Warum kauft sich dieser Mann *schon jetzt* ein Cabrio – sollte man das nicht eher mit 60 tun? Warum findet er Sex im Hotel mit seiner Frau etwas Besonderes? Braucht er Viagra? Ist er eigentlich schwul? Fragen über Fragen …

Rekapitulieren wir noch einmal die Hintergründe der Konvergenz von Jugend und Alter, die sich heute so deutlich als soziokulturelles Muster entwickelt:

- In der *Arbeitswelt* endet die alte, hierarchische Welt des »Organization Man«, des treuen, jederzeit loyalen Mitarbeiters. Nur wer jung denkt und handelt, wer innovativ bleibt und flexibel, kann in der neuen »worksphere« seinen Status halten.
- In der *Liebeswelt* endet die alte, arbeitsteilige Form der Ehe, die ja auch eine verlässliche *Ökonomie der Gefühle* mit sich brachte. Heiraten hieß, Erotik gegen andere Engagements einzutauschen. In der modernen Partnerschaftswelt bleiben wir jedoch selbst dann auf dem Liebesmarkt, wenn wir in einer festen Beziehung sind. Denn nun ist die Stabilität der Beziehung an einen »Kontrakt der gegenseitigen Attraktivität« gebunden: »Ich bleibe nur bei dir, wenn du jung und interessant bist.«

Die neotonische Kultur

Man könnte jetzt drastisch argumentieren: Wozu das Ganze? Warum die entsetzliche Mühe, das Schlankhalten und Joggen, das Weiterbilden und Reisen bis in den Rollstuhl? Warum belassen wir es nicht beim »alten Modell«, das ja seine Vorteile hatte. In Würde altern, in Ehren dick und grantig werden.

»Unsere Eigentümlichkeit als Spezies liegt in unserem Widerstreben, erwachsen zu werden«, schrieb der Romanist Robert Pogue Harrison.[8] Er bezog sich dabei auf Erkenntnisse der neueren Anthropologie, nach denen der »neotonische Effekt«, das Beibehalten jugendlicher Körpermerkmale, auch in unseren Genen verankert ist. Menschen bewahren seltsamerweise bis ins Alter einige Schlüsselmerkmale von Jugendlichkeit. Unsere Gesichter verändern sich im Lauf der Lebensspanne viel weniger als Schimpansen- oder Gorillagesichter, sie bleiben in der Grundform eher »kindlich«. Geoffrey K. Miller schreibt in *Die sexuelle Evolution* über dieses Phänomen:

»Vielleicht haben sich die neotonischen Merkmale durch sexuelle Selektion als trügerische Anzeichen von Jugend entwickelt. Wenn männliche Hominiden jüngere, fruchtbare Frauen älteren vorzogen, dann entstand ein sexueller Selektionsdruck, körperlich und im Verhalten jünger zu erscheinen (...). Das können sie erreichen, indem sie auch im Erwachsenenalter verspielt, kreativ, spontan und ungehemmt bleiben.«[9]

Wenn Miller Recht hat, dann wäre die biografische Revolution, die wir heute durchleben, *in unseren Genen angelegt*. Durch die Lebensumstände moderner Wohlstandsgesellschaften würde sie lediglich zum Vorschein gebracht. Wenn wir die neuesten Erkenntnisse der Soziobiologen über den Sinn der Jugendlichkeit mit dieser Erkenntnis kombinieren, entstünde ein sich selbst speisender Adaptionsprozess. Wir werden früher reif und bleiben immer länger jung, was auf unsere Lebensspanne einwirkt und diese immer weiter in die Länge zieht.

In dieser genetisch-memetischen Co-Evolution bildet Neotonie schließlich eine Einheit mit Neophilie. Denn auch unsere ständige Lust auf Neues, auf Innovation und Veränderung, ist eine aus der Evolution erklärbare Eigenschaft. Darwin schrieb über die Gesetze, mit denen manche Arten sich in engen evolutionären Nischen durchsetzten: »In manchen Fällen scheint reine Neuheit als Zauber gewirkt zu haben.«[10] Die Juvenilisierung unserer Gesellschaft wäre aus dieser Sicht die logische Anpassung an die neuen Umwelten der globalen Wissensökonomie, die uns ständig neues »Futter« für geistige und erotische Betätigung bietet. Wir werden älter, weil es nun keinen Ressourcengrund mehr gibt, früher zu sterben. Wir werden gleichzeitig immer jugendlicher, weil dies die angemessene soziobiologische Antwort auf erweiterte Lebensspannen ist. Wie weit kann das gehen?

Wie alt können wir werden?

Jedes Jahr wächst in allen Regionen der Erde – mit Ausnahme der Aids- und Bürgerkriegsregionen und einiger mittelasiatischer Regionen – die mittlere Lebenserwartung pro Jahr um etwa 14 Wochen, pro Jahrzehnt um zweieinhalb Jahre!

Wie geht diese Entwicklung weiter? Lassen wir hier die »wild cards« wie geheimnisvolle Krankheiten und Vergiftungen der Erdatmosphäre beiseite, ebenso den totalen wirtschaftlichen Zusammenbruch und die Totalverfettung der Menschheit. James W. Vaupel vom Rostocker Max-Planck-Institut, einer der vielseitigsten Altersforscher unserer Tage, sieht auch am Horizont des 21. Jahrhunderts kein Ende dieses Prozesses. Sein Datenmaterial ist betörend und scheint die These zu unterstützen: Es *gibt* keine natürliche Altersbegrenzung. Für das 21. Jahrhundert behauptet Vaupel eine auch weiterhin stetige, moderate Zunahme der mittleren Alterserwartung in den meisten Ländern der Erde.[11] Die Medianlebenserwartung, die heute in den Wohlstandsnationen bei etwa 77 liegt, würde bis 2100 auf rund 95 Jahre anwachsen – ohne »harte« Gentechnik. Das jedenfalls wissen wir mit Gewissheit:

- Der Lebensspannenabstand zwischen Männern und Frauen verkleinert sich (unter anderem durch ein ungünstigeres Gesundheitsverhalten der Frauen, beispielsweise Rauchen).
- Obwohl es eindeutig Langlebigkeitsgene gibt – Nachkommen von Bergdorfbewohnern mit hoher Lebenserwartung wurden auch in der Stadt ziemlich alt – ist die Spanne des Lebens beeinflussbar: durch Gesundheitsverhalten (Sport, Ernährung), Umwelteinflüsse, medizinische Versorgung, psychosoziale Faktoren.
- Das »Down-Aging«-Phänomen (50-Jährige sind heute auch biologisch eher 40-Jährige, 70-Jährige 60-Jährige und so fort) hat eine Grenze bei 80 bis 85 Jahren. In diesem Alter tritt oft eine deutliche Verschlechterung von Spannkraft und Gesundheitszustand ein.

- Dennoch: Lange Lebensspanne bedeutet nicht zwangsläufig langes Siechtum, wie es uns in den öffentlichen Angstbildern suggeriert wird. Die Lebenserwartung in Japan, die derzeit welthöchste, beträgt im Schnitt 83 Jahre. Etwa sechs Jahre davon werden statistisch mit »eingeschränkter Gesundheit« erlebt – diese Zahl stagniert trotz höherer Gesamtlebensspanne. Nach ELSA (»English Longitudinal Study of Ageing«, 2002) ist ein bestimmter Anteil der »alten Alten« in erstaunlich guter gesundheitlicher Verfassung. 30 Prozent der befragten Männer in den Achtzigern beschrieben ihre Gesundheit als »sehr gut« oder »hervorragend«, weitere 30 als »gut«, 20 als »mit Einschränkungen« und nur 20 als »schlecht«. In einer 1999er Befragung der AARP, der American Association of Retired Persons, antworteten 66 Prozent der 65-plus-jährigen US-Amerikaner, dass sie in ihrer jetzigen Lebensphase mehr aus ihrem Leben machen könnten als früher.[12]
- Besonders stark wächst in der gesamten Weltbevölkerung der Anteil der Methusalems, der Superalten. Allein in Deutschland stieg die Anzahl der über 95-Jährigen von 9 000 im Jahr 1965 auf 67 000 im Jahre 1996 und schließlich 83 500 im Jahr 1998 (heute: über 100 000). 2,2 Millionen 100-plus-Jährige erwartet der Planet im Jahre 2030, nach übereinstimmenden Prognosen von UNO und anderen Institutionen.
- Bei der Frage, wer ein langes Leben erreicht und wer nicht, zeichnet sich immer mehr die Bedeutung der psychosozialen Faktoren ab. Bei Frauen wirken eheliche Bindungen lebensverkürzend, bei Männern lebensverlängernd. Das Gefühl von Einzigartigkeit und Selbstbewusstheit lässt Menschen auch in hohem Alter neugierig und fit bleiben. Mit anderen Worten: Wir könnten auch die »Ermattungsschwelle« mit 80 oder 85 weiter hinausschieben, wenn wir neue Soziotechniken der Individualisierung über einen kleinen Personenkreis hinaus erlernten.[13]

Die Erfindung des »probabilistischen Alters«

Wie aber können wir das neue, das subjektive Alter »jenseits der Jahreszahlen« messen?

Die Altersforscher wie Sergei Scherbov und Warren C. Sanderson vom Institut für Demographie in Wien haben einen Vorschlag, der sich in diesem Jahrhundert durchsetzen könnte. In einer Studie, die im Juni 2005 in *Nature* veröffentlicht wurde, verwenden Scherbov und Sanderson zur Bestimmung des Alters nicht das gelebte Leben – also die Zeit, die wir hinter uns haben. Sie setzen »Alter« vielmehr mit »Zukunfts-Lebenserwartung« gleich. Ihre Formel lautet: Wir sind so jung, wie wir noch Lebensjahre vor uns haben!

Man könnte jetzt einwenden: Wir wissen ja gar nicht, wie alt wir (noch) werden. Aber wissen wir das wirklich nicht? Etwas in uns weiß es sehr wohl. In unserem Körper, in unseren Selbst-Wahrnehmungen, tickt eine geheimnisvolle »Zukunftsuhr«, mit der wir ständig kalkulieren, wie weit sich der Zeit-Horizont vor uns erstreckt. Wenn wir glauben, noch viele Jahrzehnte vor uns zu haben, verhalten wir uns anders. Wir kaufen Lebensversicherungen. Bauen Häuser. Beginnen riskante (Lern-)Prozesse, Liebschaften, Abenteuer. Wir verändern unser Sexualverhalten, unseren Konsum, unser Investitionsverhalten in einer Art rekursiver Anpassung – an die verlängerten Lebenshorizonte.

Stellen wir uns also einen »Median-Deutschen« vor und verfolgen seinen Weg in die Zukunft. Herr Müller, nein Frau Müller, ist genauso alt, dass die Hälfte der Bevölkerung jünger, die andere Hälfte älter ist als sie. Im Jahre 2030 wird unsere fiktive Frau Müller durchschnittlich um 7,5 Jahre älter sein als im Jahr 2000, also etwa 45 Jahre. Aber ihre verbleibende Lebenserwartung wird dann nur um 3,3 Jahre kürzer sein. Und im weiteren statistischen Verlauf wird unsere »Mittel-Deutsche« dann immer »jünger«, weil ihre Rest-Lebenszeit wieder steigt! Der Effekt der Lebensverlängerung »überholt« die statistische Alterung der Gesamtbevölkerung. Im Durchschnitt ältere Menschen haben immer längere »Erwartungshorizonte«.

Noch steiler verläuft dieser Effekt in den USA. Der Durchschnitts-Amerikaner war im Jahr 2000 35,3 Jahre alt, mit einer verbleibenden Lebenserwartung von 43,5 Jahren. Derselbe Durchschnittsamerikaner wird 2020 voraussichtlich nur 2,4 Jahre älter sein als im Jahr 2000 (durch eine höhere Geburtenrate und mehr Immigration). Seine verbleibende Lebenserwartung wird sich im Jahr 2020 aber schon deutlich nach oben verschoben haben. Das heißt: Die ganze amerikanische Bevölkerung verjüngt sich – wenn wir das »Lebenserwartungsalter« in Rechnung stellen.

Die Theorie des probabilistischen Lebensalters scheint auf den ersten Blick nur eine statistische Spielerei zu sein. Wie die »Partnerschaftsheuristik« uns jedoch auf einer tieferen Ebene Aufklärung über das Liebesdilemma gibt, sagt uns das »Lebenserwartungsalter« etwas Fundamentales über die Alterungskultur der Zukunft. Sie begründet jenes »Down-Aging« oder »Ageless Aging«, das wir derzeit in seiner ersten Blüte erleben können: Menschen werden zwar biologisch älter, aber seelisch, mental, sogar körperlich irgendwie jünger! Der Probabilismus ist eine echte »Future Science«, in der wir die Welt nicht mehr von »hinten« sehen, sondern in ihrem perspektivischen Werden.

Die Verjüngungsmedizin der Zukunft

Hormone wie DHAE, Wachstumshormone, Östrogen und Testosteron steuern neben den seelischen Energien die menschliche Vitalität. Im Alter von rund 60 sind die Pegel dieser körpereigenen Substanzen derart weit abgebaut, dass der Körper an Spannkraft und Vitalität verliert. Das biologische Alter setzt ein. Der Körper wird matt, grau, spannungslos, seine Bindegewebe degeneriert. Sexualität und Sportlichkeit schwinden dahin.

Ein anderes Medizinverständnis wird diese Grenze in diesem Jahrhundert immer weiter verschieben. Hormonsurrogate sind seit vielen Jahren in der Anwendung. Frauen ließen sich bis vor kurzem bedenkenlos in der Menopause Fertilitätshormone verschreiben – und blühten auf. Kalifornische Wunderärzte versorgen ihre reichen 70- bis 80-jährigen Patienten mit hochdosierten Hormoncocktails – und machen vor sexueller Potenz strotzende Neo-Alte aus ihnen. Die verjüngende Wirkung dieser Substanzen ist phänomenal. Aber sie lassen, neben Selbstvertrauen, Muskelkraft und Libido, auch Krebszellen und andere Abweichungen der körperlichen Funktionen rapide wachsen. Sie vergrößern die Leber und erzeugen auf hundertfache Weise ein Durcheinander in menschlichen Körpern.

Die moderne Molekularbiologie wird in den nächsten Jahrzehnten diese Nebenwirkungen reduzieren helfen. Wir werden uns einmal im Jahr bis auf die letzte Körperzelle checken lassen, verfeinerte Magnetresonanz-Technik macht es möglich. Krebs wird dann eine vorsorgefähige Krankheit, die nur noch in Ausnahmefällen tödlich ist (»abschaffen« werden wir den Krebs allerdings nie; er ist molekularbiologisch mit dem Leben selbst verbunden).

In der Kombination von verfeinerter Diagnose, neuen, gezielten Molekularsubstanzen, Blutaustausch und präzise dosierten Wachstumshormonen ist es dann möglich, den Körper auf seine maximale genetische Lebensspanne einzustellen. Zunächst nicht mehr, aber auch nicht weniger als das. Wer eine entsprechenden Lebensweise wählt (und keine genetischen Kontraindikationen hat), kann bis kurz vor seinem Tod in *kontrollierter Gesundheit* leben. Das Leben würde nicht *absolut* länger, aber es ließe sich bis zur Neige ausschöpfen.

Auch in Zukunft gilt: Altern ist nichts für Feiglinge (laut Sophia Loren). Allerdings verändern sich die Modalitäten dieses Mutes. Erfolgreich alt werden heißt zum Beispiel: das Prinzip der Askese in die Lebensplanung einzubeziehen, das Leben neu in seinen Spannungsbögen und Zyklen verstehen.

Der Schlüssel der Dankbarkeit

»Ich lebe, damit es euch einmal besser geht«, sagte noch meine Großmutter. Sie wurde 88 Jahre alt, und seit ihrem 65. Geburtstag sagte sie jedes Jahr: »Das wird jetzt mein letztes Weihnachten!« Woher sollte sie auch ahnen, dass sie so alt werden würde? Als sie jung war, starben Bauern und Bürgerssöhne zu Millionen an Tuberkulose, in den mörderischen Weltkriegen raffte die Grippe mehr Menschen dahin als die Kanonen. Als sie jung war, gab es kein Penicillin und keine Herzmedikamente, mit denen sich dann ihre Angina Pectoris viele Jahrzehnte kontrollieren ließ.

In gewisser Weise lebte meine wunderbare Großmutter für die Zukunft. Ihr Leben – und das Leben von Generationen von Menschen in der Vergangenheit – war an der Hoffnung auf ein besseres Morgen orientiert. Weil die Welt, während sie alterte, immer besser wurde (und weil sie dies als offener Mensch bis zuletzt wahrnahm), entwickelte sie eine der zentralen Eigenschaften, mit denen Menschen sehr alt werden können: Dankbarkeit. Der amerikanische Publizist Gregg Easterbrock schreibt in seinem Buch *The Progress Paradox. How Life gets better while People feel worse:*

»Dankbare Menschen sind nicht unbedingt Menschen, die das Schicksal mit Geschenken gesegnet hat. Menschen mit Bescheidenheit oder Menschen, die persönliche Tragödien erleben mussten, können sich als dankbar empfinden, während die Wohlhabenden, Gutaussehenden wenig von dieser großartigen Ressource haben. Dankbarkeit heißt nicht, alles bedingungslos gut zu finden. Es heißt nur, dass wir, wenn wir das Gute, dass uns widerfuhr, am Rand liegen lassen, dem Unglück anheim fallen. (...) Hunderte von Generationen, die vor uns kamen, lebten kurze, harte Leben, in Hunger und Unterdrückung oder im Krieg. Sie mögen dadurch Hoffnung geschöpft haben, dass eines Tages Menschen leben würden, die lange Lebensspannen in Freiheit verbringen könnten. Wir sind gemeint, und wir sollten dankbar dafür sein, dass wir es sind!«[14]

Für Dante begann das Alter mit 45 Jahren. Hippokrates von Kos, der Begründer der Medizin, wurde 56 Jahre alt und war der Überzeugung, dass mit 42 Jahren »die Lebenssäfte aus den Menschen weichen«. Ein Leben, das, wie Thomas Hobbes formuliert, »nasty, brutish and short« ist, kann keinen Geist und kein Ziel ausbilden. Die verlängerte Lebensspanne jedoch erlaubt nun vielen Menschen die Erfindung eines eigenen Entwicklungsromans.

Multiidentität statt Identität

Dieser »Roman« unterscheidet sich in der Wissensgesellschaft deutlich von den eher linearen Biografiebildern des bürgerlichen Zeitalters. Der klassische Entwicklungsroman des Humanismus schildert den Lebensweg als Anpassungsleistung: das Leben als Abfolge von »Integrationen« mit dazwischenliegenden »Entgleisungskrisen«. Im Wechselspiel von Rebellion und Katharsis entsteht ein reifes, auch im Freudschen

Sinn »erwachsenes« Individuum, das seine Triebe sublimiert und seine sozialen Rollen akzeptiert.

Und still und gesittet bettete Esther ihren Kopf neben das Antlitz ihres Gatten, dem sie von nun an nicht mehr von der Seite weichen wollte, in schlechten Tagen besonders wie auch in den guten, die die bescheidenen Genüsse eines tugendhaften Lebens mit sich brachten …

So lauten die typischen Schlüsselsätze eines bürgerlichen Entwicklungsromans. So wird aus Freiheit Bindung, aus Sehnsucht Ent-Scheidung. Aber damit bleibt die Idee der personalen Entwicklung auch im Linearen stecken. Robert Kegan, ein Doyen der Entwicklungspsychologie,

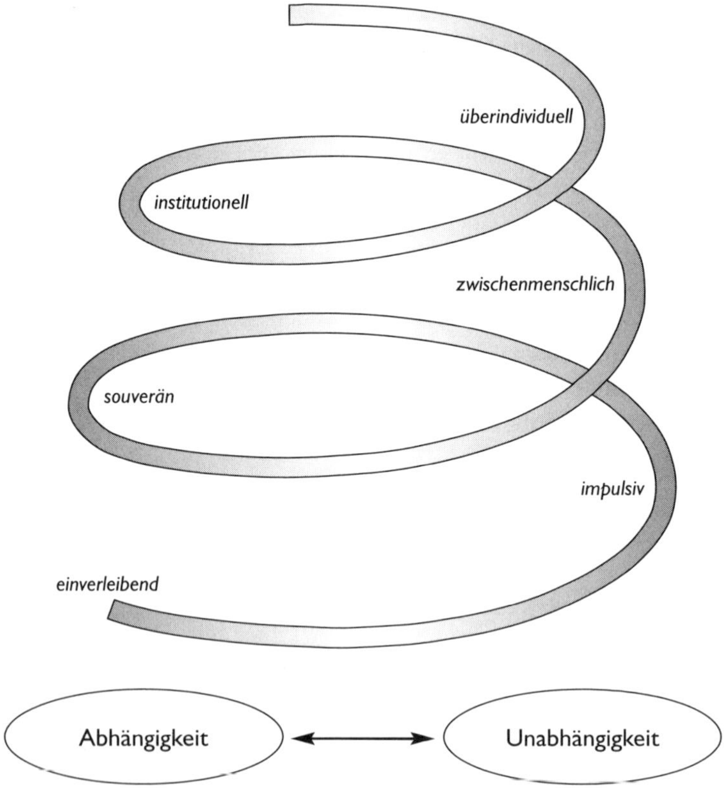

Abbildung 12: Die aufsteigende Spirale der ich-personalen Entwicklung

fügte das Bild der ich-personalen Entwicklung in den sechziger Jahren nun eine neue, evolutionäre Dimension hinzu: das Bild der aufsteigenden Spirale, dargestellt in Abbildung 12.[15]

Während sich der Horizont des Lebens weitet, multiplizieren sich die Rollenmöglichkeiten zur Multiidentität.

- Bestimmte Lebensphasen, die früher das Leben auf eine bestimmte Rolle fixierten, relativieren sich nun schon zeitlich. In einem 100-plus-Leben kann man theoretisch zweimal Kinder auf- und erziehen, ohne dass dies der einzige Sinnbezug des Lebens sein müsste.
- Lernen bekommt in einer erweiterten Biografie einen ungleich höheren Gebrauchswert. Man kann mit dem Erlernten ja viel mehr anfangen! Sprachen zum Beispiel. Künste. Sportliche Fähigkeiten – es lohnt sich auch mit 60 noch. Man kann mehrere Karrieren neben-, hinter- oder auch gegeneinander organisieren.

»Ich will so werden, wie ich bin« – dieses Credo bedeutet in der Ära der erweiterten Biografie: Ich will viele werden und diese Vielfalt gleichzeitig zu einem kohärenten Charakter bündeln. Meine Lebenserzählung, mein Selbstkunstwerk, bildet einen »Schwarm« von Identitäten. Mein Geheimnis, das ich dem Universum enthülle, ist nicht mehr auf die alten, bekannten Kontinente beschränkt.[16]

Das zyklische Lebensmodell

Als vor einigen Jahren die»quarterlife crisis« erfunden wurde, konnte man regelrecht hören, wie ein Stöhnen durch das Kollektiv der 25-Jährigen (plus minus zehn Jahre) ging. Endlich versteht jemand unser Leiden! Endlich gibt es einen Begriff für jene fast unmögliche Dramaturgie des Erwachsenenwerdens!

Medien beschreiben das menschliche Leben gern in Rhetoriken der Krisenhaftigkeit. Eine Krise erzählt immer ein betörendes Lied. Sie ordnet alle Schwierigkeit einem dramatischen Ausnahmezustand zu und adelt jede Klage.

Was aber, wenn das Leben keine *Lösung* mehr kennt? Wenn Krisen keine Ausnahmen, sondern Zustände wären, die für die persönliche

Transformation unerlässlich ist? Das Leben ist eine Baustelle ... Katja Kullmann schreibt fast lustvoll in ihrem Buch *Generation Ally*:

»Für uns, die wir die Vielfalt der Möglichkeiten ständig unter die Nase gerieben bekommen, ist die Frage, ob wir alles »richtig« machen, viel früher präsent. Wir sind statistisch mehr gereist und öfter umgezogen, haben mehr den Arbeitsplatz gewechselt als unsere Eltern, wir jonglieren mit den Versatzstücken aller Kulturen, wir wollen mehr herausholen, mehr event, mehr glamour, wir wollen nichts verpassen. Unsere midlife crisis setzt mit 25 ein, weil wir Angst haben, dass unser Leben und alles, was uns bislang wichtig war, mit einer einzigen falschen Bewegung, zum Beispiel mit der Geburt eines Kindes, weg sein könnte, aus, weg vorbei (...). Wir sind ständig am Scannen der aktuellen Wirklichkeitslage (...).«[17]

Und so beginnt die Marketing-Spezialistin Maddy Dychtwald ihr Lebenszyklenbuch *Cycles*:

»Irgendwann stellte ich fest, dass eine Menge sehr beschäftigter Menschen um mich herum nicht mehr Teil der strikten, linearen Lebensstrukturen waren, die wir alle kennen: Geburt-Erziehung-Ausbildung-Arbeit-Heirat-Familie-Rente-Tod. Stattdessen drifteten sie immer mehr in zyklische Lebensentwürfe (...). Manche gingen mit 35 zurück an die Universität, bastelten mit 52 an neuen Karrieren, gründeten eine Familie mit 45 oder heirateten wieder mit 76 (...).«[18]

»Reinvention«, »liberation«, »opportunity« – Neuerfindung, Befreiung, Möglichkeit. Das ist das Wesen der multiidentischen Kultur. Der *Lebenszenit*, also jene Zeit unseres Lebens, in der wir uns auf dem Höhepunkt wähnen, wandert von etwa 40 auf rund 50 Jahre. Und wenn wir schon dabei sind: Warum nicht *mehrere* Höhepunkte im Verlauf des Lebens definieren – Hochsitze, von denen aus wir das Vergangene bilanzieren und die nächsten Phasen planen können? Die Anthroposophen beharren auf ihrer Sieben-Jahres-Regel, nach der eine Lebensphase immer sieben Jahre braucht, um »auszureifen«. Die Faustregel stimmt erstaunlicherweise ziemlich genau. Und bedeutet, dass wir mindestens *alle sieben Jahre* eine Transformationskrise zu bewältigen haben: Teeniekrise. Spätpubertätkrise. Quarterlife Crisis. Midlife Crisis. Latelife Crisis. Zipperlein Crisis. Greisen Crisis ...

Als zusätzliches Element kommen die Warte- oder Wiederholungsschleifen dazu. Wir haben einen bestimmten Aufstieg oder Absprung verpasst. Und werden in Revision geschickt. Es folgt Katharsis, Krankheit, die Notwendigkeit einer längeren Reise, die uns an den Abgrund des Lebens oder an das Ufer eines neuen Ozeans bringen. Und so lässt sich – wie in Abbildung 13 – die Lebensodyssee in der prolongierten Biografie als eine Art Achterbahn darstellen.

Das Problem ist nur, dass sich eine Achterbahn nicht steuern lässt. Oder?

Abbildung 13: Das Achterbahn-Leben

Das Ganze Haus der Zukunft

Im Mittelalter, zum Teil bis weit in die Moderne hinein, lebten die Menschen im »Ganzen Haus«. Die genealogischen Beziehungen waren auf vielfältige Weise relativiert und ergänzt: Unter einem Dach hausten Knechte und Mägde, Witwen und Waisen, Schwippschwager, Verkrüppelte und Kranke, mit denen man vielleicht nichts teilte als Schicksal, Zufall oder funktionale Interessen.

In der globalen Wissenswelt entstehen nun ähnliche – und doch ganz andere – soziale Mikrocluster. Immer mehr Menschen haben Freundschaften und Verwandtschaften mit Individuen anderer Ethnien. Immer häufiger sind unsere Verwandten und Bekannten quer über alle Kontinente gestreut – die globale Berufsmobilität erzeugt riesige Distanzen. Aber wir verlieren unsere Freunde nicht zwangsläufig, selbst wenn wir sie Jahre nicht sehen. Es ist, als ob wir unser »Ganzes Haus«

nun unendlich ausweiten, aber dabei seine virtuellen Mauern und Räume immer »dichter« werden.

Mit dieser Entwicklung einher geht eine *Ent-Dichtung* des unmittelbaren sozialen Raumes. Mit räumlichen Nachbarn verbindet uns nur noch eine minimale Höflichkeit. Kann sich zum Beispiel noch jemand an die »Zugbekanntschaft« erinnern? Als die Züge noch Abteile hatten, pflegte man in diesen engen sozialen Situationen mit Begeisterung Konversationen zu treiben, die im Austausch der Adressen und langwierigen Brieffreundschaften endeten. Die pure körperliche Nähe reichte für eine soziale Konstruktion von Nähe. Heute verbindet sich der Sitznachbar in Bus, Bahn und Flugzeug über sein Device mit seinem eigenen Netzwerk, sozial oder beruflich, ich mit meinem. Wir können uns – endlich – umstandslos fremd bleiben.

Viele Menschen empfinden diesen Paradigmenwechsel als Verlust und als Entwicklung »sozialer Kälte«. Aber das geht am Prozess, der hier stattfindet, vorbei. Wir *selektieren* soziale Nähe nur anders, nämlich nach Bedeutung der Emotionen. Räumliche Nähe ist hier eher hinderlich, sie schafft unangenehme und unnötige Zwangsgemeinschaften. Die Kunst dabei ist es, das feine Netzwerk des »ortlosen Hauses« richtig zu pflegen, die Knotenpunkte zu stärken, die Verbindungen richtig zu befestigen. Mehr zu geben, als zu nehmen. Und immer wieder aus Erinnerungen Zukunft zu machen.

SOKrates Society

Wenn ein japanischer Mann 60 Jahre alt wird, legt er ein rotes Gewand an, das seine Rückkehr in die Kindheit symbolisiert – und erringt damit wieder das Recht auf Wunder, Spontaneität und Spiel.[19]

In seiner berühmten Schrift *De brevitate vitae* widerspricht Seneca der Behauptung, das Leben sei viel zu kurz, um in ihm etwas Wirkliches zu vollbringen. Wir füllen es nur mit unwichtigen Dingen. Nach Paul Baltes, einem Alters- und Weisheitsforscher,[20] bestehen die Tools, die zentralen Kulturtechniken für eine andere Kultur des Alterns, im so genannten SOK-Prinzip: Selektion, Optimierung, Kompensation. Der

80-jährige Pianist Arthur Rubinstein erklärte dies in einer kleinen Anekdote aus seinem späten Musikerleben:

»Ich spiele weniger Stücke (Selektion). Ich übe diese häufiger (Optimierung). Und drittens spiele ich vor schnellen Passagen extra langsam – das lässt die langsamen bedeutungsvoller und die schnellen schneller erscheinen (Kompensation).«[21]

Das Erstaunliche ist, dass wir dieses Prinzip nicht nur als Rezept für den Alterungsprozess äußerst gut gebrauchen können. Es taugt auch als Prinzip der generellen Lebenskunst der globalen Wissensgesellschaft.

Selektion: In der Welt der Überfülle, ist »alles« keine gute Option mehr. Die *Auswahlkompetenz* kann man einüben und verstärken. Wilhelm Schmid, der Philosoph der Lebenskunst, schreibt in seinem Werk *Schönes Leben:*

»Das Subjekt der Lebenskunst muss im Informationszeitalter permanent und zuweilen willkürlich wählen, will es in der Flut der Daten nicht untergehen. Es kann sich hierfür technologischer Hilfe (Suchmaschinen und Metasuchmaschinen) bedienen, aber das »Management« bleibt ihm selbst überlassen. (...) Wenn Information und Kommunikation jedes Maß übersteigen, wird es für die Lebensführung zur Pflicht, sie zu reduzieren und den Raum der Reflexion wiederzugewinnen.«[22]

Optimierung: Ein Genuss ist ein Genuss nur, wenn wir uns ihm hingeben können. Das bedingt, dass wir ihn aus Ablenkungen »herausschälen«. Lebenskunst in der Wissensgesellschaft hat deshalb immer einen *asketischen Kern.* Nur Askese schärft unsere Sinne derart, dass wir ein Optimum an Wahrnehmungsqualität erzeugen können. Dazu gehört eine gewisse Sorgfalt, eine Langsamkeit der Näherung, die Verschwendung vermeidet.

Kompensation: Wir alle haben Wunden und Verletzungen in unserem Leben erlitten. Jeder trägt »ein Päckchen« mit sich herum. Nur selten gelingt es uns, diesen Schmerz völlig zu heilen. Kompensation handelt also vom »richtigen Ausgleich«, bedeutet das bewusste Schaffen von Ersatzerfahrungen. In der profansten Form ist dieses die Prothese. Prothesen haben etwas Schreckliches, vor allem wenn sie mit unseren vitalen Grundfunktionen verquickt sind. Künstliche Penisse und Gummipuppen erzeugen einen tiefen Schrecken, eben weil sie kein wirklicher Ersatz für guten Sex sind (auch Viagra ist im Grunde ein schreckliches Eingeständnis).

Kompensation kann aber auch einen ganz eigenen Glanz entfalten. Blinde hören virtuos, Taube sehen schärfer. Verkümmert an unserem Oberschenkel ein Muskel, wird der Antagonist um so stärker ausgeprägt. Versiegt ein bestimmter Botenstoff, übernehmen andere Drüsen die Produktion von Ersatzstoffen. Analog können bewusste Kompensationsstrategien dem Leben eine neue Dimension hinzufügen. Es ist kein Zufall, dass viele Künstler mit körperlichen Gebrechen und Leiden umgehen mussten, dass sie oft erst im Handicap-Alter zu ihren Meisterwerken fanden. Einer der besten Physiker der Gegenwart, Stephen Hawking, wurde durch eine tödliche Krankheit in den Rollstuhl verbannt. Im gelungen Kompensatorischen zeigt sich die Größe, aus Einschränkungen Gold zu machen.

Die SOKratischen Prinzipien repräsentieren im Kern genau jene Soziotechniken, die wir in Zukunft in jeder Alterstufe brauchen, auch mit 30, 40 oder zwölf. Auch Zeitwahrnehmungen lassen sich so optimieren. Während das Altern normalerweise mit einer Beschleunigung der Zeitwahrnehmung einhergeht (»Schon wieder ein Jahr vorbei!«), lässt sich durch das SOK-Prinzip die Zeit wieder *entschleunigen*. Neuere Studien von Kognitionsforschern zeigen, dass das Hirn die Zeitwahrnehmung entlang der Intensität der Wahrnehmung einstellt. (Jeder weiß das, der einmal in Eile eine Autostrecke gefahren ist, die er nicht kennt – sie dehnt sich endlos. Auf dem Rückweg hingegen geht alles ganz schnell, weil das Hirn nur die kognitiven Unterschiede misst.)[23] Durch eine erhöhte Mindness, eine größere Achtsamkeit, können wir Zeit also verlangsamen. Das ist nichts anderes als eine neue Art der Lebensverlängerung. Bis jede Sekunde eine Ewigkeit wird!

Selfness-Kultur oder die Logik des Glücks

Jede Zeit hat ihre soziokulturellen Metameme, ihre utopischen Leitgedanken. War es in der agrarischen Welt die Hoffnung auf viele Söhne und reiche Ernten, trieb in der Industriegesellschaft die Vision des »großen Wohlstands« die Menschen an. Wo Wohlstand langsam, aber sicher ubiquitär wird, wechselt das Sehnsuchtssystem auf eine höhere Ebene. Nun werden die Fragen und Hoffnungen freigesetzt, die früher nur winzigen Minderheiten – Adel, Bildungsbürgertum, Intellektuelle – möglich waren: »Wer bin ich? Wohin geht es mit mir? Wie kann ich mich entfalten?«

Können die Menschen in zukünftigen Gesellschaften damit glücklicher werden als früher? Die Glücksforschung sagt uns heute:[24]

- Bis zu einem Jahreseinkommen von ungefähr 15 000 Euro ist das Glücksgefühl der Menschen von der physischen Grundlage abhängig. Armut macht unglücklich. Dann aber löst sich die Kurve der Lebenszufriedenheit vom Materiellen. Reiche Menschen können – wir alle wissen es – schrecklich unglücklich sein. Eine weitere Steigerung des schon gesteigerten Wohlstands macht (meist) nicht froh.
- Tiefe Krisen und schwere Krankheiten erzeugen nicht unbedingt dauerhaftes Unglück. Studien mit Krebskranken zeigen sogar eine Verbesserung des Glücksstatus, wenn die Krankheit »angenommen« wurde. Auch schwere Behinderungen führen nicht automatisch zu traurigem Leben. Nach einem halben Jahr hatten die meisten Menschen, die einen Unfall mit schweren Dauerfolgen erlitten, zum größten Teil ihren alten »Glücksstatus« zurückerlangt. Schwere »Unglückserlebnisse« wie der Verlust des Partners führen zwar zu längeren Verdunkelungen der Seele. Aber nach fünf Jahren sind auch diese meist wieder ausbalanciert.
- Glücklich sind Menschen, die sich Aufgaben setzen, die realistisch zu erreichen, aber ehrgeizig gesteckt sind. Glücklich sind Menschen, die Bindungen haben, aber beherzt über sie hinausgehen. Glücklich sind Gesellschaften mit starkem Vertrauenspotenzial, in dem das Individuum aber alle Freiheiten besitzt.

»Glück« ist nichts anderes als eine biophysische Homöostase, in der die Säfte unseres Lebens im Gleichgewicht sind. Menschen sind »Balancemaschinen«. Wenn wir glücklich sind, »können wir wollen«, dann erleben wir den Prozess der selbstbestimmten Veränderung als »Flow« des Lebens. Menschen sind von der Evolution so konstruiert, dass sie auch schwere Einschränkungen und Krisen soziophysisch überleben können. Das Glück ist also, trotz aller Schwermut und Anfechtung, nicht ausrottbar. Vielleicht können wir ihm, durch Lebenskunst, Weisheit und Contenance, im kommenden Jahrhundert noch einige Quäntchen mehr abgewinnen.

Future Briefing: Biografie im 21. Jahrhundert

Die Lebenserwartung wächst in den Wohlstandsregionen auf 88 Jahre bis zum Jahr 2050, bis zum Jahr 2100 auf 98 Jahre. Die Handicap-Spanne, also die Zeit von Krankheit und Siechtum, nimmt lediglich um zwei Jahre zu. Das aktive und »formbare« Erwachsenenalter dehnt sich damit auf eine Spanne von 60 Jahren aus.

In der Folge entsteht eine »Kultur der bewussten Lebenskunst«. Fragen der richtigen Lebensführung nehmen im öffentlichen Diskurs einen breiten Raum ein und bilden einen riesigen medial-therapeutischen Sektor aus.

Die »Biografisierung des Lebens« ist die Konsequenz einer gereiften Individualkultur. Zwei bis drei Familiengründungen sind die Norm. Ebenso vier bis fünf verschiedene Berufe im Lauf einer Erwerbsbiografie. Lebenskunst bezieht sich auf die gelungene Moderation dieser biografischen Komplexität.

Kontrolliertes lebensverlängerndes Vorsorgeverhalten wird zu einem gesellschaftlichen Grundkodex. Schädliche Gesundheitsführung unterliegt starken gesellschaftlichen Sanktionen. Ab 2020 entstehen verbreitet Krankenversicherungen mit »Verhaltensfaktor«. Wer sich ungesund verhält, bezahlt stark erhöhte Prämien.

Ein dichtes Netz von Life-Coaches, biografischen Therapeuten und »Lebensgestaltern« hilft Menschen bei Fragen der Selbstverbesserung und im Krisenmanagement. Diese Dienstleistungen stehen auch weniger wohlhabenden Bürgern zur Verfügung.

Ab einem Lebensalter von 80 Jahren sind alle Drogen für das Individuum frei zugänglich. Die Verabreichung von zum Beispiel Morphium liegt dann im Ermessen des Einzelnen.

Die Landschaften der Zukunft

In meiner Kindheit wurde ich in den Sommerferien auf einen Bauernhof auf dem Land geschickt, wo die Gerüche der Erde wie dicker Sirup in der Luft schwebten. Es roch nach Fäkalien, Rosen, Abendrot, schwerer Erde. Dort, auf dem Land, gab es Nahrungsmittel von ganz anderer Konsistenz: schwere Speisen des Überlebens. Menschen und Dinge rochen nach Milch, Blut, Brot und Schweiß.

Was mich aber immer faszinierte, war die Stadt, mit ihrem summenden, endlosen Rausch an Vielfalt und Verwirrung.

Später, in meiner Spätpubertät, die sich, wie bei vielen meiner Altersgenossen, endlos hinzog, zog ich wieder hinaus aufs Land, auf der Suche nach dem Archaischen, im Aufstand gegen alles Moderne, Entfremdete. Wir heizten unsere Öfen mit Holz, weckten Pflaumen ein und schlachteten Schafe auf dem Küchentisch. Wir verwilderten und versuchten, mit wenig Geld auszukommen. Was uns gelang. Aber in einer entsetzlichen Langeweile endete.

Das 20. Jahrhundert formte den Antagonismus zwischen Stadt und Land noch einmal bis ins Extrem aus. Hier die glitzernden »Metropolen«. Dort die agrarindustriell geplagten oder idyllisch restaurierten Landschaften. Dazwischen eine irisierende Naturromantik, die Millionen von Lebenssuchern immer wieder von der Stadt auf das Land und zurück trieb, je nach Familiensituation, Erschöpfungszustand und Lebenserotik (und wehe denen, die im Niemandsland zwischen den Eindeutigkeiten strandeten, in Suburbia).

Aus der Evolutionsbiologie wissen wir, dass Menschen Landschaften mit offenen Horizonten bevorzugen. Parklandschaften mit Auen, Flüssen und einer hohen Biodiversität. Das liegt an unserem Jäger- und Sammlererbe, an unserer Herkunft aus den Savannengebieten Afrikas. Dies wäre unser eigentlicher Traum: ein englischer Park, weiträumig bis zum Horizont, von Dickichten durchwachsen, in die man sich flüchten und verstecken kann. Aber mit viel Sicht auf die Flächen, in denen sich üppige Beute tummelt. Und einigen Hecken, um dort zu küssen und liebkosen …

Der alte, scharfe Stadt-Land-Bruch bedeutet für unsere Kinder immer weniger. Wir besitzen seit vielen Jahren eine Ferienwohnung auf dem Land, in der unsere Kinder meist nicht einmal den Unterschied wahrnehmen. Es gibt in beiden Orten die gleichen Medien – Gameboy, Fernsehen, Computer, Handy. Dieselben Nahrungsmittel (wir kaufen bei derselben Supermarktkette wie in der Stadt). Dieselben sozialen Verhaltensformen (wir haben, wenn wir ehrlich sind, nur einen eher flüchtig-funktionalen Kontakt zur einheimischen Bevölkerung).

Als er ungefähr drei Jahre alt war, bin ich mit meinem älteren Sohn am Wochenende immer zum Flughafen unserer Stadt gefahren, um auf der Besucherterrasse die startenden und landenden Flugzeuge zu beobachten. Irgendwann merkte ich, dass er sich entsetzlich langweilte. Flugzeuge waren in meiner Jugend etwas sehr Aufregendes. Als ich mit zwölf Jahren zum ersten Mal von Hannover nach Berlin fliegen durfte, konnte ich nächtelang nicht schlafen. Inzwischen sind meine Söhne locker zweimal um die Welt geflogen. Fliegen ist für sie wie Busfahren, man tut's halt, weil man's muss, um zu Oma oder zum Tauchen zu gelangen …

Globolopolis – die planetare Stadt

Im Jahre 2040, wenn David und Ayla ihre Lebensmitte beginnen, leben in den 20 größten Städten der Erde zwischen 15 und 30 Millionen Menschen. Europa wird nicht wie heute zu 50, sondern zu 80 Prozent verstädtert sein, wobei die Demarkationslinien zwischen Stadt und Land verschwimmen. Europas Metropolen schrumpfen, aber weil immer mehr Menschen in der Natur leben und Geld verdienen können, dehnt sich die urbane Kultur weit über ihre Grenzen hinaus aus. Der große Treck in die Metropolen Fernasiens ist abgeschlossen; Siedlungskonglomerate mit zig Millionen Menschen sind die Folge. Städte, die im Computer entstanden, mit sechsspurigen Highways und perfekter Logistik.

Die Lebensform des 20. Jahrhunderts war immer noch überwiegend ländlich geprägt, von Herd- und Hofgefühlen, auch wenn die Großstädte mit ihrer Sogkraft das soziale Geschehen bestimmten. Die Lebensform des 21. Jahrhunderts ist *durchwegs* städtisch. Durch die Allgegenwart der medialen Netze gibt es keine separaten Zeitkontinuen mehr, keine wirklichen Abgeschiedenheit. Wer die Einsamkeit sucht, kann dies nicht mehr räumlich, sondern nur noch *mental* bewerkstelligen.

Am allerschnellsten jedoch wuchern die Orte des Transits. Die Flughäfen der Welt sind heute die Großstädte mit den größten »Bevölkerungszuwächsen«. (1,8 Milliarden Menschen starten jährlich mit einem Passagierflugzeug.) Sie entwickeln sich zu Kernen einer hochmobilen, neo-nomadischen Lebensweise.

Betrachten wir Flughäfen, Bahnhöfe, Terminals aller Art einmal nicht als »Nicht-Orte«, sondern als *Lebenslandschaften.* Mit ihrem multikulturellen Gewusel, ihrer radikalen Mehrsprachigkeit, ihrer Topografie aus »Icons« und den universalen Codes ihrer Mischung aus Kommerz, Konsum und Sozialdrama sind sie längst eine Lebensform.

Reisen erzeugt eine Eigendynamik. Wer viel reist, reist noch mehr. Er bleibt irgendwann im transitorischen Raum hängen, wie in dem Film *Terminal*, in dem Tom Hanks als osteuropäischer Immigrant im Flughafen strandet (und der auf einer wahren Geschichte beruht). Er »sampelt« Verhaltensformen, Stile, Ressourcen. Und so nähern wir uns in der postindustriellen Welt wieder unserer uralten nomadischen Lebensform an.

Das also ist »Globolopolis«, die universelle Stadt, in der wir im urbanen Transitraum leben. Man stelle sich eine gigantische, ortlose »Mall« vor. Mit allen erdenklichen Service-Angeboten, mit Schuhputzern und Therapeuten, Fitnessstudios und Wellness-Arealen. Hier, zwischen Body Shop und Sozialstation, kann man nicht nur einkaufen, sondern auch wohnen, Leben und Kultur genießen. Alles ist gleich um die Ecke. Alles geht ineinander über, »morpht« ständig von einem zum anderen. Weiß irgendjemand noch, ob dies Shanghai ist oder London oder Frankfurt oder San Francisco? Hier lebt man in »Compounds« oder im »schnellen Loft« oder »Hometels«, in denen Hotel und Wohnung fusionieren, mit Nannys, Servicepersonal, Fremden, die kommen und gehen. Wir kommen und gehen. Wir hinterlassen Spuren, die diskret getilgt werden. Sportsachen, die beim nächsten Besuch wieder frisch im Schrank hängen. Oder Bodybags, wenn wir diskret entsorgt werden, am Ende einer langen, niemals endenden Reise.

Loungeland – der Ort der Verknüpfung

Was ist das metaphysische Zentrum der universalen Transitstadt, der innere Tempel von Globolopolis? »Loungeland«. Alles sieht aus wie ein Designer-Wohnzimmer von Philipp Starck, Matheo Thun oder Tadao Alto (man denke an den Film *Lost in Translation*).Wir warten auf den nächsten Flug. Aber wir wissen nicht, wann er gehen wird. Und vielleicht wollen wir es auch gar nicht so genau wissen. Es ist irgendwann egal. Aus den Lautsprechern quillt eine bebende, treibende Weltmusik, die uns in der Schwebe hält. Wir trinken exotische Mixgetränke, in denen sich alle Moleküle der Welt vereinen. Wir sind molekulare Einzelne, aber im Kommen und Gehen bilden sich immer wieder neue Organismen, Connections, temporäre Clans. Man befindet sich in einem Zustand relaxter Angespanntheit; bereit, sofort aufzuspringen und eine interessante Verknüpfung herzustellen. »Ah! Da seid ihr ja! Endlich!« Die Speisen sind »spicy«, auf eine erfrischende Weise dezidiert. Aus semitransparenten Wänden tritt ein sanftes Licht, das Morgen oder Abend simulieren kann. Und immer wieder kommt der universelle Barmann an unser Designersofa und lächelt: »Hi, what can I do for you?!«

Agriconia – die elektronisch vernetzte Landschaft

Wolken am Himmel, die blaue Silhouette von Hügeln oder Bergen am Horizont – auch die Idee der Landschaft ist tief in unsere Wahrnehmungsrezeptoren eingebaut. Neben dem Labyrinth der universalen Stadt existiert deshalb noch eine andere Welt, die das 21. Jahrhundert prägen wird: »Agriconia«, ein Begriff, der vom italienischen Designer und Architekten Andrea Branzi inspiriert wurde. Immer dann, wenn das Leben in Loungeland seltsam karamellisiert zu schmecken beginnt, regt sich unsere alte Sehnsucht nach dem Ort der Wurzeln, des Blutes, der Vorräte. Unser altes bäuerliches Erbe drängt mit Macht hervor, das Bedürfnis, Vorräte anzulegen, zu sammeln und zu jagen, einsam in die Berge zu gehen und den Hof zu bestellen.

Agriconia ist eine idealisierte Landschaft, die unsere alten Savannenträume mit den Idyllen des Designergartens kreuzt. In ihr gibt es Holzarchitektur mit Sonnenkollektoren, Biokläranlagen, große Holzveranden, Zuber, Kannen, also archaische Gefäße der Fülle und des Vorrats. Hier wohnen die Erzählungen der Kindheit: geheime Wege an den Waldrand. Schneeflecken, die sich bis in den Mai halten. Frieren und aufwärmen. Holzhacken. Duft nach Molekülen, die ihren Ursprung preisen.

In Agriconia kann man schon deshalb leben, weil der nächste Flughafen nicht weit entfernt ist. In Agriconia gilt das Alte, das Gewachsene als Kult. Alte Steinplatten. Alte Kirchen mit verwitterten Ornamenten. Gebäude, die Geschichte atmen. Das alte Beisl, das Bistro, das Teehaus, die Bodega, in der man zusammenhockt. Aber die idyllische Bodega hat selbstredend Internetanschluss; der Wirt ist ein ehemaliger Börsenbroker und kennt sich auf dem Planeten aus. Die alte romanische Kirche im Ort wird als Public-Private-Partnership gemanagt. Das Dorf, sauber renoviert, ist ein Weltkulturerbe. Und deshalb erwirbt man im Lauf der Zeit ein Vermögen, wenn man im richtigen Abseits eine alte Bruchbude kauft und sie mit echten Schwielen an den Händen renoviert.

Ideopolis – der Ort des Wissens

Und schließlich existiert noch ein weiteres Kontinuum, in dem wir im kommenden Jahrhundert unsere Existenz verbringen werden: »Ideopolis«, die Urbanisation des Geistes und der Technologie.

Alle paar Jahre, vielleicht auch für immer, werden unsere Kinder in den Raum des Wissens zurückkehren. In eine Kleinstadt oder eine Universität, die eine Kleinstadt ist. In ein Institut mit einem Campus. Oder eine Firma, die ein Campus geworden ist; eine Aggregat der permanenten Wissensproduktion.

Was die Lounge für Globolopolis und die vernetzte Bodega für Agriconia, ist der Campus für den Ort des Wissens: ein Mitochondrion. Der Andere, dem man auf dem Campus begegnet, ist eine Person des Respekts, weil er das eigene Wissen erweitert. Das co-evolutionäre Prinzip herrscht vor: Respekt, Neugier, Verbindung.

An diesen fiktiven und doch realen Orten werden unsere Kinder ihre Zukunft verbringen. Denken wir sie uns nicht so sehr als reale Orte denn als Kontinuen, wie in der griechischen Mythologie den »Hades« oder den »Olymp«. Oft werden sie Schnittmengen entwickeln, Zwischenzonen. Aber wenn die Lebensformen der Zukunft Universalismus bedingen, wenn Grenzenlosigkeit und Vernetzung ihr Grundprinzip sind – welche Ufer erwarten uns dann jenseits dieser Horizonte?

Tod

Werden wir den Tod besiegen? • *Wollen* wir den Tod besiegen?

Am Ende ist auch der Tod eine Enttäuschung. Es gibt keine Bögen aus Licht, keine Tunnel mit Feuer. Stattdessen das Wissen: Deine handvoll Leben leert sich in den großen, generellen Ozean. Du verschwindest, wie ein Blutstropfen in der kalten See, und danach schwimmst du durch alle Momente, die jemals waren, so wie Wasser durch Wasser schwimmt.

Max Philipps

Ich bedaure, dass das Leben sehr kurz ist. Aber es wäre wahrlich scheußlich, wenn es zu lang wäre.

Peter Ustinov

Wir müssen alle sterben, das heißt, wir haben Glück gehabt. Die meisten Menschen sterben nie, weil sie nie geboren wurden.

Richard Dawkins

David – Januar 2080

Das Smartcab schleuderte leicht auf dem Raureiffilm, der sich in der Nacht auf den Straßen gebildet hatte, aber die Gyrostaten hatten das Problem millisekundenschnelle im Griff. Die Fahrt ging an Kuppelhallen vorbei, in deren Inneren die Bewegungen der Roboter ein grünes, mäanderndes Leuchten erzeugten, überragt von riesigen Logos: »Thermoplast«. »SmartLiving«. »Hypercar«. »NanoWorld«. Dann folgen »Compounds«, lange Reihen von auf Stelzen stehenden Organo-Habitaten, deren metallurgische Haut vom ersten Licht der Dämmerung orangefarben glänzte.

David war müde und gleichzeitig wach wie selten zuvor in seinem nunmehr über 80-jährigen Leben. Neben ihm saß Cayarabola, seine Enkelin, gekleidet mit einer enge Kombination aus Thermoplast, die ihr aufregend gut stand. Mit ihrem kupferfarbenen Teint und dem gekräuselten Haar wirkte sie wie eine Skulptur aus Bronze. Die schmalen Handgelenke trugen afrikanische Goldringe, die fast bis zu den Ellenbogen reichten. Sie lächelte ihn ermunternd an und fragte:

»Dein wievielter Tag ist das heute?«

Er sah auf sein Device am Handgelenk, das die Frage wohl mitbekommen hatte. »Lifetime/Days« blinkte auf dem Display, darunter die entsprechende Zahl.

»Neunundzwanzigtausenddreihundertzwölf. Rechnet ihr alle in Tagessätzen, ihr jungen Dinger?«

Sie machte eine schnippische Handbewegung. »Neunundzwanzigtausend ist–. Sie benutzte eines jener modischen Worte, die er nicht verstand, irgendetwas wie »grün« oder »kühl«, was jetzt gerade als Steigerungsattribut galt. »Ich habe knapp fünfzehntausend anzubieten.«

»Das ist schon der halbe Weg zur Klugheit«, sagte er ironisch.

»Jedenfalls genug, um eine Entscheidung zu treffen. Was ich dich immer einmal fragen wollte: Wie alt fühlst du dich jetzt? Ich meine: wirklich?«

»Das ist ja das Seltsame«, antwortete David nach kurzem Zögern. »Dass du innerlich immer das Kind bleibst. 18. Ich bin 18, heute mehr denn je. Vielleicht ist auch ein Shot 28 drin. Während der Körper um dich herum seinen Weg in die Verrottung antritt«, – in einer kapitulierenden Geste hob er die Hände, an denen sich die Runzeln und Adern des fortgeschrittenen Alters zeigten – »verharrst du in deinen Neuronen von gestern. Der menschliche Geist weigert sich, den Verfall wirklich wahrzunehmen. Er wird seine Gründe haben.«

Cayarabola lächelte kaum wahrnehmbar und sagte dann mit ihrer hastigen, französisch akzentuierten Stimme: »Evolutionäres Brainprinting!«

»Evolutionär!«, stöhnte David. »Ich *pfeife* auf die Evolution und ihre verdammten Tricks!«

»Noch fünf Minuten bis Zielerreichung«, murmelte der Fahrautomat. Sie durchquerten ein großes, zusammenhängendes Waldgebiet. Neo-Tannen, ein undurchdringliches Dickicht. Das Cab verlangsamte, dann bogen sie in eine vierspurige Allee aus grünlich glühendem Leuchtasphalt, die in sanften Kurven eine Anhöhe herauflief.

Und dann sahen sie das Symbol. Groß und rot schien es über dem Wald zu schweben. Ein pharaonisches Osiris-Auge. Das Thanatos-Auge.

Das Cab passierte eine Schleuse mit einem Mikrowellen-ID-Check, bei dem ihre Körper gescannt und identifiziert wurden. Sie hielten vor einem gelb erleuchteten Atrium, das an ein Grandhotel vergangener Zeiten erinnerte. Die Flügeltüren surrten, sie stiegen aus. Eine Melodie lag in der Luft, die ihn an eine verlorene Kindheitssehnsucht erinnerte. Christmasmusic, die sie jetzt überall spielten, zu allen Jahreszeiten.

»Willkommen bei Thanatos«, sagte das übergroße asiatische Mädchen hinter dem Counter. »Ich sehe, Sie haben den Weg zu uns gefunden und wünsche Ihnen Glück und Unsterblichkeit.«

»Allerdings«, sagte Cayarabola. »Ich möchte eine Vitro-Telomerase-Verlängerung. Mein Großvater begleitet mich – als ... als mein BrainCoach.«

»Selbstverständlich«, sagte die Asiatin und lächelte. Wenig später saßen sie auf weichen Sesseln in einem ovalen Zimmer, dessen eine Wand von einem Softscreen ausgefüllt wurde. Der Screen zeigte die Erde aus dem Stream eines geostationären Satelliten. Kleine Kreuze markierten die Thanatos-Standorte, die sich inzwischen auf den ganzen Planeten ausdehnten. Oben blinkte der aktuelle Börsenkurs des Unternehmens, das überall auf der Welt für Skandale und Gerüchte sorgte. Ein gigantischer Börsenkurs ...

»Danke für Ihr Vertrauen«, sagte Doktor Petrowich, dessen Gesicht eurasische Züge hatte. »Ich muss Sie zunächst darauf hinweisen, dass die Eingriffe, die wir hier diskutieren, in einigen Legislationsbezirken der Erde immer noch illegal sein können. Und dass sich die Rechtslage schnell ändert ...«

Sie schwiegen.

»Lassen Sie mich zunächst eine kleine Einführung in unsere Philosophie geben«, fuhr Petrowich fort. »Wie Sie sicher wissen, ist Thanatos im Jahre 2020 vom Immortalisten Steven P. Robertson gegründet worden. Steve, der auch heute noch, mit 98 Jahren, in unserem Aufsichtsrat sitzt, kraftvoll und verrückt wie immer«, – der Doktor lachte, als ob er einen uralten Witz erzählte – »hatte eine einfache Vision. Die ist auch heute noch unsere Parole: die *Grenzen verschieben*.«

Auf dem Schirm drehte sich jetzt eine lange, spiralförmige Form. Die Struktur des Lebens.

»Thanatos geht seine Aufgabe auf mehreren Ebenen an. Wir arbeiten an lebensverlängernden Medikamenten. Wir arbeiten aber auch mit vielen Regierungen in der Frage der allgemeinen Lebensverlängerung zusammen – das hat ja auch eine Menge sozialer Aspekte: Ernährung, Trinkwasser, medizinische Versorgung und so weiter. Bei uns committen sich nicht nur die besten Gentechniker, sondern auch die besten LifeBerater, FoodIngenieure, Infrastrukturisten.«

Auf dem Schirm wurden jetzt einzelne Abschnitte der DNA rot beleuchtet, aus der Gesamtstruktur herausgenommen und ersetzt.

»Nun aber zu dem Angebot, wegen dessen Sie den Weg zu uns gewählt haben. Wir sind heute in der Lage, Ihnen einen IVF-Austausch Ihrer embryonalen Telomere auf den rund 150 Genen anzubieten, die die biologische Lebenserwartung in ihrer Gesamtheit determinieren. Dies erhöht die erwartete reale Lebensspanne Ihres Kindes auf 130 Jahre. Das heißt, dieses Kind wird, wenn es 50 Jahre alt ist, ein biologisches Lebensalter von 35 Jahren besitzen. Wenn wir 80 *wären*, wäre es knapp über 50. Wir können Ihnen diesen Wert nach den Alterscodierungsnormen garantieren, was Teil des Vertrages ist.«

Eine Pause entstand, in die Cayarabola hineinfragte:

»Warum heißt diese Methode dann *uterale* Telomer-Verlängerung?«

»Weil wir auch Ihre uteralen Funktionen beim Austragen des Kindes modifizieren müssen, beziehungsweise die Ihrer Leihmutter«, antwortete Petrowich geduldig. »Es hat sich herausgestellt, dass die Interaktion von DNA zwischen Mutter und Embryo in einer bestimmten Phase des Wachstums die verlängerten Telomerase-Abschnitte decodieren kann. Wir müssen deshalb die Botenstoffe, die Sie während der Schwangerschaft mit Ihrem Kind austauschen, ebenfalls modifizieren. Das tun wir mit ›Gentubes‹, nanotechnischen Enzymfähren.«

»Und mein Kind? Ich meine – später, wenn es selbst einmal Kinder austragen möchte?«

»Aha.« Petrowich grinste. »Sie haben sich schon entschieden. Es soll ein Mädchen werden.«

»Stimmt«, gab Cayarabola zu.

»80 Prozent unserer Kunden wollen Mädchen«, sagte Petrowich trocken. »Wenn Ihre Tochter später selbst Kinder bekommt, kann sie sich entscheiden, ob sie die Verlängerung aktiviert oder nicht. Man kann dies mit einem einfachen Enzym-Carrier bewirken.«

Ein Schweigen lag eine Weile im Raum, dann fragte David:

»Wie schnell ist der Fortschritt auf diesem Gebiet?«

Petrowich sah ihn scharf an und nickte. »Sie sprechen eine wichtige Frage an, die die meisten unserer Kunden stellen. Wenn heute 130 Jahre möglich sind, warum dann nicht nächstes Jahr 150, übernächstes 180? Womit Sie mit Ihrem Kind gewissermaßen in eine veraltete Technologie investieren würden. Ich kann Sie beruhigen. Das 130 Jahre Telo-Modell wird der Standard, mit dem wir auch im nächsten Jahrhundert arbeiten. Darauf hat sich Thanatos juristisch verpflichtet.«

»Und warum?«

»Schon aus einem ganz einfachen Grund.« Petrowich wirkte plötzlich müde.

»Weil wir eine gewisse Anzahl von T-Babys, wie wir sie nennen, brauchen, um das, was vor uns liegt, kulturell adaptionsfähig zu machen.«

»Sie meinen, dass die Menschheit Zeit braucht, um sich an Lebensverlängerte zu *gewöhnen?*«

»Das liegt wohl auf der Hand.« Petrowich machte eine müde Geste. »Möchten Sie, wenn Sie lebensverlängert sind, alleine bleiben? Oder nur ein Prototyp?«

»Der Mensch ist sterblich«, fuhr Petrowich nach einer kleinen Pause fort, während der über den Screen Evolutionsbilder gelaufen waren, der Tanz der organischen Formen, die sich zu immer komplexeren Gebilden zusammenfügten. »Das bleibt auch mit den neuesten Techniken so. Aber vielleicht können wir den Tod von einer *Auslöschung* zu einem *Verblassen* verändern.«

»Sie sind Romantiker«, sagte David sarkastisch.

»Unser Vorbild ist der *Sid* der alten Kelten. Sie glaubten, dass man einfach in den Sid hinüberwechseln konnte, wenn man ein bestimmtes Alter und Weisheit erreicht hatte. Und zwar in *beiden* Richtungen. Bei bestimmten magischen Bäumen, auf Eilanden, in Höhlen befanden sich Transformationspunkte. Man gelangt von dort in eine Welt, die äußerlich sehr ähnlich aussieht wie die normale Realität. Nur haben zum Beispiel alle Pferde dort Flügel, und alle Frauen sind Prinzessinnen.« Er lächelte mit strahlendweißem Gebiss.

Einen Moment lang wurde David von einem Angstschwindel erfasst. Er überlegte, ob er einen der Shots nehmen sollte, die er wegen seiner im Alter wieder häufiger vorkommenden Panikattacken stets in der Tasche hatte. Schönes, lupenreines, ab 80 Lebensjahren völlig legales Morphium. Aber dann ließ er es sein.

Das Szenario: Lebensverlängerung und neue Todeskultur

Das vor uns liegende Zeitalter ist das des Genoms, der Life-Sciences. Staunend und bisweilen fassungslos begreifen wir, wie viel wir noch *nicht* begreifen: Wie aus dem Code des Lebens Eiweiße ungeheurer Komplexität entstehen und daraus lebende, wachsende, sterbende Zellen mit all ihren Wechselwirkungen und Kooperationen. Wie die einzelnen Sequenzen des Genoms beim Wachstum an- und abgeschaltet werden, welche Rolle dabei Enzyme, Botenstoffe, RNA, Freie Radikale und andere Substanzen spielen. In der Proteomik und der Molekularbiologie, in der Exogenetik und der Hirnforschung, also den Kernbereichen der neuen »Life-Sciences« stehen wir erst am Anfang einer langen Reise zu einem fundamentalen Verständnis dessen, was *Leben* ist.

Aber wir *werden* »es« in diesem Jahrhundert verstehen. Und zwar bis auf den Grund.

Die ersten Lebensverlängerungstechnologien sind bereits auf dem Weg. Fruchtfliegen, behandelt vom Telomerase-Spezialisten Michel Rose, leben heute dreimal so lang, als es ihrer natürlichen Lebensspanne entspricht, und zwar *ohne* Verlust von Lebensqualität. Mäuse konnten bereits ein Fünftel ihrer Lebensspanne dazugewinnen. Fruchtfliegen und Mäuse sind keine Menschen. Aber sehr langsam setzt sich das Puzzle zusammen. Bei 100-Jährigen hat man das »Chromosom 4« entdeckt, das offenbar die menschliche Lebensphase verlängern kann. In China wachsen alten Menschen plötzlich zum dritten Mal Zähne. Der Altersbiologe Aubrey de Grey behauptet, dass wir nicht mehr weit von »Verjüngungstechniken« entfernt sind.[1] Viele Gerüchte. Aber auch viel Ernüchterung. Denn Lebensspannen sind für biologische Organismen fundamental, nicht nur ein Nebeneffekt wie blaue Augen oder spitze Nasen. Lebensuhren sind Resultate der Evolution, die jeder Spezies einen bestimmten Zyklus zuweisen. Selbst Bakterien, prinzipiell durch Teilung unsterblich, haben einen Alterungsmechanismus.[2]

In China feierte eine Riesenschildkröte vor kurzem ihren 325. Geburtstag. (Wer kann das genaue Alter nachprüfen?) Das mag sich noch mit ihrer Langsamkeit und ihrer konsequenten Salatdiät erklären. Aber manche Ara-Sorten erreichen auch stolze 150 Jahre. Und Ara-Papageien sind zwar gemütliche Tiere, aber durchaus muntere Zeitgenossen. Die menschliche Lebensspanne ist von der Evolution einstweilen auf 80 bis 100 Jahre festgelegt worden. Ist sie wirklich auf alle Ewigkeit fixiert?

In der individualistischen Welt, in die wir nun halb hineintreiben, halb hineinschreiten, ist der Tod der ungeheuerlichste Skandal von allen möglichen Skandalen. Je selbstreflexiver unsere Existenz, je mehr Selfness wir entwickeln, desto weniger tröstlich wirken die Versprechen der Transzendenz. Je mehr wir uns eine eigene Biografie formen, desto absurder erscheint jene molekulare Katastrophe, der wir alle unausweichlich entgegengehen.

Wegen all dieser Gründe ist Verlängerung der biologischen Lebensspanne das eigentliche Jahrhundertprojekt. Nichts, auch nicht die Weltraumfahrt, eignet sich besser, um die Spur der techno-utopistischen Visionen wieder aufzunehmen. In der Vision des längeren Lebens lassen sich viele soziokulturelle Mega-Trends unserer heutigen Zeit zu *einem* Erwartungshorizont bündeln: Der Selfness-Trend. Der Gesundheitskult. Die Erlebniskultur. Lebensverlängerung, wie es Lucian Boia in seinem Buch *Forever Young* ausdrückt, »tritt an die Stelle der transformistischen Ideologien, die ihre Versprechen nicht gehalten haben«.[3]

Eine kleine (Zukunfts-)Geschichte der Unsterblichkeit

Als die Welt noch von Riesen und Göttern bevölkert war, wohnten Menschen in anderen Zeitdimensionen. Methusalem wurde 969 Jahre alt. Adam lebte nach der christlich-jüdischen Überlieferung 930 Jahre, sein Enkel Enos 905. Noah, der Manager der großen Flut, zählte 600 Lenze, als er mit seiner Arche die Schöpfung rettete. Noch längere Lebensspannen wurden den mesopotamischen Königen zugeschrieben, deren letzter vor der großen Flut 64 800 Jahre regierte. Auch in China verzeichnete man Dynastien von bis zu 18 000 Jahren Dauer. Gilgamesch, der König des gleichnamigen sumerischen Epos, regierte »nur« 126 Jahre, aber seine Nachkommen schafften 420 und 325 Jahre. Auch bei Homer finden wir den »ewigen König«: Nestor, Held des trojanischen Krieges, lebte 300 Jahre und führte seine Mannen immer noch heldenhaft in die Schlacht.

Dagegen wirkt die jüngste Altersrekordhalterin weniger heroisch. Die Französin Jeanne Calment starb am 4. August 1997 im Alter von 122 Jahren, fünf Monaten und elf Tagen. In den Fotos, die an ihrem 122. Geburtstag von ihr gemacht wurden, spiegelt sich nicht nur die Würde des hohen Alters. Sondern auch der apokalyptische Zerfall, mit dem wir ein methusalemisches Alter unweigerlich bezahlen.

Gleichwohl: Keine Zeit, keine Kultur, keine Epoche, die nicht ihre Methusalems und ihre Unsterblichen, ihre Wiedergänger und Wunderdoktoren aufweist. Schon Ovid bot in seinen *Metamorphosen* einen Trank aus Tausenden von Ingredienzien an, mit dem Medea das Blut des alten Aeson austauschte, der daraufhin von einem Greis zum Jüngling mutierte. Laotse lehrte, dass eine Lebensspanne von 1 000 Jahren möglich sei, wenn die rechte Lebensweise aus Meditation und Einklang mit den kosmischen Gesetzen erfolgte. Für Hippokrates von Kos, den Erfinder der Medizinkunst, war vor allem die Ernährung Schlüssel zu Lebensverlängerung: »Welche schwache Nahrungsmittel essen, leben nicht lang ...«[4]

Thomas von Aquin erklärt in *Summa theologica* die kurze menschliche Lebensspanne als Resultat menschlicher Sünden. Adams Körper war vor dem Sündenfall unsterblich, erst durch das Abweichen vom göttlichen Pfad begann der Leidensweg des Fleisches. Roger Bacon, ein englischer Franziskanermönch (1220–1292) prognostizierte in seiner Schrift *De vitae longae*, dass der Mensch die Kräfte der Natur nutzen könne, um sein Leben deutlich zu verlängern – mit der Hilfe von Alchemie, frommer Lebensweise und Erkenntnis. Ebenso wie Paracelsus 200 Jahre später glaubte er, dass die natürliche Lebensspanne des Menschen bei 900 oder gar 1 000 Jahren läge – ein Modell, das die Bibel bot. Jean de Mandeville, ein englisch-französischer Adliger (1340 – circa 1400), fand die Verjüngung im fernen Indien, am Fuße eines Berges:

»Ich roch den Duft einer Quelle, die mit würzigen Kräutern durchsetzt war und ihr Aroma von einem Moment zum anderen veränderte. Wer immer von diesem Wasser trank, dreimal auf nüchternen Magen, ist von seinen Krankheiten geheilt und wird immer jung bleiben. Eine solche Macht, sagt man, entspringt dem irdischen Paradiese ...«[5]

Im Jahre 1546 sollte Lucas Cranach diesen Reisebericht in seinem berühmten Bild »Der Jungbrunnen« umsetzen – ein Verjüngungsbad, in dem erstaunlicherweise nur Frauen zu sehen sind!

In der Renaissance gingen die ersten Männer daran – Langlebigkeit faszinierte eigentlich *immer* nur Männer –, die Verlängerung der Lebensspanne *technisch* in die Tat umzusetzen. Berühmt wurde Lodovicio Cornaro, 1467 in einer reichen venezianischen Familie geboren. In seiner Jugend ruinierte er durch eine exzessive Lebensweise seine Gesundheit, was er in der zweiten Lebenshälfte wieder wett machen wollte – durch eine strenge Diät von maximal zwölf Unzen (350 Gramm) fester Nahrung und 14 Unzen (400 Gramm) Flüssigkeit pro Tag. Sein Befinden besserte sich unaufhörlich. 1550, im Alter von 90 schrieb er: »Ich befinde mich in bester Gesundheit. Ich reite. Ich steige nicht nur eine Treppe, sondern einen Berg ohne fremde Hilfe; ich bin fröhlich, gutgelaunt, ohne Störungen der Seele oder Sorgen irgendeiner Art.«[6] Cornaro, ein weiterer Alterspionier und früher Vorläufer der heutigen »Hungerpäpste«, starb mit 100 Jahren und bewies als erster, dass kalorische Reduktion das Leben verlängern kann.

Im vorrevolutionären Frankreich schließlich veränderte sich die Sichtweise: Nicht mehr göttliche Gnade oder mönchische Entsagung sollte die Altersbarrieren brechen, sondern Wissen und Klugheit. Um 1750 machte in Paris der Comte de Saint Germain von sich reden, der über ein ungeheures Wissen zu verfügen schien, und über den Voltaire an Friedrich den Großen schrieb: »Ein Mann, der niemals stirbt, und der alles weiß.« Albrecht von Haller, ein Schweizer Poet und Physiologe (1708–1777) identifizierte mehr als 1 000 Fälle von Langlebigkeit und fand Menschen, die bis zu 169 Jahren lebten – für Haller ein Beweis, dass der Mensch als Krönung der Schöpfung die Lebensspanne alle Tiere überträfe. Der Marquis de Concordet, ein strenger Aufklärer und emphatischer Zukunftsgläubiger, brachte diese Auffassung auf den Punkt, indem er (in seiner Schrift *Zum Fortschritt des menschlichen Bewusstseins*, 1793) die Auffassung vertrat, dass »in einer Zeit der Revolution *alles* revolutioniert werden muss! In einer Welt der Gleichheit und Brüderlichkeit, im Zeitalter der universellen Brüderlichkeit muss die menschliche Natur sich zwangsläufig wandeln – in Richtung auf Unsterblichkeit.«[7]

Von nun an war Langlebigkeit ein *revolutionäres* Motiv. In Russland experimentierte der Arzt Lysenko mit allen möglichen Formen von genetischen Veränderungen – er wollte eine Art »Supernatur« erzeugen, die dem Kommunismus zur Weltherrschaft verhelfe. Man entdeckte die »kaukasischen Superalten«, die als Vorbild des kommunistischen Menschen dienen sollten – alt wurden sie natürlich vor allem durch die »gerechte soziale Lebensweise« in der Sowjetunion. Stalin war Kaukasier, und eine Fülle von sozialistischen Experimenten begann, hart an der Grenze zum Menschenexperiment. Aleksandr Bogomoletz, Präsident der Ukrainischen Akademie der Wissenschaften, erfand das berühmte »Bogomoletz-Serum«, ein Wundermittel aus obskuren Ingredienzien, das gegen *alles* helfen sollte – Krebs, Impotenz und eben Sterblichkeit. Im China der Kulturrevolution wurde ebenfalls mit einem »Altersserum« hantiert, das die Überlegenheit der kommunistischen Idee beweisen sollte.

Sex oder Askese – was macht das Leben länger?

Die Mittel und Methoden, mit dem man dem Tode ein Schnippchen zu schlagen suchte, spiegeln die Sehnsüchte und Verzweifelungen der jeweiligen Ära. Im Mittelalter waren es die alchemistischen Elixiere, die »Wasser des Lebens«, die mit der Hoffnung auf endlich wirksame Medizin verbunden waren (man hatte der Pest nur wenig entgegenzusetzen). Franz Mesmer, ein deutscher Wissenschaftler, machte 1780 mit seinen »magnetischen Sitzungen« Furore. Christoph Wilhelm Hufeland (1762–1836) publizierte 1796 das Buch *Makrobiotik – die Kunst, das Leben zu verlängern.* Darin schloss er sich der Rousseauschen These an, dass die verderbte zivilisatorische Lebensweise den Menschen ein langes Leben (mindestens 150 Jahre) raubte. Dr. Turck, ein amerikanischer Arzt, versuchte es knapp ein Jahrhundert später mit »Elektrizität und Chloroform«. Aber auch die hedonistische Variante kam nicht zu kurz. Schon die alten Chinesen hatten Sex zur Lebensverlängerung empfohlen.

Ende des 19. Jahrhunderts, als die Hormone entdeckt wurden, implantierte der russische Arzt Dr. Serge Voronoff Hammel- und Schimpansenhoden in Menschen – um die »vitalen« Kräfte wieder zu erlangen. Eine Methode, die zwischen 1950 und 1970 zu einer medizinischen Mode führte, bei der sich westliche Millionäre von östlichen Wissenschaftlern »Frischzellen« junger Schafe spritzen ließen – ein primitiver Vorläufer der Stammzellentherapie, der vor allem dem DDR-Staat Geld in die Kassen spülte.

Tausende von Schriften, Tausende von Methoden. Und wenig Resultate. Und recht selten fragte man: Was wäre denn, wenn es *funktionierte*? Goethes *Faust* handelt vom großen, tragisch scheiternden Handel »Seele gegen Unsterblichkeit«. Jonathan Swift erschuf in *Gullivers Reisen* die »Struldbruggs«, eine kleine Rasse von unsterblichen Menschen, die schon mit 80 zu grantigen Greisen werden, um dann Tausende von Jahren sich selbst, die Umwelt und die Ehepartner zu nerven. Walter Besant schildert 1888 in seiner Erzählung *The Inner House* eine Kolonie von 24 000 »Trans-Temporären« in Canterbury. In diesem Szenario sind die Protagonisten zwar biologisch unsterblich, können aber durch Unfälle dennoch zu Tode kommen. In der Folge entwickeln sie sich zu neurotischen Wirklichkeitsflüchtern, die panische Angst vor dem Ausbruch eines Feuers haben, jede Reise vermeiden und alsbald nur noch in ihren Wohnungen dahindämmern.

Im 20. Jahrhundert nahmen utopische Literaten und Science-Fiction-Autoren das Thema auf. Der unsterbliche Aldous Huxley spielt das Immortalitätsthema in *After many Summers dies the Swan* durch, eine elegische Geschichte, bei der ein Multimillionär sich die Unsterblichkeit erkauft – um den Preis des Absinkens der Intelligenz auf das Niveau eines Affen. Und dann, in unserer Jugend, ging es richtig los. Perry Rhodan, Langzeitheld der deutschsprachigen SciFi-Jugend, eroberte mit dem »Zellaktivator« das Universum. Robert Heinleins Zukunftsroman *Zeit für die Liebe* handelt von einer Familie, deren Mitglieder sich alle 40 Jahre einer zellularen Verjüngungskur unterziehen. Jedes Familienmitglied hat jeweils ein »resettetes« und ein »summiertes« Alter. Auf diese Weise lebt man weit über 150 Jahre bei guter Gesundheit – eine Spießeridylle in Utopia.

Und heute? Im Supermarkt der Lebensverlängerungsbewegung, die in den USA ihren Schwerpunkt hat und nun auch Asien erfasst, gibt es nichts, was es nicht gibt. Pillen- und Vitaminpäpste mit gigantischen Buchauflagen und eigenen Lebensverlängerungskliniken. Eingefrorene Menschenkörper, die irgendwann einmal wieder aufgetaut und von derzeit tödlichen Krankheiten geheilt werden sollen (die »Kryonics« in den USA mit Organisationen wie Alcor). Fasten, Fasten, Fasten, bis sich die Haut dünn über dem Körper spannt. Und dann das unendliche Arsenal der Tinkturen und Hormone …

Unsterblichkeit entwickelt sich nebenbei zum neuen Kerngeschäft für Sekten. Die Raelianer etwa sind laut eigenen Angaben in ständigen Kontakt mit Außerirdischen, die die entsprechende Technik längst beherrschen: O-Ton dieser Aliens (nach Auskunft der Sekte):

»Unser Körper lebt zehnmal so lang wie eurer, wie die ersten Menschen der Bibel. Zwischen 750 und 1 200 Jahren. Aber unsere Seele, unser wirkliches Ich, kann tatsächlich unsterblich sein. Wir können aus einer einzigen Zelle unseres Körpers einen neuen Körper klonen, den wir dann weiter bewohnen (...). Und so weiter, bis in die Unendlichkeit. Allerdings haben, um die Bevölkerung konstant zu halten, nur Genies das Recht auf Unsterblichkeit.

Frage: Aber wenn ihr so lange lebt, seid ihr nicht gelangweilt?

Nein, niemals, wir tun nur Dinge, die wir wirklich wollen. Wir arbeiten nur intellektuell, denn wir nutzen Roboter für alles andere. Im Besonderen machen wir Liebe. Wir finden unsere Frauen sehr schön, und wir genießen sie (...).«[8]

Verdrängen wir den Tod?

Das erste Sterberegister eines Stadtteils von London aus dem 16. Jahrhundert verzeichnet für das Ableben folgende Gründe: ermordet (2), durch Schreck (2), plötzlich (2), von eigener Hand (2), Lethargie (3), Wahnsinn (1), Sturz vom Glockenturm (1), Würmer (11), Blähungen (3), Zähne (33), Völlerei (49), Gram (3), Alter (23).[9] Nicht einmal ein Viertel starb an Altersschwäche (interessanterweise schon damals aber die Mehrheit an »kardiovaskulärem Event« durch Übergewicht, vulgo: »Völlerei«).

Eine der kulturpessimistischen Litaneien unserer Zeit handelt von der »Verdrängung des Todes«, die die böse moderne Gesellschaft mit sich bringt. Gestorben wird, so der Vorwurf, nur noch in anonymen Krankenhäusern, in der Abschiebehaft der Altersheime. Niemand denkt an den Tod, stattdessen steigt die Anzahl der Schönheitsoperationen ... Aber starb man früher wirklich »in der Geborgenheit des Generationszusammenhangs«? Der Tod »ereilte« einen eher zufällig, nebenbei, alltäglich. Im Ausgedinge der bäuerlichen Kultur wurden die Sterbenden nicht selten allein gelassen, und man half auch schon einmal nach (vor allem bei Hungersnöten). Wenn man sich »zum Tode hin« in der Dorfgemeinschaft versammelte, dann stand nicht unbedingt die dahinscheidende Person in seiner Individualität und seinem Erleben in Zentrum. Das Zusammengehörigkeitsritual diente eher der Sozialpflege der Lebenden – wer schlug schon einen ordentlichen Leichenschmaus aus.

Auf den modernen Palliativstationen steht heute der Sterbende mehr im Mittelpunkt als womöglich jemals in der Kulturgeschichte. Seine Schmerzen, sein Erleben, werden keineswegs ignoriert – Ausnahmen bestätigen die Regel. Angehörige nehmen ihre Todkranken viel öfter wieder auf eigenen Wunsch nach Hause. Der Film *Das Meer in meinem Kopf* thematisierte das Recht auf den eigenen Tod – und wurde zu einem der meistbeachteten Filme des Jahres 2005. Das Sterben der amerikanischen Komapatientin Terry Schiavo beschäftigte die Weltöffentlichkeit über Wochen. Keine Auseinandersetzung mit dem Tod? Unsinn.

Sterben light

Als Jane starb, waren um ihr Bett 15 Freunde versammelt. Und Jane tat sich nicht leicht. Ihr Hinscheiden dauerte fünf Jahre. Seit dem Zeitpunkt, an dem man in ihrem Gehirn einen unheilbaren Tumor entdeckt hatte, hatte sie das soziale Geschehen um sich herum strikt an sich gezogen. Ihr Bett, ihre, wie sie es schließlich zynisch nannte, »Abgangszentrale«, wurde mehr und mehr zum Sammelpunkt einer Inszenierung ihres Lebens. Hier empfing sie den ganzen Tag über Freunde und Bekannte aus aller Welt, die an- und abreisten und in den vielen Zimmern ihrer riesigen Londoner Altbauwohnung einquartiert wurden. Wenn sie einmal kamen, gingen sie so schnell nicht wieder weg.

Bert, ihr Mann, ein milder, melancholischer Literaturprofessor, tat alles für Jane. Er bewirtete klaglos ihre zahlreichen Gäste. Er fuhr mit ihr zu allen Ärzten, die sie zu konsultieren wünschte. An Stätten ihrer Kindheit. Als sie schon tagelang dahindämmerte, fuhr er mit ihr nach China und schob sie im Rollstuhl über die chinesische Mauer.

»Allerdings kann man nicht von mir erwarten«, erklärte Bert trocken, »dass ich den ganzen Tag mit Trauerflor herumrenne. Es geht mir gut. Es ist wie es ist. Jane hat es schön.«

Im letzten Jahr, in dem Jane kaum noch aus dem Bett kam, baute er ihr ein Schwimmbad, in das sie mit dem Rollstuhl hineinfahren konnte. Er ließ sich beschimpfen, wenn, wie es vorkam, sie das Gedächtnis verlor und niemanden mehr erkannte. Er ertrug ihre Aggressionen, ihren Hass – auf die Krankheit und alle, die gesund waren.

Wenn man in ihr riesiges Zimmer kam, hörte man meist Gläserklingen und Gelächter. Eine endlose Party lief dort. Und in der Mitte lag Jane auf riesigen bunten Kissen aus Satin und Seide, am Ende nur noch stumm, mit offenen Augen an die Decke starrend, haarlos und halbnackt. Ab und zu ging jemand zu ihr herüber und streichelte sie sanft, auch wenn sie es nicht mehr merkte.

So, wie die Individualkultur die Geburt als ein ganz persönliches *Erlebnis* uminterpretiert, greift nun der Gestaltungswille der Individualkultur mit Macht auch auf den letzten Abschnitt des Lebens über. Begleitung und soziale Integration von Sterbenden wird in diesem Jahrhundert ein Mega-Thema und eine gewaltige Serviceindustrie hervorbringen – mit allen Konsequenzen der »Todesbewusstheit«, die dies für die Gesellschaft mit sich bringt.

Die neue Ahnenkult-Kultur

Beim Volk der Batek in Malaysia wird der tote Körper in den schönsten Sarong gewickelt. Die Verwandten blasen ihm Tabakrauch um den Kopf, um ihn zu kühlen und zu erfreuen. Dann kommt die Dorfbevölkerung und macht ihre Aufwartung. Man fragt, wie es dem Toten geht, ob er alles habe, was er braucht, warum er sich entschieden habe zu gehen. Man bietet ihm Zigaretten an. Man singt, tanzt und macht viele Nächte so viel Lärm wie möglich. Manchmal wird der Tote in ein großes Fass gesteckt, um die Körperflüssigkeiten zu sammeln und die Verwesung möglichst lange zu beobachten. Andere Familien bringen den Toten an einen verborgenen Ort des Dschungels, schmücken ihn mit Blumen, bieten ihm Gaben dar: kunstvoll verzierte Pfeifen, Pfeile, Artefakte. Dann werden Gerten um den Kadaver gepflanzt, die mit Zaubersprüchen gegen Tiger versehen sind.[10]

Bis vor wenigen Jahren fanden praktisch alle Begräbnisse in den USA und Europa nach dem christlichen Ritual statt. Der Pfarrer sprach ein paar allgemeine Bibelworte, die Orgel spielte, man schritt dem Sarg hinterher und schaufelte eine Handvoll Erde darauf.

Man sollte dieses Ritual nicht leichtfertig verachten – es konnte nicht ohne Grund so lange normgebend bleiben. Aber für immer mehr Menschen in der individualisierten Welt unserer Tage wirkt dies bis zur Schmerzgrenze unpersönlich.

»Ich hasse Särge«, sagte neulich ein Bekannter. »Die Idee, in eine solche Kiste und dann in die Erde gesteckt zu werden, ist einfach schrecklich. Nur das Christentum mit seiner Morbidität konnte sich das ausdenken. Ich möchte am liebsten in Leintüchern aufgebahrt werden, wie die Hindus.«

In den großen Städten des Westens wachsen seit etwa einem Jahrzehnt die Konturen einer neuen Begräbniskultur. Wer in Globolopolis stirbt, kann sich im Designersarg unter die Erde bringen lassen, kann einen professionellen Grabredner, eine Lob- oder Schmährede bestellen, ein Fest mit persönlicher Musik, von indisch über dekadent-schwul bis Cooljazz. Er kann seine Asche in einem Park verstreuen oder in einem Wald vergraben lassen. Man kann die Urne mit nach Hause nehmen und in einen Schrein stellen, vor dem dann Zwiesprache gehalten wird.

Das Christentum und seine monotheistischen Nachfolgereligionen haben als historisches Verdienst unter anderem den Abschied von den Ahnenkulten mit sich gebracht, in denen die Lebenden stets auf vielfältige Weise von den Toten terrorisiert wurden. Die Toten des Christentums waren wirklich tot, und sie »wohnten«, wenn überhaupt, weit weg im Himmel oder auf dem Friedhof. In der globalen Wissensgesellschaft, in der Welt von virtuellen und sozialen Netzwerken, wird dieser Prozess der »Externalisierung« der Toten in säkularisierter Weise wieder rückgängig gemacht.

Individualkultur bedeutet, dass jeder Mensch immer mehr über seine genealogischen Rollenfunktionen hinauswächst. Er ist nun nicht mehr nur Vater, Mutter, Tante, Großvater, »Ahne«, sondern eben mehr und mehr ein einmaliges »Gesamtkunstwerk«. Damit wächst sein spezifisches »Geheimnis«, sein memetisches Kapital, das es zu bewahren gilt, weit über seinen Tod hinaus.

Das Begräbnis selbst wird nun in einen Prozess erweitert, der weniger rituell denn sozial ist. Abschiedsfeiern, Gedenktage und Erinnerungsdinner bringen den Freundes- und Verwandtenkreis zusammen, um den Verstorbenen zu feiern und ihm – ja doch! – *Geschenke* zu bringen. In Form von Gedichten, Erinnerungen, Bildern der Anerkennung. Nein, wir sind nicht tot, solange noch jemand an uns denkt. Unser soziales Netzwerk, in dem wir einen wichtigen Knotenpunkt darstellten, lebt auch nach unserem Tode weiter und erinnert sich unserer Einmaligkeit.

Der Zeitpunkt ist nicht mehr weit, an dem wir gute Bekannte in einer entspannten Atmosphäre fragen werden: »Und wie werden Sie Ihren Tod gestalten – und die Zeit danach?« Wer darauf keine Antwort weiß, kann ja noch eine finden. Oder finden lassen, mithilfe der vielfältigen Thanatos-Berater, die uns in die Zukunft begleiten werden.

Können wir die Lebensspanne ausweiten?

Ohne Zweifel verändert sich der Mensch auch als biologische Spezies. Obwohl die humane DNA seit etwa 100 000 Jahren relativ stabil geblieben ist, gibt es graduelle Veränderungen auch in unseren biologischen Grundkonstruktionen. Das Größenwachstum etwa, verstärkt durch eiweiß- und zuckerreiche Ernährung. Oder die Weitung der weiblichen Fertilitätspanne, das Einsetzen der Pubertät mit 13 bis 14 Jahren und das Verschieben der Menopause bis weit jenseits der 45 – Resultate eines Anpassungsprozesses an andere Lebensumstände.

Die neuesten Erkenntnisse der Exogenetik zeigen uns, wie lebendige Organismen in einer komplexen Wechselwirkung zwischen Gencode und Umwelt stehen. Um eine Fruchtfliege oder einen Menschen wachsen zu lassen, genügt nicht der biologische Code allein. Eine Unzahl von »Umweltschaltern« werden während der Embryonalentwicklung an- und abgeschaltet. Die DNA ist nicht eine isolierte Einheit, sondern Teil des Netzwerks des Lebens.

Auch wenn Lamarck, der zur Zeit Darwins behauptete, erworbene Fähigkeiten würden auf *direkte* Weise im Gencode gespeichert, irrte, zeigen doch jüngste Experimente, wie schnell Organismen unter Selektionsdruck Varianten und Unterarten bilden können. Bei Makrophagen und Bakterien erhöht man in den Labors heute schon die Mutationsrate, indem man radioaktive Strahlung einsetzt – und plötzlich entsteht eine Vielzahl von Varianten gleichsam über Nacht. Richard Dawkins beschreibt in seinem neuen Buch *The Anchestor's Tale*[11], wie durch simple Auslese aus wilden Füchsen innerhalb von gerade einem Jahrzehnt zahme Tiere werden. Wenn man bei jedem Wurf die »menschenfreundlichsten« Welpen aussucht und dann weiterzüchtet, benötigt man gerade einmal 30 Generationen, um eine Fuchsart zu erreichen, die sich wie ein Hund, genauer gesagt wie ein Collie verhält. Und das Erstaunlichste: Dieser neue, handzahme Fuchs sieht auch ähnlich wie ein Collie aus!

Die Erfahrungen der grünen Gentechnik, also der Arbeit mit Pflanzen, zeigen allerdings auch, wie schwer es ist, gentechnisch optimierte Organismen in einem biologischen Umfeld stabil zu halten. Gentechnisch optimierte Pflanzen verlieren schnell wieder ihre besonderen Fähigkeiten, werden also rezessiv. Oder aber sie erzeugen unerwünschte Veränderungen bei anderen Organismen, die ihrerseits anpassend auf neue Mitbewerber reagieren ...

Für den genetischen Umbau des Menschen – am Beispiel der Lebensverlängerung – legt dies einige vertrackte Schlüsse nahe.

- Lebensverlängerte Menschen würden sich – erstens – *in ihrem Wesen verändern.* Sie wären nicht mehr die alte, aus der evolutionären Nische für großhirnige Multivoren hervorgegangene Spezies.
- Lebensverlängerte Menschen müssten womöglich *von der Umwelt total isoliert werden* (weil sie aus irgendeinem Grunde »sehr empfindlich« sind).
- Um lebensverlängerte Menschen »lebendig« zu halten – über ein singuläres Individuum oder eine kleine Gruppe hinaus – müssten wir womöglich *die gesamte Umwelt* mit verändern!

Aus all diesen Gründen werden »harte« Lebensverlängerungsmethoden ein ziemliches Durcheinander anrichten. Bruce Sterling meint:

»Wenn wir für Lebensverlängerung bezahlen, wird das wahrscheinlich so sein, wie heute für Information zu bezahlen. Du kriegst alles, aber nie das, was du willst, in purer, reiner Form. Alles kommt nur in Bruchstücken, Fragmenten, Einschränkungen, Haken, Falltüren. Du musst es dir selbst zusammensetzen, wie einen alten IKEA-Schrank ohne Anweisungen.«[12]

Die immortale Gesellschaft

Wird es erbitterte Kämpfe zwischen den »Transtimern« und den »Kurzlebigen« geben? Wird sich die Menschheit spalten, in zwei grundverschiedene Spezies? Oder gibt es bald wieder ein »Retro« der Kurzlebigen, die nun als vital-produktive Kaste gegen die gelangweilten Götter auf dem Olymp des Langlebens antreten? Was bedeutet die Verschiebung der Sterblichkeitsgrenze für unsere Fortpflanzung? Ist unser kurzes Leben die Bedingung unserer Fertilität, der tiefere Grund für Sex und Liebe ebenso wie für Bücherschreiben, Komponieren, Reisen, Surfen, Streiten? Werden Langlebige überhaupt noch Interesse an Nachkommen haben?

Die Geschichte der Menschheit begann, als sich Menschen zum ersten Mal nach den Toten fragten. Damit trennt sich das menschliche Tier von den anderen Tieren. Wozu bräuchten wir Schrift, Kunst, Bilder, wenn wir damit nicht den Abgrund der Zeit überwinden wollten? (Wir könnten dann ja alles selbst erzählen, weil wir ja immer noch da sind.) Wozu dient also kulturelle Komplexität, wenn nicht zur Kompensation des Todes?

Wenn wir dem Tod »seinen Stachel« nähmen, wäre der evolutionäre Pfad des Menschen auf den ersten Blick beendet. Das Wechselspiel zwischen den Genen und den Memen endete. Eine immortale – oder stark lebensverlängerte – Kultur könnte jener ähneln, in die der Zeitreisende aus H. G. Wells *Zeitmaschine* im Jahre 80 000 gerät. Gelangweilte, geklonte Menschen, die Eloy, essen unentwegt Früchte in verfallenden Palästen. Sie interessieren sich für nichts, schon gar nicht für Sex. Wenn einer von ihnen ins Wasser fällt und ertrinkt, wird das mit einem gewissen Bedauern zur Kenntnis genommen – er hätte ja schwimmen können!

In Wells' Geschichte steckt auch die alte Dualität, die die gesamte abendländische Kulturgeschichte in ihrem Verhältnis zum Tod durchzieht. Schuld und Sühne. Der Tod als Strafe. Wie sich bei Wells herausstellt, werden die Eloy durch die Morlocks gezüchtet und verspeist, Unterweltmonster, als Replik an das Industriezeitalter (die proletarische Sklavenkaste). Damit wird auch das sozialkritische Element von Wells' Roman deutlich: Er konstruiert einen zukünftigen kannibalischen Klassenkampf.

Auf diese Weise landen wir bei allen Versuchen, über Langlebigkeit nachzudenken, immer wieder bei alten soziokulturellen Mustern. Das Problem ist, dass wir mit unserem alten, durch eine Vielzahl kultureller Meta-Meme »verseuchten« Primatenhirn über eine Welt nachzudenken versuchen, die wir uns eigentlich gar nicht vorstellen können. In unseren Primatenhirnen ist der Tod fest mit dem Leben verkettet. Wir können die festen Grenzen spüren, die Bande, die uns mit der Sterblichkeit verbinden. Das »hält« uns, denn so bekommt der Tod einen schöpferischen Sinn. Aber es limitiert auch auf brachiale Weise unsere Vorstellungskraft über eine Welt, in der andere Horizonte und Maßstäbe gelten könnten.

Evolution, technische, soziale wie mentale Evolution, ist erfinderisch. Wer sagt denn, dass wir in der langsamen Ausweitung der Lebensspanne nicht *andere* Grenzen, Spannungsfelder erfinden und definieren, an denen sich evolutionäre Adaptivität – gedacht als Aufrechterhaltung des vitalen Lebensimpulses – weiterentwickelt? Ist es nicht wahrscheinlich, dass auch die *Evolution evolviert*? Der Science-Fiction-Philosoph Jack Vance hat diesen Gedanken in seinem Roman *To Live Forever* aus dem Jahr 1956 so entwickelt:

»Nur in der Unendlichkeit des Universums kann der Unsterbliche eine Entwicklung erreichen, die mit seiner unsterblichen Natur in Einklang ist. Das Planetengebundene, das sozial Begrenzte, ist sterblich; sich zu organisieren und eng zu kooperieren ist sein Schicksal. Der Unsterbliche hingegen kann niemals durch soziale Konventionen begrenzt oder auf nur eine Hemisphäre beschränkt werden. Planeten, Städte, Gesellschaften sind Fesseln: ein Unsterblicher, der an sie gebunden wäre, würde schwach und trübsinnig (...). Die gewaltige Freiheit der Jahre muss eine Entsprechung in der Freiheit der Erfahrung haben (...). Nur das grenzenlose Weltall ist die angemessene Bedingung ewigen Lebens.«[13]

Die Mortalitätsgrenze ist in der Tat der Rubikon, an der sich die Zukunft der humanen Spezies entscheidet. Und genau deshalb wird sie die »last frontier«, die Grenze, die uns über die Maßen beschäftigt und herausfordert. Denn auch *das* ist in unsere evolutionäre Konstitution eingebaut: das Rütteln an den Gitterstäben, der zähe Wille der Grenzüberschreitung. Erst wenn wir *diesen* Impuls verlören, wäre das das »Ende des Menschen«.

Wir fürchten die Endlichkeit ebenso wie die Unendlichkeit. Mit beidem müssen wir auskommen, so gut es eben geht.

David – Dezember 2100

David befand sich in einem lang anhaltenden Traum, der einem Computerspiel seiner Kindheit ähnelte – oder war es gar kein Traum? Er lief durch Verliese, gigantische Hallen, in denen Uhren tickten und Fallenmechanismen zu- und Truhen aufschnappten, in denen sich leuchtende Sterne, Bonbons, goldene Karten befanden. Er musste Punkte sammeln, unentwegt Punkte sammeln, um auf eine höhere Ebene zu kommen, seine Kräfte stärken durch das Horten von Zaubertränken, Kraftpunkten, bunten Bonbons. Die Zeit lief gegen ihn; feuerspeiende Monster, giftige Pflanzen, Kobolde, Geister, die plötzlich durch die Wände fuhren und ein schauerliches Lachen hören ließen, unter seinen Füßen wegbrechende Brücken, all das zehrte an seiner Lebensenergie. Seltsame Worte liefen durch sein Hirn: »Expalliarmos!« »Hufflepuffle!« »Dumbledore!« Das war seine Welt gewesen, die Welt der Kindheit, eine Welt der elektronischen Verheißungen, des beginnenden Cyberspace. Und nun kehrte er dorthin zurück. Zum grauenhaften *Endgegner*, der irgendwo in den Tiefen der Verliese wartete.

Sie hatten ihm den *Uterus* zurückgegeben, in der perfekteren und doch immer noch primitiven Form von Fast-schon-22.-Jahrhundert-Technologie. Der Pod, in dessen Zentrum Davids Sterbeliege stand, war eine kleine Kuppel am Ufer eines afrikanischen Flusses, inmitten der Savanne, in der die Menschheit vor Äonen ihren Anfang genommen hatte. Das transportable Gebäude war mit allen erdenklichen Simulationstechniken ausgestattet. Die Halbkugel im Durchmesser von etwa fünf Metern war ein einziger 3-D-Softscreen aus transluzentem Material. Von seiner Liege aus, einem weichen, in allen Ebenen schwenkbaren Kontursessel, der seine zerbrechlichen Glieder so gut abstützte, wie irgend möglich – konnte er alles kontrollieren, zur Not mit einer Bewegung seines Kopfes. Der Pod war an MindNet angeschlossen, alle Datenspeicher der Menschheit standen ihm zur Verfügung, alle Bilder, alle Filme, alle Bücher, alle Töne, alle Gerüche der Welt konnte er in diesem kleinen Raumschiff in die Unendlichkeit erklingen lassen.

David konnte die Stärke regeln, mit der die köstlichen Morphine durch eine mikroskopische Kanüle in seine Venen strömten.

Und er konnte jederzeit den großen, virtuellen Hebel in seinem Gesichtsfeld bedienen, der alles beenden würde.

Es gab viel Lachen, viel Fröhlichkeit um ihn herum. Essen, Gespräche, Diskussionen über die Fragen der Zeit. Die Kinder spielten mit den Flusspferden, großen, äußerst geruhsamen Tieren, die durch einige genetische Korrekturen zutrauliche Haustiere geworden waren. Seine Begleiter auf der letzten Reise lagen in Hängematten draußen am Fluss und sahen den Linien der ScramJets nach, deren Kondensstreifen, von den äquatorialen Rampen im Osten kommend, sich wie Perlenschnüre in den Höhenschichten der Atmosphäre verloren. Das leichte Grollen, das die Transporter bei ihrem Weg in die Umlaufbahn machten, erinnerte an die Löwen, die es in einem Teil dieser Savanne immer noch gab.

Da waren Cayarabola und ihre hübsche, gertenschlanke »Unsterbliche«, wie sie sie nannte, eine 17-Jährige, die sich kaum von den Pubertierenden aller Zeiten unterschied, sich aber erstaunlich intensiv um ihn kümmerte. (Sie schnitt David die Haare, untersuchte auf seltsame Weise seine Haut und hielt stundenlang seine Hand.) Seine andere Enkelin Karla, eine FuelSpezialistin, die am New-Hope-Projekt arbeitete, dem Space-Programm, dessen Resultate sie über ihren Köpfen in Aktion sehen konnten. Da war Joe, ein Offspring aus Alyas zweiter Zwischenehe, der sich mit Exobiologie beschäftigte und als »Alienjäger« galt (er hatte an der Entschlüsselung des »Gesangs« mitgearbeitet). Da waren drei weitere Enkel dritten Grades, wilde Gestalten mit gefährlich aussehenden Devices, die unglaubliche Dinge tun konnten wie zum Beispiel freigestellte 3-D-Schwertkämpfe. Da war Kevin, ein alter Freund, selbst schon in den hohen Achtzigern, und Parayama, seine vietnamesische Lebensgefährtin, eine würdige Frau mittleren Alters im Sarong, mit der er ein Spätkind hatte.

Abends, wenn die Sonne über der Savanne unterging, rückte man zusammen, trank und erzählte Gleichnisse in Indese, jener blumigen Mischsprache aus Englisch, Indisch und Singhalesisch, die jetzt überall gesprochen wurde, selbst im großen China.

Zentralafrika war in diesen Jahren Ziel eines intensiven Thanatos-Tourismus aus allen Ländern der Erde. Vielleicht, weil der Tod in seiner Buntheit und Vielfalt hier immer schon sein Dominium hatte. Und weil vom Äquator aus nun eine neue Reise der Menschheit begann. Das New-Hope-Programm brachte zum ersten Mal eine mehrtausendköpfige Kolonie in den Weltraum. Erst seit der Perfektion der Scram-Technologie war der Flug in den Orbit so billig geworden, dass ein normaler Mensch ihn sich leisten konnte.

Überall am Fluss, wie hingestreut unter Palmen und Süßwassermangroven, standen die Sterbekuppeln von Thanatos. In der Dunkelheit glühten sie wie opake Blasen, und wenn sich ihr pulsierendes Licht in ein dunkelrötliches Glühen verwandelte, hieß das, dass wieder ein Mensch seinen Weg in die Ewigkeit angetreten hatte.

David flog durch die Saturnringe, die in erhabener Stille den ewigen Tanz ihrer Partikel zeigten. Er tauchte in Korallenriffe, die ihn wie immer an seine Mutter erinnerten, mit der er im Alter von 14 im Indischen Ozean geschnorchelt hatte (sie hatte vergeblich versucht, ihm seine panische Angst vor Haien zu nehmen). Er durchquerte Berge bis tief in den glühenden Erdkern, durchflog Wälder, in deren feuchten Tiefen sich im Zeitraffer neue, bizarre Spezies entwickelten. Er rief die Düfte von frisch geschnittenem Gras auf; Regen, Olivenöl, Legosteine, heißes Metall, Plastik des 20. Jahrhunderts, Haut von Mädchen und Kindern.

Auf seinem Weg immer tiefer in das Netz der Netze hinein hinterließ David Spuren. Veränderte Verbindungen. Codierte Codes. Schrieb sich ein. Er wob die Spuren seiner Existenz für alle Ewigkeit in die Strukturen des Wissens und der Erinnerung, die die Menschheit als allgegenwärtiges Fluidum verbanden.

Er war das Netz, und das Netz erfüllte ihn mit Dankbarkeit. So dass er schließlich loslassen konnte.

Als es vorbei war, standen sie gemeinsam um seinen Körper. Die optimierten Männer und Frauen des kommenden 22. Jahrhunderts. Die Krieger der Zukunft. Helle und dunkle, langlebige und weniger langlebige Menschen. Schlanke, filigrane Körper, elastisch, optimiert. Und während die Thanatos-Schwestern seinen zerbrochenen Körper ölten, um ihn für das Feuer vorzubereiten, ließen die Scramjets ihr Grollen erklingen. Das Schreien der Nilpferde schien wie ein Kichern.

Und dann erklangen die Trommeln von der anderen Seite des Flusses.

Epilog

Das 22. Jahrhundert

2120

Das leise Summen der Triebwerke klang wie entfernte Glocken. Sie streckte sich behaglich in ihrem Kontursessel, der sie sanft massierte und Vanille- und Minzedüfte freigab, und schloss mit einer flüchtigen Handbewegung den halbtransparenten Kokon, der sie weitgehend von den anderen Passagieren trennte. Der Rochen glitt das leuchtende Band entlang, und fast unmerklich hob das Flugzeug ab. Langsam, wie ein schwerer Albatros, gewann der Nurflügler an Höhe und flog in die beginnende Abenddämmerung hinein.

Nur 15 Passagiere verteilten sich auf diesem Flug in der geräumigen Kabine; die meisten von ihnen Langlebige, die Mindgames spielten oder den langen Flug für PlayWork, kleine, intensive Konferenzen, nutzten. Auf dem großen Frontschirm, der ein kristallklares Panoramabild übertrug, entfaltete sich das Bild des neuen Paneuropa. Eine grüne Landschaft bis zum Horizont, unterbrochen nur von den filigranen Bauten der domartigen Compounds, die aus dem Multiwald ragten. Dazwischen leuchteten einige grünlich leuchtende NanoFabs; Nanofabriken, in denen alles produziert werden konnte, was dem Leben diente. Strukturiert wurde die Landschaft nur durch die CargoPipes, die sich bis zum Horizont gegen das Grün abhoben und in denen wie Partikel die Güter hin- und her huschten, die Menschen und Maschinen benötigten.

Was für ein Unterschied zu den alten Siedlungsformen mit ihren strengen, an Computerchips erinnernden Architekturen, dachte sie. Keine Autobahnen mit stinkenden Lastwagen und ewigen Staus. Eine amorphe, organische Struktur, wie eine Zellkolonie, verbunden mit Adern, Nervensystemen …

Sie war froh, dass sie sich den Nurflügler geleistet hatte. Es gab immer noch die riesigen Gigaplanes mit ihren überfüllten Bordbars, ihrem Kindergeschrei und billigen Essensgerüchen, die in Schwärmen auf der Ostwest-Route unterwegs waren. Auf ihnen pendelten jetzt Hunderttausende Europäer in die asiatische Megalopolis, um ihre Arbeitskraft billig anzubieten. Aber die Nurflügler, diese wunderbar sanften Fluggeräte mit ihren biomorphen Formen, boten globales Reisen einen ganz anderen Stil. Der Komfort erinnerte an Ozeanliner, an die alten Zeppeline. Nurflügler konnten ihre Flügelform ändern und schwammen buchstäblich in den Höhenschichten der Atmosphäre, viel höher als Gigaplanes, fast an der Grenze des Weltraums, dort, wo keine Turbulenzen hinreichten. Sie »kreuzten«, um die Jetströmungen treibstoffsparend auszunutzen, deshalb brauchten sie für die Far-East-Strecke meist mehr als einen Tag. Das war vielleicht auch der Grund, weshalb sie fast nur von Langlebigen gebucht wurden. Obwohl das Gesetz eigentlich eine paritätische Buchung vorsah …

»Machen Sie es sich bequem, und genießen Sie die Schönheit unseres Planeten«, sagte die weibliche Stimme des Robopiloten. Über ihr wurde die Decke durchsichtig und enthüllte einen Sternenhimmel, wie man ihn auch auf den höchsten Bergen niemals sehen konnte. Sie machte es sich in ihrem Pod bequem, klappte den Sessel nach hinten und aktivierte das Device. Der Softscreen entfaltete sich wie eine Blume und frage nach dem Willen seiner Besitzerin.

»Zeig mir Urgroßvater«, sagte sie.

Auf dem Screen tauchte Davids Emanation auf. Undeutlich, pixelig erhob er sich aus dem Meer der Sekundärrealität. Sie stellte »fotorealistisch« und »in reifem Alter ein«. Das Bild ihres Urgroßvaters wurde nun schärfer und erschien schließlich kristallklar auf dem Bildschirm. Er war so, wie sie ihn in Erinnerung hatte: als weißhaarigen, starken, präsenten Mann im tertiären Alter. Man sah nur seinen Oberkörper, der in einer klassischen Toga steckte. So hatte sie ihn am liebsten.

»Hallo Urenkelin!«, sagte der Avatar. »Ich grüße dich. Ich sehe, du bist hoch in der Atmosphäre.«

»Ich nehme eine Auszeit für einige Wochen, weil ich zu mir finden möchte«, erklärte sie. »Mir ging es in letzter Zeit nicht so gut.«

Sein faltiges Gesicht lächelte besorgt. »Was fehlte dir denn, du Quasi-Unsterbliche?«

»Ich bin mit meiner Arbeit nicht vorangekommen. Und ich hatte einen Plan, der nicht einfach zu verwirklichen war.«

»Ach. Erzähl.«

Sie zögerte einen Moment. Aber dann sagte sie:

»Ich erwarte ein Kind von dir.«

Für einen Sekundenbruchteil schienen die Pixel des Avatars zu verwirbeln. Die Mimik machte kleine Sprünge, als die Meta-Software versuchte, die Botschaft zu verstehen und adäquat zu beantworten.

»Das«, murmelte die unsterbliche digitale Seele Davids, »ist... erheblich... Darf... Darf man nach einer Begründung fragen?«

Sie schwieg eine Weile. Sagte dann zögerlich:

»Zu deiner Zeit warst du der Beste. Ich glaube nicht, dass ich heute einen besseren Gencode finde; mit all deinen Talenten und Eigenheiten und Verrücktheiten. Ich habe gescannt und noch mal gescannt... Aber nichts hat mir gefallen im weiten Reich der männlichen DNA unserer Tage.«

»Ich verstehe«, sagte der Avatar, und erstarrte; ein Höflichkeitszeichen dafür, dass er nichts verstand.

»Meta-Evolution«, sagte sie leise, »Das solltest gerade du doch verstehen. Die nächste Stufe der menschlichen Geschichte... die Rekombination der Besten...«

»Ich verstehe«, sagte der Avatar. Und lächelte. Und sie wusste, wenn auch die KI-Emanation von David an diesem Punkt nicht mehr folgen konnte, dass ER es verstanden hätte. Er hatte es vorausgesehen. Wie so vieles.

Später, nachdem sie die Konversation mit einigen netten Allgemeinplätzen beendet hatte, nahm sie einen kleinen grauen Infrascanner aus einem Etui. Langsam fuhr sie damit über die leicht gewölbte Rundung ihres Bauches. Es zeigte sich ein kleines, rosiges, etwas zerknautschtes Gesicht. Er grinst, dachte sie. Er kann gar nicht anders als grinsen. Die Augen des Babys schienen offen, eine Hand öffnete und schloss sich deutlich.

Willkommen, kleiner David, flüsterte sie. Auch wenn du ein Kurzlebender sein wirst, werde ich dich wie einen König empfangen...

Die Eiswüsten des Pols waren während eines Halbschlafs, aus dem sie immer wieder unruhig erwachte, unter ihr vorbeigezogen. Es gab mehr Eis als vor 100 Jahren, blaues, endloses Eis, das manchmal im Licht des Vollmondes funkelte. Als es Morgen wurde, näherten sie sich der Megalopolis des Großen Ostens. Der Horizont leuchtete in irisierenden Farben. Dann tauchte der Rochen ein in die Türme der asiatischen Megalopolis.

Nachwort anstelle einer Danksagung

Hirne sind dazu gemacht, in die Zukunft zu sehen, damit wir rechtzeitig die Richtung unserer Schritte ändern können.

Daniel C. Dennett

Die Geschichte wiederholt sich nicht. Aber sie reimt sich.

Mark Twain

Ein Gedächtnis, das nur rückwärts wirkt,
ist ein armseliges Gedächtnis.

Die weiße Königin
in Alice hinter den Spiegeln

Meme, Gene, Fortschritt, Evolution, Zivilisation, Geist. Und Zukunft. Oder: Was ist sozioevolutionäre Zukunftsforschung?

Vor knapp 100 Jahren war das 20. Jahrhundert jung, unschuldig und voller Verheißungen. Eine lange Friedensperiode in Europa und ein erster Schub von Handelsglobalisierung euphorisierten die Zukunftserwartungen des Publikums. Da erschien im quirligen Berlin ein Buch mit einem ehrgeizigen Anspruch. *Die Welt in 100 Jahren*, veröffentlicht 1910, versammelte Jahrhundertprognosen von 18 Wissenschaftlern, darunter Naturhistoriker, Theaterwissenschaftler, aber auch publizistische Idealisten wie die Pazifistin Bertha von Suttner. In 18 Kapiteln beschrieb man, wie Krieg, Frieden, Theater, Unterricht, Sport, Kolonialismus und so weiter in 100 Jahren aussehen könnten:

»Das drahtlose Telephon wird zu jener Zeit die ganze Welt umfassen, und es wird dann ebenso leicht sein, mit unseren Antipoden Zwiegespräche zu halten, wie wir derzeit zwischen London und Paris, Berlin und Budapest sprechen. (…)

Die Kriegsführung der Zukunft wird einem Schachturnier gleichen. Jede Bewegung wird dem Auge der ganzen Welt sichtbar sein.«[1]

»Jedermann wird sein eigenes Taschentelephon haben, durch welches er sich mit wem er will verbinden kann, einerlei, wo er auch ist, ob auf See oder in den Bergen, ob in seinem Zimmer oder auf einem dahineilenden Eisenbahnzuge, dem durch die Luft gleitenden Aeroplan (...). Und ist ihm damit nicht gedient, sondern strebt er nach Höherem, so wird er sich mit jedem Theater, jeder Kirche, jedem Vortrags- und jedem Konzertsaal verbinden können, ja die Kunstgenüsse der ganzen Welt werden ihm offen stehen (...).

Monarchen, Kanzler, Diplomaten, Bankiers, Beamte und Direktoren werden ihre Geschäfte erledigen, ihre Unterschriften geben, wo immer sie sind. Direktoren ein und derselben Gesellschaft werden eine legale Versammlung abhalten, wenn der eine auf der Spitze des Himalaja ist, der zweite in einem Badeorte und der dritte sich auf einer Luftreise befindet (...). Sie werden sich sehen, miteinander sprechen, ihre Akten austauschen und unterschreiben, als wären sie zusammengekommen an einem Orte (...).«[2]

Die Welt der mobilen Kommunikation wurde also sehr genau vorhergesehen. Aber schon wenige Seiten weiter, im Kapitel über den »Krieg der Zukunft«, werden wir mit langatmigen Kriegsszenarien konfrontiert, die eindeutig ideologisch-rassistischen Charakter haben:

»Erst im Jahre 2009 ist die gelbe Rasse zu der Erkenntnis gekommen, dass infolge der aeronautischen Überlegenheit der weißen Rasse jeder Widerstand kürzlich vergeblich sei.«[3]

Im Kapitel »Die Kolonien in 100 Jahren« wird das Ehepaar Havermann beschrieben, das in Fesselballons 2 000 Meter über der Erde Afrikas wohnt – »in kühler Höhenluft über der staubigen Negerlandschaft«. In Elegien über »Die Zukunft der Frau« und »Die Frau und die Liebe« wimmelt es abwechselnd von enthusiastischen Übertreibungen der Mutterrolle und belehrenden Betrachtungen zu Zeit und Moral; keine Spur von Zukunft.

Warum lagen die Leistungen der Prognostiker so eklatant auseinander? Technologische Entwicklungen sind bis zu einem gewissen Grade *linear*, und deshalb leichter prognostizierbar. Und der Kern des Prognoseproblems befindet sich immer »im Auge des Betrachters«. Die Autoren von *Die Welt in 100 Jahren* neigten zu »Weltanschauungen«, zu Idealismen, Ideologien und Vereinfachungen, die sie ohne weitere Umwege auf die Zukunft projizierten. Darin äußert sich ein Trick, den unser Bewusstsein uns immer dann spielt, wenn wir in die Vergangenheit schauen, um die Zukunft zu erklären. Henri Bergson nannte das einmal »retrospektiven Determinismus«. Die Entwicklung der Dinge scheint uns rückwärtsgewandt völlig logisch, ohne Alternative. Es hat ja gar nicht anders kommen können! Um ein banales Bonmot zu bemühen: »Hinterher ist man immer schlauer!«

Wie wird es unseren Nachfahren gehen, wenn sie dieses Buch in 100 Jahren verstaubt aus einem Regal klauben (oder aus einer fehlerhaften Digitaldatei rekonstruieren)? Werden sie milde lächeln? Ärgerlich die reaktionären Diktionen aufzeigen? Wird es dann überhaupt noch jemanden geben, der sich die Mühe macht, Exegese zu betreiben?

Das Fundament: die Spieltheorie

Vor etwa einem halben Jahrhundert formulierten die Mathematiker John von Neumann und Oscar Morgenstern die Spieltheorie. Sie beobachteten, dass sowohl in der Natur als auch in Gesellschaften und Beziehungen zwischen Menschen bestimmte Prozesse immer nach bestimmten Regeln ablaufen. Sie enden entweder als *Nullsummenspiel* (»lose-lose«): Niemand gewinnt etwas, beide Parteien verlieren, wie im heutigen Terrorismus. Oder als einseitiger Vorteil (»win-lose«): Einer gewinnt, der andere verliert. Oder aber es handelt sich um so genannte »*Win-win*«-*Spiele:* Beide Teilnehmer gewinnen. Und aus diesem Gewinn entsteht oft etwas Neues, Drittes, eine Synthese, die man auch »gelungenen Fortschritt« oder einen »gemeinsamen Vertrag« nennen könnte.

Spieltheorie galt in der öffentlichen Wahrnehmung lange als kalte, letztlich realitätsferne Wissenschaft. Sie hatte einen halb unseriösen, halb apokalyptischen Klang. In Kubricks legendärem Film *Dr. Seltsam oder wie ich lernte die Bombe zu lieben* geht das Spiel »Thermonuklearer Krieg« gründlich schief. Dr. Seltsam, eine Mischung aus Neumann und dem Zukunftsforscher und Militärberater Hermann Kahn, verursacht – »Hoppla!« – den atomaren Weltkrieg. Alles geht schief, was schief gehen kann. Zero-zero-zero!

Robert Wrights ehrgeiziges Werk *Nonzero*, erschienen kurz vor dem Jahr 2000, griff die Spieltheorie auf völlig neue und verblüffende Weise wieder auf. Er erklärte mit ihr nun nicht nur bestimmte soziale Situationen, sondern gleich noch die Menschheitsgeschichte, die gesamte Evolution, Kosmologie und Metaphysik. Die Welt, wie wir sie heute kennen, so Wright, ist das Resultat einer unendlichen Kette von »Games«. Die Evolutionsgeschichte ist das Resultat von »Win-lose«- und »Win-win«-Spielen, also von Spielen, in denen unter dem Strich »mehr als Null« herauskommt. In denen Arten nicht nur andere Arten besiegten, sondern auch große Mengen von Co-Dependenzen und Co-Evolutionen stattfanden. Und auf diese Weise immer komplexere Organismen entstanden.

Heute erlebt die Spieltheorie ein vielgestaltiges Comeback. Mathematische Kontexte können soziale Strukturen beschreiben. Aber auch den »Workflow« von Fabriken. Mathematik gibt uns unter Umständen Auskunft über die Frage, warum Männer welche Frauen wählen und Frauen welche Männer, warum wir lieben, essen, Krieg führen und andere merkwürdige Dinge tun. Mathematische Gesetze sagen auch eine Menge über die Zukunft aus. Wie Mark Buchanan es in seinem fulminanten Buch *Das Sandkorn, das die Erde zum Beben bringt* beschreibt, sind die Gesetze von Erdbeben, Waldbränden, Artensterben und Kriegsausbrüchen mit den Mitteln der Mathematik beschreibbar. Auch die Geschichte hat eine Mathematik. Das heißt nicht, dass wir »Events« voraussagen können, die in Systemen mit unstabilen Voraussetzungen stattfinden werden. Aber wir können mehr und mehr wissen, welches System in welcher Weise zu beschreiben ist. Wir können wissen, mit welchen Wahrscheinlichkeiten wir es zu tun haben. Und das ist ein grosser Schritt auf dem Weg zu einer vereinheitlichten Zukunftstheorie.[4]

Kognitionstheorien: Wie erkennen wir?

Im Vorwort habe ich den Kontext beschrieben, in dem Karl Popper in Neuseeland die *Offene Gesellschaft* verfasste. Weniger bekannt wurde Popper für seine »Kognitionsevolution«, eine Meta-Theorie, die er 1973 vorstellte, und mit der er die verschiedenen Theorien über die

Welt *selbst* zu Objekten einer Prozessbetrachtung macht. In Kürze: Durch einen ständigen Prozess von »trial and error« korrigieren sich unsere kognitiven Systeme über die Welt ständig selbst. Wir kommen der Welt näher, indem wir unaufhörlich Irrtümer verwerfen.[5] Die Erkenntnis selbst unterliegt einer Evolution!

Ebenfalls um diese Zeit nach dem großen Zivilisationsbruch des 20. Jahrhunderts arbeitete Teilhard de Chardin, ein christlicher Abweichler und »Mystiker« an Schriften mit geheimnisvollen Titeln wie *Aufstieg zur Einheit, Der Mensch im Kosmos, Die lebendige Macht der Evolution*. In diesen Büchern munkelte Chardin von einer »Noosphäre«, zu der sich die Menschheit eines Tages emporschwingen könnte. Zu einem »Punkt Omega«, einem Seinszustand »höherer Komplexität« und spiritueller Erleuchtung. »Die denkende Schicht der Menschheit, die die Erdkugel umgibt …« Ähnliches griffen später die Hippie-Theoretiker wie beispielsweise James Lovelock mit seiner »Gaia-Theorie« wieder auf.

Die Schlösser an diesen schon leicht verrosteten Erkenntnistruhen klicken nun wieder auf. Poppers nüchterne Beschreibung von »Trial-and-error«-Demokratien mündete in die Gestalt heutiger Gemeinwesen. Chardins »Noosphäre«-Elegien ähneln plötzlich verdächtig den Emphasen der globalen Internet-Cyberspace-Euphorie, wie sie um die Jahrtausendwende Mode war. Und trockene Spieltheorie wird plötzlich im komplexen Durcheinander der globalen Börsen und Finanzströme lebendig. »Kognitive Evolutionstheoretiker« trieben im weiteren Verlauf diese Ansätze voran. Zum Beispiel Gregory Bateson, der mit Schlüsselwerken wie *Geist und Natur* die »evolutionäre Erkenntnistheorie« vorantrieb, mit Fragestellungen wie dieser:

»Welches Muster verbindet den Krebs mit dem Hummer und die Orchidee mit der Primel und all dieser vier mit mir? Und uns alle … mit den Amöben in der einen Richtung und mit dem eingeschüchterten Schizophrenen in einer anderen?«[6]

Genetik: der erste Hauptschlüssel

Pünktlich zur Jahrtausendwende gelang mit der Dechiffrierung des menschlichen Gencodes ein weiterer Durchbruch in eine neue Dimension der Wissenschaft. Wir bekamen einen ersten, flüchtigen Einblick in das gigantische Buch mit den zehn Milliarden Zeichen, das unseren Körper konstituiert und den menschlichen Geist erst ermöglicht. Crick und Watson hatten zwar schon in den fünfziger Jahren die Struktur der Doppelhelix entdeckt. Aber erst die Details des »Scripts« der Gs, Ts, Cs und As, konfrontierten uns wirklich existenziell mit der Frage, wie sich aus dieser Aneinanderreihung *Leben* ergeben soll.

Mit der Genforschung begann eine radikal andere Sichtweise auf den Menschen und seiner sozialen Beziehungen. Das Pendel schlug von den Sozialtheorien der siebziger Jahre, in denen *alles* gesellschaftlich bedingt zu sein schien, in die genau entgegengesetzte Richtung aus. Nun war plötzlich alles (wieder) *genetisch determiniert.* Unsere Intelligenz, unsere Fähigkeiten, unser Schicksal, schien nun fest verdrahtet im Erbgut. Ob wir schwul werden oder nicht. Wie wir Lebenspartner aussuchen. Unser Schicksal als Versager oder erfolgreiche Karrieristen: alles programmiert.

Richard Dawkins Meilenstein-Buch *Das egoistische Gen* leitete in den späten achtziger Jahren die Wende in ein tieferes Verständnis der Bedeutung des Gens im Verhaltenskontext ein. Dawkins schrieb, fast erschreckt von der Radikalität seiner Erkenntnis:

»Wir sind Überlebensmaschinen – Roboterfahrzeuge, blind darauf programmiert, diese egoistischen kleinen Moleküle zu erhalten, die gemeinhin als Gene bekannt sind. Menschen sind die Art und Weise der DNA, neue DNA zu erzeugen.«[7]

Die neue Anthropologie

Um die Jahrtausendwende erlebte zeitgleich auch eine Wissenschaft eine Renaissance, die sich seit dem Zeitalter der großen Entdeckungen gegen Ende des 19. Jahrhunderts weitgehend aus der Öffentlichkeit verabschiedet hatte: Humanarchäologie. Überall auf dem Planeten wurden im letzten Jahrzehnt sensationelle neue Spuren der menschlichen Geschichte gefunden, die – nicht zuletzt aufgrund von neuen, durch Gentechnik verbesserten Datierungstechniken – das bruchstückhafte Bild der Geschichte des Menschen vervollständigen.

Die zwei wichtigsten Erkenntnisse: Wir sind älter, als wir dachten. *Viel* älter! Und: Die Spezies »Sapiens« weist eine viel höhere Artenvielfalt auf, als wir bisher glaubten.

Steve Olson hat in seinem Standardwerk *Herkunft und Geschichte des Menschen* viele dieser »missing links« zusammen gefügt. Er hat herausgefunden, dass wir alle von einem bestimmten Menschentypus abstammen, der in einer relativ kleinen Gruppe vor rund 100 000 Jahren von Ostafrika aus in mehreren Auswanderungsschüben den Planeten besiedelte. Olson zeigt uns, dass die menschliche Geschichte alles andere als ein Triumphzug war:

> »Die menschliche Evolution war kein gradliniger Weg vom Niederen zum Höheren, sondern ein Gewirr von Sackgassen und Umwegen und plötzlichen Richtungswechseln. Viele Fossilien, von denen wir dachten, wir könnten sie unseren Vorfahren zuordnen, stellen vermutlich gescheiterte evolutionäre Experimente dar (...). Letztendlich sind wir das Ergebnis einer unaufhörlichen Auslese, einer Versuchsauswahl durch Aussterben.«[8]

Im Laufe der Geschichte kam es dabei mehrmals zu so genannten »Nadelöhren«, in denen das Schicksal der Menschheit am seidenen Faden hing. Vor 70 000 Jahren, so sagen auch die Humangenetiker der Stanford University, gab es noch knapp 2 000 Exemplare der Spezies Sapiens sapiens. Was wäre, wenn auch diese 2 000 Menschen die Knappheiten und Katastrophen, in denen sie sich zweifelsohne befanden, nicht überlebt hätten?

Dann, so wissen wir von Dawkins und dem Paläobiologen Simon Conway Morris (und mehr und mehr Anthropologen und Evolutionsforscher schließen sich dieser Meinung an), dann hätte die Natur irgendwann einfach *wieder* ein höchstwahrscheinlich zweibeiniges, aufrecht gehendes Wesen mit einem übergroßen Gehirn »erfunden« (vielleicht wären es aber auch die Oktopusse geworden).[9] Conway Morris beschreibt in *Life's Solution*, wie Organismen auf ihrem Weg in höhere Komplexität nicht in exakt gleicher, aber in *ähnlicher* Weise immer wieder zu denselben Lösungen kommen.[10] Augen, Ohren, Beine, Nasen, all das wurde nicht einmal, sondern *viele Male* in der Evolution entwickelt. Und so ist es auch mit der Zivilisation: Ackerbau und Viehzucht etwa, die »neolithische Revolution«, fand an mehreren Stellen auf dem

Planeten *unabhängig voneinander* statt. Wenn die Zeit für bestimmte Ideen gekommen ist, werden sie, so oder so, realisiert.

Diese Geschichte unserer Herkunft erschien nun plötzlich so spannend, dass sogar große Science-Fiction-Autoren sich der Vergangenheit zuwandten. Stephen Baxter, der Star der neuen SciFi-Generation, schrieb im Jahre 2003 *Evolution*, einen ziegelschweren Roman, der wohl den längsten Zeitraum umfasst, den sich je ein Autor zugetraut hat: 120 Millionen Jahre. Auf 600 Seiten schildert Baxter all das, was unsere Anthropologen in den letzten Jahren über die Geschichte des Menschen herausgefunden haben, in chronologischer, spannender Handlung. Und dann noch einmal 500 Millionen Jahre in die Zukunft! Danke Stephen, was für eine Sisyphusarbeit (die mir auch irgendetwas über die menschliche Spezies auszudrücken scheint – nur was?).

Zivilisation – ein ungelöstes Geheimnis?

Wie entsteht im Verlauf der Geschichte aus der Urhorde ein Stamm, eine Hochkultur, ein Staat, eine komplexe Zivilisationsform? Wie kommt es, dass nach Jahrtausenden der Stagnation plötzlich technologische Durchbrüche an mehreren Fronten gleichzeitig stattfinden? Warum stagnieren in vielen Regionen dieses Planetens die gesellschaftlichen Verhältnisse (oder bewegen sich gar historisch »rückwärts«, siehe Afghanistan, siehe China im 14. Jahrhundert), während es in anderen Gegenden zu beschleunigten Modernisierungsschüben kommt?

Mindestens zwei voluminöse Werke beleuchten diese Frage: David Landes' *Wohlstand und Armut der Nationen* und Jared Diamonds *Arm und Reich*.[11] Wohlstand und Zivilisation, so die These beider Autoren, entstehen in einer »Multiplität« von Bedingungen. Klimatische und topografische Bedingungen sind dabei äußerst wichtig – die erste agrarische Kultur entstand nicht umsonst in den fruchtbaren Schwemmdeltas der großen Flüsse. Entscheidend ist zu Beginn vor allem die Vielfalt des Genpools von Pflanzen und Tieren, die in einer bestimmten Region zur Verfügung steht (die Inkas hatten immer nur Lamas, die Mesopotamier hingegen Schweine, Ziegen, Hühner, Rinder). Im weiteren Verlauf entscheiden Traditionen, Familienstrukturen ebenso wie Religionen und Wertorientierungen über Beschleunigung oder Stagnation. Ein *einziger Faktor*, ein *einzelnes* Element kann dazu führen, dass eine Kultur untergeht, sich isoliert – oder sich erfolgreich weiterentwickelt.

Ähnlich wie die Evolution verläuft auch die menschliche Kulturgeschichte nicht deterministisch in eine Richtung. Und dennoch gibt es eine »Grunddrift«. Zivilisation »sucht«, wie ein Fluss sich seinen Pfad zum Meer bahnt, immer nach Wegen auf die nächste Stufe der Komplexität. Dieser Prozess ist einerseits ungeheuer fragil, gefährdet, unsicher. Andererseits ist er auch unglaublich zäh, wie die biologische Evolution selbst. Wenn an der einen Stelle die Dämme in Richtung Zukunft zu hoch sind, sucht sich der Fortschritt eine andere Möglichkeit. Wenn wir doch noch irgendwann im thermonuklearen Krieg untergehen, werden irgendwann in 100 000 Jahren »Mutanten« aus den Trümmern kriechen. Und eine neue Zivilisation gründen ...

Memetik: der zweite Hauptschlüssel

Wenn alles genetisch vorausbestimmt ist – warum bleiben dann zum Beispiel kluge Frauen wie Cora, Kathy oder Juliette kinderlos, obwohl sie eigentlich hervorragende Prädisposition für den Reproduktionserfolg zu bieten hätten (und jede Menge Auswahl an männlicher DNA)? Warum schreiben Menschen Bücher und verzichten, als Mönche oder Genies, auf den Fortpflanzungstriumph?

Geoffrey L. Miller beschrieb in *Die sexuelle Evolution* Kultur (Musik, Tanz, Literatur und so weiter) als eine Art »Pfauenschleppe«, mit denen Männchen vor allem Weibchen beeindrucken wollen. Matt Ridley analysierte in *Die Biologie der Tugend* das menschliche Kooperationsverhalten als Ausdruck einer erfolgreichen Adaptionsstrategie: Wir kooperieren, weil dann unsere Babys leichter »durchkommen«. All das passte noch ins eher reduktionistische »Alles-ist-Gencode«-Bild. Es war gerade Richard Dawkins, der einen entscheidenden weiteren Begriff in die Debatte warf: die *Meme*.

»Ich meine, dass auf diesem Planeten kürzlich eine Art neuer Replikator aufgetreten ist (...). Das neue Urmeer ist die ›Suppe‹ der menschlichen Kultur. Beispiele eines Mems sind Melodien, Schlagworte, Kleidermode, die Art, Töpfe zu machen. So, wie sich Gene im Genpool vermehren, verbreiten sich Meme im Mempool, indem sie von Hirn zu Hirn überspringen, mit Hilfe eines Prozesses, den man im allgemeinen Sinn als Imitation bezeichnen kann.«[12]

Das Oxford Dictionary enthält folgende Definition:

»*Mem:* Ein Element einer Kultur, das offenbar auf nicht genetischem Weg, sondern insbesondere durch Imitation übertragen wird.«

Meme sind keine Konkurrenten oder »Widersacher« von Genen. Sie ergänzen vielmehr den Raum der Evolution um eine andere Kategorie. In den Memetik finden wir das »missing link« zwischen den Kultur- und den Naturwissenschaften. Meme können bestimmte Überzeugungen, Auffassungen, »Vorurteile«, Patterns et cetera. sein. Sie können in Ritualen, Gesten, Religionen, also »Memplexen«, ihren Ausdruck finden. Meme erklären zum Beispiel Konsumprodukte und Warenkulte (oder Religionen) viel besser als genetische oder Systemtheorien. In der memetischen Theorie findet das Marketing seine Frohe Botschaft, aber auch der Kulturwissenschaftler Halt und Orientierung. Ein erfolgreiches Mem springt von Person zu Person wie ein erfolgreiches Virus und infiziert dabei eine Kultur. Es muss sich dabei in der Umwelt gegenüber anderen Memen behaupten wie ein Gen, denn es konkurriert ja mit Tausenden von anderen Formen, Gedanken, Klischees und Botschaften. Es kann sich kopieren und »fortpflanzen« wie ein Gen, nur eben nicht auf dem Weg über Sex, sondern via Imitation und kulturelle Adaption (Lernen, Informieren ...). Dabei ist es sehr viel mutagener als ein Gen. Wie beim Stille-Post-Spiel kann es sich schnell verändern. Es kann zäh und kontinuierlich sein (wie etwa die Memplexe der Religion). Oder kurzlebig und flüchtig wie die Angewohnheit von Kids, sagen wir, die Schirme ihre Mützen verkehrt herum zu tragen.

Mit der Memetik fanden wir eine neue Grundlage für die *semiotische Trendforschung,* die Lehre von den »kulturellen Oberflächenzeichen«. In dieser verbanden wir in den frühen neunziger Jahren zunächst Kulturwissenschaften mit Marketingtheorien. Wir fragten: Welche

Muster lassen sich in Produkten, Marken, Warenformen wieder erkennen? Welche habituellen Rituale beeinflussen unsere Konsumgewohnheiten? Wir nannten das »Trends«.

Der Titel eines neueren Buches aus der Feder des Science-Fiction-Gurus William Gibson lautet *Pattern Recognition. Muster, die die Welt verbinden.* In den Schnittstellen der Memetik, der Kulturwissenschaften, der Ethnologie, der Psychologie, wächst nun zusammen, was zusammen gehört. Und eine »allgemeine Relativitätstheorie des Wandels« entsteht, um die es in diesem Buch geht.

Können wir uns ändern?

Charles Galton Darwin, ein Enkel des berühmten Charles Darwin, behauptet in seinem Buch *The Next Million Years*, das im Jahr 1953 erschien, dass den Wandlungen des menschlichen Geistes praktisch absolute Grenzen gesetzt sind. Keine Spezies, so Darwin junior, hat sich in einem kürzeren Zeitraum als eine Million Jahre gewandelt. Die gnadenlosen Gesetze genetischer Auslese und Adaption benötigen Äonen, um einen Organismus weiter zu entwickeln.

»Zahllose Mutationen müssen einer Spezies zu Hilfe kommen, wenn sie sich biologisch *wandeln* will, eine unendliche Kette von winzigen Schritten, denn nur ein verschwindender Bruchteil führt zu leistungssteigernden Kombinationen, die dann endgültig in den Code des Lebens integriert werden.«

Darwin mag Recht haben, was die »Hard-wired«-Seite unserer Existenz betrifft. Uns wachsen keine Flügel, wenn die Welt sich in den globalen Raum öffnet. Die Finger werden nicht plötzlich dünn, nur weil die Handys kleine Tasten haben. Aber wie steht es mit der anderen, der »weichen« Seite unseres Selbst? Der Kognitionswissenschaftler Daniel Dennett schreibt in *Freedom Evolves*:

»Wenn der Determinismus zutrifft, dann wäre unsere *Zukunft* vorbestimmt. Das zu sagen wäre nicht sehr aufregend und ist wahrscheinlich falsch. Aber zu behaupten, unsere *Natur* wäre fixiert, ist *mit Sicherheit* falsch. Denn die *Evolution* hat uns derart gestaltet, dass wir unsere Natur in Reaktion zu unserer natürlichen-Umwelt verändern können. (...) Wir sind ›designt‹ als *Infovoren*, hungrige Erkenntnissucher in einem endlosen Prozess, mit dem wir versuchen, unseren Einfluss auf die Welt zu verbessern.«[13]

Hier entsteht ein Gedanke, der sich im Untergrund durch dieses Buch zieht. Oder vielmehr der Rahmen einer Fragestellung: Wenn es bestimmte evolutionäre Gesetze gibt, die die Verhaltensweisen von Menschen *auch in Zukunft* bestimmen werden – können diese Gesetze auch *selbst evolutionieren*?

Menschliche Gesellschaften sind, wie der Nobelpreisträger Murray Gell-Mann es ausdrückt, »komplexe adaptive Systeme«.[14] Menschliche Gesellschaften können – sonst gäbe es uns heute nicht! – *lernen*. Und zwar relativ schnell. Erfolgreiche Kulturen (Individuen) zeichnen sich vielleicht nicht dadurch aus, dass sie unbedingt »schneller« sind als andere (oder »zukunftsorientierter«). Sondern dadurch, dass in ihrem Inneren eine Vielzahl von »Adaptivitätsmemen« existieren, die ihre inneren Systeme (Organisationen, Werte, Kulturtechniken) dauernd an veränderte äußere Bedingungen anpassen.

Von hier aus ist es nur ein kleiner Schritt zurück in die globale Wirklichkeit: Der Evolutionsdruck, der in der Globalisierung entsteht und nun auf *alle* menschlichen Kulturen wirkt, verändert die Regeln des Spiels. Kulturen müssen sich jetzt nicht mehr in Nischen bewähren, sondern in weitaus größeren Umfeldern. Das zwingt sie zu erhöhter Adaptivität. Die Evolution erzeugt gewissermaßen eine neue Evolution – mit neuen Spielregeln und überraschenden Ergebnissen.

Warum ich Optimist geworden bin

In meiner ferneren und unmittelbaren Umgebung gibt es eine Menge Menschen, die der Meinung sind, über die Zukunft ließe sich exakt nichts aussagen. Bohrt man ein wenig tiefer in diese Überzeugung (die ja einer menschlichen Neugier, einem sogar genetischen Impuls widerspricht: »Was wird kommen?« – das wollen wir schon deshalb wissen, damit unsere Kinder besser überleben), kommt meistens eine unterschwellige Depression zu Tage. Eigentlich, so das innere Credo, hätte »die Menschheit nichts gelernt«. Und es werde sowieso früher oder später zuende gehen mit ihr ...

Nach vielen blutigen Nasen und ermüdenden Diskussionen habe ich verstanden, dass man gegen diesen Glauben – denn um nichts anderes handelt es sich, einen »Aber-Glauben« – ebenso wenig argumentieren kann wie gegen Geister in den Büschen oder die unbefleckte Empfängnis. Es nutzt nichts, zu erklären, dass im Mittelalter Homosexuelle dafür verantwortlich gemacht wurden, dass Erdbeben oder Feuersbrünste auftraten. Oder dass man eigentlich nur an den Zahnarzt damals und heute zu denken braucht, um den humanen Fortschritt zu beweisen. Dem Futurophoben beweist dies nur, dass die Schwulenverbrennung und das Zähneausreißen ohne Betäubung jederzeit ohne Vorwarnung wiederkommen kann!

Warum, so lautet trotzdem die Kernfrage der Zukunftsdebatte, sollte der Übergang, der *heute* auf der Tagesordnung steht – von der Industriegesellschaft zur globalen Wissensgesellschaft – nicht zu bewerkstelligen sein? Paul Bloom, der in seinem Buch *Descartes' Baby* die Entwicklung der Humanethik aus der Sicht der Kinderpsychologie beschreibt, formuliert:

»Etwas ist auf dem Wege der menschlichen Geschichte geschehen. Wir haben Sympathien entwickelt, die über die Grenzen der Familie und der Stammesgruppe hinausgehen. Wir spenden Geld oder sogar Blut für Menschen, die uns nicht persönlich bekannt sind. Wir glauben nicht länger, dass es gut ist, die Nicht-Israeliten oder ihr modernes Äquivalent zu versklaven.«[15]

Man könnte jetzt einwenden, dass nicht *alle* dies glauben. Aber dennoch: Es ist nicht mehr die globale Mehrheit, die so denkt. Bloom nennt das die »Erweiterung des menschlichen Zirkels«. Und er ist nicht blauäugig. In schlechten Zeiten, in Krieg und Mangel, so Bloom, fallen wir oft wieder zurück auf vorherige, eben »tribale« Stufen des Verhaltens. »Aber unter Bedingungen, in denen wir nicht bedroht sind, sehen wir den Schimmer unseres besseren Selbst.«

Bloom nennt vier Bedingungen, die den »moralischen Zirkel« dauerhaft erweitern:

- das Entstehen von Unparteilichkeit und ethischer Abwägung – durch Philosophie und Religion, aber auch durch Supra-Regeln, wie die Deklaration der Menschenrechte;
- die wiederholte Interaktion zwischen verschiedenen Gruppen unter Umständen, in denen Kooperation zu »Win-win«-Spielen führt (die so genannte »Contact-Hypothese«);
- das Entstehen von »Storys«, die Menschen dazu bringen, den Standpunkt des anderen zu verstehen und einzunehmen;
- der Einfluss des Erfahrungswissens Älterer und vorangegangener Generationen.[16]

Gewiss, hier lauert schon breit und bräsig die Kitschgefahr. Die »Vereinte Menschheit« wird es so nicht geben. Wir sind nicht friedlich, kooperativ und Fremden zugewandt, weil wir »gut« sind. Sondern weil es mehr und mehr unseren Interessen entspricht. Robert Wright sagte es schön trocken in *Nonzero*:

»Einer der vielen Gründe, warum ich die Japaner nicht bombardieren möchte, ist: Sie haben meinen Minivan gebaut.«[17]

Die neuen Symbiosen des Wissens

Evolutionsbiologie. Ethnogenetik. Soziobiologie. Evolutionspsychologie. Soziogenetik. Kulturanthropologie. Systemische Anthropologie. Natürlich die Neurowissenschaften, in denen heute eine Menge »Erkenntnismusik« spielt. Neue Kognitivwissenschaften. Aber auch: Evolutionsökonomie (Johann Peter Murmann). Konsumanthropologie, ja sogar »Geophilosophie« (der Autor Elmar Holenstein kartografierte in seinem *Philosophie-Atlas* die Welt als geologischen Raum der Gedanken).

Die neuen »Symbiosewissenschaften« verbinden die alten Teilwissenschaften, füllen die weißen Flecken und grauen Räume zwischen ihnen – und bieten uns allmählich *das ganze Bild*.[18] Wir lernen nun, mit den »Intersections« der Erkenntnis umzugehen.[19] Das erlaubt uns zwar nach wie vor nicht, die Zukunft in ihrem *exakten* Ergebnis vorherzusehen. Aber wir können eine Menge mehr über sie aussagen, wenn wir ihr Wesen als «nicht-determinierte Determinante« verstehen. Noch einmal Richard Dawkins:

»Es gibt keinen Mangel an Rhythmus und Reimen in der evolutionären Geschichte. Ich glaube sogar, (...) dass Evolution in gewisser Weise gerichtet, progressiv und sogar vorhersagbar ist. Aber Fortschritt ist nicht dasselbe wie Fortschritt zur ›Menschlichkeit‹. Wir müssen damit leben, nur einen schwachen und wenig schmeichelhaften Sinn für das Vorhersagbare zu haben. *Der Historiker muss sich dafür hüten, eine Erzählung zusammenzustricken, in der die Menschheit der Gipfel von allem ist.*«[20]

»Koevolutionärer Wandel ist kein rational gestaltbarer Prozess, sondern geprägt durch Experiment, Selektion und wechselseitige Anpassung«, schreibt Norbert Bolz in seinem Buch *Blindflug mit Zuschauer*.[21] »Gesellschaftliche Evolution antizipiert nicht Zukunft, sondern reagiert auf Komplexität.« Und dann zitiert er Niklas Luhmann: »Der Evolutionsprozess schließt Prognosen aus!«

Auch so kann man selbstverständlich denken. Aber es ist die Frage, was man unter »Prognose« versteht. *Zukunft* bedeutet in rationalen Kontexten immer nur das, was John Maynard Smith einmal als eine »evolutionär stabile Strategie« bezeichnete. Nicht die Balance verlieren. *Wie* man das macht, ist eine andere Frage. Aber auf jeden Fall heißt es: *weiterstolpern.*

Gute Zukunftsforschung ist immer eine rekursive Technik der Selbstbefragung. Wer sind wir? Wie könnten wir sein? Könnten wir auch anders sein? Wo könnte es hingehen? Warum? In diesem Prozess geschehen zwei Dinge. Erstens gewinnen wir Bewusstsein. Zweitens erzeugen wir Zukunft, indem wir die Entscheidungen klar machen, die ab einer bestimmten Komplexität als *Freiheitsgrade* entstehen. Illusionsloser Optimismus – die einzige realistische Welthaltung, die ich mir vorstellen kann – heißt, dass wir an diesem Prozess auch unsere Freude haben können. Die Zukunft wird nicht rosig. Sie wird aber auch nicht schwarz. Und auch nicht grau. Sie ist ein Abenteuer. Ja, ich glaube fest daran: Überleben durch Wandel ist besser als Untergehen mit Prinzip!

Also doch: Danksagung

Jedes Buch hat viele Väter und Mütter. Und so wird dieses Nachwort am Ende doch noch eine Danksagung. An die vielen Denker/innen, die die noch junge Disziplin systemischer Zukunftsforschung voranbringen. An diejenigen, die allem Defätismus zum Trotz daran glauben, dass wir etwas erkennen können, wenn wir ins Morgen blicken. An die alten Freunde und Kampfgefährten, die mir das »laterale Denken« beigebracht haben (nein, nicht Quer-, sondern *Anders*denken): Daniel Cohn-Bendit, Cora Stephan, Albert Sellner, Matthias Beltz, der viel zu früh starb und mir zeigte, wie sich Intellektualität mit Melancholie und Humor vereinen lässt. An Gisela Erler und Warnfried Dettling für ihre unermüdliche Freundschaft, die längst so etwas wie Think-Tank-Charakter angenommen hat. An Paul Strathern, meinen Schwiegervater, der mich seit Jahren mit fundiertem Allgemeinwissen aus allen Tiefenschichten der abendländischen Geschichte versorgt. Dank gebührt Bernhard Ludwig für seine amüsanten evolutionssexologischen Impulse. Den Brüdern im Geiste Dirk Maxeiner und Michael Miersch, mit ihrem unkonventionellen Mut zum Andersdenken. John Naisbitt hat mir Mut gemacht, die Berufung des Zukunftssehers auch als Beruf zu wagen. Und meine heißgeliebte Frau Oona, die mir (Achtung, es folgt der running gag!) nicht den Rücken freigehalten hat und nicht in aufopferungsvoller Nachtarbeit das Manuskript redigierte und selbstlos die Kinder ferngehalten hat, damit ich hemmungslos schreibend autistisch sein konnte, wie schreibende Männer dies seit Jahrhunderten mit Begeisterung tun. Sie war einfach die Frau an meiner Seite, die mich gefordert und geliebt hat. Ach ja, und meine Kinder, diese komischen Kerle. Wenn sie nicht wären, hätte alles viel weniger Zukunft.

Anmerkungen

Vorwort: Kassandra, Dr. Popper, Helga, Kosmo und ich

1 Marina Benjamin, *Rocket Dreams. How the Space Age shaped our Vision of a World beyond …*, London 2003.
2 Odo Marquard, *Zukunft braucht Herkunft. Philosophische Essays*, Stuttgart 2003, S. 229.
3 Tyler Brûlé gründete die legendäre Stilzeitschrift *Wallpaper*, die die Stil- und Designgeschichte der späten Neunziger prägte. Das Zitat stammt aus seinem Text »Anleitung zum Glücklichsein«, in: *Stadt Ansichten Luxus. Das Magazin der Autostadt*, Wolfsburg 2003.
4 Gerhard Schulze, *Die beste aller Welten. Wohin bewegt sich die Gesellschaft im 21. Jahrhundert*, München 2003, S. 193.
5 Watts Wacker, Ryan Mathews, *The Deviants Advantage. How to use Fringe Ideas to create Mass Markets*, New York 2002, S. 12.

Geburt

1 Paul Bloom, *Descartes' Baby. How the Science of Child Development Explains what makes us Human*, London 2004, S. 7.
2 Ebd.
3 Gabrielle Walker, »Are we still evolving«, in: *Prospect*, July 2004. Hier wird die Arbeit der Anthropologin Kristen Hawken zum »Großmuttereffekt« dargestellt.
4 Das Wort »Papa« ist heute in 1 000 Sprachen der Erde gleich. Pierre Bancel und Alain Mathey de l'Etang, zwei Pariser Linguisten, haben die Genese dieses Begriffs untersucht und glauben, dass er zu den ersten gesprochenen Wor-

ten gehört, also schon bei den Neandertalern bekannt war. (siehe *New Scientist*, 24.7.2004, S. 16).

5 Michael Mitterauer, *Warum Europa? Mittelalterliche Grundlagen eines Sonderwegs*, München 2003.

6 Diese Zahlen stammen aus *Economist. World in Figures*, 2004/2005, bzw. *Futurist*, 1/2005, S. 18, »Four Countertrends in Global Demography« bzw. UN Population Division, 19, Revision 2004. Siehe auch Michael Lind, Worldly Wealth – Can a future Population of 9 Billion enjoy the stuff. Space and speed … *Prospect*, Juli 2004, S. 46 und das Interview mit dem Demografen Wolfgang Lutz, »Das Ende der Bevölkerungsexplosion«, *Frankfurter Allgemeine Sonntagszeitung*, 29. 12. 2002, S. 51.

7 Siehe zu diesem Thema Ben J. Wattenberg, *How the Demography of Depopulation Will Shape Our Future*, Chicago 2004.

8 Robin Baker, *The Future of Sex. Ancient Urges meet Future Technology*, London 1999.

9 »Kinder des Wahns«, in: *Stern* 1/2002, S. 142.

10 Meldung siehe z.B. *Newsweek*, 16.8.2004, S. 55.

11 Bericht z.B. in: *Bunte* 48/2004, S. 156.

12 Die Zahlen sind Ergebnis einer Eigenrecherche, durchgeführt von der Wiener Agentur Infobroker. Quellen: Krankenhäuser, Studien, Gesundheitsinstitutionen, Hebammen, aus Österreich, der Schweiz und Deutschland in den Jahren 1970 bis 2004.

13 Das Wort »Douala« stammt vom griechischen Ausdruck für »Kammerfrau« und benennt professionelle Geburtsbegleiter von Frauen, die nicht unbedingt Hebammen sein müssen, aber ein psychologisches Training durchlaufen. In den USA und neuerdings auch in Großbritannien und der Schweiz kann man »Doualas« für etwa 500 Euro pro Geburt mieten. Der Trend basiert auf der oftmals offensichtlichen Überforderung der Männer bei der Geburt, die für die Frauen eher hinderlich als hilfreich ist. 41 Prozent der Mütter haben die Anwesenheit des Partners im Kreißsaal als nachteilig bis störend eingestuft.

14 2004: 67 Prozent der deutschen, 35 Prozent der türkischen Männer hatten sich auf die Geburt vorbereitet. 91 Prozent der türkischen, 96 Prozent der deutschen Väter stuften die Geburtsbegleitung als wichtig ein. 88 Prozent der türkischen, 98 Prozent der deutschen Männer möchten wieder bei der Geburt dabei sein.

15 2004: 73 Prozent der deutschen Väter geben an, dass ihre Anwesenheit einen wichtigen positiven Einfluss auf die Vater-Kind-Beziehung gehabt hat und sogar über 90 Prozent, dass dies ihre Partnerbeziehung wesentlich bereichert hätte (Infobroker).

16 *Stern*, 30/05, S. 27.

17 Meldung in: *New Scientist*, 30.10.2004, S.10.
18 Siehe z. B. Susan Greenfield, *Tomorrow's People. How 21st-Century-Technology is Changing the Way we Think and Feel*, London 2003, S. 117 ff.
19 In einem Interview zu seinem 100. Geburtstag, in: *Spiegel*, 28/04, S. 151.
20 Absurderweise beweist gerade der islamische Terrorismus, der ja immer als Beleg einer »Trendwende« genommen wird, diesen Sachverhalt. Die islamischen Gesellschaften sind deshalb in Not und Zorn geraten, weil sie den langen Weg der Individualisierung über weite Strecken eben *nicht* mitgehen konnten. Sie scheiterten aus der komplexen Aufgabe der Transformation, mit der sich die archaische Moderne in die individualistische Moderne verwandelte.
21 Felix Hammer, *Lebensregeln der Renaissance, neu bedacht*, Zürich 1995, S. 110.
22 Bruce Sterling, *Tomorrow Now. Envisioning the Next 50 Years*, New York 2003, S. 21.
23 Antoine Prost, »The Family and the Individual«, in: *A History of Private Life*, Cambridge 1991, zitiert nach Shoshana Zuboff, James Maxim, *The Support Economy. Why Corporations are Failing and the Next Episode of Capitalism*, New York 2002, S. 91.
24 Wilhelm H. Riehl, *Die Familie*, Stuttgart 1855, S. 75. Zitiert nach Rebekka Habermas, »Bürgerliche Kleinfamilie, Liebesheirat«, in: Richard von Dülmen (Hg.), *Entdeckung des Ich. Die Geschichte der Individualisierung vom Mittelalter bis zur Gegenwart*, Köln 2001, S. 284.
25 Etan Watters, *Urban Tribes Are Frieds the New Family*, London 2004, S. 24.

Lernen

1 Manfred Spitzer, *Lernen. Gehirnforschung und die Schule des Lebens*, Heidelberg 2002, S. 12.
2 Siehe u. a. Paul R. Lawrence, Nitin Nohria, *Driven. Was Menschen und Organisationen antreibt*, Stuttgart 2003, S. 49 ff.
3 Die neuere Genforschung zeigt uns das Dramatische, Außergewöhnliche dieses Prozesses. Bruce Lahn, Professor für Genforschung an der Universität von Chicago, hat nachgewiesen, dass die Entstehung des menschlichen Gehirns sich radikal von anderen Evolutionsleistungen unterscheidet. Lahn untersuchte 214 Gene, die mit der Gehirnentwicklung zu tun haben, und verglich sie mit anderen Spezies. Er kam zu dem Ergebnis, dass sich die Entwicklung des Humangehirns als »privilegierter Prozess« vollzog. Nicht durch mühsame Selektion und »Verwerfung« im streng darwinistischen Sinne, sondern als

Kaskade aufeinander folgenden Komplexitätsentwicklungen. Lahn führt dies jedoch nicht auf magische Effekte oder göttliches Wirken zurück, sondern auf die menschliche Kultur, die eine Art »Akzelerationsprozess« einleitet. In Humankulturen ist die Hirngröße unmittelbar in genetischen Vorteil umgesetzt und deshalb relativ schnell »selektiert«. Bruce Lahn, »Human brains result of extraordinary fast evolution«, in: *Guardian*, 29.12.2004, S. 8.

4 Matt Ridley, *Die Biologie der Tugend. Warum es sich lohnt, gut zu sein*, München 1997, S. 63. (engl. Original: *The Origins of Virtue. Human Instincts and the Evolution of Cooperation*, Harmonsworth, Middlesex, England 1996.)

5 Richard Dawkins, *Der entzauberte Regenbogen, Wissenschaft, Aberglaube und die Kraft der Phantasie*, Reinbek bei Hamburg 2005.

6 Siehe z. B. Stephen Baxter, *Evolution*, München 2004; weiterhin: Steve Olson, *Herkunft und Geschichte des Menschen. Was die Gene über unsere Vergangenheit verraten*, Berlin 2004; Robert Wright, *Nonzero. The Logic of Human Destiny*, New York 2000.

7 Christian Schwägerl, »Hirnpilot«, in: *Frankfurter Allgemeine Zeitung*, 27.10.2004, S.42.

8 Siehe zu dieser leibsozialen Dualität etwa das Buch von Sue Gernhardt, *Why Love Matters. How Affection Shapes a Baby's Brain*, London 2004.

9 George Loewenstein, »The Psychology of Curiosity: A review and Reinterpretation«, in: *Psychological Bulletin*, 1994, S. 116 (1), 75-98.

10 Dieser Prozess der *kognitiven Dissonanz* verläuft nach bestimmten Grundregeln. Ist der »Widerspruchsdruck« dessen, was wir von außen wahrnehmen, zu klein, machen wir uns nicht die Mühe, ihn in Gang zu setzen. Ist er zu groß, machen wir die »Schotten dicht«. (Wenn wir tatsächlich einmal ein Alien erblicken würden, würden wir es also wahrscheinlich gar nicht wahrnehmen. Wir würden es nicht »er-kennen«.)

11 Siehe auch Spitzer, *Lernen*.

12 Z. B. nachzulesen in Nohria, *Driven*. Auszug in: *GDI Impuls*, Januar 2004, S. 36.

13 Siehe u. a. Spitzer, *Lernen*, S. 31; siehe auch »Knetmasse der Kultur«, in: *Die Zeit*, 10.2.2005, S. 31.

14 Siehe zum Thema der Altersplastizität des Hirns z. B. die Arbeiten des Altersforscher Paul Baltes. Eine Übersicht: Paul Baltes, Ulman Lindenberger, »Geist im Alter«, in: *Frankfurter Allgemeine Zeitung*, 23.10.2004, S. 37.

15 Siehe auch Tobias Hürter, »Jetzt ist Köpfchen gefragt«, in: *Weltwoche* 4/2005, S. 53 ff.

16 Ulric Neisser (Hg.), *The Rising Curve – Long Term Gains in IQ and related Measures*, Washington (DC) 1998, S. 3.

17 Neisser (Hg.), *The Rising Curve*.

18 Neueste Untersuchungen gehen davon aus, dass der Rückgang an »lesender

Literalität« durch neue »Literaritäten« im Bild- und Symbolsektor ausgeglichen werden; siehe u. a. Carmi Schooler, »Environmental Complexity and the Flynn Effect«, in: Neisser (Hg.), *The Rising Curve*, S. 67 ff.

19 John Martin Sundert vom Psychologischen Institut der Universität Oslo fand bei Rekruten in Norwegen in den letzten Jahren keine Intelligenzzunahme mehr; siehe *INTELLIGENCE* 4/2004.

20 Mark Haddon, *Supergute Tage oder Die sonderbare Welt des Christopher Boone*, München 2004.

21 Siehe dazu auch die Selbstbeschreibung von Simon Baron-Cohen, Peter Myers, Sally Wheelwright, *The Exact Mind – An Artist with Asperger Syndrome*, London 2004.

22 Siehe dazu auch Alice W. Flaherty, *Die Mitternachtskrankheit. Warum Schriftsteller schreiben müssen. Schreibzwang, Schreibrausch und das kreative Gehirn*, Berlin 2004.

23 Nach Jürgen Neffes, *Einstein. Eine Biographie*, Reinbek bei Hamburg 2005.

24 Siehe dazu auch Till Hein, Muir Vidler, »Insel der Begabten«, in: *Weltwoche* 20/2003.

25 Die neuere Hirnforschung vermutet, dass wir mit zwei Hirnen denken, die miteinander unentwegt vernetzt sind. Im »klassischen Hirn« funktionieren die Dinge eher wie in einem Computer, Informationen werden kognitiv »abgelegt« und ständig gehalten. Im »komplexen Hirn« hingegen werden die Repräsentationen vernetzt und in einen »operativen Sinnzusammenhang« gebracht – dabei werden sie ständig gewertet, in größere Zusammenhänge eingeordnet und nicht zuletzt in einen sozialen Zusammenhang gebracht (Nutzt mir diese Information in meiner sozialen Umwelt?). Bei Savants scheinen diese komplexeren Hirnregionen nicht »hinzugeschaltet« zu werden. Sie denken quasi mit dem »Reinhirn«.

26 Bloom, *Descartes' Baby*, S. 38.

27 Siehe die Untersuchungen von Marcel Just an der Carnegie-Mellon-University, der mithilfe der Resonanz-Magnetographie nachwies, dass sich die Hirne von Autisten bei bestimmten Prozessen innerlich »segregieren«; in: *Psychologie heute*, April 2005, S. 16.

28 OECD-und Eurostat-Daten. Die Bildungsdaten Europas sind besonders gut dokumentiert beim Wirtschaftsforschungsinstitut IWD.

29 Solche Zahlen erschließen sich erst richtig, wenn man sie in einen historischen Kontext stellt. Der tertiäre Bildungssektor, also die universitären Abschlüsse, waren in der gesamten historischen Epoche einer kleinen Elite von gebildeten Bürgern vorbehalten, die sich auf akademische oder staatsdienende Berufe vorbereiteten. In den USA lag die College-Rate der Bevölkerung im Jahr 1900 bei 2 Prozent, im Jahre 1940 bei 9 Prozent und im Jahre 1999 bei 55,7 Prozent.; vgl. Zuboff/Maxim, *The Support Economy*, S. 77.

30 Siehe z. B. Serge Culoumbe, Jean Francois Tremblay, *Literacy Scores, Human Capital and Growth Across 14 OECD Countries*, Published by Statistics Canada 2004; oder Joseph Cortright, *New Growth Theory, Technology and Learning*, U.S. Economic Development Administration, 2001, in: *Reviews of Economic Development Literature and Practice,* Nr. 4.

31 Eine hohe Anzahl von Hochgebildeten haben aber auch noch einen anderen systemischen Effekt. Sie erhöhen die Löhne, vor allem im problematischen Niedriglohnbereich. Bei einem breiten Hochbildungsniveau stehen auf dem Arbeitsmarkt weniger Menschen für einfache Arbeit zur Verfügung. Die Aldis, WalMarts und McDonald's müssen nun um die verbliebenen Service-Talente härter kämpfen, sprich höhere Löhne zahlen und bessere Arbeitsbedingungen schaffen (wie man in Skandinavien und anderswo besichtigen kann).

32 Jürgen von Scheidt, *Das Drama der Hochbegabten. Zwischen Genie und Leistungsverweigerung*, München 2004, S. 130.

33 Francis Fukuyama, *Der Grosse Aufbruch. Wie unsere Gesellschaft eine neue Ordnung erfindet*, Wien 2000, S. 351.

34 Wer sich näher für die Schule der Zukunft und ihren aktuellen Stand interessiert, dem empfehle ich wärmstens die hervorragende Dokumentation *Treibhäuser der Zukunft* von Reinhard Kahl. Es handelt sich um die reichhaltigste und liebevollste Dokumentation heutiger Zukunftsschulen. Mit drei DVDS, ausführlichen Interviews mit Schülern, Lehrern, Zukunftspädagogen ist es das Beste, was im deutschsprachigen Raum zu diesem Thema auf dem Markt ist. Reinhard Kahl, *Treibhäuser der Zukunft*, Weinheim 2004. Siehe auch www.reinhardkahl.de.

35 Greenfield, *Tomorrow's People*, S. 173.

36 Siehe dazu auch die hervorragende Einführung in fluides Denken: Bernhard von Mutius (Hg.), *Die andere Intelligenz. Wie wir morgen denken werden*, Stuttgart 2004.

37 Norbert Bolz hat in *Blindflug mit Zuschauer* klassisch auf den Punkt gebracht, was »Mindness« eigentlich heißen könnte: »Als Kompass für den Blindflug in die offene Zukunft können uns also nicht mehr Prophetie, Utopie, Eschatologie, Apokalypse oder die Geschichtsphilosophie des Fortschritts dienen. Was wir statt dessen brauchen ist *Komplexitätsempfindlichkeit.*« Norbert Bolz, *Blindflug mit Zuschauer*, München, 2004, S. 179.

38 Edward de Bono, *How to Have a Beautiful Mind*, London 2004, S. 1 f.

39 Hier eine kleine Liste von fragwürdigen »Wellnepp-Produkten«: Der Brickolette-Vitalziegel bietet eine Wellness-Kur für Ihr Zuhause und kann Elektrosmog ausschließen; Wellness-Maggi: wer spielend leicht seiner schlanken Linie treu bleiben will, sollte diese Kräutersuppen schlürfen; Massagewell-

nessbrille Eyemax: massiert die Augenpartien gegen Übermüdung und macht Akupunktur und Magnettherapie gleichzeitig; Wellness-Fotoshooting für 121 Euro, ersteigerbar über eBay; der Wellness-Lava-Projektor zaubert esoterische Entspannungsbilder an die Wand; Kamin »Wellness« mit Gasbetrieb für 1 575 Euro; Wellness Hotstones: Plastikschüssel zum Erwärmen von Kieselsteinen, bei eBay inzwischen für 4,49 Euro; Wellness-Pflaster: »die ganze Intelligenz und das Geheimnis und die archaische Kraft großer Bäume in einem kleinen Fußpflaster, 40 Behandlungen für nur 339 Euro!«; das Institut für Computerwellness bietet Kristalle gegen Computerviren. Nur ein Scherz? Immerhin kann man mit Kreditkarte bestellen!

Liebe

1 Produzent ist der Softwarehersteller Artificial Life. Die Avatare sind für 3G-Telefone gemacht.

2 Sterling, *Tomorrow Now*, S.71f.

3 Die Verhaltensbiologen haben festgestellt, dass der Größenunterschied zwischen Männchen und Weibchen bei den Primaten proportional zum promisken Verhalten ist. Gibbons: (leben monogam) 0 Prozent Unterschied. Menschen: 20 Prozent; Gorillas: 110 Prozent und Orang Utangs 130 Prozent (stark promisk).

4 Baxter, *Evolution*, S. 212.

5 So hat etwa eine Studie von Michael Hammer an der University of Arizona unlängst wieder nachgewiesen, dass *in fast* allen menschlichen Kulturen dominante Männer deutlich mehr Kinder zeugen; vgl. *The Economist* 25.9.2004, S. 95.

6 Phillip Bethge, »Der stärkste Trieb der Welt«, in: *Spiegel* 9/2005, S. 174.

7 Eva Illouz, *Der Konsum der Romantik. Liebe und kulturelle Widersprüche des Kapitalismus*, Frankfurt/New York 2003, S. 1.

8 Ebd. S. 7.

9 Zum modernen Liebesdilemma siehe den hervorragenden Essayband: Karl Otto Hondrich, *Liebe in den Zeiten der Weltgesellschaft*, Frankfurt/Main 2004.

10 Die Berufspräferenzen von Frauen bei der Partnerwahl wurden von mehreren Frauenzeitschriften untersucht, u. a. von der *Brigitte* in den Jahren 1980 – 1990.

11 Siehe die wunderbare Geschichte über den Abstieg des Pilotenberufs, in: *Weltwoche* 2/2005.

12 Geoffrey Miller, *Die sexuelle Evolution. Partnerwahl und die Entstehung des Geistes*, Heidelberg/Berlin 2001.

13 Wright, *Nonzero*, S. 27.
14 Reimut Reiche, »Die Homosexualisierung der Gesellschaft«, in: *Frankfurter Rundschau*, 9.9.2003, S. 11.
15 Bolz, *Blindflug mit Zuschauer*, S. 23.
In einem Interview mit Holger Fuss in *Technology Review*, April 2005, S. 124.
17 Siehe z. B. Brandstädter/Baltes-Götz/Heil 1990, Studie 634 Ehepaare, Familiendynamik 1998, S. 156-170.
18 Kate Douglas, »Rules of Attraction«, in: *New Scientist*, 18.12.2004, S. 34.
19 Eine ähnliche Testreihe organisierte die Zeitschrift *ZEIT WISSEN* im Jahre 2004. Ivo Marusczyk, *ZEIT WISSEN* 2/05, S. 12.
20 Klaus Theweleit, *Objektwahl. All you need is Love. Über Paarbildungsstrategien & Bruchstück einer Freudbiographie*, Basel 1990.
21 Durchbrochen wird dieses passive Ideal zuerst in den Großstädten. So kommt um die Jahrhundertwende von 1900 in Wien der Archetypus des »Wiener Mädels« ins Gespräch. Arthur Schnitzler hat diesen neuen Typus weiblicher Freizügigkeit immer wieder in seinen Werken beschrieben. »Süße Mädels« aus der Vorstadt können flirten, leben ihre Erotik unabhängig von den Konventionen, ohne gleich in den Ruch der Prostitution zu fallen. Eine wachsende Schicht von jungen, männlichen bürgerlichen Aufsteigern goutiert dieses; können sie doch nun Abenteuer wagen, ohne sogleich heiraten zu müssen; vgl. Georg Markus, *Neues von Gestern*, Wien 2004.
22 Peter M. Todd, »From Pride and Prejudice to Persuation: Satisficing in Mate Search«, in: *Simple Heuristics that Make us Smart*, New York 1999, S. 287 ff.
23 Gary S. Becker, *Der ökonomische Ansatz zur Erklärung menschlichen Verhaltens*, Tübingen 1982.
24 Barry Schwartz, *The Paradox of Choice. Why more is less*, New York 2004, S. 183.
25 Die Zahlen hierzu sind sehr unterschiedlich. 66 Prozent der Frauen und 58 Prozent der Männer in der Altersgruppe um 30 hatten nach eigener Aussage bislang einen bis fünf Sexpartner. Das ergab eine repräsentative Umfrage des Forsa-Instituts im Auftrag der Zeitschrift *Woman* in deutschen Großstädten. 1 002 Frauen und Männer in diesem Alter – die Zielgruppe der ProSieben-Serie *Sex and the City* – wurden dabei zu ihrem Sexleben und ihren Vorlieben befragt. Eine Minderheit von 8 Prozent kam auf über 10 Partner. Ähnliche Zahlen fanden sich auch in einer Untersuchung des Hamburger Institutes für Sexualforschung an der Hamburger Uni. Ganz *anders* hingegen die Ergebnisse einer Online-Umfrage, die vom Kondomhersteller Durex in Auftrag gegeben wurde (März 2005): Danach hatten die Hamburger schon 10,4 Partner im Laufe ihres Lebens. Gefragt wurden hier wohl überwiegend Männer und überproportional Großstädter.

26 Eine sehr gute Zusammenfassung des »Verliebtheitsmechanismus« ist z. B. Bethge: »Der stärkste Trieb der Welt«, S. 170 ff.

27 Dies funktioniert aufgrund eines »thin-slicing«, in dem unser Unterbewusstsein neue Situationen blitzschnell in kleine »Scheibchen« schneidet, die unwichtigen Informationen aussortiert und die wichtigen mit unserem Erfahrungsschatz abgleicht. Siehe Malcom Gladwell, *Blink. Die Macht des Moments*, Frankfurt/New York 2005.

Arbeit

1 Eine Reportage über die Baraboig erschien z. B. in: *National Geographic*, Deutschland, Juli 2004, S. 52 ff.

2 Neueste anthropologische Forschungen zeigen, dass Frauen in den Jäger-Sammler-Kulturen sehr viel häufiger direkt an der Jagd beteiligt waren als bislang bekannt. Siehe z. B. R. L. Kelly, *The Foraging Spectrum: Diversity in Hunter-Gatherer Lifeways*, Washington 1995, S. 1-37; Matt Ridley, *»Die Biologie der Tugend« – Warum es sich lohnt, gut zu sein*, München 1997, S. 125, über das Volk der Agta auf Luzon (Philippinen), wo auch Frauen leidenschaftlich gern auf die Jagd gehen.

3 Siehe u. a. Mihaly Csikszentmihalyi, *Lebe gut. Wie Sie das Beste aus Ihrem Leben machen*, Stuttgart 2001.

4 Zitiert nach Richard van Dülmen, *Entdeckung des Ich. Die Geschichte der Individualisierung vom Mittelalter bis zur Gegenwart,* Köln 2001, S. 336.

5 Adam Smith, *Der Wohlstand der Kulturen* (1776), München 1996, S. 19.

6 Herbert Applebaum, *The Concept of Work*, Albany 1992, S. 340.

7 Robert B. Reich, *The Future of Success. Wie wir morgen arbeiten werden*, München 2004, S. 143.

8 Ebd., S. 48.

9 In seinem Epos *Jerusalem*.

10 Eine gute Einführung in Max Webers Denkweisen bieten seine *Schriften 1894 bis 1922*, hg. von Dirk Kaesler, Stuttgart 1999.

11 Waterman / Peters, *In Search of Excellence: Lessons from Americas best run Companies*, erschienen 1982, ist immer noch ein Standardwerk der Managementliteratur.

12 Schon in den sechziger Jahren visionierten linke Theoretiker wie André Gorz in einer Mischung aus Gruseln und Faszination die »vollautomatische Fabrik«. André Gorz, *Wege ins Paradies. Thesen zur Krise, Automation und Zukunft der Arbeit*, Berlin 1983. Zum Thema siehe auch: Jeremy Rifkin, *Das*

Ende der Arbeit und ihre Zukunft, Frankfurt/New York 1995.

13 Mauricio Rojas, *Millennium Doom. Fallacies about the End of Work*, Stockholm 1999.

14 Daniel Pink, *A Whole New Mind: Moving from the Information Age to the Conceptual Age*, New York 2005, Vorabdruck in: *Wired* 2/05, S. 72.

15 Reich, *The Future of Success*, S. 223.

16 Siehe z. B. auch Bolz, *Blindflug mit Zuschauer*, S. 139.

17 Nach Alain de Botton, *Status Anxiety*, London 2004, S. 277.

18 Ebd. S. 280.

19 David Brooks, *Die Bobos. Der Lebensstil der neuen Elite*, München 2001, S. 10. (engl. Orig.: *Bobos in Paradise*, New York 2000.)

20 Richard Florida, *The Rise of the Creative Class*, New York 2002, siehe auch Richard Florida, Irene Tinagly, »Europa im Kreativen Zeitalter«, in: *GDI Impulse*, Juli 2004, S. 29.

21 Florida, *The Rise of the Creative Class.*

22 Florida / Tinagly, »Europa im Kreativen Zeitalter«, S. 31.

23 Peter Glotz, *Die beschleunigte Gesellschaft*, München 1999, S. 100.

24 So die Künstlersozialkasse im Jahr 2004.

25 Der Kultursektor hat das Wachstum der kreativen Klasse in den letzten Jahren stark befördert. Allein in Deutschland verkünden schon die *offiziellen* Zahlen, dass 1,69 Millionen Menschen in der »Kultur und Medienwirtschaft« ihr Geld verdienen – mehr als in Autoindustrie und Banken. In der gesamten EU, noch ohne die neuen Länder, gab es 2002 2,6 Millionen reiner »Kulturjobs«, also staatlich geförderter künstlerischer Stellen. Bereits vor einem Jahrzehnt lag der offizielle Umsatz des Kultursektors bei 85 Milliarden Mark, heute dürften es über 50 Milliarden Euro sein. Im Bundesland Nordrhein-Westfalen hat sich der Kulturumsatz in 16 Jahren verdreifacht. Dort arbeiteten im Jahr 2000 280 000 Menschen im Kulturbereich, dreimal so viel wie im Bergbau. Die Zahl der Selbstständigen in diesem Bereich wuchs um 31 Prozent bei den freien Autoren, um 84 Prozent bei den Malern und Bildhauern. Kultursektoren, in denen Kreative ein Auskommen finden, sind man zunächst natürlich in den Großstädten angesiedelt. In London etwa, vielleicht der kreativsten Großstadt der Welt, hat der Kultursektor einen jährlichen Umsatz von 20 Milliarden Pfund (30 Milliarden Euro) und ist damit der zweitgrößte Wirtschaftsfaktor neben dem Bankensektor, 120 000 Menschen arbeiten registriert in diesem Sektor, das sind 14 Prozent der Erwerbstätigen; nach einer Studie von Andrew Pratt, London School of Economics, 1997.

26 Richard Sennett, *Der flexible Mensch. Die Kultur des neuen Kapitalismus, Berlin 1998*, S. 119.

27 Brooks, *Die Bobos*, S. 203.
28 Ebd. S. 207.
29 Frans Johansson, *The Medici Effect: Breakthrough Insights at the Intersection of Ideas, Cultures and Concepts*, New York 2004, S. 2.
30 Surowiecki, *Doubleday*, New York 2004, S. 30.
31 Zitiert nach einem Interview in: *Fortune* im Jahre 1999,
32 Die ganze Geschichte kosmopolitischer Gesellschaften in: G. Pascal Zachary, *Die neuen Weltbürger. Wettbewerbsvorteile kosmopolitischer Gesellschaften*, München 2000, S. 114-115.
33 Siehe die Studien von Jason Shogren im *Journal of Economic Behaviour and Organisation*, kommentiert im *Economist* vom 9.4.2005, S. 65: »Homo Economicus?«.
34 Zachary, *Die neuen Weltbürger*, S. 212.
35 Sennett, *Der flexible Mensch*, S. 84.
36 Ebd., S. 86 ff.
37 Charles Handy, *The Age of Paradox*, Boston 1994, S. 19.
38 www.poilane.fr.
39 Johannes Gross, *Nachrichten aus der Berliner Republik*, München 1999, S. 242.
40 Harriet Rubin, *Soloing. Die Macht des Glaubens an sich selbst*, Frankfurt/Main 2001, S. 165.

Wohlstand

1 Jeremy Rifkin, *Access. Das Verschwinden des Eigentums*, Frankfurt/New York 2000.
2 Zuboff/Maxim, *The Support Economy*.
3 Ebd., S. 12.
4 Kate Douglas, »Born to Trade – the Making of the Modern World«, in: *New Scientist*, 18.9.2004.
5 Siehe eine Studie von Tony Waldron vom University College London, der die Todesursachen mittelalterlicher Mönche im 11. Jahrhundert untersuchte, kommentiert in: *Spiegel* 41/2004, S. 222.
6 François Rabelais, *Gargantua und Pantagruel* (1532), Frankfurt/Main 1994.
7 Siehe zu dieser Urgeschichte des modernen Massenkonsums den hervorragenden Dokumentationsband *Massenware Luxusgut – Technik & Design zwischen Biedermeier und Wiener Weltausstellung 1804–1873*, hg. vom Technischen Museum Wien, Wien 2004.

8 Zuboff/Maxim, *The Support Economy*, S. 34 ff.
9 Ebd., S. 41.
10 *Consumerism*, München 1961, der Autor ist unbekannt, die Illustrationen sind von Wigg Siegl. Vielen Dank an den schweizerischen Weisen Andreas Giger auf dem Berge, der mir dieses schöne Werk zur Verfügung stellte ...
11 Wacker, Mathews, *The Deviants Advantage. How to use Fringe Ideas to create Mass Markets.*
12 Markus Rohwetter, »Was aus der Fabrik kommt, wird gegessen«, in: *Die Zeit*, 29.1.2004, S. 20.
13 David Bosshardt, Dic Zukunft dcs Konsums, in: *Textilwirtschaft*, 12.12.2002, S. 37.
14 Georg Blümle, Nils Goldschmidt, »Der Kopernikus der Wurstsemmel«, in: *Süddeutsche Zeitung*, 10.4.2004, S.20.
15 Schwartz, *The Paradox of Choice*, S. 185.
16 IWD, Institut der Deutschen Wirtschaft, Köln 2005, Statistisches Bundesamt.
17 Siehe u. a. IWD-Informationsdienst vom 25.10.2001, S. 4.
18 Siehe zu diesem Phänomen auch Mark Beise, »Arm und Reich. Wie die Einkommen in Deutschland verteilt sind«in: *Süddeutsche Zeitung* 24.12.2004, S. 21; Donald Hirsch, »Trends in Powerty and Inequality«, in: *Prospect*, Mai 2004, S. 48. *The Economist,* The new Wealth of Nations, 16.6.2001, Sonderteil Hanno Beck, »Die Kluft zwischen Arm und Reich schrumpft«, in: *Frankfurter Allgemeine Sonntagszeitung*, 14.12.2003, S. 36.
19 Zitiert nach: Björn Lomborg, *The Sceptical Environmentalist. Measuring the Real State of the World*, Cambridge 2001, Seite 71.
20 Nach Lomborg, *The Sceptical Environmentalist*, S. 71.
21 UNDP, *Bericht über die menschliche Entwicklung*, New York 1999, S. 162.
22 Siehe u. a. Lomborg, *The Sceptical Environmentalist*, S.73.
23 Die Entwicklung von Hunger und Armut verläuft äußerst ungleichzeitig. Viele kopfstarke Nationen wie etwa China und Indien haben den Anteil ihrer unterernährten Bevölkerung im letzten Jahrzehnt stark reduzieren können: Indien von 52 auf 21 Prozent, China von 16 auf 11, Brasilien von 12 auf 9, Thailand von 28 auf 20, Kenia von 44 auf 33, Peru sogar von 42 auf 13 Prozent. In Bürgerkriegsregionen und unter totalitären Regimen stieg die Anzahl der Elenden dagegen an: in Nordkorea von 18 auf 36, im Kongo gar von 32 auf 71 (alle Zahlen: 1990/92 im Vergleich 2000/2002); in: *The Economist*, 1.1.2005.
24 *Human Development Report 2003*, UNDP New York, erscheint jährlich in 120 Ländern, siehe auch: Martin Wolf, *Why Globalization Works. The Case for the Global Market Economy*, London 2004.
25 »Long Boom« als Begriff wurde vom amerikanischen Zukunftsforscherkollegen Peter Schwarz geprägt. Sein Buch kam im Jahr 2000 heraus und wurde

im Niedergang der New Economy natürlich gnadenlos zerrissen. Trotzdem ist es lesenswert: Peter Schwartz, Peter Leyden, Joel Hyatt, *The Long Boom. A Future History of the World 1980–2020*, London 2000. Zum Thema siehe auch Surjit S. Bhalla, *Imagine there's no Country. Poverty, Inequality and Growth in the Era of Globalization*, Washington (DC) 2002.

26 Siehe z.B. die Studie von Leonard Wavermann (London Business School), die das Handy als Produktionsmodell in den Ökonomien der Schwellenländer nachweist – mit einer ökonomisch doppelt so hohen Hebelwirkung wie in den Erstweltländern; vgl. Artikel »Calling across the Divide«, in: *The Economist*, 12.03.2005, S. 78.

27 »The Real Digital Divide«, in: *The Economist*, 12.3.2005, S. 11.

28 Siehe u. a. »Profit and the Poor«, in: *Newsweek*, 19.7.2004, S. 42; und »Where to find 4 Billion Customers«, Titelgeschichte in: *The Futurist*, Juli/August 2004, S. 29.

29 Siehe z. B. »Das globalisierte Dienstmädchen«, in: *Die Zeit* 35/04, S. 17.

30 Herman de Soto, *Freiheit für das Kapital*, Berlin 1999.

31 John Kay, *The Truth About Market. Why some Nations are rich, but most remain poor*, London 2004, S. 29 u. S. 37.

32 Ebd. S. 35

Krieg und Katastrophe

1 *Science* Nr. 304, S. 818. Siehe auch »Gewalt in den Genen«, in: *Die Presse*, 8.5.2004, S. 40.

2 »Der tumbe Kannibale«, in: *Die Zeit*, 3.6 2004, S. 39. Siehe auch Joachim Müller-Jung, »Homo Sapiens, der rationale Killer«, in: *Frankfurter Allgemeine Sonntagszeitung* 16.2.2003, S. 51

3 Ebd. S. 51.

4 *Science*, Nr. 297, 2004, S. 851.

5 Norman Shaw, »*Papers*« (1916), zitiert nach Joanna Bourke, *Fear. A Cultural History*, London 2005, S. 214.

6 Wright, *Nonzero*, S. 332.

7 Ernst Jünger, *In Stahlgewittern*, München 2001, S. 28.

8 »Die Dichter und der Krieg«, in: *Frankfurter Allgemeine Sonntagzeitung*, 20.6.2004, S. 21.

9 Ein weiteres Beispiel für die radikale Individualisierung von Opfern ist der neue Museumsflügel der Gedenkstätte von Jad Vashem in Jerusalem. Zwei Millionen Holocaust-Opfer werden hier als Individuen der Geschichte und dem Vergessen entrissen.

10 Zuboff/Maxim, *The Support Economy*, S. 69.

11 Ebd., S. 65.

12 Ebd., S. 72.

13 Die Erforschung der Anzahl von Kriegsopfern ist eine statistisch heikle Sache. Viele Kriege vor dem 20. Jahrhundert sind statistisch nur ungenügend erfasst. In der Neuzeit haben Friedensforschungsinstitute vor allem *Steigerungen* untersucht und deshalb wenig Interesse an früheren Opfern unter Kombattanten und Zivilbevölkerung gehabt. Die folgende Liste ist deshalb unvollständig (recherchiert von Infobroker, Wien). Quellen waren dafür u. a. Frank R. Pfetsch, Peter Billing, *Datenhandbuch nationaler und internationaler Konflikte*, 2003; Rudolph J. Rummel, *Statistics of Democide. Genocide and Mass Murder since 1900*, Charlottesville, Virginia 1998; »Krieg und Frieden«, in: *Die Zeit*, 23.12.2002, S. 6.

Periode	Tote		Weltbevölkerung	
1618 – 1648	11,0 Mio.	*(Deutschland)*	1750 =	0,791 Mrd.
1900 – 1920	1,5 Mio.	*(Mexiko)*	1900 =	1,650 Mrd.
1914 – 1918	2,0 Mio.	*(1. Weltkrieg)*	1914 =	1,805 Mrd.
1915 – 1923	3,5 Mio.	*(Türkei)*	1927 =	2,000 Mrd.
1937 – 1945	6,0 Mio.	*(China / Korea / Philippinen*		
1939 – 1945	60,0 Mio.	*(2. Weltkrieg)*		
1945 – 1949	0,8 Mio.	*(diverse)*		
1947	2,0 Mio.	*(Indien)*		
1946 – 1975	3,8 Mio.	*(Vietnam)*	1950 =	3,000 Mrd.
1948 – 1987	1,6 Mio.	*(Nordkorea)*		
1950 – 1954	1,7 Mio.	*(diverse)*		
1955 – 1959	0,1 Mio.	*(diverse)*		
1956	2,0 Mio.	*(Sudan)*		
1960 – 1964	4,6 Mio.	*(diverse)*		
1965 – 1969	3,8 Mio.	*(diverse)*		
1970 – 1974	4,4 Mio.	*(diverse)*		
1971	1,5 Mio.	*(Bangladesh)*		
1975 – 1979	2,2 Mio.	*(diverse)*	1974 =	4,000 Mrd.
1977 – 1981	3,3 Mio.	*(Rote Khmer)*		
1980 – 1984	0,8 Mio.	*(diverse)*		
1985 – 1989	1,1 Mio.	*(diverse)*	1987 =	5,000 Mrd.

1990 – 2000	1,0 Mio.	*(diverse)*			
1994	1,0 Mio.	*(Ruanda)*	1995 =	5,716 Mrd.
1998	5,0 Mio.	*(Kongo)*	2000 =	6,158 Mrd.
2000 – 2005	0,7 Mio.	*(diverse)*	Sommer 2005 =	6,500 Mrd.

14 In: *Spiegel* 5/2005, S. 55 ff.

15 Fareed Zakaria, »Don't abandon Afghanistan again«, in: *Newsweek*, 17.12.2001, S. 17. Im Laufe der unruhigen ersten Jahre des 21. Jahrhunderts haben immerhin einige blutige Bürgerkriege ein Ende gefunden, die ihre Wurzeln im Kalten Krieg hatten: der Bürgerkrieg zwischen den »Tamil Tigers« und der Zentralregierung in Sri Lanka; in Sierra Leone schweigen die Waffen dauerhaft; der 27 Jahre währende Bürgerkrieg von Angola ebenso wie der in Mosambik gingen im Jahr 2000 mit einem endgültigen Friedensschluss zu Ende. Von den mörderischen Konflikten sind vor allem der im Kongo und im Südsudan geblieben, wobei letzerer im Jahre 2005 eine Wendung zum Beenden nahm.

16 Siehe dazu auch Erich Weede, *The Capitalist peace*, Berlin 2005.

17 Uli Rauss, Oliver Schröm, »Das neue Gesicht des Terrors«, in: *Stern* 42/2004, S. 27 ff.

18 Barbara Siebert, »Wir geben unser Leben – ohne Gefühle«, in: *Die Zeit*, 8.1.2004, S.7; siehe auch den NDR-Film *Für Allah in den Tod*, 2004, von Eric Fiedler.

19 Tom Holland, *Rubicon. The Triumph and Tragedy aof the Roman Republic*, London 2003, S. 168 ff.

20 Zitiert nach Bourke, *Fear*, S. 364. Siehe auch William Laqueur, *The Age of Terrorism*, Boston 1987.

21 Gilles Kepel, *Jihad. The Trail of Political Islam*, London/New York 2004.

22 Die Mathematiker untersuchten an der University of Mexico die Verteilungen von 20 000 Terrorereignissen in den letzten 36 Jahren und kamen auf interessante Korrelationen zwischen Opferzahlen und Häufigkeiten der Ereignisse. Danach wäre ein weiterer Anschlag von der Dimension des 11. Septembers 2001 in den nächsten sieben Jahren wahrscheinlich. Allerdings sind Anschläge mit hoher Opferzahl nach wie vor sehr selten.

23 David C. Rapoport, »Generation and Waves. The Keys to understanding Rebel Terror Movements«, präsentiert auf dem »Burkle Seminar on Global Affairs« in Los Angeles am 7. November 2003.

24 Alle Fakten aus dem Sonderteil des *Economist* über New York, »The Town of The Talk«, 19.2.2005, S. 49 ff.

25 Grace Adams, *Don't be afraid*, New York 1935, zitiert nach Bourke, *Fear*, S. 391.

26 Siehe zu diesem Effekt z. B. Theresia Maria de Jong, »Vom Terrorschock belebt«, in: *Psychologie heute*, März 2005, S. 56. Untersuchungen um die Attentate vom 11. September 2001 wiesen nach, dass Menschen mit dem »Chronischen Erschöpfungssyndrom« von Bedrohungslagen sogar profitierten. Oder auch Leo Wieland, »Der Kleine Triumph der Madrider Bürger«, in: *Die Zeit*, 6.3.2005, S. 12.

27 Der wunderbare Begriff stammt von Professor Dr. Herfried Münkler, Politikwissenschaftler an der Humboldt-Universität zu Berlin.

28 Kate Douglas, »Death Defying«, in: *New Scientist*, 28.8.2004, S. 40.

29 Die Zusammenfassung aller Studien zur »Terror Management Theory« von Douglas, »Death Defying« – Todesmut.

30 Immanuel Kant, *Gesammelte Schriften*. Akademie-Ausgabe. Abt. 1. Bd. 1. Berlin 1910, S. 434 ff.

31 Johann Wolfgang Goethe, *Aus meinem Leben. Dichtung und Wahrheit*. Erstausgabe Tübingen 1811 ff., zitiert nach Hamburger Ausgabe hg. von Erich Trunz, Bd. IX, S.30 f.

32 Voltaire, *Candide oder der Optimismus*.

33 Mehr dazu unter www.tobias-bott.de.

34 Dies bestätigt zum Beispiel eine der großen Koryphäen der Katastrophenforschung, der Geowissenschaftler Gerhard Berz, der für die Münchener Rückversicherung 30 Jahre lang Erdbeben, Tsunamis und andere Desaster bewertete; vgl. Interview mit Berz, »Rechnen mit der Katastrophe«, in: *Die Zeit*, 5.1.2005, S. 26.

35 Bryson, *Short History of Nearly Everything*, London 2005 S. 505.

36 Siehe zu diesen klimatischen »Schubtheorien« z. B. die Arbeiten der American Geophysical Society oder Harvey Weiss, »Time and Change«, in: *The Economist*, 20.12.2003, S. 114.

37 Zitiert nach Dawkins, *Der entzauberte Regenbogen*, S. 262.

38 Siehe z.B. Kevin Rozario, *The Resilient City*, London 2005.

39 Siehe auch Ulrich Beck, *Macht und Gegenmacht im globalen Zeitalter. Neue Weltpolitische Ökonomie*, Frankfurt / Main 2002.

Politik

1 Zu Hobbes' Hintergrund, Theorien und Denkweisen siehe auch Philip Ball, *Critical Mass. How one Thing leads to another*, London 2000, S. 8 ff.

2 Siehe auch »Charity begins at Homo sapiens. Evolution has given human nature an unexpected twist«, in: *New Scientist*, 12.3.2005, S. 33 ff.

3 Walter Wüllenweber, Das grosse Elend, in: *Stern* 52/2004, S. 152 ff.
4 Vgl. z. B. Tony Bushby »My old Man's a Heart Surgeon«, in: *The Mail on Sunday*, 16.1.2005, S. 53.
5 Sterling, *Tomorrow Now*.
6 Christoph Türcke, *Erregte Gesellschaft*, München 2002.
7 DPA-Meldung vom 23.2.2005, unter Bezug auf das Zentralinstitut für seelische Gesundheit in Mannheim.
8 Odo Marquard, *Zukunft braucht Herkunft. Philosophische Essays*, Stuttgart 2003, S. 23.
9 Wilhelm Genazino, *Die Liebesblödigkeit*, München 2004.
10 Jared Diamond, *Collapse. How Societies Choose to Fail or Succeed*, New York 2005.
11 James Surowiecki, *The Wisdom of Crowds. Why the Many Are Smarter than the Few and How Collective Wisdom Shapes Business, Economies, Societies and Nations*, New York 2003, S. 265.
12 Diverse Allensbach-Umfragen 2000 bis 2003.
13 Surowiecki, *The Wisdom of Crowds*.
14 Gladwell, *Blink*.
15 Surowiecki, *The Wisdom of Crowds*, S. 264.
16 Siehe zu diesem Projekt die Website (www.joinedupdesignforschools.com) und die hervorragende Bilddokumentation mit demselben Titel von John und Frances Sorell, London 2005.
17 Zitiert nach *Novo*, März/April 2005, S. 75.
18 Zuboff/Maxim, *The Support Economy*, S. 111.
19 Siehe auch Jeffrey D. Sachs, »How to End Poverty«, in: *Newsweek*, 14.3.2005, Titelgeschichte.

Glaube

1 Am 15.8.1977 um 11.16 Uhr Ortszeit empfingen Jerry Ehman und sein Team vom Observatorium der Ohio State University in Columbus das »Wow!«-Signal. »Wow« war das einzige Wort, das Ehman noch neben die Zeichen »6EQU5« kritzeln konnte, ein Ausdruck der Hilflosigkeit gegenüber diesem Signal, und dennoch drücken diese drei Buchstaben und zwei Zahlen das Verblüffen, aber auch die Hoffnung Ehmans aus. 70 Sekunden lang konnte man das Signal verfolgen, seitdem sorgt es bei Astronomen für dauerhaften Streit.
2 Lawrence/Nohria, *Driven*, S. 139.

3 Pascal Boyer, *Religion Explained. The Evolutionary Origins of Religious Thought*, New York 2004, S. 326 f.
4 Kulturwissenschaftler am King's College in Oxford haben das Weihnachtsmem in den letzten Jahren intensiv erforscht.
5 Siehe auch Susan Blackmore, *Die Macht der Meme oder Die Evolution von Kultur und Geist*, Heidelberg 2000; Franz Wegener, *Memetik. Der Krieg des neuen Replikators gegen den Menschen*, Gladbeck 2004. Als hilfreich hat sich auch folgender Sammelband erwiesen: A. Becker (Hg.), *Gene, Meme und Gehirne. Geist und Gesellschaft als Natur. Eine Debatte*, Frankfurt/Main 2003.
6 Stefan Rahmsdorf, »Das ungeliebte Weder noch«, in: *Die Zeit*, 10.2.2005, S. 33.
7 Siehe zur Funktion von Orakeln auch Michael Wood, *The Road to Delphi. The Life and Afterlife of Oracles*, New York 2003.
8 Karl Otto Hondrich nennt dies in *Liebe in Zeiten der Weltgesellschaft* »die Überwindung des Präferenz-Diskriminierungsprinzips« (S. 119).
9 Siehe z.B. Ulrich Schnabel, Warum Menschen glauben, in: *Die Zeit*, 12.5.05, S. 43.
10 Siehe z. B. »Glaube und Gesundheit«, in *Psychologie heute*, März 2005, S. 23.
11 Die komplette Geschichte wird erzählt in: Manuel Castells, *Das Informationszeitalter II. Die Macht der Identität*, Opladen 2002, S. 106 ff.
12 Im *Oxford Dictionary of Citations*, zitiert nach Dawkins, *Der entzauberte Regenbogen*, S. 50.
13 Siehe Jörg Mettke, »Christus von Sibirien«, in: *Spiegel* 5/2005, S. 104.
14 Dirk Maxeiner, Michael Miersch, *Das Mephisto-Prinzip – Warum es besser ist, nicht gut zu sein*, Frankfurt 2001; *Die Zukunft und ihre Feinde – Wie Fortschrittsspessimisten unsere Gesellschaft lähmen*, Frankfurt 2002; *Lexikon der Öko-Irrtümer. Überraschende Fakten zu Energie, Gentechnik, Gesundheit, Klima, Wald und vielem anderen*, Frankfurt/Main 1998.
15 Bloom, *Descartes' Baby*, S. 210.
16 V. S. Ramachandran, »We are the Final Frontier«, in: *Guardian*, 10.2.2005, S. 4.
17 Dawkins, *Der entzauberte Regenbogen*, S. 400.
18 Zitiert nach Bloom, *Descartes' Baby*, S. 198.
19 John Wheeler, *Geons, Black Holes & Quantum Foam*, A Life in Physics, New York 2000, S. 338 ff.

Das ganze Leben

1 Siehe auch Leopold Rosenmayr, »Generationensolidarität? Vom Einzeller zum Menschen des 21. Jahrhunderts«, Studie, veröffentlicht über *GFK-Insti-*

tut für Marktforschung, Nürnberg 2002; oder Rosenmayr, *Hoffnung Alter*, Wien, 2002.

2 Siehe zur mittelalterlichen Fortsetzung dieser Geschichte auch Dirk Meier, *Seefahrer, Händler, Piraten im Mittelalter*, Ostfildern, 2004; und Peter Spufford, *Handel, Macht und Reichtum. Kaufleute im Mittelalter*, Stuttgart 2004.

3 Mitterauer, *Warum Europa?*, S. 77 und 107.

4 Erst in der zweiten Phase der Industriekultur entsteht jenes Konstrukt, das dieses Idyll auf subtile Weise mit modernen Lebensrealitäten verbindet. Staat und Gewerkschaften definieren das »Rentenalter«, in dem man »die Früchte harter Arbeit ernten kann«. Was eine Antwort auf den Verschleiß und die Brutalität industrieller Produktionsarbeit war, wird im Lauf der Zeit ein tief alltagskulturell verankertes Muster. Seitdem gilt: In der späteren Mitte des Lebens, wenn man endlich einigermaßen weiß, »wie es geht«, wird man mit einer goldenen Uhr in den »verdienten Ruhestand« entlassen. Dann ändert sich das Leben. Man ist »entaktiviert« – und verhält sich auch so. Im Begriff des »alten Eisens« spiegelt sich die ganze Totalität, mit der die industrielle Erwerbsarbeit von uns Besitz ergriffen hat. Aber auch die ganze Traurigkeit!

5 Siehe u. a. Lynn Dicks, »Teenagers. The Original Rebels«, in: *New Scientist*, 5.3.2005, S. 38.

6 Siehe z.B. Andreas Gestrich, »Kindheit und Jugend. Individuelle Entfaltung im 20. Jahrhundert«, in: Dülmen, *Entdeckung des Ich*.

7 Siehe Claudius Seidl, *Schöne Junge Welt. Warum wir immer jünger werden*, München 2005.

8 Zitiert nach Claudius Seidl, »Hilfe, wir werden jünger – Infantilisierung ist gut für uns«, in: *Frankfurter Allgemeine Sonntagszeitung*, 29.12.2002, S. 17.

9 Miller, *Die sexuelle Evolution*, S. 244.

10 Ebd., S. 460.

11 J. Oeppen, James W. Vaupel, »Broken limits to life expectancy« in: *Science*, Nr. 296 (2002), S. 1029–1031; Siehe auch S. Tuljapurkar, N. Li, C. Boe, »A universal pattern of mortality decline in the G7 countries«, in: *Nature* VOL 405 (2000), 15.6.2000, S. 788; J. Riley, *Rising Life Expectancy: A Global History, Cambridge* (MA) 2001; L. G. Martin, S. H. Preston, *Demography of Aging*, Washington (DC) 1994.

12 Diese und weitere Studien in: *Forever Young*, Sonderteil des *Economist*, 27.3.2004.

13 Zu diesem Themenkomplex siehe auch Ken Dychtwald, *Age Power. How the 21st Century will be Ruled by the New Old*, New York 2000; Sara Honn Qualls, Norman Abeles, »Psychology and the Aging Revolution. How we

adopt to longer life«, in: *American Psychological Association*, Washington 2000.

14 Gregg Easterbrock, *The Progress Paradox*, New York 2003, S. 240.

15 Siehe auch James Hillmann, *Vom Sinn des langen Lebens*, München 2004.

16 Robert Kegan, *Die Entwicklungsstufen des Selbst*, München 1986, S. 296.

17 Katja Kullmann, *Generation Ally. Warum es heute so kompliziert ist, eine Frau zu sein*, Frankfurt/Main 2002, S. 134.

18 Maddy Dychtwald, *Cycles. How We will Live, Work and Buy*, New York 2003, S. 2.

19 John Kotres, *Lebenslauf und Lebenskunst. Über den Umgang mit der eigenen Biographie*, München 2001.

20 Baltes lebt in Berlin, wo er Direktor am Max-Planck-Institut für Bildungsforschung ist; vgl. Sabine Etzold, »Der Rat der Greise«, in: *Die Zeit*, 7.8.2003, S. 24; lesenswert auch Paul Baltes, »Geist im Alter«, in: *Frankfurter Allgemeine Zeitung*, 23.10.2004, S. 37.

21 Zitiert nach Etzold, »Der Rat der Greise«, S. 24.

22 Wilhelm Schmid, *Schönes Leben? Einführung in die Lebenskunst*, Frankfurt/Main 2000, S. 137.

23 Der amerikanische Hirnforscher Dean Buonomano simulierte in Computermodellen die Zeitwahrnehmung. Ebenso forscht Rolf Ulrich von der Universität Tübingen an diesem Phänomen, siehe z. B. »Augenblicke der Ewigkeit«, in: *Süddeutsche Zeitung*, 10.1.2005, S. 11.

24 Zur aktuellen Glücksforschung gibt es unzählige Bücher und Publikationen z. B. Richard Layard, *Die glückliche Gesellschaft. Kurswechsel für Politik und Wirtschaft*, Frankfurt/New York 2005, den Artikel von Layard in *GDI-Impuls* 4/04, S. 6, oder »The Science of Happiness«, in: *Time*, 7.2.2005, Titelgeschichte.

Tod

1 Siehe z.B. das Interview mit Aubrey de Grey in: *Wired*, 2/2002, S. 66.

2 Zu neuesten Forschungen auf diesem Gebiet siehe z. B. »Altern auf allen Ebenen des Lebens«, in: *Frankfurter Allgemeine Zeitung*, 2.2.2005, S. N1.

3 Alle diese Beispiele und die folgenden stammen aus einem der besten Bücher über den Mythos der Langlebigkeit: Lucian Boia, *Forever Young. A Cultural History of Longevity*, London 2004.

4 Ebd., S. 27.

5 Ebd., S. 52.

6 Ebd., S. 65.
7 Ebd., S. 97.
8 Claude Vorilhon »Rael«, *Das Buch das die Wahrheit sagt. Die Botschaft der Außerirdischen*, Weiden 1994.
9 Paul Strathern, *Schumpeters Reithosen – die genialsten Wirtschaftstheorien und ihre verrückten Erfinder*, Frankfurt/New York 2003, S. 145.
10 Pascal Boyer, *Religion Explained. The Evolutionary Origins of Religious Thought*, New York 2001.
11 Richard Dawkins, *The Anchestor's Tale. A Pilgrimage to the Dawn of Life*, London 2005, S. 10.
12 Sterling, *Tomorrow* Now, S. 293.
13 Boia, *Forever Young*, S. 175.

Nachwort anstelle einer Danksagung

1 *Die Welt in 100 Jahren*, Berlin 1910, Nachdruck: Hildesheim 1988, S. 20 f.
2 Ebd., S. 37–45.
3 Ebd., S. 76.
4 Mark Buchanan, *Das Sandkorn, das die Erde zum Beben bringt*, Frankfurt/New York 2001.
5 Karl R. Popper, *Die Logik der Forschung*, Tübingen 1959.
6 Gregory Bateson, *Geist und Natur, eine notwendige Einheit*, Frankfurt/Main 1997, S. 15.
7 Richard Dawkins, *Das egoistische Gen*, Reinbek bei Hamburg 1996.
8 Olson, *Herkunft und Geschichte des Menschen*, S. 34.
9 Besonders schön wird dies in Dawkins' neuem Monumentalwerk beschrieben, *The Anchestor's Tale.*
10 Simon Conway Morris, *Life's Solution. Inevitable Humans in a Lonely Universe*, Cambridge 2003.
11 Jared Diamond, *Arm und Reich. Die Schicksale menschlicher Gesellschaften*, Frankfurt/Main 1998; David Landes, *Wohlstand und Armut der Nationen. Warum die einen reich und die anderen arm sind*, Berlin 1998.
12 Dawkins, *Das egoistische Gen*, S. 226 ff.
13 Daniel Dennet, *Freedom Evolves*, New York 2003, S. 93.
14 Murray Gell-Mann, *Das Quark und der Jaguar. Vom Einfachen zum Komplexen. Die Suche nach einer neuen Erklärung der Welt*, München 1994.
15 Bloom, *Descartes' Baby*, S. 134.
16 Ebd., S. 147.

17 Ebd.

18 Die neuen, narrativen »Multi-Sciences« werden neuerdings auch zu Hauptthemen ganzer Bücher, wie etwa Edward O. Wilsons *Die Einheit des Wissens*, Berlin 1998; oder Bill Brysons *Eine kurze Geschichte von fast allem*, München 2004.

19 Siehe Johansson, *The Medici Effect.*

20 Dawkins, *The Anchestor's Tale*, S. 10.

21 Bolz, *Blindflug mit Zuschauer*, S. 16.

Literatur

Alfred Herrhausen Gesellschaft für Internationalen Dialog: *Wieviel Bildung brauchen wir? Humankapital in Deutschland und seine Erträge*, Deutsche Bank AG, Frankfurt/Main 2002

Ariès, Philippe; Duby, Georges (Hg.): *Geschichte des privaten Lebens*, 5 Bände, S. Fischer Verlag, Frankfurt/Main 1989

Baker, Robin: *Sex in the Future. Ancient Urges meet Future Technology*. Macmillan Publishers Ltd, London 1999

Ball, Philip: *Critical Mass. How one Thing leads to another*, William Heinemann, London 2000

Barabási, Albert-László: *Linked. How Everything Is Connected to Everything Else and What It Means for Business, Science, and Everyday Life*, Plume, Penguin Group Inc., New York 2003

Barnaby, Frank: *Future War. Armed conflict in the next decade*, Michael Joseph Ltd, London 1984

Bate, Paul: *Cultural Change. Strategien zur Änderung der Unternehmenskultur*, Gerling Akademie Verlag, München 1997

Bateson, Gregory: *Geist und Natur. Eine notwendige Einheit*, Suhrkamp Verlag, Frankfurt/Main 1982

Beck, Ulrich; Beck-Gernsheim, Elisabeth: *Das ganz normale Chaos der Liebe*, Suhrkamp Verlag, Frankfurt/Main 1990

Beck, Ulrich; Giddens, Anthony; Lash, Scott: *Reflexive Modernisierung. Eine Kontroverse*, Suhrkamp Verlag, Frankfurt/Main 1996

Beck, Ulrich: *Kinder der Freiheit*, Suhrkamp Verlag, Frankfurt/Main 1997

Becker, A.; Mehr, C.; Nau, H. H.; Reuter, G.; Stegmüller, D.: *Gene, Meme und Gehirne. Geist und Gesellschaft als Natur. Eine Debatte*, Suhrkamp Verlag, Frankfurt/Main 2003

Becker, Gary S.: *Ökonomische Erklärung menschlichen Verhaltens*, 2. Auflage, J.C.B. Mohr (Paul Siebeck), Tübingen 1982

Becker, Gerold; Becker, Hellmut; Huber, Ludwig: *Ordnung und Unordnung. Ein Buch für Hartmut von Hentig*, Beltz Verlag, Weinheim, Basel 1985

Beck-Gernsheim, Elisabeth: *Was kommt nach der Familie? Einblicke in neue Lebensformen*,Verlag C.H. Beck, München 1998

Beltz, Matthias: *BÖSE. Gesammelte Untertreibungen*, Zweitausendeins, Frankfurt/Main 2004

Beltz, Matthias: *GUT. Gesammelte Untertreibungen*, Zweitausendeins, Frankfurt/Main 2004

Benjamin, Marina: *Rocket Dreams. How the Space Age shaped our vision of a World beyond*, Random House, London 2003

Bennis, Warren; Slater, Philip: *The Temporary Society. Under the Impact of Accelerating Change*, Jossey-Bass Publishers, San Francisco 1968

Berlin, Isaiah: *Das krumme Holz der Humanität. Kapitel der Ideengeschichte*, Fischer Taschenbuch Verlag, Frankfurt/Main 1992

Berlin, Isaiah: *Die Wurzeln der Romantik*, Berlin Verlag, Berlin 2004

Berlin, Isaiah: *Wirklichkeitssinn. Ideengeschichtliche Untersuchungen*, Berlin Verlag, Berlin 1998

Berry, Adrian: *The Next 500 Years. Life in the Coming Millennium*, Headline Book Publishing, London 1995

Bertelsmann Stiftung: *Was kommt nach der Informationsgesellschaft? 11 Antworten*,Verlag Bertelsmann Stiftung, Gütersloh 2002

Bertram, Hans: *Familien leben. Neue Wege zur flexiblen Gestaltung von Lebenszeit, Arbeitszeit und Familienzeit*, Verlag Bertelsmann Stiftung, Gütersloh 1997

Beuys, Barbara: Familienleben in Deutschland. Neue Bilder aus der deutschen Vergangenheit, Rowohlt Verlag, Hamburg 1980

Blackmore, Susan: *Die Macht der Meme oder Die Evolution von Kultur und Geist*, Spektrum Akademischer Verlag, Heidelberg 2000

Bloom, Paul: *Descartes' Baby. How Child Development Explains What Makes Us Human*, William Heinemann, London 2004

Bolz, Norbert: *Blindflug mit Zuschauer*, Wilhelm Fink Verlag, München 2005

Bolz, Norbert: *Das konsumistische Manifest*, Wilhelm Fink Verlag, München 2002

Bolz, Norbert: *Das kontrollierte Chaos. Vom Humanismus zur Medienwirklichkeit*, Econ Verlag, Düsseldorf 1994

Bolz, Norbert: *Die Sinngesellschaft*, Econ Verlag, Düsseldorf 1997

Bono, Edward de: *How to have a Beautiful Mind*, Vermillion, London 2004

Bosshart, David: *Die Zukunft des Konsums. Wie leben wir morgen?* Econ & List Verlag, Düsseldorf, München 1997

Botton, Alain de: *Status Anxiety*, Hamish Hamilton, London 2004
Bourke, Joanna: *Fear – a cultural History*, Virago, London 2005
Boia, Lucian: *Forever Young. A Cultural History of Longevity*, Reaction Books, London 2004
Boyer, Pascal: *Religion Explained. The Evolutionary Origins of Religious Thought*, Basic Books, Perseus Books Group, New York 2001
Braudel, Fernand: *A History of Civilizations*, Penguin Books, New York 1993
Brehmer, Arthur: *Die Welt in 100 Jahren*. Buntbuch-Verlag Berlin 1910, Nachdruck 1988 von der Olms Presse Hildesheim, Olms Presse, Hildesheim, Zürich / New York 1988
Breidenbach, Joana; Zukrigl, Ina: *Tanz der Kulturen. Kulturelle Identität in einer globalisierten Welt*, Rowohlt Verlag, Hamburg 1998
Brockman, John: *The Next Fifty Years. Science in the First Half of the Twenty-First Century*,Weidenfeld & Nicolson, Orion Publishing Group Ltd, London 2002
Brooks, David: *Die BOBOS. Der Lebensstil der neuen Elite*, Econ Ullstein List Verlag, München 2001
Bruckner, Pascal: *Ich leide also bin ich. Die Krankheit der Moderne; Eine Streitschrift*, Quadriga Verlag, Weinheim, Berlin 1996
Bryson, Bill: *A Short History of Nearly Everything*, Black Swan, Transworld Publishers, London 2003
Buchanan, Mark: *Das Sandkorn, das die Erde zum Beben bringt*, Campus Verlag, Frankfurt / New York 2000

Carter, Stephen: *Renaissance Management. The Rebirth of Energy and Innovation in People and Organizations*, Cogan Page Ltd, London 1999
Castells, Manuel: *Das Informationszeitalter II – die Macht der Identität*, Leske & Budrich, Opladen 2002
Chaisson, Eric J.: *Cosmic Evolution. The Rise of Complexity in Nature*, Harvard University Press, Cambridge / Massachusetts, London / England 2001
Clébert, Jean-Paul: *Die Angst vor dem Weltuntergang. Eine Geschichte der Endzeitstimmung*, Bastei Verlag, Bergisch Gladbach 1998
Csikszentmihalyi, Mihaly: *Dem Sinn des Lebens eine Zukunft geben. Eine Psychologie für das 3. Jahrtausend*, Klett-Cotta, Stuttgart 1995
Conway Morris, Simon: *Life's Solution. Inevitable Humans in a Lonely Universe*, Cambridge University Press, Cambridge 2003
Cupitt, Don: *Nach Gott. Die Zukunft der Religionen*, Klett-Cotta, Stuttgart 2001

Davenport, Thomas H.; Beck, John C.: *The Attention Economy. Understanding the New Currency of Business*, Harvard Business School Press, Boston / Massachusetts 2001

Davis, Stan; Meyer, Christopher: *Blur. The speed of change in the connected economy*, Warner Books, New York 1998

Davis, Stan; Meyer, Christopher: *Future Wealth*, Harvard Business School Press, Boston/Massachusetts 2000

Deckstein, Dagmar; Felixberger, Peter: *Arbeit neu denken. Wie wir die Chancen der New Economy nutzen können*, Campus Verlag, Frankfurt/New York 2000

Delbrück, Max: *Wahrheit und Wirklichkeit. Über die Evolution des Erkennens*, Rasch und Röhring Verlag, Hamburg 1986

Delhees, Karl Heinz: *Zukunft bewältigen! Notwendige Fähigkeiten und Kompetenzen in einer sich wandelnden Umwelt*, Verlag Paul Haupt, Bern, Stuttgart, Wien 1997

Demandt, Alexander: *Endzeit? Die Zukunft der Geschichte*, Siedler Verlag, Berlin 1993

Dennett, Daniel: *Freedom Evolves*, Viking, Penguin Group, New York 2003

Dettling, Warnfried: *Politik und Lebenswelt. Vom Wohlfahrtsstaat zur Wohlfahrtsgesellschaft*, Verlag Bertelsmann Stiftung, Gütersloh 1995

Deutsches Jugendinstitut: *Wie geht's der Familie? Ein Handbuch zur Situation der Familien heute*, Kösel Verlag, München 1988

Diamond, Jared: *Arm und Reich. Die Schicksale menschlicher Gesellschaften*, S. Fischer Verlag, Frankfurt/Main 1998

Diamond, Jared: *Collapse. How Societies Choose to Fail or Succeed*, Viking, Penguin Group, New York 2005

Doering, Detmar: *Mythos Manchestertum. Ein Versuch über Richard Cobden und die Freihandelsbewegung*, Friedrich-Naumann-Stiftung, Potsdam 2004

Dülmen, Richard van (Hg.): *Die Entdeckung des Ich. Die Geschichte der Individualisierung vom Mittelalter bis zur Gegenwart*, Böhlau Verlag, Köln 2001

Dychtwald, Maddy: *Cycles – How we will Live, Work, and Buy*, Free Press, New York 2003

Dyson, Freeman: *Die Sonne, das Genom und das Internet. Wissenschaftliche Innovation und die Technologien der Zukunft*, S. Fischer Verlag, Frankfurt/Main 2000

Dyson, Freeman: *Imagined Worlds*, Harvard University Press, London, Cambridge 1997

Easterbrook, Gregg: *A Moment on the Earth. The Coming Age of Environmental Optimism*, Viking, Penguin Group, New York 1995

Easterbrook, Gregg: *The Progress Paradox. How Life Gets Better While People Feel Worse*, Random House, New York 2003

Emmott, Bill: *20:21 Vision. Twentieth-Century: Lessons for the Twenty-first Century*, Farrar, Straus and Giroux, New York 2003

Ernst, Heiko; Hauser, Renate; Katzenstein, Bernd; Micic, Pero: *2020. So werden wir leben*, Metropolitan, Düsseldorf 2000

Ettenberg, Elliott: *The Next Economy. Will you Know Where your Customers are?* McGraw-Hill, New York 2002

Etzioni, Amitai: *The third way to a good society*, Demos Panton House, London 2000

Faltin, Günter; Zimmer, Jürgen: *Reichtum von unten. Die neuen Chancen der Kleinen*, Aufbau Taschenbuch Verlag, Berlin 1996

Fernández-Armesto, Felipe: *The Future of Religion*, Phoenix, Orion Publishing Group Ltd, London 1997

Finkielkraut, Alain: *Die Weisheit der Liebe*, Carl Hanser Verlag, München, Wien 1987

Fliszar, Fritz: *Jede Masse Klasse. Vom Aussterben der Arbeitslosigkeit*, Universum Verlagsanstalt, Wiesbaden 1999

Flores, Fernando; Gray, John: *Entrepreneurship and the wired life. Work in the wake of careers*, Demos Panton House, London 2000

Florida, Richard: *The Rise of the Creative Class, … and how it's transforming work, leisure, community & everyday life*, Basic Books, USA 2002

Forsyth, Adrian: *Die Sexualität in der Natur. Vom Egoismus der Gene und ihren unfeinen Strategien*, Kindler Verlag, München 1987

Frank, Robert H.: *Luxury Fever. Why Money Fails to Satisfy In an Era of Excess*, Free Press, Simon & Schuster Inc., New York 1999

Friedman, Thomas L.: *The Lexus and the Olive Tree. Newly Updated and Expanded Edition*, Anchor Books, Random House Inc., New York 2000

Fukuyama, Francis: *Das Ende des Menschen*, Deutsche Verlags-Anstalt, Stuttgart, München 2002

Fukuyama, Francis: *Der Große Aufbruch. Wie unsere Gesellschaft eine neue Ordnung erfindet*, Paul Zsolnay Verlag, Wien 2000

Fukuyama, Francis: *Staaten Bauen. Die neue Herausforderung internationaler Politik*, Propyläen Verlag, Berlin 2004

Fukuyama, Francis: *Trust: The Social Virtues and the Creation of Prosperity*, Hamish Hamilton, London 1995

Furedi, Frank: *Culture of Fear. Risk-Taking and the Morality of Low Expectation*, Cassell, London 1997

Gardner, Howard: *Die Zukunft der Vorbilder. Das Profil der innovativen Führungskraft*, Klett-Cotta, Stuttgart 1997

Gell-Mann, Murray: *Das Quark und der Jaguar. Vom Einfachen zum Komplexen – Die Suche nach einer neuen Erklärung der Welt*, Piper, München 1994

Giddens, Anthony: *Jenseits von Links und Rechts*, Suhrkamp Verlag, Frankfurt/Main 1997

Giddens, Anthony: *The Third Way, Polity Press*, Blackwell Publishers Ltd, Cambridge 1998

Gigerenzer, Gerd; Todd, Peter M.; ABC Research Group: *Simple Heuristics That Make Us Smart*, Oxford University Press, New York 1999

Gillis, John R.: *Mythos Familie. Auf der Suche nach der eigenen Lebensform*, Beltz Quadriga Verlag, Weinheim, Berlin 1997

Gladwell, Malcom: *Blink! Die Macht des Moments*, Campus Verlag, Frankfurt/New York 2005

Gladwell, Malcom: *Der Tipping Point*, Berlin Verlag, Berlin 2000

Glaser, Peter: *24 Stunden im 21. Jahrhundert. Onlinesein. Zu Besuch in der Neuesten Welt*, Zweitausendeins, Frankfurt/Main 1995

Glotz, Peter: *Die beschleunigte Gesellschaft. Kulturkämpfe im digitalen Kapitalismus*, Kindler Verlag, München 1999

Glucksmann, André: *Krieg um den Frieden*, Deutsche Verlags-Anstalt, Stuttgart 1996

Godin, Seth: *Permission Marketing. Turning Strangers into Friends and Friends into Customers*, Simon & Schuster Inc., New York 1999

Goleman, Daniel: *Emotionale Intelligenz*, Deutscher Taschenbuch Verlag, München 1995

Gorz, André: *Wege ins Paradies*, Rotbuch Verlag, Berlin 1983

Grayling, A. C.: *The Future of Moral Values*, Phoenix, Orion Publishing Group Ltd, London 1997

Greenfield, Susan: *Tomorrow's People. How 21st-Century-Technology is Changing the Way We Think and Feel*, Allan Lane, London 2003

Greiling, Walter: *Wie werden wir leben? Ein Buch von den Aufgaben unserer Zeit*, Econ Verlag, Düsseldorf 1954

Gribbin, John: *Deep Simplicity, Chaos, Complexity and the Emergence of Life*, Penguin Books, London 2004

Hampden-Turner, Charles; Trompenaars, Alfons: *The Seven Cultures of Capitalism. Value Systems for Creating Wealth in the United States, Japan, Germany, France, Britain, Sweden, and the Netherlands*, Currency and Doubleday, New York 1993

Handy, Charles: *Die Fortschrittsfalle. Der Zukunft neuen Sinn geben*, Gabler Verlag, Wiesbaden 1995

Handy, Charles: *The Age of Paradox, Harvard Business Press*, Boston 1994

Handy, Charles: *The New Alchemists. How visionary people make something out of nothing*, Hutchinson, London 1999

Hardyment, Christina: *The Future of the Family*, Phoenix, Orion Publishing Group Ltd, London 1998

Hargreaves, Ian; Christie, Ian: *Tomorrow's Politics. The Third Way and beyond*, Demos Panton House, London 1998

Hartz, Peter: *Das atmende Unternehmen. Jeder Arbeitsplatz hat einen Kunden*, Campus Verlag, Frankfurt/New York 1996

Heinsohn, Gunnar: *Lexikon der Völkermorde*, Rowohlt Verlag, Hamburg 1998

Hill, Dave: *The Future of Men*, Phoenix, Orion Publishing Group Ltd, London 1997

Hobsbawm, Eric: *Das Zeitalter der Extreme. Weltgeschichte des 20. Jahrhunderts*, Carl Hanser Verlag, München, Wien 1995

Hofstadter, Douglas R.: *Gödel, Escher, Bach, ein Endloses Geflochtenes Band*, Klett-Cotta, Stuttgart 1979

Holenstein, Elmar: *Philosophie-Atlas. Orte und Wege des Denkens*, Ammann Verlag, Zürich 2004

Homer: *Ilias*. Übersetzung, Nachwort und Register von Roland Hampe, Philip Reclam jun., Stuttgart 1979

Horgan, John: *The End of Science. Facing the Limits of Knowledge in the Twilight of the Scientific Age*, Abacus, Little, Brown and Company, London 1996

Illouz, Eva: *Der Konsum der Romantik. Liebe und die kulturellen Widersprüche des Kapitalismus*, Campus Verlag, Frankfurt/New York 2003

Jensen, Rolf: *The Dream Society. How the Coming Shift from Information to Imagination will Transform your Business*, McGraw-Hill, New York 1999

Johansson, Frans: *The Medici Effect. Breakthrough Insights at the Intersection of Ideas, Concepts and Cultures*, Harvard Business School Press, Boston/Massachusetts 2004

Joseph Pine II, B.; Gilmore, James H.: *The Experience Economy. Work is Theatre & Every Business a Stage*, Harvard Business School Press, Boston/Massachusetts 1999

Kaku, Michio: *Zukunftsvisionen. Wie Wissenschaft und Technik des 21. Jahrhunderts unser Leben revolutionieren*, Lichtenberg, München 1998

Karmasin, Helene; Karmasin, Matthias: *Cultural Theory*, Linde Verlag, Wien 1997

Kawasaki, Guy: *Rules for Revolutionaries. The Capitalist Manifesto*, Harper Business, Harper Collins Publishers, New York 1999

Kay, John: *The Truth about Markets. Why Some Nations are Rich but Most Remain Poor*, Penguin Books, London 2004

Kegan, Robert: *Die Entwicklungsstufen des Selbst. Fortschritte und Krisen im menschlichen Leben*, Peter Kindt Verlag, München 1986

Kersting, Wolfgang: *Theorien der sozialen Gerechtigkeit*, Verlag J. B. Metzler, Stuttgart 2000

Kim, W. Chan; Mauborgne, Renée: *Blue Ocean Strategy. How to Create Uncontested Market Space and Make the Competition Irrelevant*, Harvard Business School Press, Boston/Massachusetts 2005

Koch, Richard: *The Third Revolution. Creating Unprecedented Wealth and Happiness for Everyone in the New Millenium*, Capstone Publishing Ltd, Oxford 1998

Kraus, Karl: *Die letzten Tage der Menschheit*, Teil 1, Deutscher Taschenbuch Verlag, München 1957

Landa, Manuel de: *A Thousand Years of Nonlinear History*, Swerve Editions, New York 2000

Landes, David: *Wohlstand und Armut der Nationen. Warum die Einen reich und die Anderen arm sind*, Siedler Verlag, Berlin 1998

Larsson, Thomas: *The Race to the Top. The Real Story of Globalization*, Cato Institute, Washington (DC) 2001

Lawrence, Paul R.; Nohria, Nitin: *DRIVEN. Was Menschen und Organisationen antreibt*, Klett-Cotta, Stuttgart 2003

Layard, Richard: *Die glückliche Gesellschaft. Kurswechsel für Politik und Wirtschaft*, Campus Verlag, Frankfurt/New York 2005

Leadbeater, Charles: *Living On Thin Air. The New Economy*, Viking, Penguin Group, New York 1999

Leadbeater, Charles; Oakley, Kate: *Surfing the Long Wave. Knowledge entrepreneurship in Britain*, Demos, London 2001

Lewis, David; Bridger, Darren: *The Soul of the New Consumer. Authenticity what we buy and why in the new economy*, Nicholas Brealey Publishing, London 2000

Lomborg, Bjoern: *Global Crises, Global Solutions*, Cambridge University Press, Cambridge 2004

Lomborg, Bjoern: *The Skeptical Environmentalist. Measuring the Real State of the World*, Cambridge University Press, Cambridge 2001

Loy, David: *Nondualität. Über die Natur der Wirklichkeit*, Wolfgang Krüger Verlag, Frankfurt/Main 1988

Mann, John A.: *Geheimnisse der Lebensverlängerung*, Sphinx Verlag, Basel 1982

Manz, Charles C.; Sims Jr., Henry P.: *Business without Bosses. How Self-Managing Teams Are Building High-Performing Companies*, John Wiley & Sons Inc., Canada 1993

Margulis, Lynn: *Die andere Evolution*, Spektrum Verlag Heidelberg, Berlin 1999

Marris, Robin: *Das Ende der Armut. Perspektiven für eine gerechtere Zukunft*, Verlag Paul Haupt, Bern 2001

Matathia, Ira; Salzman, Marian: *Next? Wie sieht die Zukunft aus? Arbeiten, Leben und Wohnen nach 2000*, Econ Verlag, München 1998

Maxeiner, Dirk; Miersch, Michael: *Öko-Optimismus. Leben im 21sten Jahrhundert. Die Zukunftsbibliothek*, Metropolitan Verlag, Düsseldorf, München 1996

Maxeiner, Dirk; Miersch, Michael: *Das Mephisto Prinzip. Warum es besser ist, nicht gut zu sein*, Eichborn Verlag, Frankfurt/Main 2001

Maxeiner, Dirk; Miersch, Michael: *Die Zukunft und ihre Feinde. Wie Fortschrittspessimisten unsere Gesellschaft lähmen*, Eichborn Verlag, Frankfurt/Main 2002

Maxeiner, Dirk; Miersch, Michael: *Lexikon der Öko-Irrtümer. Überraschende Fakten zu Energie, Gentechnik, Gesundheit, Klima, Ozon, Wald und vielen anderen Umweltthemen*, Eichborn Verlag, Frankfurt/Main 1998

McIntosh, Malcom; Leipziger, Deborah; Jones, Keith; Coleman, Gill: *Corporate Citizenship. Successful strategies for responsible companies*, Financial Times Professional Ltd, London 1998

Mello, Sheila: *Customer-Centric Product Definition. The Key to Great Product Development*, Amacom, New York 2002

Micklethwait, John; Wooldridge, Adrian: *A Future Perfect. The Challenge and Hidden Promise of Globalization*, Crown Business, New York 2000

Miller, Geoffrey F.: *Die Sexuelle Evolution. Partnerwahl und die Entstehung des Geistes*, Spektrum Verlag, Heidelberg, Berlin 2001

Mitterauer, Michael: *Warum Europa? Mittelalterliche Grundlagen eines Sonderwegs*, C. H. Beck Verlag, München 2003

Mulgan, Geoff: *Connexity, Responsibility, Freedom, Business and Power in the New Century*, Vintage, Random House, London 1997

Mulgan, Geoff: *Life After Politics. New Thinking for the Twenty-First Century*, Fontana Press, Harper Collins Publishers, London 1997

Mutius, Bernhard von (Hg.): *Die andere Intelligenz. Wie wir morgen denken werden*, Klett-Cotta, Stuttgart 2004

Mutius, Bernhard von (Hg.): *Die Verwandlung der Welt. Ein Dialog mit der Zukunft*, Klett-Cotta, Stuttgart 2000

Nairn, Alasdair: *Engines That Move Markets. Technology Investing from Railroads to the Internet and Beyond*, John Wiley & Sons, New York 2002

Naisbitt, John: *Global Paradox. Warum in einer Welt der Riesen die Kleinen überleben werden*, Econ Verlag, Düsseldorf, München 1994

Naisbitt, John: *Megatrends. Vorhersagen für morgen*, Hestia Verlag, Bayreuth 1982

Nefiodow, Leo A.: *Der Sechste Kondratieff. Wege zur Produktivität und Vollbeschäftigung im Zeitalter der Information*, Rhein-Sieg Verlag, Sankt Augustin 2001

Neisser, Ulric: *The Rising Curve. Long-Term Gains in IQ and Related Measures*, American Psychological Association, Washington (DC) 2002

OECD, Organisation for Economic Co-Operation and Development (Hg.): *The Creative Society of the 21st Century. Future Studies*, OECD Publications, Paris 2000

Olson, Steve: *Herkunft und Geschichte des Menschen. Was die Gene über unsere Vergangenheit verraten*, Berlin Verlag, Berlin 2004

Olson, Steve: *Mapping Human History. Genes, Race, and Our Common Origins*, Mariner Books, New York 2003

Peters, Georg M.: *Dimensionen des Bewußtseins. Kultur- und Kunstgeschichte, Philosophie, Religion, Ethik und Psychotherapie in neuer Sicht als eine Einheit*, Verlag Spiel, Hannover 1998

Peters, Georg M.: *Ego cogito ego mutabo. Durch Denken das Leben gestalten*, Verlag Spiel, Hannover 2002

Peters, Tom: *Der Innovationskreis. Ohne Wandel kein Wachstum – Wer abbaut, verliert*, Econ Verlag, Düsseldorf, München 1998

Peters, Tom: *Re-Imagine. Business Excellence in a Disruptive Age*, DK, London 2003

Pink, Daniel: *A Whole New Mind. Moving from the Information Age to the Conceptual Age*, Riverhead Books, New York 2005

Pinl, Claudia: *Das faule Geschlecht. Wie Männer es schaffen, Frauen für sich arbeiten zu lassen*, Eichborn Verlag, Frankfurt/Main 1994

Postman, Neil: *Die zweite Aufklärung. Vom 18. ins 21. Jahrhundert*, Berlin Verlag, Berlin 1999

Postrel, Virginia: *The Future and its Enemies. The Growing Conflict Over Creativity, Enterprise, and Progress*, Free Press, Simon & Schuster Inc., New York 1998

Priddat, Birger P.: *Moralischer Konsum. 13 Lektionen über die Käuflichkeit*, S. Hirzel Verlag, Stuttgart 1998

Ray, Paul H.; Anderson, Sherry Ruth: *The Cultural Creatives. How 50 Million People are Changing the World*, Three Rivers Press, New York 2000

Reich, Robert B.: *The Future of Success. Wie wir morgen arbeiten werden*, Piper Verlag, München 2004

Restak, Richard M.: *Geheimnisse des menschlichen Gehirns. Ursprung von Denken, Fühlen, Handeln*, Moderne Verlagsgesellschaft, Landsberg 1984

Ridderstråle, Jonas; Nordström, Kjell: *Wie kluge Köpfe das Kapital zum Tanzen bringen*, Financial Times Prentice Hall, München 2000

Ridley, Matt: *Die Biologie der Tugend. Warum es sich lohnt, gut zu sein*, Ullstein, München 1997

Ridley, Matt: *Nature via Nurture, Genes, Experience and What Makes us Human*, Fourth Estate, London 2003

Ridley, Matt: *The Future of Disease*, Phoenix, Orion Publishing Group, London 1997

Ridley, Matt: *The Red Queen. Sex and the Evolution of Human Nature*, Penguin Books, London 1993

Rifkin, Jeremy: *The Age of Access. The New Culture of Hypercapitalism Where All of Life is a Paid-For Experience*, Penguin Putnam Inc., New York 2000

Rojas, Mauricio: *Millennium Doom. Fallacies About the End of Work, Social Market Foundation*, Profile Books, London 1999

Rosnay, Joel de: *Homo symbioticus. Einblicke in das 3. Jahrtausend*, Gerling Akademie Verlag, München 1997

Rubin, Harriet: *Soloing. Die Macht des Glaubens an sich selbst*, Krüger Verlag, Frankfurt/Main 2001

Sacks, Jonathan: *The Dignity of Difference. How to Avoid the Clash of Civilizations*, Continuum, London, New York 2003

Scheidt, Jürgen von: *Das Drama der Hochbegabten. Zwischen Genie und Leistungsverweigerung*, Kösel Verlag, München 2004

Schirrmacher, Frank: *Das Methusalem-Komplott. Die Menschheit altert in unvorstellbarem Ausmaß. Wir müssen das Problem unseres eigenen Alterns lösen, um das Problem der Welt zu lösen*, Karl Blessing Verlag, München 2004

Schmid, Wilhelm: *Einführung in die Lebenskunst*, Suhrkamp Verlag, Frankfurt/Main 2005

Schulze, Gerhard: *Die beste aller Welten. Wohin bewegt sich die Gesellschaft im 21. Jahrhundert*, Carl Hanser Verlag, München, Wien 2003

Schulze, Gerhard: *Die Erlebnisgesellschaft. Kultursoziologie der Gegenwart*, Campus Verlag, Frankfurt/New York 1992

Schwartz, Barry: *The Paradox of Choice. Why more is less*, Harper/Collins, New York 2004

Schwartz, Peter: *Inevitable Surprises. Thinking ahead in a time of turbulence*, Gotham Books, New York 2003

Seltzer, Kimberly; Bentley, Tom: *The Creative Age. Knowledge and skills for the new economy*, Demos Panton House, London 1999

Sennett, Richard: *Der flexible Mensch. Die Kultur des neuen Kapitalismus*, Berlin Verlag, Berlin 1998

Sheehy, Gail: *Die neuen Lebensphasen. Wie man aus jedem Alter das Beste machen kann,* List Verlag, München 1996

Showalter, Elaine: *Hystorien. Hysterische Epidemien im Zeitalter der Medien*, Berlin Verlag, Berlin 1997

Simon, Julian L.: *The State of Humanity*, Blackwell Publishing, Malden1995

Sloterdijk, Peter: *Vor der Jahrtausendwende: Berichte zur Lage der Zukunft*, 2 Bände, Suhrkamp Verlag, Frankfurt/Main 1990

Soto, Hernando de: *Freiheit für das Kapital! Warum der Kapitalismus nicht weltweit funktioniert*, Rowohlt Verlag, Berlin 2002

Spitzer, Manfred: *Lernen. Gehirnforschung und die Schule des Lebens*, Spektrum Verlag Heidelberg 2002

Steinmüller, Angela; Steinmüller, Karlheinz: *Ungezähmte Zukunft. Wild Cards und die Grenzen der Berechenbarkeit*, Gerling Akademie Verlag, München 2003

Sterling, Bruce: *Tomorrow Now. Envisioning the Next 50 Years*, Random House, New York 2003

Struck, Peter: *Erziehung von gestern, Schüler von heute, Schule von morgen*, Carl Hanser Verlag, München, Wien 1997

Surowiecki, James: *The Wisdom of Crowds. Why the Many Are Smarter than the Few and How Collective Wisdom Shapes Business, Economies, Societies, and Nations,* Doubleday, Random House, New York 2004

Theweleit, Klaus: *Objektwahl (All You Need Is Love ...). Über Paarbildungsstrategien & Bruchstück einer Freudbiographie*, Verlag Stroemfeld/Roter Stern, Basel 1990

Thurow, Lester: *Creating Wealth. The New Rules For Individuals, Companies And Countries In A Knowledge-Based Economy*, Nicholas Brealey Publishing, London 1999

Toffler, Alvin: *Der Zukunftsschock*, Scherz Verlag, Bern, München, Wien 1970

Ulfkotte, Udo: *So lügen Journalisten. Der Kampf um Quoten und Auflagen*, C. Bertelsmann Verlag, München 2001

Underhill, Paco: *Warum kaufen wir? Die Psychologie des Konsums*, Econ Verlag, München 2000

Urban, Martin: *Wie die Welt im Kopf entsteht. Von der Kunst, sich eine Illusion zu machen*, Eichborn Verlag, Frankfurt/Main 2002

Vincent, Jean-Didier: *Biologie des Begehrens. Wie Gefühle entstehen*, Rowohlt Verlag, Hamburg 1990

Vondung, Klaus: *Die Apokalypse in Deutschland*, Deutscher Taschenbuch Verlag, München 1988

Wacker, Watts; Taylor, Jim: *The Visonary's Handbook. Nine Paradoxes That Will Shape the Future of Your Business*, Harper Collins Publishers, New York 2000

Wacker, Watts; Mathews, Ryan: *The Deviants Advantage. How to use Fringe Ideas to create Mass Markets*, Three Rivers Press, New York 2002

Wattenberg, Ben J.: *Fewer. How the New Demography of Depopulation Will Shape Our Future*, Ivan R. Dee, Chicago 2004

Watters, Etan: *Urban Tribes. Are Friends the New Family?*, Bloomsbury, London 2004

Watzlawick, Paul: *Die erfundene Wirklichkeit. Wie wissen wir, was wir zu wissen glauben? Beiträge zum Konstruktivismus*, Piper Verlag, München 1981

Weber, Max: *Schriften 1894–1922*. Ausgewählt und herausgegeben von Dirk Kaesler, Alfred Kröner Verlag, Stuttgart 2002

Wegener, Franz: *Memetik. Der Krieg des neuen Replikators gegen den Menschen*, Kulturförderverein Ruhrgebiet, Gladbeck 2001

White, Frank: *Der Overview Effekt. Wie die Erfahrung des Weltraums das menschliche Wahrnehmen. Denken und Handeln verändert. Die erste interdisziplinäre Auswertung von 20 Jahren Weltraumfahrt*, Scherz Verlag, Bern, München, Wien 1987

Wilber, Ken: *Eros, Kosmos, Logos. Eine Vision an der Schwelle zum nächsten Jahrtausend*, Wolfgang Krüger Verlag, Frankfurt/Main 1996

Wilson, Edward O.: *Die Einheit des Wissens*, Siedler Verlag, Berlin 1998

Wilson, Robert Anton: *Der neue Prometheus. Die Evolution unserer Intelligenz*, Sphinx Verlag, Basel 1985

Wolf, Martin: *Why Globalisation Works. The Case for the Global Market Economy*, Yale University Press, London 2004

Zachary, G. Pascal: *Die neuen Weltbürger – Wettbewerbsvorteile kosmopolitischer Gesellschaften*, Econ Ullstein List Verlag, München 2000

Zachary, G. Pascal: *The Global Me. New Cosmopolitans and the Competitive Edge: Picking Globalism's Winners and Losers*, Nicholas Brealey Publishing, London 2000

Zuboff, Shoshana; Maxim, James: *The Support Economy. Why Corporations are Failing and the Next Episode of Capitalism*, Viking, Penguin Books, New York 2002

Register